I0113327

Ex Libris
Antonii

LES

HOMMES ILLUSTRES

DU

DÉPARTEMENT DE L'OISE.

BIBLIOTHÈQUE DU BEAUVAISIS.

LES
HOMMES ILLUSTRES
DU
DÉPARTEMENT DE L'OISE.

BIBLIOTHÈQUE DU BEAUVAISIS.

NOTICES BIOGRAPHIQUES, CRITIQUES, ANALYSES LITTÉRAIRES, CITATIONS D'OUVRAGES, DOCUMENTS PARTICULIERS, ETC.,

recueillis et publiés

Par Ch. BRAINNE.

BEAUVAIS,

IMPRIMERIE D'ACHILLE DESJARDINS, RUE SAINT-JEAN.

—

1858.

INTRODUCTION.

Le père Daire, bibliothécaire des Célestins de Paris et membre de l'Académie de Rouen, écrivait dans un de ses ouvrages : « Pour encourager les auteurs qui rappellent les actions et les travaux de nos aïeux, chaque province devrait faire les frais d'une bibliothèque de leurs ouvrages. Il y a de l'injustice et de l'ingratitude à laisser dans l'oubli ceux qui ont vécu dans les lettres et dans les arts. Le vrai patriotisme exige qu'on s'intéresse à leur gloire en faisant passer leurs noms à la postérité. Les Athéniens élevaient des statues à leurs grands hommes; ils y gravaient leurs actions les plus frappantes, avec ces mots : « Si vous faites de même, vous serez honorés de la même façon. »

Sans demander, comme le père Daire, qu'on élève des statues à toutes les notabilités d'une province, les bénédictins avaient entrepris, au siècle dernier, la tâche de conserver leur mémoire par des notices biographiques dont un grand nombre sont restées manuscrites. Pendant son séjour à Orléans, comme professeur d'Histoire et membre de la Société archéologique de l'Orléanais, l'auteur de la plus grande partie de ces notices a publié de nombreux extraits inédits d'un manuscrit intitulé : *Bibliothèque des auteurs ct écrivains des villes, duché et diocèse d'Orléans,* par Dom Gérou, bénédictin de la congrégation de Saint-Maur.

Dom Gérou attachait aussi une grande importance aux biographies des hommes notables de chaque province, comme stimulant à suivre leur exemple : « Ce n'est pas sans raison, dit-il, que l'on a toujours regardé la vie des hommes vertueux comme la partie la plus utile et la plus instructive de l'histoire. Le récit de leurs belles actions et l'image de leurs vertus inspire à des âmes bien nées je ne sais quoi de noble et d'élevé, et fait naître dans les cœurs le généreux désir de les imiter.

« Le même bien que produit en morale l'histoire des hommes vertueux ne produit-il pas à proportion le même avantage pour les études littéraires? En conservant à la postérité le souvenir des hommes célèbres, qui se sont distingués dans leur siècle par leur savoir et leurs lumières, c'est lui offrir des exemples et des modèles à suivre. Par là, on s'acquitte d'un double devoir : l'un est la récompense des talents, l'autre en est la source. C'est dans cette vue que nous nous sommes déterminé à recueillir ces mémoires pour servir à écrire l'histoire des hommes illustres d'Orléans, notre patrie. »

Un autre bénédictin, Dom Liron, avait entrepris le même travail pour le pays chartrain. Plus heureux que Dom Gérou, il a vu publier la *Bibliothèque des auteurs des diocèses de Chartres et de Blois.* Malheureusement la publication de cet ouvrage fut faite en son absence et sans sa participation. Il s'en plaint lui-même dans la préface d'une édition nouvelle qu'il se proposait de donner au public. C'est à l'aide d'un manuscrit beaucoup plus complet que l'ouvrage imprimé, que les auteurs des *Hommes illustres de l'Orléanais,* ont pu compléter la biographie des trois départements de cette ancienne province.

Dom Liron, dans un *avertissement* sagement écrit, répond au reproche d'erreurs, d'omissions ou d'inexactitudes qu'il est si facile de faire aux premières éditions de ces sortes d'ouvrages :

« Les sciences, dit-il, surtout celles qui regardent les faits, comme la critique et l'histoire, ont tant de liaison ensemble qu'on est obligé de les joindre et que l'on se voit par là jeté dans un océan de lectures que l'on ne saurait épuiser. De plus, quoique l'on puisse faire, il sera toujours vrai qu'il n'y a rien de parfait sous le soleil, et si l'on est du nombre de ceux qui tendent à la perfection, on est aussi de ceux qui croient qu'on n'y arrivera jamais.

« Un chartrain très-habile et très-judicieux, Nicole, a dit il y a longtemps qu'il serait à désirer qu'on ne considérât les premières éditions des livres que comme des essais que ceux qui en sont les auteurs proposent aux personnes de lettres pour en apprendre leurs sentiments; et qu'ensuite, sur les différentes vues que leur donneraient ces différentes pensées, ils y travaillassent tout de nouveau pour mettre leurs ouvrages dans la perfection où ils sont capables de les porter. »

C'est en ce sens qu'un savant beauvaisin, Loisel,

avocat au parlement de Paris, avait accoutumé de dire, des premières éditions, qu'elles ne servaient qu'à mettre au net les ouvrages des auteurs.

Ménage ajoute que ce procédé, qui convient à toutes sortes de livres, s'applique surtout aux dictionnaires et aux œuvres historiques.

Plusieurs provinces françaises ont eu ainsi, au XVIIIe siècle, leurs savants compilateurs, presque tous membres de l'ordre de Saint-Benoit. Dom Toussaint-Duplessis et Pommeraye en Normandie, Don Calmet en Lorraine, le P. Devienne en Guyenne, Dom Lobineau pour la Bretagne, Urbain Plancher et Dom Merle pour la Bourgogne, Dom Vaissette pour le Languedoc, d'autres encore ont concouru à l'Histoire littéraire de la France, ainsi qu'à l'Histoire et à la Biographie de ses diverses provinces.

Le Beauvaisis, bien qu'il compte parmi ses personnages illustres plusieurs bénédictins tels que : Dom Coustant de Compiègne, et Dom Gourdin de Noyon, n'a pas eu d'historien spécial, parmi les savants religieux de la congrégation de Saint-Maur. La tâche d'écrire son histoire et de conserver à la postérité les noms de ses hommes célèbres était dévolue à des écrivains laïques, Au nombre de ceux qui nous ont devancé dans ce travail, nous devons citer M. Graves qui, dans sa remarquable statistique du département de l'Oise, a fait oublier complétement la description superficielle et déclamatoire de Cambry; M. Dupont-White, dont les notices sur les personnages les plus célèbres du Beauvaisis sont marquées au coin d'une impartiale appréciation et d'une fine critique; enfin, les manuscrits de M. Victor

Tremblay, qui ont servi de point de départ à cette publication, comme ceux de Dom Gérou et de Dom Liron pour celle des *Hommes illustres de l'Orléanais*.

M. V. Tremblay avait adopté comme titre : *Galerie historique des hommes honorables qui sont nés, ont résidé ou sont morts dans le département de l'Oise, depuis les temps les plus reculés jusqu'à nos jours.* Un pareil cadre n'a pas de limites. S'il fallait consacrer une notice à tous ceux qui ont résidé dans le département de l'Oise, vingt volumes ne suffiraient pas à la tâche. Nous n'avons fait d'exception que pour les individualités saillantes qui, sans être nées dans la circonscription biographique, y ont laissé une trace de leur passage, comme Jeanne d'Arc, l'abbé Prévost, Jean-Jacques Rousseau, etc.

M. Tremblay, comme les devanciers dont nous avons parlé, avait compris l'importance et les difficultés de sa tâche. « Recueillir, disait-il, avec un scrupuleux discernement les exemples que nous ont légués les hommes du passé, retracer leurs nobles et rares qualités, c'est honorer le savoir et la vertu, qui seuls, par une sage et constante émulation, font conquérir l'estime de tous en jetant sur les relations sociales ce charme que le mérite sait toujours inspirer.

« En rendant cet hommage aux citoyens qui ont donné des preuves de leur affection pour le pays par des travaux utiles ou de belles actions, nous n'avons eu pour but que de laisser à nos contemporains d'excellents modèles à suivre et de beaux faits à perpétuer. On sait d'ailleurs que la vie d'un homme de bien fut et sera de tout temps un grand enseignement. »

Ainsi, comme les savants bénédictins qui l'ont précédé, l'auteur des notices manuscrites que nous avons compulsées pour la rédaction de cette biographie considère les belles actions et les travaux remarquables comme un modèle à suivre et un stimulant à l'émulation; il est en cela fidèle à la devise qui peut s'appliquer à tous les biographes : *Historia magistra vitæ.* « C'est l'histoire qui nous enseigne la vie. »

M. Tremblay ne se dissimulait pas que ses manuscrits devaient renfermer des lacunes. La véritable érudition est modeste et sait qu'on pèche toujours par omission dans les travaux de cette nature. Aussi disait-il : « Si l'union des intelligences est un faisceau contre lequel finissent par se briser toutes les erreurs, ce n'est, et nous l'avouons, que par un très-grand concours de lumières que nous parviendrons à perfectionner un ouvrage qui présente tant de difficultés dans son exécution. »

Puissions-nous trouver pour la nouvelle biographie les encouragements qui ont accueilli celle des *Hommes illustres de l'Orléanais*, et ont valu à son principal auteur la lettre suivante :

Paris, 2 octobre 1852.

Monsieur,

J'ai placé sous les yeux du Prince-Président, auquel vous avez bien voulu en faire hommage, le livre que vous avez publié sur les Hommes illustres de l'Orléanais. Le Prince ne pouvait voir qu'avec satisfaction un ouvrage qui renferme de précieux documents pour notre histoire provinciale.

« Cette œuvre est encore à écrire et le serait bientôt

si, dans chaque département, des savants dévoués à cette tâche, rassemblaient avec le même soin et le même talent les matériaux qui jusqu'ici ont manqué aux écrivains.

« Vous n'avez rien omis : toutes les illustrations de l'Orléanais, ce pays cher à tant de titres à son Altesse Impériale, sont venues prendre place dans vos deux volumes. Je suis heureux de pouvoir vous en remercier en son nom, et de pouvoir vous témoigner de sa sympathie pour des travaux qui touchent à l'histoire du pays.

« Recevez, Monsieur, l'assurance de ma considération distinguée. »

J. Lefevre DEUMIER.

L'ouvrage qui mérita ce précieux suffrage avait été entrepris avec le concours d'une société d'ecclésiastiques, de magistrats, de gens du monde, de professeurs et d'hommes de lettres. La collaboration a eu également une part notable dans la rédaction de cette Bibliothèque du Beauvaisis. Indépendamment des écrivains déjà cités, MM. Antoine Passy, membre de l'Institut, Louis Passy, docteur en droit et ancien élève de l'école des Chartes, Ch. Lapierre, rédacteur en chef du *Nouvelliste de Rouen*, Danjou, vice-président du tribunal de Beauvais, Ch. Chaubet, ancien professeur de l'Université, V. Marty, publiciste, Albert Desjardins, docteur ès-lettres, et Jules Cauvain, littérateur, ont, par ordre de collaboration, participé à cet ouvrage. J'ai aussi rencontré un précieux concours de la part de plusieurs personnes qui ont bien voulu me communiquer des documents inédits sur des notabilités appartenant à leur famille.

Une circulaire de M. Rouland, ministre de l'Instruction publique et des Cultes, a recommandé aux écrivains et aux sociétés savantes des départements, l'étude spéciale de l'Histoire et de la Biographie des provinces, et un arrêté récent de M. le comte de Persigny, ministre de l'Intérieur, sur l'inventaire sommaire des archives départementales, encourage également ce genre d'études rétrospectives. Puisse ce travail, qui est le fruit de cinq années de recherches, et dont un supplément a essayé de compléter les lacunes, être accueilli de l'administration et du public avec la bienveillance que lui font espérer les encouragements des ministres de l'Intérieur et de l'Instruction publique.

CH. BRAINNE.

LES HOMMES ILLUSTRES DU DÉPARTEMENT DE L'OISE.

BIBLIOTHÈQUE DU BEAUVAISIS.

ACHER (Nicolas), Magistrat,

né à Beauvais.

Son père, marchand d'étoffes en gros, était, en 1726, président des juges-consuls du commerce. Le jeune Acher débuta dans la carrière administrative et fut premier commis des finances sous le règne de Louis XVI. Il perdit son emploi à la révolution et revint dans sa ville natale. Lors de la réorganisation des tribunaux, il fut nommé juge au tribunal de Beauvais, puis conseiller à la cour impériale d'Amiens. Il passa ensuite dans le ressort de la cour de Lyon, où son zèle et son mérite le firent élever à la dignité de président de chambre. Il en exerça les fonctions jusqu'en 1814, et mourut peu de temps après l'invasion des troupes étrangères en France.

Membre de plusieurs académies et sociétés savantes, Nicolas Acher employa ses loisirs à composer un *Abrégé des Vies des Hommes illustres de Plutarque*, d'après la version d'Amyot. (Beauvais, Desjardins père. 1807.) L'abréviateur s'est surtout attaché à ne reproduire du biographe que ce qui peut être mis sans danger entre les mains de la jeunesse. Il a aussi publié quelques poésies de circonstance.

MAISON D'ACY,

originaire d'Acy-en-Mulcien (1).

Acy était, au moyen-âge, le siége d'une seigneurie considérable. La suite des seigneurs dans ces temps reculés n'est pas connue, et il serait d'autant plus difficile de l'établir, que le nom d'Acy est commun à plusieurs autres lieux mentionnés dans les chartes, sans indications spéciales.

Le plus ancien qu'on puisse rapporter avec certitude au fief dont il s'agit est *Polinus d'Acy* qui, en 1196, donna aux religieuses de Fontaine, ordre de Fontevrault, une rente de trente sols à prendre tous les ans sur les cens de sa seigneurie.

(1) Le pays de Mulcien est une petite contrée naturelle qui s'étendait au nord de la Marne et faisait partie du *pagus meldensis* (diocèse de Meaux). Il est compris aujourd'hui dans le canton de Betz, arrondissement de Senlis.

Guillaume d'Acy et Mahaut, sa femme, contribuent en 1200 à l'abbaye de Cerfroid, chef d'ordre des Trinitaires.

Elisabeth, première abbesse vers 1207 du monastère du Parc-aux-Dames, près Crespy-en-Valois, était fille de *Simon*, maire *d'Acy*, et sœur de Jean d'Acy, doyen de Meaux, qui mourut en 1270 chancelier du royaume de Sicile, alors occupé par la maison d'Anjou.

Gilles ou *Gillon d'Acy*, frère du précédent, seigneur de Boissy-les Gombries, près Nanteuil, est compris sur un état des chevaliers bannerets du Vexin, présenté en 1214 au roi Philippe-Auguste. Le même est cité en 1224 pour un échange avec Amaury, évêque de Meaux.

Un autre *Simon d'Acy* est connu par la fondation d'une chapelle dans l'église Saint-Faron de Meaux.

Thibaut, roi de Navarre, comte palatin de Champagne et de Brie, possédait en 1269 le domaine d'Acy. Il en fit présent avec le titre de baronnie à un seigneur de sa suite, nommé Jean. C'est ce même *Jean d'Acy* qui vendit en 1283 la terre de Chavres (canton de Crespy) aux religieux de Longpont.

La baronnie d'Acy s'éteignit lors de la réunion du comté de Champagne à la couronne. La terre fut partagée en plusieurs fiefs dont Renaud, seigneur de Nanteuil, avait réuni la plus grande partie à la fin du XIVe siècle. Néanmoins, la seigneurie avait été divisée dans son ensemble en deux parts, sous la dénomination de haut et de bas Acy.

Pendant la guerre de cent ans, *Renault d'Acy* prit parti pour le dauphin Charles, légitime héritier de la couronne, contre l'usurpation des Anglais et des Bourguignons, consacrée par le traité de Troyes. Henri VI, qui s'intitulait roi d'Angleterre et de France, le punit de sa fidélité en confisquant ses domaines; mais Charles VII, rétabli sur le trône, les lui rendit en 1430. Marguerite, fille de Renault, apporta en dot le Haut-Acy avec le comté de Dammartin, à Antoine de Chabannes, grand-maître de France.

Jean de Chabannes, fils du grand-maître, aliéna la terre de Haut-Acy, qui était possédée en 1512 par Philippe de Pompérier, premier huissier et valet de chambre ordinaire de Louis XII. Celui-ci obtint du roi des lettres-patentes qui portèrent réunion des différentes parties de la seigneurie en un seul fief-lige relevant du château de Meaux à l'exclusion du Valois.

On rapporte que François Ier ayant appelé un jour par distraction ce Philippe de Pompérier comte d'Acy, la famille se prévalut de ce titre de noblesse et en porta le titre jusqu'en 1668, époque à laquelle Ignace Renault, descendant du maréchal de ce nom, fit ériger la terre en marquisat, sur les instances de sa femme, Christine de Lorraine.

Le domaine vint après eux à Pierre Coche, premier valet de chambre du duc d'Orléans, régent, et ensuite à Laideguive, secrétaire du roi et notaire à Paris.

Quant au *Bas-Acy*, on le trouve possédé par des seigneurs de Méry de la maison de Nanteuil qui le vendirent à la fin du XVe siècle à *Martin Bourdin*, procureur général au parlement de Paris, légiste et helléniste célèbre.

Après lui viennent :

Gilles Bourdin, seigneur d'Acy, avocat général en 1554 et procureur général en 1557 ;

Gilles Bourdin, seigneur d'Acy, conseiller et maître-d'hôtel du roi ;

Emmanuel Bourdin, qualifié de comte d'Acy ;

Louis Bourdin, baron d'Acy, capitaine de vaisseau, qui céda le domaine à Laideguive, déjà acquéreur du Haut-Acy.

Lorinier, secrétaire du roi, héritier de toute la terre d'Acy, la vendit en 1719 à Jacques Cadeau, chevalier, conseiller en la grand'chambre du parlement de Paris, dont les descendants la possèdent encore (1).

AFFORTY (Charles-François),

Archéologue,

né près de Senlis.

1706—1786.

Louis XV avait désigné un certain nombre de commissaires pour recueillir dans les diverses provinces les chartes, titres et archives concernant les villes; les corporations religieuses, etc. Charles-François Afforty, chanoine et doyen de Saint-Rieul à Senlis, fut chargé de cette mission dans le ressort de son bailliage et de sa province ecclésiastique. Il y passa une grande partie de sa longue existence.

Ses travaux manuscrits ont été réunis sous le titre de *Collectanea Sylvanectensia*, et forment un recueil extrêmement précieux, surtout depuis que la révolution a détruit une grande partie des anciennes archives. Il ne comprend pas moins de 25 volumes in-folio, renfermant environ 18,000 pages d'une écriture très-serrée. Tout ce

---

(1) *Chronique de Monstrelet : Histoire des grands officiers de la couronne : Statistique du canton de Betz, par M. Graves.*

qui intéresse les églises, les monastères et les lieux publics du diocèse de Senlis se trouve dans cette immense compilation manuscrite qui appartient à la bibliothèque de Senlis. Charles-François Afforty mourut dans sa ville natale le 28 mai 1786, et fut inhumé dans l'église Saint-Rieul. Son épitaphe composée en style lapidaire fait un éloge mérité de sa science et de ses vertus (1).

D'AGINCOURT, Archéologue et Numismate,

né à Beauvais.

1730 — 1814.

Le nom d'Agincourt (sauf la particule nobiliaire) est assez répandu dans le Beauvaisis. Il n'est cependant pas d'origine picarde, du moins en ce qui concerne la branche qui a donné à cette famille quelque célébrité. Les d'Agincourt sont originaires du comté de Namur (Belgique). On les trouve établis à Beauvais au commencement du siècle dernier.

C'est dans cette ville que naquit, le 5 avril 1730, Jean-Baptiste-Louis-Georges Seroux d'Agincourt. Sa vie offre des particularités assez curieuses. Après avoir reçu une éducation distinguée, il entra, jeune encore, dans un régiment de cavalerie. Une circonstance qui lui fait honneur le détermina à quitter le service militaire pour se dévouer à l'éducation de deux frères en bas âge et de sept jeunes parents restés orphelins. Sa belle action lui porta bon-

---

(1) *Statistique du département de l'Oise, par M. Graves.*

heur. Louis XV, instruit de ce pieux dévouement, le nomma d'emblée fermier-général.

Un homme aussi désintéressé que d'Agincourt ne pouvait guère s'illustrer dans de semblables fonctions. Il n'était pas né pour les finances. Il fit de sa nouvelle fortune un noble usage, et, voyageur intrépide, il visita l'Angleterre, la Hollande et l'Allemagne (1777). L'année suivante, il entreprit le voyage de Rome, ce pèlerinage artistique des amateurs éclairés. L'Italie le ravit à la France, et il ne revint guère dans sa patrie qu'à de rares intervalles et pour l'initier à la science encore confuse de l'archéologie et de la numismatique. En 1781, il parcourut Naples, Pestum, Herculanum, Pompei, le Mont-Cassin, puis revint à Rome pour y mettre à exécution le projet qu'il avait conçu depuis longtemps et auquel il consacra toute sa vie, celui d'une Histoire générale de l'Art par les monuments.

D'Agincourt passa sa vie au milieu des ruines Pendant les troubles de la révolution française et les guerres qui agitèrent le commencement de ce siècle, il s'abrita dans les antiques nécropoles, derrière ces colonnes brisées plus durables que nos modernes monuments. En 1814, il publia à Paris un ouvrage intitulé : *Recueil de fragments de sculpture antique en terre cuite*, 1 vol. in-4°, orné du portrait de l'auteur et enrichi de trente-sept planches gravées.

Mais le principal titre de gloire de d'Agincourt, c'est sans contredit son grand ouvrage intitulé : l'*Histoire de l'Art par les monuments, depuis sa décadence au IV*e *siècle jusqu'à son renouvellement au XVI*e, 6 vol. grand in-folio, ornés de 325 planches. Cet ouvrage colossal et qui a coûté des sommes considérables n'a été terminé qu'en 1823, plusieurs années après la mort de son auteur. Il a eu pour continuateur le savant M. Gence. Les tables analytiques raisonnées jointes à chacune des parties relatives à la peinture, à la sculpture et à l'architecture facilitent la lecture de cet immense répertoire de faits et guide le lecteur dans ce dédale de monuments de tous les genres, appartenant à différentes époques et disséminés dans diverses contrées.

Je ne sache pas que d'Agincourt ait été d'aucune société savante ; il n'avait pas pris cette précaution, ce qui fait que son éloge est encore à faire. Peut-être n'a-t-il pas même une simple épitaphe, lui qui repose dans la ville des tombeaux (1)! La nécrologie de 1814 se borne à nous dire que d'Agincourt mourut à Rome à l'âge de 84 ans.

Pierre d'AILLY, Cardinal, Evêque de Cambray,

né à Compiègne.

1350—1425.

Aquila Franciæ et malleus a veritate aberrantium indefessus.

« L'aigle de la France est le marteau des hérétiques, » tel est le titre que Pierre d'Ailly reçut de ses contemporains, à une époque où la critique était plus en faveur que l'éloge. C'est qu'en effet cet illustre prélat a été une des colonnes de l'église, une des lumières de son siècle. Né dans les derniers rangs de la société, il s'éleva par son mérite jusqu'aux plus hautes dignités ecclésiastiques et ne s'ar-

---

(1) M. Louis Passy, ancien élève de l'École des Chartes, et qui porte avec distinction un nom illustre et vénéré dans nos contrées, nous écrit, au retour d'un voyage en Italie, que d'Agincourt de Beauvais a sa pierre tumulaire dans l'église de Saint-Louis des Français, à Rome.

rêta que sur les marches du trône pontifical. Irréprochable dans ses mœurs, il eut le droit de tonner contre les déréglements de son temps. Ancré à la foi catholique, il tint d'une main ferme le gouvernail de l'église, pendant les défaillances de l'autorité temporelle du saint-siége et les luttes déplorables du grand schisme d'Occident. Son érudition était vaste, son éloquence entraînante, son génie supérieur; mais plus grandes encore étaient son humilité envers Dieu et sa charité envers les hommes. Il fut souvent consulté par les monarques, dans les affaires politiques, par les souverains pontifes, dans les affaires religieuses. S'il fût né en Italie, il eût joué le rôle d'Hildebrand, et le saint-siége eût rencontré peut-être un nouveau Grégoire VII.

Mais Pierre d'Ailly était né à Compiègne (1). Son père, nommé Colard, était boucher dans cette ville et habitait sur la paroisse de Saint-Antoine. Pierre reçut quelque instruction dans sa ville natale, et montra d'heureuses dispositions pour l'étude de la théologie. Il fut admis comme boursier au collége de Navarre, alors un des plus célèbres de l'Université de Paris. On le voit figurer en 1372 sur les registres de ce collége sous le nom de *Petrus de Alliaco.* Au temps où il achevait ses études, les disputes entre les nominalistes et les réalistes n'avaient pas encore cessé. Considérant avec raison les termes généraux et certaines idées philosophiques comme des abstractions auxquelles rien de réel ne répond dans la nature, d'Ailly embrassa le parti des nominations, et, par la subtilité de son esprit et la vigueur de sa logique, il assura le triomphe de sa doctrine. Ses commentaires donnèrent un nouvel intérêt aux

(1) Quelques biographes prétendent que son lieu de naissance est Ailly-le-Haut-Clocher, petit village de Picardie, entre Amiens et Abbeville.

fameuses *Sentences* de Pierre Lombard, qui formaient encore la matière de ces discussions philosophiques. Les thèses soutenues par lui en public et le talent qu'il développa comme prédicateur lui firent une brillante réputation.

Le 11 avril 1380, Pierre d'Ailly, âgé de trente ans, reçut le bonnet de docteur avec toute la solennité qu'on déployait à cette époque dans les écoles. La chrétienté était alors divisée par le grand schisme d'Occident. L'église voyait avec affliction deux pontifes, l'un siégeant à Rome, l'autre résidant à Avignon, se disputer l'obédience des peuples et l'appui des souverains. L'Université de Paris, pour faire cesser ce scandale, fit un appel à l'opinion publique, et ce fut Pierre d'Ailly qui fut chargé de soutenir le projet de réunion. Ce fut le 20 mai 1381 que l'Aigle des docteurs remplit cette mission devant un concours d'auditeurs nombreux et choisis au milieu desquels siégeait le duc d'Anjou, régent du royaume pendant la minorité de Charles VI. L'orateur démontra avec son éloquence ordinaire la nécessité d'assembler un concile général, pour mettre un terme aux dissensions de l'église, toujours si fatales à la religion. Ce fut son premier pas vers l'extinction du schisme à laquelle il eut tant de part par la suite et qu'il eut le bonheur de voir terminer avant de mourir.

Vers cette époque, Pierre d'Ailly fut pourvu d'un canonicat au chapitre de Noyon. Il vécut tranquillement dans son bénéfice jusqu'en 1384. Peut-être cette retraite, que rien n'explique, était-elle une disgrâce provoquée par la jalousie de ses rivaux. Néanmoins, après deux années d'absence, le savant docteur fut rappelé au collége de Navarre et nommé grand-maître de cet établissement, où il était venu douze ans auparavant comme écolier. Il y établit une discipline à la fois sévère et paternelle, et rédigea lui-même les règlements de la maison, qui sont un modèle de pédagogie (1). D'illustres disciples se formèrent aux leçons d'un si digne maître : au premier rang brillaient d'un éclat tout particulier Jean Gerson, l'auteur présumé de l'*Imitation de J.-C.*; Nicolas de Clamenges, appelé le Cicéron de son siècle, et Gilles des Champs, qui devint par la suite un des plus célèbres théologiens de son temps.

Tandis que Pierre d'Ailly s'attirait les regards et les suffrages du monde savant par ses leçons et ses prédications éloquentes, l'Université de Paris jetait les yeux sur lui pour soutenir un de ses arrêts auprès du souverain pontife (1388). Il s'agissait d'une question bien délicate et qui était alors vivement discutée, celle de l'Immaculée Conception de la Sainte-Vierge. Le dominicain Jean Monteson, qui soutenait cette thèse, avait été censuré par l'Université de Paris, comme ayant avancé des propositions trop hardies; il en avait appelé au pape de cette condamnation. Pierre d'Ailly fut député à Avignon, vers l'antipape *Clément VII*, alors reconnu par le clergé français, pour demander la confirmation du premier jugement. L'avocat de l'Université se rend aussitôt au tribunal du pontife; il plaide sa cause en plusieurs séances devant le Consistoire; il appuie ses discours d'un long traité qu'il compose et publie à Avignon, par l'ordre et au nom de toutes les Facultés de l'Université de Paris; enfin, il met tant de force et de vérité dans ses paroles et ses écrits que le pape et les cardinaux entraînés confirment la décision des docteurs français. Par suite de cet arrêt, le 17 février 1389, le roi étant en son palais du Louvre, fit venir devant une assemblée de théologiens Guillaume, évêque d'Evreux, son confesseur, qui suivait la doctrine de Mon-

(1) De Launay. *Historia regii Navarræ gymnasii.*

teson. Là, Pierre d'Ailly, servant encore en cette occasion d'organe à l'Université, somma, sous le bon plaisir du roi, l'évêque d'Evreux de faire sa rétractation pleine et entière, ce que celui-ci exécuta de bonne grâce et avec sincérité.

Peu de temps après son retour d'Avignon, Pierre d'Ailly fut proclamé *chancelier de l'Université* (1389). Ce poste était alors de la plus haute importance.

L'Université de Paris, tant par la capacité de ses maîtres que par le nombre de ses écoliers, pouvait se dire toute puissante en France. Elle osait souvent faire des remontrances au monarque, et se mêler, peut-être un peu trop, du gouvernement de l'État. Dès qu'on n'accédait pas aux demandes de cette chère fille des rois de France, on voyait tout-à-coup les colléges fermés et les leçons suspendues. C'est précisément ce qui arriva l'année de la nomination de Pierre d'Ailly, à l'occasion des charges que l'on voulait établir sur les professeurs et docteurs qui en avaient toujours été exempts jusque-là. Le roi céda; le calme se rétablit.

La même année, le chancelier d'Ailly retourna à Avignon pour solliciter au nom de Charles VI, de l'Université et du clergé de Paris, la béatification du jeune prince Pierre de Luxembourg, mort à 18 ans, cardinal de l'Église romaine. Malgré deux discours prononcés en plein consistoire par Pierre d'Ailly, la bulle de béatification ne fut pas accordée; ce ne fut qu'un siècle et demi plus tard que Pierre de Luxembourg, dont la famille était alliée à presque tous les souverains de l'Europe, fut admis aux honneurs de la béatification.

Nommé confesseur du roi Charles VI, le chancelier de l'Université dut résigner en d'autres mains une partie de ses fonctions. Il remit à son élève Gilles des Champs la direction du collége de Navarre, et se consacra tout entier aux devoirs de sa charge. Mais la direction d'une conscience déjà obscurcie par les passions et qui allait bientôt tomber dans les ténèbres de la démence, ne pouvait convenir à l'esprit actif et un peu remuant de Pierre d'Ailly. Il n'aimait pas les sinécures; il ne haïssait pas toutefois le cumul des bénéfices. C'est ainsi que nous le voyons, en 1391, obtenir l'archidiaconé de Cambrai (1), et en 1394, la charge de trésorier de la Sainte-Chapelle. Pendant trois ans qu'il gouverna le chapitre créé par Saint-Louis, il força les chanoines à mettre plus d'ordre et de régularité dans la pratique du culte, et il régla si bien leurs moments, qu'il en resta peu pour l'oisiveté. Si sa réforme eût été suivie, les chanoines de la Sainte-Chapelle n'eussent pas inspiré, trois siècles plus tard, à Boileau-Despréaux le fameux poème du *Lutrin*.

Le patrimoine de Saint-Pierre continuait d'être déchiré par les plus sanglantes divisions, et Pierre d'Ailly, de son côté, ne cessait d'adresser aux souverains des mémoires et des lettres en faveur de l'union de l'Église. Clément VII, tout en refusant de céder la tiare, pria Charles VI de lui envoyer Pierre d'Ailly et Gilles des Champs qui avaient parlé le plus vigoureusement sur le schisme, « voulant, disait-il, donner de l'emploi à ces hommes habiles. » Ces deux docteurs se gardèrent bien d'aller chercher l'emploi qu'on leur réservait, et peu après ce fut Clément VII lui-même qui tomba malade et fut frappé d'apoplexie.

D'Ailly, toujours confiant dans la justice de sa cause, s'adressa au nouvel anti-pape, Pierre de Luna, qu'une faction de cardinaux venait d'élire à Avignon sous le nom

(1) Il remplaça dans cette charge Louis d'Orléans, fils naturel de Philippe de France, qui devint par la suite évêque de Beauvais.

de Benoît XIII. Il partit à la tête d'une députation de l'Université, dans le but de forcer le pape d'Avignon à une abdication tant désirée. Mais il fut la dupe des promesses artificieuses du rusé pontife. La franchise du Picard échoua contre l'astuce de l'Espagnol : le chancelier de l'Université revint converti à l'erreur, dévoué à Benoît, et, qui pis est, récompensé par le titre d'évêque du Puy en Velay. Il n'occupa jamais ce siége; mais ce fut pour être pourvu d'un évêché plus important.

Le diocèse de Cambrai était sans pasteur par suite de la mort de l'évêque André de Luxembourg. La vacance d'un siége aussi important était l'objet de plusieurs intrigues. La suzeraineté du Cambrésis était disputée entre la France et l'Empire; l'obédience religieuse entre le pape de Rome et celui d'Avignon. Philippe-le-Hardi, duc de Bourgogne, voulait faire nommer l'évêque de Tournai, sa créature; mais l'obstiné Benoît XIII déclara « qu'il souffrerait avant que on luy arrachat une des dens de sa bouce, que d'aller contre son ordonnance, » et il promut Pierre d'Ailly à l'évêché de Cambrai. Il fallait du courage pour accepter un pareil poste dans de semblables circonstances. Le duc de Bourgogne menaçait d'empêcher l'investiture du nouveau prélat : la frontière du diocèse était gardée par des hommes d'armes, et tout avait été fait pour provoquer une sédition dans la ville épiscopale.

Après s'être démis de sa charge de chancelier de l'Université en faveur de Jean Gerson, son élève, Pierre d'Ailly se dirigea vers Soissons, où il prêta serment au pape entre les mains de l'évêque désigné pour cette cérémonie. Puis il marcha à la conquête de son domaine spirituel. En vain les chanoines et les bourgeois de Cambrai, venus en députation au-devant de lui, l'engagèrent à différer son entrée. Le courageux évêque ne tint pas compte de ces avertissements. Le 26 août 1397, jour fixé pour sa prise de possession, il monte à cheval revêtu de ses ornements pontificaux, traverse une foule avide de nouveauté, et se dirige vers l'antique cathédrale où il célèbre la grand'-messe, qui ne se termine pas sans quelque trouble, et ce n'est qu'avec peine et en traversant les flots de la foule agitée qu'il prend possession de son palais épiscopal. Mais, pendant longtemps encore, il fut en butte aux persécutions du duc de Bourgogne, et ne parvint qu'à grand'peine à éviter ses embûches.

A quelque temps de là, Pierre d'Ailly reçut à Reims l'investiture de Wenceslas, et désormais assuré du concours de l'empereur et du roi de France, il reprit avec plus d'autorité sa croisade contre le schisme. Cette fois, ce fut du pape de Rome, de Boniface IX, qu'il sollicita l'abdication nécessaire pour procéder à une élection normale. Il ne réussit pas davantage dans cette nouvelle négociation. Les deux pontifes s'obstinaient dans leur refus, et aux arguments de Pierre d'Ailly, soutenus par les gens d'armes du maréchal de Boucicaut, Benoît XIII répondait avec colère : « Pape je demourray tant que je vivray. »

Voyant avec regret que toutes les voies de conciliation étaient désormais fermées, l'évêque de Cambrai en appela de l'autorité des papes à celle d'un concile général (1). En 1409, il assistait au synode de Pise dont il fut l'âme, et, à force d'éloquence, il parvint à gagner la majorité des cardinaux a la cause de la réunion. Les deux papes dissidents furent déposés, et un nouveau pontife fut élu sous le nom d'Alexandre V; mais, comme aucun ne voulut con-

(1) « Saint-Père, dit-il à Benoît XIII dans son audience de congé, puisque l'espérance de réussir dans ma mission m'est ravie, qu'il me soit permis du moins d'aller donner mes soins à ce troupeau que vous m'avez confié, et qui gémit de ma trop longue absence. »

sentir à déposer la tiare, il se trouva qu'il y eut trois papes au lieu de deux.

Jean XXIII succéda à Alexandre V. Le 6 juin 1411, il comprit Pierre d'Ailly dans une promotion de quatorze cardinaux qu'il nomma pour se fortifier dans son siége. Il espérait que cette milice sacrée, élevée par lui aux honneurs, le protégerait contre les attaques de ses rivaux : il n'ignorait pas tout l'appui que pouvait lui fournir l'évêque de Cambrai par l'étendue de ses lumières, la vigueur de son esprit et le crédit dont il jouissait auprès des souverains. Pierre d'Ailly fut donc créé cardinal-prêtre du titre de saint Chrysogone, et nommé légat *a latere* pour l'Allemagne et les Pays-Bas. C'est en cette qualité qu'il assista au concile de Constance, où la paix devait être définitivement rendue à l'Eglise toujours agitée par le schisme et par les hérésies (1414). Il faudrait écrire l'histoire entière du concile pour montrer le rôle éclatant qu'y joua le cardinal d'Ailly. Il y soutint avec énergie la supériorité des conciles sur le pape, et insista de nouveau sur la nécessité de réformer la discipline de l'Eglise. Mais en même temps il se déclara hautement contre les doctrines de Jean Huss, et eut une grande part à la sentence qui condamna au bûcher ce précurseur de Luther. Après la fuite scandaleuse de Jean XXIII et la retraite des cardinaux de son parti, de nombreuses protestations s'élevèrent contre la validité des actes du concile. D'Ailly écrivit à Constance son fameux *Traité de la puissance ecclésiastique* pour réfuter les mémoires et les discours tendant à ébranler l'autorité suprême du concile; il soutint que les pouvoirs de ses membres n'étaient pas expirés, et son autorité prévalut.

Le 7 novembre 1416, le cardinal de Cambrai courut le danger de perdre la vie, par suite d'un démêlé avec les Anglais, contre lesquels il s'était exprimé avec véhémence,

Il s'opposait de tout son pouvoir à ce qu'ils figurassent comme une nation particulière dans le concile; il soutenait qu'il était de l'intérêt et de la gloire du roi de France de les en empêcher. Cette proposition irrita extrêmement les insulaires; ils s'en plaignirent hautement comme d'un complot contre leur honneur national, et se répandirent en déclamations virulentes sur le cardinal, tant en public qu'en particulier. Leur ressentiment ne s'en tint pas aux menaces; on les vit parcourir les rues de Constance, le fer à la main, cherchant leur antagoniste. Ces forcenés croyaient sans doute vaincre un vieillard plus facilement par les armes que par la force des raisonnements.

Toutefois, le cardinal de Cambrai put espérer un instant que ses efforts seraient couronnés de succès. Le cardinal Othon Colonna fut proclamé pape sous le nom de Martin V, et rétablit définitivement la ville éternelle en possession du Saint-Siége. Le nouveau pontife n'épargna pas les promesses; mais, de retour à Rome, il les eut bien vite oubliées, et la France, occupée alors de guerres longues et sanglantes, se vit hors d'état d'appuyer les réclamations de son cardinal. Au milieu des défaillances de la royauté trahie et de la nation livrée à l'étranger par Isabeau de Bavière, Pierre d'Ailly comprit que son unique appui était désormais dans l'autorité spirituelle du chef de l'Église, et il consacra ses dernières années à ses fonctions de légat pontifical. Avignon était le second poste de la chrétienté, et pour prévenir toute nouvelle tentative de schisme, le souverain pontife y délégua le savant docteur de l'Eglise gallicane rallié à la foi romaine. Cette haute dignité fut considérée comme la digne récompense des vertus du cardinal et de ses travaux pendant la durée du concile.

Dès lors, le silence se fait autour de l'illustre prélat, et la fin de sa vie s'écoule au milieu des devoirs de son gouvernement pastoral. Chose étrange! celui qui avait fait tant de bruit durant sa vie, et qui avait rempli le monde chrétien de son nom, mourut ignoré, loin de son pays natal, dans une cité étrangère. Les annalistes diffèrent entre eux d'une manière étonnante sur l'histoire des derniers jours de Pierre d'Ailly, sur le lieu et sur la date de sa mort (1). « Quatre siècles se sont écoulés et l'opinion est à peine fixée à ce sujet. Il se peut que la naissance d'un homme de génie demeure environnée de ténèbres; mais, quand son existence a été liée à tous les grands événements de son temps, quand ses jours sont comptés par le nombre de ses bienfaits, sa mort qui devient alors un deuil public, doit-elle rester inconnue à ceux pour qui sa vie fut un présent du ciel (2)? »

Le testament de Pierre d'Ailly établissait des legs et des fondations pieuses en faveur du collége de Navarre, de la Sainte Chapelle, et des églises de Compiègne, de Noyon, de Soissons et du Puy qui toutes lui rappelaient un souvenir de sa carrière ecclésiastique. Selon ses dernières volontés, ses restes mortels, précieux héritage pour une ville qui garde pieusement sa mémoire, ont été transférés solennellement dans la cathédrale de Cambrai. L'épitaphe suivante, composée dans le goût de l'époque, fut gravée sur la pierre de son tombeau :

« *Mors rapuit Petrum; petram subiit putre corpus.*
» *Sed petram christum spiritus ipse petit.*
» *Quisquis ades, precibus fer opem, semperque memento*
» *Quod præter mores omnia morte cadunt.*

(1) Les datent varient entre 1420 et 1425.

(2) M. Arthur Dinaux. *Eloge de Pierre d'Ailly*, 1824. Couronné par la Société d'Émulation de Cambrai.

» *Nam quid amor regum, quid opes, quid gloria durent?*
» *Aspicis; hæc aderant mihi, nunc abeunt.* »

Pierre est mort : un tombeau pèse sur sa poussière,
Mais son âme s'envole au séjour des élus.
Passant, qui que tu sois, fais pour lui ta prière,
Car tout meurt en ce monde, excepté nos vertus.
A quoi servent crédit, gloire, honneurs sur la terre?
Vois : j'avais tous ces biens, et je ne les ai plus!

Les ouvrages de Pierre d'Ailly sont nombreux. Le catalogue bibliographique dressé par M. Arthur Dinaux n'en compte pas moins de 42, tant imprimés que manuscrits. Quelques-uns ont été publiés séparément : d'autres se trouvent réunis dans la collection des œuvres de Jean Gerson et dans celle de Hardouin. Il est malheureux pour cet écrivain qu'il ait précédé de quelque temps la découverte de l'imprimerie : sans quoi ses opuscules eussent pu être réunis en corps d'ouvrage au lieu d'être disséminés dans les bibliothèques et les archives du monde savant.

Pierre d'Ailly a écrit principalement en latin. Néanmoins on a de lui en langue vulgaire quelques sermons manuscrits et une pièce de vers qui peut donner une idée de son style. Elle a pour titre :

« COMBIEN EST MISÉRABLE LA VIE DU TYRAN,

Par Pierre d'Ailliac, évesque de Cambray.

« Ung chasteau sçay, sur roche espouvantable,
» En lieu venteux, sur rive perilleuse.
» Là vit tyran, séant à haute table,
» En grand palais, en sale plantureuse,
» Environné de famille nombreuse,
» Pleine de fraud', d'envie, et de murmure:
» Vuide de foi, d'amour, de paix joyeuse;
» Serve, subjecte, en convoiteuse ardure,
» Viandes, vins, avait-il sans mesure,

» Chairs et poissons occis en mainte guise;
» Sausses, brouets, de diverse teincture;
» Et entremets faicts par art et diverse.
» Le mal *(mauvais)* Glouton partout guette et advise,
» Pour appétit trouver; et quiert *(cherche)* manière
» Comment sa bouch', de lescherie esprise,
» Enfle son ventre en bourse pautonière.
» Mais, sac-à-fien, patente cimetière,
» Sepulchre-à-vin, corps bouffi, crasse panse,
» Pour tous ses biens en soy n'a lie chère;
» Car, ventre saoul n'a en saveur plaisance,
» Ne le delit *(délecte)* jeu, ris, ne bal, ne danse;
» Car, tant convoit, tant quiert, et tant desire,
» Qu'en rien qu'il ays n'a vraye suffisance.
» Acquirer veult, ou royaume, ou empire;
» Pour avarice sent doulourex martyre.
» Trahison doute *(redoute)*, en nully ne se fye.
» Cœur à félon, enflé d'orgueil et d'ire,
» Triste, pensif, plein de mélancolie.
» Las! trop mieulx vaut de *Franc-Gontier* la vie,
» Sobre, liesse, et nette povreté,
» Que poursuivir, par ordre gloutonnie,
» Cour de tyran, riche malheureté. »

Quelle énergie satirique dans ce langage encore à demi-barbare!

Pierre d'Ailly composa sans doute d'autres vers français, si nous en croyons La Croix du Maine. Il ne paraît pas que les critiques du grand siècle aient fait cas de son style poétique. Bayle en parle d'une manière désobligeante en disant qu'il se mêla de rimailler en langue vulgaire; mais Prosper Marchand en fait l'éloge et remarque que l'ordre, l'arrangement, la clarté, la diction, et surtout la mesure de ces pièces de vers sont si exactes et si approchantes de notre poésie moderne, quoique écrites dans des temps reculés, que si Despréaux les avait connués, il est à croire qu'il aurait accordé à Pierre d'Ailly, préférablement à Villon, la gloire

. . . . . . d'avoir su, des premiers,
Débrouiller l'art confus de nos vieux romanciers.

Les œuvres latines de Pierre d'Ailly brillent plus en général par le fond des idées que par l'élégance du style. Quelques-unes sont des traités de philosophie et de morale tels que son commentaire sur les sentences, et son livre *De animâ*. Paris, 1494. Le plus grand nombre roule sur des sujets de théologie et de controverse : les plus célèbres sont les traités sur la Réforme de l'église Romaine. *De Reformatione ecclesiæ romanæ tractatus*, in-4°, et *Libellus de emendatione ecclesiæ*, 1631, in-8°.

Enfin un certain nombre d'opuscules de Pierre d'Ailly ont rapport à l'astronomie ou plutôt à l'astrologie. Ce savant prélat, malgré sa haute intelligence, paya son tribut aux erreurs invétérées de son siècle en rapportant tout aux astres, en soutenant qu'à l'aide de l'astrologie on aurait pu prédire le déluge, la naissance de J.-C. et tant d'autres événements qui font époque dans l'histoire (1). Ses livres *sur les Météores*, sur la *Concordance de l'astronomie avec la théologie*, son *Imago mundi*, description un peu imaginaire du monde, appartiennent à cette dernière catégorie d'ouvrages plus curieux que savants. Hâtons-nous d'ajouter que ces élucubrations ne furent cependant pas sans fruit, et que Pierre d'Ailly, dans son traité *De correctione calendarii*, fut un des promoteurs de la réforme du calendrier Julien, remplacé au siècle suivant par le calendrier Grégorien actuellement en usage dans tous les Etats chrétiens, à l'exception de la Russie (2).

---

(1) Par un hasard singulier, Pierre d'Ailly conclut de ses observations astrologiques que l'antechrist devait venir en 1789. Aurait-il prophétisé la révolution française?

(2) C'est ce qui explique la différence de date entre le calendrier russe et le nôtre.

Parmi les ouvrages à consulter sur Pierre d'Ailly, la biographie Didot cite les suivants :

1° Vossius. *De hist. lat*, p. 548.

2° De Launay. *Historiæ regii Navarræ Gymnasii.*

3° Froissart. *Chronique.* Livre IV.

4° Jean Juvénal des Ursins; *in Carol.* VI.

5° Trithème; — Du Boullay. — *Histoire de l'Université de Paris.*

Mais l'ouvrage le plus complet sur Pierre d'Ailly, celui à qui nous avons fait le plus d'emprunts pour cette biographie, c'est la notice historique et littéraire publiée par M. Arthur Dinaux, de Valenciennes, ouvrage qui a remporté une médaille d'or dans le concours proposé par la Société d'émulation de Cambrai pour l'année 1824.

ALBÉRIC ou **AUBERI**, Cardinal, Évêque d'Ostie,

originaire du diocèse de Beauvais.

10..—1148.

Encore un moine obscur du Beauvaisis qui, par son mérite, s'éleva à la plus haute dignité de l'Eglise romaine.

Depuis Grégoire VII, la papauté s'appuyait sur le peuple et sur les communes contre l'autorité absolue de l'empereur, des rois et des grands vassaux. C'est ce qui faisait sa force contre les souverains, à l'époque de l'émancipation communale. Albéric, enfant, avait dû être témoin des luttes violentes qui signalèrent la formation des communes d'Amiens, de Beauvais et de Noyon. Il comprit dès lors où était le point d'appui de l'Eglise romaine, et, devenu légat pontifical, il put élever la voix contre les rois simoniaques et les évêques féodaux, car il avait derrière lui la milice des communes et celle du bas clergé dont il était sorti. Voilà le secret de la puissance et des actes audacieux des légats du XIIe siècle qui déliaient les peuples du serment de fidélité, bravaient audacieusement les monarques dans leur royaume, et portaient l'excommunication jusque dans leur palais.

L'histoire des cardinaux français *(Gallia purpurata)* cite Albéric comme un des plus vaillants champions de l'autorité pontificale, pendant la lutte si acharnée du Saint-Siége contre les princes temporels. Il était né au diocèse de Beauvais, vers la fin du XIe siècle, et avait embrassé dès sa jeunesse la règle de Saint-Benoît dans l'ordre de Cluni. Guillaume de Tyr, l'historien des croisades, et deux auteurs anglais, Jean et Richard, prieurs des chanoines réguliers d'Hagiostaldes, nous donnent quelques détails sur les divers emplois que cet illustre ecclésiastique occupa dans l'église avant qu'il ne fût arrivé à la dignité de cardinal. « Recommandable par son habileté dans les sciences divines et humaines, homme éloquent et de bon conseil, doué d'une physionomie aimable et d'une grande modestie qu'accompagnait un extérieur tout à fait religieux, il fut d'abord sous-prieur à Cluni, et chargé de veiller en cette qualité aux exercices du cloître. De là, il fut envoyé à Paris pour exercer les mêmes fonctions à Saint-Martin-des-Champs, en qualité de prieur ou de sous-prieur. Le besoin d'un homme capable de rétablir le bon ordre dans l'abbaye de Cluni, après le schisme qu'avait tenté d'y introduire l'abbé Ponce, le fit rappeler à son ancien poste par l'abbé Pierre le vénérable, successeur de Ponce. »

Bientôt après, l'an 1130 ou 1131, il fut nommé abbé de

Vezelai, au diocèse d'Autun; mais son élection fut contestée par les religieux de ce monastère, qui se prétendaient indépendants de l'abbé de Cluni et voulaient en secouer le joug. L'affaire ayant été portée au tribunal du pape, Innocent II donna gain de cause à Albéric, qui prit possession de son siége comme on s'empare d'une forteresse. L'historien de Vezelai se plaint que la plupart des religieux aient été chargés de chaînes comme des criminels, et dispersés en Provence, en Germanie, en Aquitaine, etc.; mais saint Bernard, dans sa correspondance avec le pape Innocent, élève jusqu'aux nues ce trait de vigueur apostolique.

Albéric était un des abbés français qui soutenaient avec le plus d'énergie les prérogatives pontificales, ce qu'on appellerait de nos jours un *ultramontain*. De là l'origine de sa haute fortune. Il assistait en 1134 au concile de Pise et se trouva au nombre des prélats qui, au retour de cette assemblée, furent arrêtés, dévalisés et mis en prison à Pontremoli par des brigands. Il fut question de le nommer à l'évêché de Langres, en 1136; mais le pape, qui avait pu apprécier son mérite et son dévouement, l'attacha définitivement à la cause du Saint-Siége en le créant cardinal évêque d'Ostie.

A peine élevé au cardinalat, Albéric fut envoyé (1138), avec la qualité de légat en Angleterre, pour travailler à rétablir la paix entre le roi Etienne et David roi d'Ecosse, et aussi pour régler les affaires ecclésiastiques du pays. Il assembla dans ce but un concile à Westminster (1). L'année suivante, il revint accompagné de plusieurs évêques anglais pour assister au concile général de Latran. Toute la vie du cardinal Albéric se passa ainsi en missions loin-

(1) Voyez Labbe, Collection des Conciles.

taines, dans lesquelles il travailla énergiquement à rétablir la discipline ecclésiastique et à faire prévaloir l'autorité spirituelle du chef de l'Eglise. En 1141, il était envoyé comme légat en Orient, et tenait à Antioche, au mois de décembre, un concile dans lequel il prononça la destitution du patriarche Raoul. La suprématie du catholicisme, rétablie en Orient par les croisades, lui facilita cette mission. Il alla ensuite à Jérusalem, y fit la dédicace de l'église de Sion, et assembla aux fêtes de Pâques un concile dans le but de conformer le rit arménien à celui de l'Eglise romaine. Après cette tentative infructueuse, le légat reprit le chemin de Rome.

Il n'y séjourna pas longtemps, car le pape Lucien II, aussitôt après son élection au Saint-Siége, le choisit pour son légat en France (1144).

Le midi de la France commençait déjà à être agité par des hérésies. L'an 1145, Albéric partit avec saint Bernard et Geofroi, évêque de Chartres, pour aller à Toulouse prêcher contre les hérétiques *Henriciens*. Ils s'arrêtèrent d'abord à Nantes, afin de ramener au sein de l'Eglise les sectateurs d'Eon de l'Etoile, qui, à leur approche, craignant pour sa personne, prit la fuite. N'ayant pu convaincre de vive voix cet imposteur, le légat chargea Hugues, évêque de Rouen, qui se trouvait là, de combattre par écrit ses erreurs. C'est ce que fit l'archevêque dans un traité adressé au légat par une épître dédicatoire d'où nous tirons cette circonstance du voyage. Passant ensuite par Bordeaux, les missionnaires rétablirent la paix entre le clergé de la ville et l'archevêque Geofroi Leroux qui, pour avoir excommunié son chapitre, n'avait pu depuis cinq ans rentrer dans son église. En résumé, cette mission que saint Bernard a longuement racontée dans sa correspondance, fut toute de conciliation et de discipline ecclésiastique, et ne ressemble pas aux missions militaires que les légats pontificaux conduisirent plus tard contre les Albigeois.

Albéric fut, avec saint Bernard, le promoteur de la deuxième croisade. Après avoir concerté avec le roi Louis-le-Jeune et la reine Eléonore de Guyenne cette expédition en terre sainte, il retourna auprès du pape et obtint de lui une bulle portant indulgence plénière pour les croisés.

Le pape Eugène III étant venu en France, l'an 1147, le cardinal d'Ostie fut aussi du voyage, et il assista avec lui à la dédicace de plusieurs églises. Le souverain pontife avait convoqué un concile à Reims pour la mi-carême. Albéric se rendait de Trèves dans cette ville, lorsqu'il tomba malade en route, au milieu des Ardennes. Il mourut à Verdun, dans les premiers mois de l'année 1148. Quelque temps après sa mort, saint Bernard passant par cette ville voulut célébrer en son honneur le saint sacrifice, et, au lieu de dire la collecte pour un défunt, il récita celle qu'on lisait à l'office d'un Saint-Pontife, voulant ainsi rendre hommage à la piété et aux vertus du cardinal Albéric.

Et, en effet, le cardinal Albéric s'était acquis une telle réputation de science et de sainteté que Geofroi d'Auxerre, secrétaire de saint Bernard, l'appelle « une des fortes colonnes de l'Eglise, *columnem grandem ecclesiæ, cum omni reverentiâ nominandum.* Les historiens ecclésiastiques renchérissent encore sur ce témoignage. Quelques-uns, cependant, lui reprochent un peu de partialité dans ses décisions, et la trop grande prédilection qu'il marqua à ses neveux dans la collation des bénéfices et le partage des biens temporels. Les ouailles du diocèse d'Ostie pourraient ajouter que leur évêque s'était peu astreint à la résidence.

Le cardinal Albéric a peu écrit : c'était surtout un homme de parole et d'action. Les compilateurs ecclésiastiques (1) n'ont à citer de lui que des lettres relatives aux diverses missions dont il fut chargé.

N. D'ARDRES, Gentilhomme Protestant.

15..—1562.

La France protestante, biographie spéciale des hommes célèbres qui appartiennent à la religion réformée, nous révèle un personnage marquant du Beauvaisis, dont les écrivains catholiques et ligueurs du XVIe siècle n'avaient pas parlé d'une manière assez impartiale. N. d'Ardres, gentilhomme des environs de Senlis, était le secrétaire, l'homme de confiance du connétable de Montmorency. Ce fut en cette qualité qu'il assista en 1559 à l'assemblée de Vendôme, où les chefs de l'opposition contre les Guises, c'est-à-dire Antoine de Navarre, le prince de Condé son frère, Coligny d'Andelot, Odet de Châtillon (2), François de Vendôme, vidame de Chartres, Antoine de Croï, et d'autres représentants du parti calviniste, se concertèrent sur les moyens de renverser le gouvernement des princes de Lorraine, chefs du parti catholique. Les avis furent partagés. D'un caractère plus ardent, Condé, d'Andelot et le vidame de Chartres voulaient qu'on courût de suite aux armes sans laisser aux Guises le temps d'affermir leur autorité. Les autres, et d'Ardres fut du nombre, propo-

---

(1) Labbe. — Concil. t. x. col. 994-998.
D. Martene. — Anecd. t. I. col. 39S.
Spicilége : in-fol. t. II. p. 509.

(2) Frère de Coligny, le même qui fut évêque de Beauvais.

sèrent des remèdes moins violents, en représentant que s'il n'y avait rien à attendre du roi, on pouvait tout espérer de la reine-mère, Catherine de Médicis, qui n'hésiterait pas à se joindre à eux si elle trouvait des sûretés dans leur parti. Ce dernier avis l'emporta; mais les hommes d'action prévalurent bientôt sur les hommes de conseil, et Condé, n'écoutant que son ambition ou ses ressentiments, leva l'étendard de la guerre civile en s'emparant d'Orléans. D'Ardres, partisan zélé, n'hésita pas à aller rejoindre le chef du calvinisme, se séparant ainsi de son maître le connétable de Montmorency qui avait embrassé le parti de la cour. Il paya cher cette apostasie. Le prince de Condé qui avait d'abord déployé une grande vigueur, se laissa endormir par les promesses de la reine-mère, et il prit le parti de se retirer dans ses domaines, soit que ses ressources fussent épuisées, soit qu'il augurât mal d'une guerre ainsi conduite. Mais si les princes du sang pouvaient rompre les mailles du filet de la cour, il n'en était pas de même des simples gentilshommes; plusieurs demeurèrent pris dans la toile d'araignée que leur tendaient les Guises. De ce nombre fut d'Ardres et plusieurs de ses compatriotes et coreligionnaires.

« Quatre gentilshommes, nous raconte Crespin, assa- » voir les sieur de Moncy-Saint-Eloi, de Houdancourt, » d'Ardres et de la Maison-Blanche, voisins de la même » ville (de Senlis), s'estans retirez d'Orléans en leurs mai- » sons pour se refraischir, les séditieux les allèrent atta- » quer et les amenèrent prisonniers, les accusans d'avoir » tiré un coup de pistole au village de Fleurines, contre » une certaine femme sœur du prieur de Saint-Cristofle, » regardant par sa fenestre. De Senlis ils furent menez à » Paris et décapitez aux halles, après avoir fait confession » de foi, et ce, le 10 novembre 1562, et leur testes appor- » tées à Senlis et mises à quatre portes de la ville. »

Théodore de Bèze, historien protestant, qui raconte le même fait, ajoute une circonstance importante qui est passée sous silence par Crespin : c'est que le tribunal de Senlis, jugeant en première instance, avait acquitté les prévenus. Il serait bien difficile de se prononcer sur le témoignage des historiens de cette époque, tous également passionnés.

ARNOUL ou ERNULPHE, Évêque de Rochester,

né à Beauvais.

1050—1124.

La Grande-Bretagne, moins obscurcie que la Germanie et la Gaule par les ténèbres de la barbarie, avait fourni au continent, pendant le VIIe et le VIIIe siècle, toute une légion d'apôtres éclairés, depuis saint Columban, le réformateur des monastères, venu de l'Irlande, jusqu'à saint Boniface, l'apôtre des Germains, qui était d'origine anglo-saxonne. La Gaule Germaine, de son côté, ne tarda pas à payer sa dette, et lorsque l'invasion danoise eut éteint en Angleterre les rayons de la lumière sacrée, ce furent des missionnaires, des prélats venus du continent qui en rallumèrent le flambeau. La conquête de l'Angleterre par les Normands contribua à un autre point de vue à l'occupation des évêchés d'Angleterre par des prélats du continent. En même temps que les compagnons de Guillaume-le-Conquérant se partageaient les comtés et les châtellenies, les abbés et les simples clercs de Normandie obtenaient l'investiture des évêchés et des abbayes de l'église saxonne.

C'est ce qui nous explique comment le moine Ernulphe

ou Arnoul, originaire du Beauvaisis, devint évêque de Rochester.

Ernulphe était né à Beauvais vers l'an 1050. Il fut envoyé dès sa plus tendre jeunesse à la célèbre école du Bec-Helloin, en Normandie, dont Lanfranc avait alors la conduite. Après y avoir fait ses premières études, il revint dans sa patrie et se consacra au sacerdoce dans l'abbaye de Saint-Lucien de Beauvais. Il fut chargé d'enseigner la grammaire aux jeunes religieux. « Mais, disent les béné-
» dictins ses biographes (1), comme il vit certains abus
» qu'il ne pouvait ni corriger, ni souffrir en conscience,
» il forma le dessein de quitter ce monastère pour se re-
» tirer dans un autre plus régulier (1070) » Il fit part de ce projet à saint Anselme qu'il avait connu pendant son séjour dans l'abbaye du Bec. Celui-ci lui répondit une lettre pleine de tendresse et en même temps de sages conseils. Il paraît surpris de voir son ancien disciple enseigner déjà aussitôt après sa profession, et dans un temps où il ne devait penser qu'à s'instruire lui-même des devoirs et des obligations de l'état qu'il avait embrassé. Il lui conseille de n'avoir en vue dans le changement qu'il médite que sa propre instruction. Ernulphe suivit ce conseil, et s'adressa à Lanfranc, son ancien directeur devenu archevêque de Cantorbéry, et l'un des favoris de Guillaume le Conquérant. Peut-être l'ambition avait-elle un peu de part dans cette vocation nouvelle. Peut-être Lanfranc voulait-il recruter sa milice ecclésiastique parmi ses anciens religieux. Toujours est-il que le professeur qui quittait les écoles de Saint-Lucien pour ne plus enseigner, débuta précisément à Cantorbéry par enseigner la grammaire.

(1) Histoire littéraire de la France, tome X, page 425.

L'esprit de corps, qui unissait déjà les membres d'une même corporation religieuse, dans la conduite des affaires temporelles, aida puissamment à la fortune rapide du jeune prêtre de Beauvais. Henri, prieur de Cantorbéry, ayant été élu abbé du monastère de la Guerre, Ernulphe fut désigné pour le remplacer par saint Anselme, successeur de Lanfranc. Il justifia le choix du prélat par la sagesse de son administration et aussi par les services qu'il rendit à son métropolitain (1). Ernulphe fut ensuite élu successivement abbé de Saint-Pierre de Burgh (1107) et évêque de Rochester (1114) (2). On cite de lui ce trait conforme aux mœurs du temps. Il raconta aux moines, le jour de son élection, que l'un de ses prédécesseurs lui était apparu pour le solliciter de prendre l'anneau pastoral. Les moines le supplièrent alors de donner raison à cette apparition et de ne point persister dans son refus d'accepter la crosse et l'anneau pastoral. Il accepta et occupa avec honneur le siége épiscopal de Rochester pendant neuf ans (1114-1123). Saint Yves de Chartres, dans une de ses lettres, fait le plus grand éloge de sa prudence et de sa probité.

Arnoul a laissé plusieurs ouvrages, entre autres : 1° *Textus Roffensis :* c'est l'histoire du diocèse qu'il administra ; 2° *Liber Ernulphi de Incertis nuptiis*, ou traité sur certains cas pouvant apporter des empêchements au mariage. L'auteur, devançant les modernes traités de théologie morale, y discute cette question : *an uxor a filio conjugis, non suo, adulterium passa, a toro conjugis merito sit pontificali judicio removenda.* Il s'appuie sur l'autorité de saint Augustin et soutient d'après la coutume de

---

(1) Voir les lettres de saint Anselme.

(2) Wharton, *Anglia sacra*.

l'église, les décrets des conciles et la doctrine des pères, que l'épouse qui se trouvait dans le cas proposé, devait être soumise à la pénitence et séparée pour toujours de son mari; 3° *Lettre d'Ernulphe à Lambert sur le sacrement de l'Eucharistie.* L'auteur y défend avec logique et éloquence la tradition de l'Église, et soutient cette thèse que Jésus-Christ, en instituant les sacrements, a laissé à l'Église le pouvoir de régler la manière de les administrer. Ces deux derniers traités ont été imprimés dans le *Spicilége* de D. d'Achéry.

On attribue aussi à l'évêque de Rochester un Recueil de lettres; un traité sur les six jours de la création (*De operibus sex dierum*); un autre sur les six paroles prononcées par Notre-Seigneur sur la croix (*De sex verbis Domini in cruce*); des sermons, et enfin un traité en vers sur les *Proverbes de Salomon* dont le P. Lelong fait mention dans sa Bibliothèque sacrée.

AUBIN ou ALBIN DES AVENELLES,

Poète élégiaque,

né à Crespy-en-Valois.

1480—1537.

La Croix du Maine et Duverdier, dans leur *Bibliothèque Française*, font mention d'un vieux poète du Valois dont les œuvres sont devenues introuvables. Je ne sais trop s'il faut s'en plaindre. La rareté des poésies d'Aubin des Avenelles est, je crois, leur principal mérite, et c'est surtout la curiosité qui les fait tant rechercher des bibliophiles.

Maître Albin était né à Crespy vers l'an 1480. Il fut d'abord chantre (1) à la collégiale de Saint-Thomas, dans sa ville natale, et devint plus tard chanoine de l'église cathédrale de Soissons. Il était d'humeur gaillarde et sa muse s'exerça sur des sujets assez peu édifiants. Il est vrai qu'il ne faisait qu'imiter ou traduire les opuscules profanes de quelques poètes d'église tels que le Mantuan et Æneas Sylvius, chrétiens de cœur, prêtres de robe, mais païens d'esprit et de style, comme la plupart des écrivains de la Renaissance.

Baptiste le Mantuan, carme de profession et de mœurs, était né à Mantoue, comme Virgile. Il n'a que cela de commun avec le grand poète du siècle d'Auguste. Pour aider au rapprochement, il a composé des églogues monastiques dans lesquelles des carmes, travestis en bergers, se disputent sur la réforme de leur ordre et finissent par se battre à grands coups de houlette. Il a aussi chanté les abeilles, comme le poète des Georgiques. Mais les abeilles du Mantuan n'ont ni miel ni aiguillon : elles ne font que bourdonner. Avec un pareil modèle, Aubin des Avenelles ne pouvait pas produire de chefs d'œuvre. Sa traduction en vers de dix syllabes de certains passages érotiques du Mantuan est d'une platitude insipide.

Æneas Sylvius, qui plus tard devint souverain pontife sous le titre de Pie II, avait aussi commis dans sa jeunesse quelques peccadilles poétiques où le latin dans les mots bravait l'honnêteté. Aubin des Avenelles exerça sa verve de traducteur sur les sujets les plus licencieux de ce nouveau Saint-Augustin. Il traduisit, entre autres poésies

---

(1) Le chantre, dans un chapitre, n'était pas, comme aujourd'hui, un laïque ou un clerc des ordres mineurs qui psalmodie l'office du lutrin; c'était un des chanoines titulaires. Il y a à Beauvais la rue du Chantre. Elle tire son nom du dignitaire de ce nom, qui habitait près de la cathédrale.

d'Æneas Sylvius, le *Remède d'Amour*, imité d'Ovide, la *Complainte dudit Pape* et sa *Description de Cupido* tirée d'une de ses élégies. Hâtons-nous de dire que maître Aubin fit plus tard amende honorable, comme son illustre modèle, en publiant, d'après lui, la *Déclamation morale de l'Amant qui renonce à sa folle passion*. Nous ne citerons de l'original et du traducteur que les fragments qui marquent cet heureux retour vers des sujets plus moraux.

Complainte et repentance de Sylvius.

« Vous devez croire à ma sage vieillesse
» Beaucoup plus tost qu'à ma folle jeunesse,
» Et si devez le Pontife de Rome
» Plus estimer, qu'un autre privé homme.
» Jetez Enée, et Pie recevez,
» Ce nom payen me fut, comme savez,
» Par mes parents à moi gentil donné,
» Et le chrétien m'a été ordonné
» Quand je reçu la grâce apostolique. »

Le Remède d'Amour.

« L'homme et la femme ainsi conjoincts ensemble
» Au charnel acte, et en mortelle guerre
» Sont comparés à deux vaisseaux de terre
» Qui ne se font que heurter et corrompre,
» Casser, froisser, et ensemble desrompre
» Tant que tout soit jusqu'à néant réduit. »

Ces deux citations suffisent pour donner une idée de la poésie de maître Aubin des Avenelles. Il a fait aussi une traduction de l'*Art d'aimer* d'Ovide, en vers de huit syllabes, sans alternative de rimes masculines et féminines. C'est une rapsodie extravagante. Enfin, il a publié pour son propre compte divers opuscules, tels que la *Clef d'amour* ou le *Chief d'amour* (1509), suivi des *Sept Arts libéraux* que l'auteur renferme presque tous dans la connaissance et la pratique de l'amour le plus profane. Il est vrai que, comme contraste, il expose ensuite dans deux pièces les *traits* et attraits de l'amour divin. Mais sa conversion paraît moins sincère que celle d'Æneas Sylvius.

« Le temps n'est plus de faire l'asne
» Et d'adorer quelque Diane,
» En guerroyant votre repos
» Sages humains faisans de même,
» Venez chanter l'honneur suprême
» D'amour divin pour votre los. »

Malgré cette espèce de rétractation poétique, des pièces postérieures de maître Aubin nous donnent à penser que, comme écrivain profane, il mourut dans l'impétinence finale. Ses œuvres ont été recueillies et publiées par Etienne Groulleau, sous ce titre : *Opuscules en ryme française* par Albin des Avenelles, 1548, petit in-8°, réimprimé en 1656, in-16 (1).

On cite aussi comme originaire de Crespy-en-Valois, et issu de la même famille, *Philippe des Avenelles*, traducteur peu connu et peu digne de l'être. On a de lui : *Epitome ou Abrégé des vies de cinquante-quatre excellents personnages tant Grecs que Romains, mises au parangon l'une de l'autre.* (Extrait du grec de Plutarque de Chéronée). Paris, 1558, in-8° : mais cette traduction n'approche pas à beaucoup près de celle d'Amyot. Philippe des Avenelles a aussi *translaté* du grec en français les sixième et septième livres d'Appien, comprenant : *Histoire des guerres des Romains en Ibérie; — Guerre des Romains contre Annibal.* On ne peut pas dire de ces traductions, comme de celles d'Abancourt, que ce sont de belles infidèles, car elles ne sont ni exactes ni élégantes.

Le Duchat, dans ses notes sur la satire Ménippée, parle

(1) La Croix du Maine et Duverdier, *Bibliothèque Française.* — Brunet, *Manuel du libraire*; Goujet, *Bibliothèque française*; *Mélanges tirés d'une grande bibliothèque*, etc., etc.

enfin d'un *Pierre des Avenelles*, avocat au parlement de Paris, qui dénonça au secrétaire du duc de Guise la conjuration d'Amboise, et obtint une charge de judicature en Lorraine et une somme de 12,000 livres pour prix de sa délation. Mais il ne paraît pas que ce personnage homonyme fût parent ou compatriote des Avenelles de Crespy-en-Valois.

AUGÉ (Jean-Baptiste-Antoine),

Vicaire-général de Paris, Archidiacre de Notre-Dame,

né à Beauvais.

1761 — 1844.

La ville de Beauvais a conservé le souvenir du respectable abbé Augé, qui fut pendant trente ans curé de Saint-Pierre et laissa dans sa paroisse des témoignages encore vivants de son inépuisable charité (1). Ce digne prêtre avait un frère qui s'était aussi consacré au sacerdoce et put, grâce à son talent, exercer sa vocation sur un théâtre plus élevé. L'abbé Augé fut un de ces éducateurs de la jeunesse, aussi vertueux que savants, que le Beauvaisis a produits en grand nombre, depuis les écolâtres du monastère de Saint-Lucien jusqu'au théologien distingué qui fut un des fondateurs du collége Stanislas.

Augé avait reçu dans sa ville natale le bienfait de l'édu-

---

(1) Jean-Louis-Gilles Augé, né à Beauvais le 28 novembre 1745, vicaire-général du diocèse et curé de la cathédrale, mort le 31 août 1831.

cation que plus tard il prodigua à son tour à quelques-uns de ses jeunes compatriotes (1). Sa famille, qui était des plus recommandables de la ville, lui fit faire ses premières études au collége de Beauvais. A l'âge de 16 ans, il entra, à Paris, au séminaire des Trente-Trois. Il y fit deux années de philosophie, après lesquelles il fut reçu maître ès-arts, et entra ensuite au collége Louis-le-Grand, comme boursier de théologie.

A peine M. Augé eut-il reçu le grade de docteur qu'il fut appelé, par Mgr Asseline, évêque de Boulogne-sur-Mer, pour diriger le petit séminaire de cette ville. Pendant les jours orageux de la révolution, l'abbé Augé accompagna son évêque dans l'exil et se retira avec lui à Hildesheim, en Hanovre, où il ouvrit des conférences ecclésiastiques. Le livre intitulé *Miroir du Clergé*, qu'il publia en rentrant en France, est le résumé de ses leçons.

Après le Concordat, il revint en France et fut placé, avec M. Liautard, à la tête d'une maison d'éducation de Paris, qui reçut plus tard du roi Louis XVIII le nom de collége Stanislas (2). Dans ces délicates fonctions, qu'il remplit pendant de longues années, il se montra constamment le père et l'ami de ses élèves, leur sage conseiller et leur appui tutélaire. Il se consacra tout entier à eux jus-

---

(1) Le collége de Beauvais offre un touchant exemple de cette pieuse reconnaissance envers les établissements d'éducation. M. Alexandre Chevalier, fils d'un sellier des gardes-du-corps, né à Beauvais en 1762, élevé comme boursier au collége Louis-le-Grand, et enrichi plus tard par son travail, a fondé par testament deux bourses au lycée Louis-le-Grand, et quatre au collége de Beauvais (1849) en faveur d'enfants originaires de sa ville natale.

(2) Le collége Stanislas, situé rue Notre-Dame-des-Champs, est un établissement d'éducation indépendant de l'État et régi par une société d'actionnaires composée en grande partie d'anciens élèves du collége. Le ministre de l'instruction publique nomme les professeurs sur la présentation des chefs de l'établissement.

qu'à l'âge de 80 ans, où il dut prendre sa retraite et céder la direction du collége à l'un de ses coopérateurs. M. de Quélen, archevêque de Paris, le nomma, en 1839, premier vicaire-général et archidiacre de Notre-Dame. Il fut maintenu dans ses fonctions jusqu'à sa mort survenue en novembre 1844.

Un nombreux cortége d'anciens élèves et d'amis accompagna jusqu'à sa dernière demeure ce prêtre vénérable, et plusieurs discours prononcés sur sa tombe rappelèrent les principaux traits de cette existence si bien remplie (1).

AUGER (Antoine-Augustin),

Représentant de l'Oise à la Convention nationale.

1761—1836.

Le conventionnel Auger est né à Liancourt-Saint Pierre, village du canton de Chaumont-en-Vexin, d'une famille d'honnêtes cultivateurs. La petite ville de Chaumont avait alors une certaine importance. Elle était le chef-lieu d'un bailliage dont la juridiction s'étendait au loin sur une riche contrée. M. Auger était procureur du bailliage de Chaumont lorsqu'éclata la révolution de 1789, dont il embrassa les principes avec ardeur.

Appelé à l'administration du district, à l'époque de la

---

(1) M. Victor Tremblay, à qui nous avons emprunté le fond et souvent la forme de ces Notices, cite aussi dans sa Galerie biographique un abbé Auger, d'origine normande, ancien curé de Compiègne et chanoine honoraire de la cathédrale de Beauvais, archéologue distingué, mort à Paris en 1844, et inhumé dans l'église Saint-Antoine de Compiègne.

division de la France en départements, il fut bientôt nommé par ses concitoyens suppléant à la Convention nationale. Ce fut au plus fort de la terreur que la mort du député titulaire l'appela à siéger à la Convention, dont il fit partie jusqu'à sa dissolution.

Dans cette assemblée révolutionnaire, le citoyen Auger se fit remarquer par son zèle, son activité, et en même temps par la modération de son caractère. Après le 9 thermidor, les commissaires de la Convention, affranchis du joug de Robespierre, n'étaient plus de farouches proconsuls obligés d'exécuter de sanglantes représailles, mais de véritables pacificateurs chargés de concourir, avec des généraux dignes de cette noble mission, au rétablissement de l'ordre et de la concorde dans les départements de l'Ouest.

L'histoire n'a pas toujours été impartiale dans le récit de cette guerre de Vendée. Elle a souvent sacrifié à ses héros de prédilection les champions du parti contraire. Il faut cependant reconnaître que les généraux républicains, comme les chefs royalistes, ont déployé dans ce champ clos du dévouement et de la foi militaire autant d'humanité que de bravoure. Hoche et Marceau, vainqueurs de Charette et de La Rochejaquelein, surent élever la guerre civile à la hauteur de la chevalerie qu'ils combattaient.

Auger eut la gloire d'être un des pacificateurs de la Vendée. Attaché comme représentant du peuple en mission au corps d'armée du général Canclaux, il s'attacha à seconder de son mieux les chefs militaires, au lieu d'espionner leur conduite et d'entraver leurs opérations.

Dans la séance du 26 frimaire an III, la Convention entendit la lecture du rapport d'Auger, daté de Fontenay-le-Peuple, nom républicain donné à Fontenay-le-Comte. Il y racontait comment, de concert avec ses deux collègues

Dornier et Guyardin, il avait relevé le moral de l'armée, exténuée par les privations et décimée par les maladies, constitué les autorités civiles et délivré quatre cents détenus.

« Nous avons rendu la liberté, écrivait-il, à tous ceux » qui nous ont paru victimes de l'intrigue, de la passion, » ou dont la vieillesse et les infirmités pouvaient, en faveur » de l'humanité, fléchir la rigueur des mesures de sûreté; » à tous les laboureurs, artisans, artistes, marchands, et » les pères des défenseurs de la patrie, en conciliant avec » la justice ce que nous imposaient les circonstances diffi- » ciles où nous nous trouvions.

» Les lois qui accordent des secours aux parents des » défenseurs de la patrie, aux réfugiés, aux victimes de » la rébellion, aux vieillards cultivateurs et artisans, aux » veuves et aux mères de famille, s'exécutent avec soin et » font adorer le gouvernement républicain et admirer la » justice de la représentation nationale. »

Cette mission donna quelque crédit au citoyen Auger, et, dans un des renouvellements des bureaux, il fut élu secrétaire de la Convention (1er vendémiaire, an IV). Dix jours après, la Convention, violemment attaquée par les sections révolutionnaires, était défendue militairement et victorieusement par le général Bonaparte.

Aux élections nouvelles, Auger fut encore élu par le département de l'Oise au Corps législatif, et siégea au conseil des Cinq-Cents. Pendant cette session, il prit une part active à la question des biens nationaux. Dans la séance du 5 ventôse, an IV, il proposa le moyen de rétablir le crédit des assignats en leur conservant leur gage qui n'était autre que les biens nationaux dont il demandait la mise en vente.

« La confiance, disait-il, n'existe que dans la mesure » de l'intérêt en finances, comme en matière de gouver-

» nement dans la mesure de protection que l'on reçoit » pour sa liberté, sa sûreté et sa propriété. »

Auger développa sa proposition dans un projet de loi en 33 articles, qui fut renvoyé à l'examen d'une commission. La principale disposition de ce projet fixait le mode de vente des domaines de la nation, qui était l'adjudication, et portait que le paiement en serait fait, un tiers en mandats, et les deux autres tiers en assignats, à vingt capitaux pour un. Dans la séance du 21 ventôse, le conseil ordonna l'aliénation des biens nationaux, conformément au projet de loi, jusqu'à concurrence de 1,800 millions (1).

La carrière politique d'Auger fut brusquement interrompue par le coup d'État du 18 brumaire. Il rentra dans ses foyers : il eût pu faire autrement.

D'honorables suffrages l'avaient, en effet, désigné pour faire partie du tribunal de cassation, lors de la création de cette cour suprême, mais son vif attachement pour son pays natal lui fit préférer le modeste emploi de receveur des finances à Chaumont. Il passa de là à la recette particulière de l'arrondissement de Beauvais. En 1800, M. Auger fut nommé juge au tribunal criminel de l'Oise, et, lors de la nouvelle organisation judiciaire, il passa au tribunal de première instance en qualité de juge d'instruction. Il avait pour l'instruction des affaires criminelles une aptitude toute spéciale qui, dans la Mercuriale de 1812, lui mérita l'honneur d'être cité au premier rang parmi les magistrats chargés de ce service.

---

(1) L'ancien *Moniteur* fait mention d'un rapport d'Auger sur une pétition des héritiers de la veuve Modène, condamnée à mort par le tribunal révolutionnaire d'Arras, comme complice d'émigrés, pour avoir, dans une lettre à son frère, donné le conseil de faire *émigrer* ses chevaux de luxe. Cette pétition fut renvoyée au Directoire exécutif par le conseil des Cinq-Cents.

« Doué d'une merveilleuse perspicacité et d'un tact parfait, ce juge intègre savait, par une apparente bonhomie, arracher au prévenu le plus endurci un aveu qui ne laissait peser aucun doute sur la conscience des juges. Il employait toutes les ressources de sa remarquable sagacité pour découvrir les coupables, en même temps qu'il avait une tendance à se montrer indulgent lors de l'application des peines. Dans les causes civiles il se distinguait par une justesse d'esprit et une connaissance des hommes et des affaires qui lui assurait une légitime influence dans les délibérations du tribunal (1). »

Après avoir exercé pendant plus de 30 ans, sauf une interruption de quelques années, ses fonctions judiciaires, M. Auger, déjà septuagénaire, prit sa retraite en 1835 : il mourut à Beauvais, le 22 juin 1836.

Gilles d'AURIGNY, Poète et Avocat,

né à Beauvais.

(XVIe SIÈCLE.)

La pléïade de Ronsard avait ses satellites poétiques, et le Beauvaisis comptait au XVIe siècle quelques lettrés, disciples fervents des muses grecques, latines et françaises. Seulement, à cette époque, il n'était pas permis — surtout en province — d'être uniquement poète. Il fallait exercer une véritable profession, ne fût-ce que celle d'avocat.

---

(1) M. Victor Tremblay. *Biographie des hommes recommandables du département de l'Oise.*

Gilles d'Aurigny, natif de Beauvais, avocat sans cause au parlement de Paris, et qualifié de poète par ses contemporains, exerça paisiblement ces deux sinécures sans faire beaucoup parler de lui de son vivant. Ce sont les déterreurs d'écrivains posthumes qui ont fait sa réputation après sa mort. Comme pour Albin des Avenelles, la rareté de ses œuvres en fait le plus grand mérite. Mais les critiques qui ont tant fouillé dans le XVIe siècle, n'ont guère trouvé de perles dans sa litière poétique.

La Croix du Maine et le P. Niceron se bornent à dresser le catalogue bibliographique de ses œuvres, dont les principales sont les suivantes :

La Généalogie des Dieux poétiques, imitée d'Hésiode; *La Description d'Hercule de Gaule*, traduit du grec de Lucien; *La Peinture de Cupido*, publiée à Poitiers en 1545. Dans ces œuvres érotiques, Gilles d'Aurigny avait un peu jeté sa toque d'avocat par-dessus les moulins; aussi avait-il cru devoir cacher son nom sous divers pseudonymes. Tantôt il signait ses œuvres le *Pamphile*; tantôt il les publiait sous le nom de l'*Innocent égaré*, par allusion sans doute à la licence plus que poétique de ses écrits.

L'ouvrage le moins ignoré de Gilles d'Aurigny, celui qu'à la rigueur on peut rencontrer dans le catalogue, sinon sur les rayons des grandes bibliothèques, c'est un petit in-12 imprimé à Paris en 1546 sous ce titre : *le Tuteur d'Amour*, auquel est comprise *la Fortune de l'Innocent en Amour*, ensemble un livre où sont *Epistres, Elégies, Complaintes, Epitaphes, Chants royaux, Ballades et Rondeaux, avec un autre livre d'Epigrammes.*

La bibliothèque Mazarine possède un exemplaire de ce rare et curieux ouvrage, relié en parchemin et doré sur tranche. Il est dédié à M. de Maupas, abbé de Saincte-Jehan, de Laon, que d'Aurigny appelle son maître. Dédier à un abbé le *Tuteur d'Amour*, c'était bien de la hardiesse de la part du poète, ou bien de la complaisance de la part de l'abbé. On en jugera par quelques extraits du livre. L'auteur débute par un portrait de Cupidon :

« Incontinent que j'eus jeté ma veue
» Sur son maintien, sur sa chair blanche et nue,
» Sur ses deux yeux d'un linge blanc bandez,
» Sur ses traicts d'or tant bien recommandez,
» Sur son carquois qui lui pendait de grâce
» Et sur son arc qu'il portait d'une audace...
» Je pensay bien que celuy mesme estoit
» Qui tant de maux au monde commettoit.
» Je congneus bien que c'était le corsaire
» Auquel j'avais si grandement affaire. »

Sauf quelques jolis vers, par ci par là, le *Tuteur d'Amour* est une rapsodie mythologique mal imitée du *Roman de la Rose.*

Les autres pièces contenues dans le volume sont : le discours des dames sur le choix des amours, et des épîtres ou élégies sur les diverses situations de l'amour heureux ou malheureux.

Parmi les épitaphes en vers du recueil, on peut citer celle du seigneur de Foissy, qui fut tué d'un coup de canon au siége de Saint-Dizier. Elle ne manque pas d'une certaine vigueur poétique :

« La mort voyant que Henri de Foissy
» Dans Sainct-Disier triomphoit à la bresche,
» Luy dist : « Vieillard, garde-toy ; me voicy :
» Fière mort suis, qui les humains dessèche. »
» Et ce disant, (encore toute fresche
» De sang humain), d'un canon renversa
» Son pauvre corps qui soubdain trépassa,
» Non sans laisser regretz en habondance.
» — O viateur, puisque mort offença,
» Ayez de l'âme entière souvenance. »

On est tout surpris, au milieu de ce recueil érotique, de rencontrer des chants religieux ; par exemple, un cantique en l'honneur de la Vierge immaculée sur la même page qu'une *Ballade à son amye.* Ce singulier mélange du sacré et du profane, qui nous choque à bon droit, était fréquent chez les écrivains du XVIe siècle, chrétiens par leurs souvenirs d'enfance, païens par leurs études sur l'antiquité et la renaissance. Le livre d'épigrammes qui clot le volume de Gilles d'Aurigny, sent un peu son Clément Marot et son Bonaventure Despériers Elles sont lestes, grivoises, quelquefois ordurières.

C'est sans doute pour faire pénitence de ses iniquités poétiques que Gilles d'Aurigny, de diable devenu ermite, publia sur la fin de sa vie *la Contemplation sur la mort de Jésus Christ* (Paris, 1547) et les *Psalmes de David*, traduits en rimes (Rouen, sans date). Il a en outre abrégé le livre de police humaine de François Patrice de Sienne, écrit en latin, et Jehan Leblond a traduit cet abrégé en français (1544 et 1644, in-8°) (1).

Gilles d'Aurigny s'est fait l'éditeur de plusieurs ouvrages. Dans sa jeunesse, il publia la première édition du *Songe du Vergier* (2). Il a fait aussi imprimer le 52e arrêt d'amour avec les ordonnances sur le fait des masques, reproduit depuis dans les diverses éditions des *Arrêts d'amour*, dont Martial d'Auvergne est généralement regardé comme l'auteur. La Croix du Maine lui attribue enfin l'impression de plusieurs ordonnances des rois de France et de quelques ouvrages de piété.

Les biographes placent la mort de Gilles d'Aurigny en l'année 1553 (3).

---

(1) Biographie Michaud, article de M. Weiss.

(2) Aureus de utraque potestate temporali scilicet et spirituali libellus, in hunc usque diem non visus, somnium *Viridarii* vulgariter nuncupatus. — Parisiis Galeotus a Patro, 1516, in-4°.

(3) Gouget, *Bibliothèque Française*. La Croix du Maine, *id.*; Brunet, *Manuel du Libraire*.

AUXCOUSTEAUX,

ancienne famille originaire de Beauvais.

Les diverses branches de la famille Auxcousteaux ont toujours occupé un rang honorable dans le Beauvaisis (1). L'histoire de la Ligue à Beauvais fait mention d'un *François Auxcousteaux*, avocat et médecin, qui fut maire de Beauvais en 1584, et eut, pendant les trois années de son exercice, à soutenir la lutte contre le pouvoir épiscopal.

Vers la même époque florissait un musicien du nom de *Arthur Auxcousteaux,* originaire aussi du Beauvaisis, et sans doute issu de la même famille. Chantre à l'église de Noyon, puis maître de musique à la collégiale de Saint-Quentin, il s'adonna à la composition de la musique religieuse, se fit remarquer comme harmoniste et bientôt prit place parmi les premiers compositeurs de son temps. Il quitta Saint-Quentin pour se rendre à Paris, où il publia plusieurs de ses compositions. Son mérite lui valut la protection du premier président, qui lui fit obtenir la place de maître de musique de la Sainte-Chapelle, qu'avait occupée avant lui le célèbre Du Caurroy, son compatriote, originaire de Gerberoy (2).

Sa place n'était pas une sinécure comme les canonicats dont parle Boileau dans son poème du *Lutrin*. La maîtrise

---

(1) D'intéressantes monographies ont été consacrées à plusieurs membres de cette famille par MM. Dupont-White et Victor Tremblay. Nous ne faisons que les résumer ici, car une biographie générale doit garder à chaque personnage ses véritables proportions et ne peut entrer dans les mêmes détails que des ouvrages spéciaux ou des notices manuscrites.

(2) Voir la biographie de Du Caurroy.

de la Sainte-Chapelle était très-renommée, et ses messes en musique faisaient courir tout Paris. On a d'Auxcousteaux un grand nombre de messes à quatre où cinq voix, et des mélanges de chansons à six parties, ce qui suppose une entente de l'harmonie peu commune chez les musiciens antérieurs à Lulli. Les érudits en matière musicale, qui ont déchiffré les partitions d'Auxcousteaux, assurent que c'est un musicien d'un vrai mérite et qui écrivait avec plus d'élégance et de pureté que les maîtres de chapelle de son temps.

Arthur Auxcousteaux mourut à Paris en 1612.

La famille Auxcousteaux se distingua au siècle suivant dans la personne de M. *Auxcousteaux de Fercourt*, conseiller au présidial de Beauvais, né dans cette ville en 1653. A peine âgé de vingt-cinq ans, M. de Fercourt, déjà maître d'une grande fortune, se laissa entraîner par la passion des voyages qui le dominait. De 1678 à 1683, il visita, avec M. de Corberon, l'Italie, la Flandre, la Hollande, le Danemarck, la Suède et la Laponie. Il accompagna le poète Regnard dans son odyssée aventureuse jusqu'au moment où ces hardis explorateurs, arrivés aux confins des mers polaires, gravèrent sur un rocher ce quatrain, dont le dernier vers est devenu célèbre :

Gallia nos genuit; vidit nos Africa, Gangem
Hausimus, Europamque oculis lustravimus omnem
Casibus et variis acti terrâque marique,
Sistimus hic tandem nobis ubi defuit orbis (1).

Il passa ensuite en Pologne, et revint en France par la Hongrie et l'Allemagne. Dans ses voyages, il se rencontra

---

(1) Nous Français d'origine, après avoir visité l'Afrique, bu des eaux du Gange et parcouru l'Europe entière au milieu de nombreuses vicissitudes et sur terre, et sur mer, nous nous sommes enfin arrêtés en ce lieu où la terre nous a manqué.

avec un de ses compatriotes, le savant numismate Foy-Vaillant, qui était alors à la recherche de médailles et d'antiquités pour le cabinet du roi.

Auxcousteaux de Fercourt et Regnard furent moins heureux dans un autre voyage. S'étant embarqués pour Constantinople, ils furent pris en mer par les pirates des côtes Barbaresques. Arrivés à Alger, ils furent chargés de chaînes et retenus captifs pendant plus de huit mois. Ils n'obtinrent leur liberté qu'en payant une forte rançon. M. de Fercourt fut racheté moyennant une somme de 12,000 livres, par l'entremise des frères de la Merci.

Corrigé de la manie des voyages, M. de Fercourt revint dans ses foyers. Il fut nommé maire de Beauvais en 1724, et mourut dans sa ville natale le 3 avril 1734.

On a conservé de M. de Fercourt un manuscrit de 65 pages contenant la relation de ses huit mois de captivité (1). Ce manuscrit se trouve dans la belle bibliothèque de Mme Le Caron de Troussures.

Parmi les descendants de M. Auxcousteaux de Fercourt, M. Victor Tremblay et M. Dupont-White citent la branche Auxcousteaux de Couvreuil, qui abandonna au siècle dernier la magistrature pour le commerce et s'établit par la suite à Amiens; MM. Auxcousteaux de Conti et Auxcousteaux de Larzille; enfin, la branche Auxcousteaux de Marguerite (2), qui a fourni au département des magistrats intègres et des administrateurs éclairés (3).

---

(1) C'est de ce manuscrit que M. Dupont-White a extrait en partie sa notice intéressante et très-détaillée sur M. Auxcousteaux de Fercourt.

(2) Marguerie, dépendance de Hermes.

(3) D'autres notices auraient pu trouver leur place à la lettre A. Elles ont été renvoyées soit à une autre lettre, quand le nom s'y rapporte aussi, soit au supplément.

BAILLET (Adrien), Hagiographe, Historien et Critique,

né à La Neuville-en-Hez, près Clermont.

1649—1706.

Dans une douce solitude,
A l'abri du mensonge et de la vanité,
J'adoptai la Critique, et j'en fis mon étude
Pour découvrir la vérité.

Ces vers, placés au-dessous du portrait d'Adrien Baillet, qui se trouve en tête de ses œuvres, résument toute sa vie. Baillet fut en effet un de ces modestes érudits, disciples de Port-Royal qui, voués à la science et dévoués à leur petite église, savaient, même au milieu du monde, se créer une solitude, et valaient plus par leurs rudes labeurs et leurs vertus austères que par leur doctrine. Beauvais fut au XVIIe siècle une succursale active de Port-Royal, et au XVIIIe un des foyers les plus remuants du Jansénisme. Nous aurons plus d'un personnage de ces deux écoles à étudier dans le cours de cet ouvrage.

Adrien Baillet naquit le 13 juin 1649, à La Neuville-en-Hez. Il était l'aîné de sept enfants que son père, simple laboureur, eut d'un second mariage; quatre garçons et trois filles : « Celles-ci, dit un biographe contemporain, ont vécu dans la condition de leur père et sont mortes comme lui au milieu des occupations et des embarras de l'agriculture et d'une vie toute champêtre; mais les garçons se sont élevés au-dessus de la vocation paternelle (1).

(1) Abrégé de la vie d'Adrien Baillet placé en tête de son ouvrage intitulé *Jugement des Savants.*

« Le père Baillet faisait valoir un petit fond de terre qu'il tenait de ses ancêtres. Les malheurs de la guerre qui tombèrent d'abord sur la Picardie, comme province frontière, l'obligèrent à en engager une partie et à se réduire à cultiver les terres d'autrui pour subsister et entretenir dans une honnête médiocrité sa nombreuse famille. Il fut même obligé dans la suite de quitter le lieu de sa naissance pour prendre dans un village voisin une ferme de M. le marquis de Vignacourt, neveu du grand-maître de Malte.

» Le lieu où le père et les enfants avaient reçu la naissance est un bourg situé sur le chemin de Clermont à Beauvais, sur les limites de la forêt de Hez. Robert, comte de Clermont, y avait fait bâtir un château qui pût lui servir et à ses successeurs de place de sûreté et de lieu de divertissement.

» A peine Adrien Baillet sut-il bégayer et se traîner, qu'on le conduisit à l'école. On l'y voyait déjà avec une attention d'homme parfait et une gravité de vieillard.

» Ennuyé de ne trouver plus rien de nouveau à l'école, il trouvait divers prétextes d'y faire diversion pour aller voir les Cordeliers (1). Il y courait, il y servait les messes toute la matinée, dînait avec eux, et, après le service où il assistait comme un novice, il revenait le soir à la maison paternelle. »

Tout en servant la messe, il apprit assez de latin pour être reçu au petit séminaire de l'évêché, où il commença ses études par la sixième. « Il était si zé é pour les humanités, dit naïvement son biographe, qu'il volait de l'argent à son père pour acheter des livres.

(1) Au couvent de Notre-Dame-de-la-Garde, maison de retraite pour les vieillards, et un peu de correction pour les fils de famille.

» On se servait alors, dans le diocèse de Beauvais, des méthodes françaises de Port-Royal pour le latin et le grec. Les faibles se contentaient des abrégés, mais les courageux abordaient les grandes méthodes. Baillet avait appris le grec dans la méthode grecque : il apprit la poésie latine et française dans la méthode latine. Quoique on se contentât dans sa classe d'ébaucher la composition des vers latins seulement, il acquit par lui-même, par la lecture des règles et des meilleurs modèles proposés dans la méthode, une telle facilité que l'on a su de lui et de ses amis, compagnons et témoins de ses études secrètes, qu'il tournait déjà toutes ses leçons en vers latins et français. Il habillait tous les sujets qui le frappaient tantôt à la latine, tantôt à la française, toujours en vers. C'était, selon lui, sa farce comique, ses Gilles rimailleurs, ses Arlequins poètes. Il n'avait garde de les communiquer à ses maîtres, trop sérieux pour les souffrir. Il s'en divertissait en son particulier ou avec trois ou quatre jeunes gens choisis à peu près de son humeur, avec lesquels il avait formé des liaisons d'amitié et d'études les plus innocentes et les plus fermes. Cette manie de versifier le tint jusqu'à la fin de sa philosophie, et même au-delà, jusqu'à son entrée dans le grand séminaire pour y recevoir les ordres. Il lut tous les poètes latins qu'il put trouver parmi ses connaissances, Virgile, Horace, Ovide, Juvénal, Sénèque, etc., etc.

» S'il était circonspect pour la lecture des poètes latins, il l'était encore plus pour celle des poètes français. Il se contenta de ceux que la méthode de Port-Royal propose. Comme cette lecture lui coûtait peu d'application et qu'elle le divertissait, il y passait presque tout son temps, dont il ne se réservait que ce qu'il lui en fallait pour faire ses extraits et mettre en vers ce qu'il entendait lire d'histoire sainte ou profane tous les jours.

» Il donna à ses extraits le titre de *Juvenilia*, qui grossirent entre ses mains assez pour en faire deux bons volumes. Il était à sa dix-septième année quand il les fit pour recueillir ce qu'il trouvait digne de remarque et de souvenir dans les poètes sur la théologie païenne, les fausses divinités, les sacrifices, les temples, les jeux publics et tout le reste qui y a rapport. Ces *Juvenilia* sont restés parmi ses manuscrits, après avoir servi de modèle à M. de Lamoignon dans ses études. Il monta en rhétorique où il passa deux années entières et suivit les leçons du maître et l'ordre de la classe plutôt pour trouver et appliquer dans ses lectures particulières l'usage des préceptes qu'on y enseignait. Content de parcourir la rhétorique de M. Lenglet, qui était très-claire et très-méthodique, et les plus belles oraisons de Cicéron et de Quintilien, il donna tout le reste de son temps à l'histoire et à la géographie.

» Pour comprendre toute l'étendue et l'économie de ses études sur la chronologie et la géographie par rapport à sa vocation ecclésiastique, il suffit de parcourir son dessein, tel qu'il le donna en 1694, pour mettre à profit tout ce qu'il serait obligé de lire pour son exécution.

» Sa philosophie se passa sans grande attention, ne s'occupant que de sa curiosité historique; cependant il soutint un acte où il répondit en maître devant toute la ville de Beauvais.

» Le succès de sa thèse ne lui enfla pas le cœur. Les applaudissements le mirent en garde. Il n'en devint que plus humble, plus retiré et plus mortifié. Ce qui amollit les autres ne servit qu'à redoubler son application. En 1670 et 1671, il passa au grand séminaire où il étudia la théologie, c'est-à-dire la science de l'Ecriture sainte, des Conciles et des Pères, la vérité des dogmes, la pureté de la morale, la sainteté de la discipline de l'Eglise; c'était tout ce qui composait les cahiers de M. Haslé et les instructions de M. de Beaupuis (1), sous lesquels il étudiait avec beaucoup de progrès. Ces études faites pendant deux ans et demi, avec tant de choix, sous de si savants maîtres, ces jours et ces nuits sans autre interruption que les cinq heures du lit, jetèrent de profondes racines dans l'esprit et le cœur de M. Baillet (2).

» Ennemi de l'inutilité, de la curiosité et de la vaine gloire, il n'étudiait que pour s'édifier. Il se croyait, par un fond d'humilité, si peu propre à autre chose qu'à la retraite ou à l'étude, qu'il conçut dès lors le désir de se retirer pour vivre sans embarras et sans distraction. Son frère Etienne, qui venait le voir au collége, l'entretenait toujours de son projet de solitude. Ce fut dans ces saints entretiens que les deux frères s'animèrent, se fortifièrent dans leurs pieuses résolutions. Adrien était sur le point d'être rappelé du collége au grand séminaire pour y recevoir les ordres sacrés; il redoutait cet engagement prochain. Pour s'y soustraire et n'être point d'ailleurs à la charge de son père, il concertait déjà avec son frère des moyens de se retirer à la Trappe, quand son évêque et les autres supérieurs lui commandèrent de professer la cinquième au collége (3). Ce commandement, auquel il ne s'attendait guère, le surprit. Il eut beau alléguer qu'il n'avait jamais étudié pour remplir cet emploi, qu'il n'en avait

(1) Charles Walon de Beaupuis, né à Beauvais, était aussi un solitaire de Port-Royal, dont il dirigea à Paris les écoles. Nous lui consacrons une notice particulière.

(2) Nous n'avons tant insisté sur les commencements d'Adrien Baillet que pour montrer quel était alors le système d'études suivi dans les colléges, d'après la méthode de Port-Royal.

(3) Le collége de Beauvais était alors le petit séminaire de l'évêché. La distinction entre l'enseignement laïque et l'enseignement ecclésiastique n'existait pas encore. Les jansénistes aidèrent à la transition.

point les talents, il fallut céder à l'ordre et commencer à la Saint-Remi l'ouverture des classes (1).

» Après avoir passé deux ans en cinquième, les supérieurs voulurent le faire monter en rhétorique, assurés qu'il remplirait avec suffisance cette place, et que le public ne perdrait rien à la mort de M. Lenglet, si M. Baillet l'acceptait; mais on ne put l'y résoudre, soit qu'il se défiât de ses forces en les comparant à celles du défunt rhétoricien, soit plutôt qu'il voulût avoir plus de loisir pour continuer le genre d'études qu'il avait commencé depuis plusieurs années, et auquel la rhétorique aurait sans doute fait une grande diversion. Il étudia donc pour cette fois les intentions de ses maîtres en leur proposant un sujet dont ils seraient tout autrement satisfaits. C'était son confrère et son voisin. Les supérieurs ne le pressèrent donc plus que pour monter en quatrième y remplir cette place (2).

» Ce changement n'en apporta presque point ni à sa manière intérieure ni à sa conduite particulière. C'était à peu près les mêmes objets d'études pour la classe et la même méthode. Il ne fit donc que continuer, les deux années suivantes, ce qu'il avait fait les deux précédentes.

» Il ne faisait d'autre mouvement que de son cabinet à la classe et de la classe à son cabinet. Un garçon qui faisait les commissions au dehors le dispensait de sortir. Au dîner, au souper, il voyait tous les jours ses supérieurs et ses confrères, ne buvait pas de vin, travaillait jour et nuit, et faisait de nouvelles découvertes plus conformes à son in-

---

(1) La Saint-Remi est fixée, par le calendrier, au 1er octobre, ce qui indique que la rentrée des classes avait lieu alors, comme aujourd'hui, au commencement de ce mois.

(2) Ces détails qui seraient oiseux dans une biographie générale, trouvent ici leur place, en ce sens qu'ils donnent d'intéressants détails sur le collége de Beauvais.

clination qu'il n'avait fait jusqu'à la troisième année de sa régence. Son emploi lui procurait environ 600 livres par an. Il était nourri. Content de très-peu, il ne dépensait rien, de sorte qu'après avoir suppléé aux besoins pressants de sa famille, il employait le fruit de sa profession à se donner des livres (1).

» Son évêque (2) le tira du collége à la Saint-Remi de 1675, pour le faire venir au grand séminaire et lui conférer les degrés de l'ordre ecclésiastique (3).

» L'évêque, exact observateur des canons de l'Eglise, s'était imposé cette loi de n'ordonner prêtre aucun séculier qu'il n'eût une église et une paroisse à laquelle il pût s'attacher pour un temps seulement, dans le dessein de juger de l'ouvrier à l'œuvre; c'est pourquoi il l'envoya dans une paroisse aux extrémités du diocèse, pour y être vicaire en chef. Ce lieu, qui s'appelle Lardières, entre Méru et Beaumont, était déjà si pauvre alors, que les habitants ne pouvaient absolument se cotiser pour rétablir le presbytère. Les pauvres trouvaient en lui des secours qu'ils n'avaient pas ressentis jusqu'alors. Tous le bénissaient : mais quel exemple pour les prêtres, s'ils font attention que M. Baillet n'avait point de patrimoine, très-peu d'épargnes de sa régence, chargé de se nourrir, son frère et un petit valet, que tout le produit de son vicariat ne passait pas trois cents livres; qu'après avoir fait tout ce que nous venons de marquer, il trouvait encore en ré-

---

(1) Ce fut à cette époque qu'il collectionna les ouvrages anonymes ou ceux publiés sous des pseudonymes dont il dévoila plus tard les noms dans son ouvrage intitulé : *les Auteurs déguisés*.

(2) L'évêque de Beauvais était alors Monseigneur Nicolas II, Choart de Buzenval.

(3) Il fut ordonné au mois de janvier 1676.

serve de quoi venir à Paris tous les ans, acheter des livres. On cessera d'être surpris dès que l'on saura, ce que le frère Etienne a déclaré depuis sa mort, que chez son frère on ne buvait que de l'eau, on ne mangeait que de gros pain, jamais de viande de boucherie, presque point de lard, des légumes seulement, tirés du jardin, cuits à l'eau et au sel, blanchis d'un peu de lait, à peu près comme à la Trappe, où ils avaient toujours envie de se rendre, tout accoutumés aux austérités qu'ils avaient appris qui s'y pratiquaient.

» Un jour de dimanche, le bon frère Etienne crut bien faire d'assaisonner la petite portion un peu plus grassement qu'à l'ordinaire. Le vicaire sortait pour aller dire la messe quand l'odeur de la sauce lui vint au nez. Il était naturellement vif et prompt; la nature et le tempérament concouraient à cette vivacité. Son premier mouvement le porta à renverser ce qui le frappait et à faire une sévère réprimande à ce cuisinier qui depuis le servit à l'ordinaire.

» Une vie si pénitente, si retirée, n'attirait point chez lui ceux de ses voisins qui vivaient plus à l'aise. Le petit nombre des autres était assez retiré, ce qui laissait au vicaire de Lardières presque tout le temps de travailler. Il en avait encore plus qu'à Beauvais; de sorte que, voyant sa paroisse assez bien renouvelée, depuis près d'un an qu'il y était, il crut qu'il lui était permis de venir à Paris y faire emplette de livres selon ses petites facultés.

» A son retour, il brigua la condition de Chappier, dans l'église de Beaumont. Le curé de cette petite ville était savant et fourni d'un grand nombre de bons livres. Le vicaire de Lardières ne sortait que pour le voir et en profiter. Ce curé lui fit tant d'amitié, qu'il lui demanda en plaisantant la dernière place de son église, à la condition pourtant de ne confesser ni prêcher (1). Le curé reçut sa demande sérieusement et la lui accorda sur-le-champ pour le lier sans retour.

» Il vint à Beaumont vers le milieu de mai avec son peu de malles et tous ses livres en grand nombre, muni de la permission de l'évêque, appelé par les deux curés, ancien et nouveau. Il croyait qu'il ne s'agissait plus que d'endosser la chappe pour prendre possession de ce petit poste.

» Lorsqu'on le vit arriver, il s'éleva un tumulte contre lui. Un prêtre, enfant de la ville, briguait en sous-main le même emploi, pour vivre agréablement dans son pays, au milieu de sa famille, parmi ses amis et ses compatriotes. Il était grand, bien fait, d'un extérieur fort *avenant*. Tous voulaient absolument de lui et s'opposaient à la réception de M. Baillet. Cette tempête dura quinze jours; M. Baillet, aussi tranquille à ranger ses livres au milieu de tant de vacarme, vivait comme s'il n'eût point été pour lui, sans s'inquiéter, sans se remuer, même sans se plaindre; il laissait aux autres le soin de ce dénoûment, et à Dieu celui de terminer la difficulté comme il plairait à la Providence.

» Cependant on en écrivit à madame la maréchale de La Mothe, dame temporelle de la ville. Informée du mérite du sujet, elle fit savoir aux habitants ses intentions en sa faveur. Ces gens prévenus et aheurtés à leur sens, ne voulaient pas se rendre, enfin elle fut obligée d'en écrire à son bailli.

» Par malice, les habitants avaient avancé que M. Bail-

---

(1) Adrien Baillet qui, par modestie, allait toujours en déclinant dans la carrière ecclésiastique, à mesure qu'il avançait en mérite, prenait toujours conseil de son confesseur, M. Hermant, lorsqu'il s'agissait de prendre une résolution.

let ne savait pas chanter. C'était une de leurs calomnies, car on fut surpris de l'entendre chanter avec force, et une connaissance aussi parfaite du plain-chant que s'il en avait fait son étude capitale. Malgré ces difficultés, il fut reçu, et enfin il se vit paisible de toutes parts. Alors il partagea son temps, en donna la première partie aux fonctions de son emploi, chantant l'office, faisant le catéchisme, répondant à ceux qui le consultaient; tout le reste était pour son cabinet et ses livres. »

Une vocation si éprouvée ne laissait plus de doutes aux supérieurs de l'abbé Baillet. Il était né pour être savant, non pour demeurer pasteur d'un village. Aussi M. Hermant, son protecteur, ne tarda-t-il pas à lui ouvrir une carrière en rapport avec ses goûts et ses aptitudes. Il lui fit obtenir la place de bibliothécaire chez M. de Lamoignon. Cette fois encore le solitaire se récusa, prétextant de son peu d'extérieur et de son manque d'usage. Il savait qu'il allait entrer dans une maison fréquentée par des savants, des littérateurs, des gens du monde; mais l'amour des livres l'emporta. Il fut installé dans sa bibliothèque au mois de mai de l'année 1680, et, pendant vingt ans, jusqu'à sa mort, il ne quitta pas pour ainsi dire cette studieuse retraite.

Il passa deux ans à rédiger le catalogue de la bibliothèque de M. de Lamoignon (1), catalogue raisonné contenant par ordre de matières des indications sommaires et des renvois aux livres qui traitent les mêmes sujets.

Baillet était surtout un compilateur. Ses *Jugements des Savants sur les principaux ouvrages des auteurs* contiennent plus de citations que de véritable critique. Il écrivait avec une déplorable facilité, comme on en pourra juger par la lecture ou même par la nomenclature de ses nom-

(1) Ce catalogue s'accrut sous ses mains jusqu'à former 35 volumes in-f°.

breuses publications. Toute matière lui était bonne : chaque idée qui lui venait à l'esprit ou qui lui était inspirée par un autre devenait livre, sous sa plume féconde ; et comme il méditait toujours de nouveaux ouvrages, il donnait trop peu de soins à son style. Un jour madame de Lamoignon le mena à un sermon de Bourdaloue sur la Conception. Il en prit texte pour composer un Traité de la dévotion de la sainte Vierge et du culte qui lui est dû, ouvrage éclectique et qui fut mis un moment à l'*index*, mais toutefois avec la formule atténuante *donec corrigatur*.

Les critiques ne manquèrent pas à Baillet. Les Jésuites poursuivaient en lui un disciple de Port-Royal, et Ménage lui chercha noise pour son Traité sur les satires personnelles. Il y eut un *Anti-Baillet*, ce qui affligea le modeste bibliothécaire plus exercé à la critique des œuvres qu'à la polémique personnelle. Aussi, pour éviter les querelles littéraires, crut-il devoir user de pseudonymes pour plusieurs de ses ouvrages. Il en publia quelques-uns sous le nom de *Daret de Villeneuve*, et d'autres sous celui de *Balt. Hezeniel de la Neuville* qui est l'anagramme de *Baillet de la Neuville-en-Hez*. Malgré ces précautions, il fut constamment en butte à des critiques souvent fondées, notamment pour son grand ouvrage de *la Vie des Saints*, où il examine peut-être d'un peu trop près les légendes et les miracles. Je ne crois pas que le Propre des Saints que prépare en ce moment Monseigneur l'évêque de Beauvais soit conforme à l'esprit de ce livre qui côtoie toujours l'orthodoxie. Baillet a d'ailleurs un autre tort aux yeux des restaurateurs de la liturgie romaine : c'est qu'il contribua à la réforme dans le sens gallican des bréviaires diocésains.

Sur les remontrances de quelques amis, Adrien Baillet avait le dessein de compléter, en l'amendant, son grand ouvrage. Il voulait formuler un système complet des points de foi, de morale et de discipline prouvés par l'Ecriture sainte et l'accord de ses interprètes, par les conciles et les monuments authentiques de l'histoire ecclésiastique, par les pères de l'Eglise, enfin par les exemples des Saints. Il devait donner à ce projet le titre et la forme de dictionnaire universel ecclésiastique, où les étudiants en théologie, les docteurs mêmes et les simples fidèles pussent aisément trouver dans l'ordre alphabétique tout ce qui se rapporte à ces trois chefs : Dogme, Morale et Discipline.

Mais la mort l'empêcha de réaliser ce vaste projet.

Adrien Baillet souffrait depuis longtemps d'un mal héréditaire et que la négligence avait contribué à aggraver. Il avait ses idées sur la médecine et se soignait à sa manière. Précurseur des hydropathes, il voulait que l'eau froide ou chaude fût le remède de presque toutes les maladies. Il se trouva bien de ce régime pendant quelques années ; mais son tempérament, échauffé par les veilles et le travail, ne pouvait lutter contre l'âcreté du sang qui, deux ans avant sa mort, dégénéra en un érésypèle des plus dangereux qui s'étendit peu à peu sur toutes les parties du corps. Il n'avait eu jusqu'alors d'autre médecin que lui-même : passant d'un extrême à l'autre, il se mit entre les mains des empiriques. L'abbé Aignan lui fit prendre des vulnéraires qui devaient faire merveille ; mais ce prétendu remède irrita le mal au lieu de le diminuer.

Madame de Lamoignon, voyant qu'il dépérissait de jour en jour, le décida enfin à renoncer à la science pour se préparer à la mort. Dans le cours de sa carrière sacerdotale, Baillet avait plus travaillé à ses livres qu'à son salut, et quelques-uns de ses ouvrages passaient pour n'être pas d'une orthodoxie irréprochable. Il se confessa au curé de Saint-Paul, sa paroisse, reçut les derniers sacrements, et attendit la mort en chrétien fervent, assis dans un fauteuil et récitant par cœur les psaumes de la pénitence. Pendant son agonie, on l'entendit murmurer entre ses lèvres le verset suivant : *Erravi sicut ovis quæ periit; quære servum tuum.* Il rendit le dernier soupir le 21 janvier 1706, à l'âge de 56 ans.

Il laissait par testament ses biens aux pauvres, sauf quelques legs à sa famille, et distribuait ses livres bien-aimés entre ses amis les plus chers. Il exprimait dans ses dernières volontés le vœu d'être inhumé dans le cimetière commun de la paroisse, mais M. de Lamoignon voulut qu'il fût enterré dans les charniers de Saint-Paul, avec les prêtres, et fit graver cette épitaphe sur la pierre tumulaire :

« *Hic jacet Adrianus Baillet, sacerdos Bellovacensis, qui post expressam moribus et scriptis vitam sanctorum, obiit Parisiis, anno salutis* 1706, *ætatis* 56, *apud illustrissimum Senatûs præsidem, de Lamoignon, cujus bibliothecam a* 26 *annis curabat.*

» *De cætero scripta consule.* »

Voici, d'après Michaud, la bibliographie des œuvres de Baillet :

1° *Jugements des Savants sur les principaux ouvrages des auteurs.* 1685 et 1686, 9 vol. in-12. Cet ouvrage, trop vaste pour être exécuté par un seul homme, devait avoir six parties. Baillet n'a pu faire que la première et une partie de la seconde. Il y parle des imprimeurs, des critiques, des grammairiens et philogogues, des traducteurs, des poètes grecs et latins, et des poètes modernes. Les jugements qu'il y porte des poètes lui attirèrent beaucoup de désagréments. Le P. Commire l'attaqua par des épigrammes dont on peut apprécier le ton par le titre de l'une d'elles : *Asinus in parnasso.* Les Jésuites, ne pouvant lui pardonner d'avoir fait l'éloge des écrivains de Port-Royal et la critique de quelques-uns de la société, le combattirent dans des réflexions pleines de causticité qu'on attribue au fameux P. Tellier. Au milieu de beaucoup de chicanes que renfermaient ces écrits satiriques, il y avait des critiques fondées principalement sur les cinq derniers volumes, composés avec trop de rapidité pour qu'il ne s'y fût pas glissé bien des fautes et des méprises. On ne saurait cependant lui contester le mérite d'avoir tracé un vaste plan, bien conçu, qui a servi de modèle à ceux qui après lui sont entrés dans la même carrière et d'y offrir des morceaux d'une saine critique. « Cet ouvrage, dit La Monnoie, est un tissu à la mosaïque composé de diverses pièces taillées par différentes mains, artistement rassemblées par une seule, qui en forme un ensemble bien ordonné.

2° *Des Enfants devenus célèbres par leurs études et par leurs écrits*. 1688, in-12.

3° *Des Satires personnelles*, traité historique et critique de celles qui portent le titre d'*Anti*. 1689, 2 vol. in-12. Ménage, piqué d'avoir été repris plusieurs fois dans les *Jugements des Savants*, en avait publié une critique sous le titre d'*Anti-Baillet*. Baillet, au lieu de répondre directement à cette attaque, composa et fit imprimer le traité des *Satires personnelles*, où il parle des ouvrages qui portent le titre d'*Anti*, et fait voir que toutes les critiques qui s'attachent aux personnes sont odieuses. Prosper Marchand, dans son *Dictionnaire historique*, donne (au mot ANTI-GARASSE) une liste de beaucoup d'*Anti* dont Baillet n'a fait aucune mention ou dont il n'a dit qu'un mot en passant.

4° *Auteurs déguisés sous des noms étrangers, empruntés, supposés, faits à plaisir, chiffrés, renversés, retournés ou changés d'une langue en une autre*. 1790, in-12. Ce n'est que la préface d'un plus grand ouvrage, qu'il abandonna lorsque ses amis lui eurent représenté que ce livre ferait beaucoup de mécontents. Ces quatre ouvrages de Baillet ont été réimprimés avec beaucoup de notes de La Monnoie. Paris, 1722, 7 vol. in-4°. *L'Anti-Baillet*, avec les notes du même éditeur, ne fut imprimé à Paris qu'en 1730, in-4°, ou 8 vol. in-12 en dix-sept parties.

Les éditions de Hollande contiennent, outre l'*Anti-Baillet* et les notes de La Monnoie, 1° *les Jugements des savants sur les auteurs qui ont traité la rhétorique*, par Gilbert; 2° *les réflexions sur les jugements des savants*, en quatre lettres, par le P. Tellier, jésuite; 3° *Réflexions d'un académicien sur la vie de Descartes*, par le même Tellier. La vie de Baillet, que l'on trouve dans cette édition, est d'Augustin Frion, son neveu.

5° *Vie de Descartes*, 1691, 2 vol. in-4°, dont il publia un abrégé. 1693, in-18.

6° *Histoire de Hollande*, depuis la trève de 1609 où finit Grotius, jusqu'à notre temps. 1690, 4 vol. in-32, publiés sous le nom de *La Neuville*.

7° *La dévotion à la sainte Vierge, et du culte qui lui est dû*. 1694, in-12. Ouvrage solide et instructif, où l'auteur tient un juste milieu entre les protestants qui traitent d'idolâtrie le culte que l'on rend à la mère de Dieu, et les dévots indiscrets qui le surchargent de pratiques minutieuses, souvent même superstitieuses. Cet ouvrage fut dénoncé à l'archevêque de Paris (de Harlay) qui n'y trouva rien à reprendre, et à la Sorbonne qui, au lieu de faire droit à la dénonciation, censura le livre de Marie d'Agreda, où ce culte est poussé à des excès ridicules.

8° *De la conduite des âmes*. 1695, in-12, sous le nom de *Duret de Villeneuve*. C'est un traité des devoirs d'un directeur, et de la soumission qui lui est due.

9° *Les Vies des Saints*. 1701, 3 vol. in-fol., ou 12 vol. in-8°, ce qui fait un volume pour chaque mois.

10° *Histoire des Fêtes mobiles, des Vies des Saints de l'ancien Testament, la chronologie et la topographie des Saints*. 1703, in-fol., ou 5 vol. in-8°. On a réimprimé ces deux ouvrages à Paris. 1704, 4 vol. in-fol., et 1839, 10 vol.

in-4°. On préfère les éditions originales. « Cet ouvrage, dit l'abbé Lenglet, est ce que Baillet a fait de meilleur; il n'a point laissé passer de miracle qu'il ne l'ait examiné de tous sens. » On a publié, en 1701, un *Abrégé des Vies des Saints*. 1 vol. in-fol.

11° *Les maximes de Saint-Etienne de Grammont*. 1704, in-12, trad. du latin.

12° *Vie d'Edmond Richer*. 1714, in-12. On doute qu'il en soit l'auteur.

13° *Vie de Godefroid Hermant*, qui avait été son confesseur et son protecteur auprès des Lamoignon. 1717, in-12, réimprimé en 1718.

14° *Démêlés entre le pape Boniface VIII et Philippe-le-Bel*. L'éditeur fut le P. Lelong qui y ajouta 22 pièces justificatives. On ne peut être mieux instruit de ces démêlés qu'en lisant l'ouvrage de Baillet, à moins qu'on ne veuille avoir recours aux originaux et autres actes, dont il est un extrait fidèle.

15° *Relation curieuse et nouvelle de la Moscovie*, 1709, in-12, publiée sous le nom de *Balt. Hezeniel de la Neuville*, anagramme de *Baillet de la Neuville en Hez*.

16° On attribue généralement à Baillet la *Nouvelle Relation*, contenant les voyages de Thomas Gage dans la Nouvelle-Espagne, traduite de l'anglais par *Beaulieu Huet Aneil*, autre anagramme. 1676, 2 vol. in-8°; 1699, 2 vol. in-12.

Comme on peut en juger par cette liste, Baillet a beaucoup écrit, trop même pour sa réputation, car sa fécondité a beaucoup nui au mérite de ses œuvres. Boileau faisait peu de cas de son confrère en critique, et, s'il l'a épargné dans ses satires, cela tient sans doute à ce qu'il était son commensal à Bâville et à l'hôtel Lamoignon. *La vie des Saints* est le seul ouvrage de Baillet qui ait échappé à l'oubli, encore la cite-t-on plus qu'on ne la lit.

Terminons cette longue notice par le jugement qu'a porté sur Baillet son neveu et son biographe, M. Frion :

« Son extérieur était plus négligé que propre, car il était toujours si occupé ou à ses études ou par les fréquentes visites qu'il recevait, qu'il ne se donnait pas le temps ni le soin de ranger ses habits, son meuble, ni ses livres, se contentant d'ôter de la vue tout ce qui aurait pu la blesser. Le reste allait comme il pouvait. Il était d'une taille médiocre, et se ressentait d'un fond d'indisposition héréditaire, toujours fort échauffé quoique d'un teint pâle : des yeux enfoncés, un large front, des cheveux noirs prévenaient en faveur de son esprit, de sa mémoire et de la constance de son travail. Il ne se chauffait jamais qu'en compagnie. Dès qu'il était seul, il éteignait son feu, tant par mortification que pour être moins distrait dans son étude. On trouva caché de tous côtés, dans les réduits de son appartement, plus de deux voies de bois scié qu'il recommanda, avant sa mort, de remettre secrètement dans le bûcher commun, pour tenir caché le retranchement qu'il avait fait de son nécessaire.

» Il traitait durement son corps, comme un ennemi insolent qu'il faut toujours tenir assujéti. Tous les jours il s'étudiait à lui retrancher de son ordinaire; il l'avait enfin accoutumé à ne dormir que cinq heures, encore le plus souvent habillé, à ne faire qu'un repas, à ne pas boire de vin, à se passer de feu, à ne sortir qu'une fois la semaine en ville, à garder le cabinet. Dans un corps réduit à l'extrême nécessaire, l'esprit ne pouvait manquer d'être libre et le maître de l'un et de l'autre. Sans dissipation, il était toujours occupé; sans soin, jamais distrait; sans désir, sans passion, l'étude, la prière, la charité du prochain et la patience des visites l'occupaient tout entier. De là ces études si continues, ces découvertes si vastes, ces extraits, ces dissertations multipliées à l'infini, tant de mémoires, tant d'ouvrages écrits de sa main seule, sans secours étranger, ces corrections toutes faites par lui-même. La moitié des nuits passées dans les veilles, quarante-trois ans entiers écoulés dans cette uniformité invisible, ont produit tant de si bons fruits. »

Adrien Baillet avait trois frères qui méritent une mention à la suite de cette biographie. Le premier, *Etienne Baillet*, fut pendant de longues années frère trapiste; le second, *Pierre Baillet*, étudia la chirurgie et mourut jeune; le troisième, *Antoine Baillet*, fit ses études, comme son aîné, au collége de Beauvais et devint sous-bibliothécaire au collége Mazarin. Il s'appliqua par la suite à la médecine, et mourut en 1693 médecin à l'hôpital militaire de Dinant.

BAUMÉ (Antoine), Chimiste,

né à Senlis.

1728 — 1804.

Ce savant chimiste débuta par être pharmacien. Son père, aubergiste à Senlis, le plaça comme élève chez le célèbre Geoffroy. Le jeune Baumé n'avait pas fait d'études spéciales, ce qui alors, plus encore qu'aujourd'hui, était un obstacle dans la carrière des sciences; mais il y suppléait par cette aptitude technique qui est un ressort des plus puissants et suffit à déterminer les vocations. Baumé se présenta au Collége de Pharmacie en 1752, et y occupa la chaire de chimie à une époque où les sciences naturelles étaient en honneur. C'était le siècle des Buffon, des Réaumur, qui bientôt allaient être suivis des Fourcroy, des Lavoisier, et de cette phalange de savants qui, de l'alchimie du moyen-âge, ont fait la chimie moderne. Baumé n'était pas un de ces grands génies qui, par une sorte d'intuition, découvrent des astres ignorés dans le ciel ou des éléments inconnus dans les molécules des corps; mais, comme Parmentier, il fut un de ces utiles praticiens qui consacrèrent leurs travaux à l'humanité plus encore qu'à la science.

Il établit une pharmacie modèle, ou plutôt une fabrique de produits chimiques. L'acétate de plomb, le muriate d'étain, les sels mercuriels, les mixtions antimoniales se préparaient par quintaux dans son laboratoire. Ces manipulations en grand ne nuisaient pas à ses travaux scientifiques. En dehors de son officine, il rédigeait des mémoires très-intéressants sur la cristallisation des sels, sur les phénomènes de la congélation, sur ceux de la fermentation, sur les combinaisons et les préparations du soufre, de l'opium, du mercure, de l'acide boracique, du platine et du quinquina, les oxides métalliques, l'émétique, etc.

Ces travaux importants ouvrirent à Baumé les portes de l'Académie des Sciences, et lorsque le succès de l'*Encyclopédie* fit concevoir le plan du *Dictionnaire des Arts et Métiers*, il se chargea d'écrire cent vingt-huit articles spéciaux sur les matières de sa compétence qui font partie de cette belle collection. Avant de publier ces traités technologiques, il avait déjà fait imprimer plusieurs mémoires qui prouvent que les procédés employés alors dans les manufactures lui étaient familiers.

Au lieu d'analyser ces mémoires scientifiques, je préfère emprunter au travail consciencieux de M. Tremblay le résumé des travaux de Baumé, qui se distinguent tous par leur application facile et leur utilité pratique.

On lui doit entre autres inventions :

« Une méthode pour teindre des draps de deux couleurs. Un moyen de dorer les pièces d'horlogerie. Un procédé pour éteindre les incendies, un autre pour conserver le blé.

» On a aussi de lui des observations sur les constructions en plâtre et en ciment, sur la fabrication des savons, sur l'emploi des argiles et la nature des terres propres à l'agriculture.

» Baumé avait fait avec Macquer plus de mille expériences pour rendre notre porcelaine aussi belle que celle du Japon. Il fonda le premier en France une fabrique de sel ammoniaque; le premier aussi il blanchit par un procédé de son invention les soies jaunes, sans les écruer. Par l'application de ces deux découvertes, il affranchit son pays du tribut qu'il payait à l'Inde et à l'Egypte. Il perfectionna la teinture écarlate des Gobelins et donna un procédé économique pour la purification du salpêtre.

» Il fit un travail long et dispendieux pour perfectionner les aéromètres et rendre les thermomètres comparables; enfin, marchant sur les traces de Parmentier, il enseigna le moyen de préparer une fécule douce et de faire une espèce de pain avec le marron d'Inde. »

Enfin il perfectionna les pèse-liqueurs dont le plus usité porte encore aujourd'hui le nom d'*aréomètre de Baumé*.

Voilà certes assez de titres pour que l'Académie des Sciences ouvrît, en 1773, ses portes à l'ingénieux et infatigable chimiste, qui cependant ne voulut jamais adopter la nouvelle nomenclature de Guyton de Morveau et de Lavoisier.

Sans avoir acquis une grande fortune, Baumé, se voyant dans l'aisance, céda son fonds de commerce, en 1780, et se livra avec plus d'ardeur à l'application de la chimie aux arts.

Malheureusement, la Révolution vint lui enlever le fruit de ses travaux; il essaya de tenter de nouveau la carrière commerciale, mais cette tentative échoua, et toutes ses ressources se trouvant épuisées, il tomba presque dans l'indigence.

La science le dédommagea un peu des mécomptes de la fortune. Il fut élu associé de l'Institut en 1796, et membre honoraire de la Société de Médecine, en 1798.

Voici, d'après le savant docteur F. Hœfer, la bibliographie des ouvrages d'Antoine Baumé :

Ces ouvrages ont pour titre : 1° *Dissertation sur l'éther, dans laquelle on examine les différents produits du mélange de l'esprit-de-vin avec les acides minéraux*; Paris, 1757, in-12; imprimé dans les *Mémoires de l'Académie des Sciences*, année 1760. — 2° *Plan d'un cours de chimie expérimentale et raisonnée, précédé d'un discours historique sur la chimie*; Paris, 1767, in-12, en collaboration avec Macquer. — 3° *Manuel de chimie* ou *exposé des opérations et des produits d'un cours de chimie; ouvrage utile aux personnes qui veulent suivre un cours de cette science ou qui ont dessein de se former un cabinet de chimie*; Paris, 1763, in-12; ibid., 1766, in-12; traduit en allemand, Vienne, 1774, in-8°; en anglais, Londres, 1778, in-8°; en italien, Venise, 1783, in-12. — 4° *Mémoires sur les argiles, ou recherches et expériences chimiques et physiques sur la nature des terres les plus propres à l'agriculture, et sur les moyens de fertiliser celles qui sont stériles*; — Paris, 1770, in-8°; traduit en allemand, Leips., 1771, in-8°. — 5° *Mémoire sur la meilleure manière de construire les alambics et les fourneaux propres à la distillation des vins pour en tirer les eaux-de-vie*; Paris, 1778, in-8°. — 6° *Eléments de pharmacie théorique et pratique, contenant toutes les opérations fondamentales de cet art, avec leur définition, et une explication de ces opérations par les principes de la chimie*, etc.; Paris, 1762, in-8°; ibid., 1769, 1773 et 1818, in-8° : la dernière édition a été revue par Bouillon-Lagrange. — 7° *Chimie expérimentale et raisonnée*; Paris, 1773, 3 vol. in-8°; traduit en allemand par J.-C. Gehler, Leipzig, 1776, 3 vol. in-8°; en italien, Venise, 1781, 3 vol. in-8°. — 8° *Opuscules de chimie*; Paris, 1798, in-8°; traduits en allemand, Francfort, 1800, in-8°. — 9° Un grand nombre d'articles dans le *Dictionnaire des arts et métiers*, dans les *Annales de chimie*, dans le *Journal de physique*, dans l'ancien *Journal de médecine*, et dans les *Mémoires des savants étrangers*.

Ce savant estimable, dont les travaux ne forment pas moins de 36 volumes consignés dans les Mémoires de l'Académie, mourut à Senlis, sa ville natale, le 15 octobre 1804, à l'âge de 76 ans.

Son éloge a été écrit par M. Cadet-Gassicourt.

Lecat de BAZANCOURT (Jean-Baptiste-Maximilien-Antoine),

Général sous l'Empire,

né au Val-de-Molle, canton de Noailles.

1767 — 1830.

Les archives du ministère de la guerre contiennent les états de service du général de Bazancourt : « Entré à l'École militaire en 1775, sous-lieutenant au 42e de ligne en 1784; sorti de l'École militaire en 1785, lieutenant en 1791, lieutenant en 1791, capitaine en 1792, il fit l'année suivante la première campagne d'Italie. Passé à l'armée d'Egypte en l'an VII, il obtint le grade de chef de bataillon en 1799, et se distingua au siége de Saint-Jean-d'Acre, où il fut blessé d'un coup de pierre à la tête en montant à l'assaut.

Nommé colonel du 4e régiment d'infanterie légère en 1801, il commandait ce corps à Paris, dans le mois de mars 1004, lorsque le duc d'Enghien fut amené à Vincennes pour y être exécuté. Bazancourt eut le malheur d'être désigné comme l'un des membres de la commission qui fut chargée de condamner le jeune prince : il remplit à regret ces terribles fonctions, et, quoique sa signature se trouve au bas de la sentence, il a toujours protesté dans le cercle de ses amis que sa voix n'avait pas été pour la mort.

» Bazancourt se trouvait, à la tête de son régiment, à la mémorable bataille d'Austerlitz, fut cité à l'ordre du jour, et nommé commandeur de la Légion-d'Honneur le 1er janvier 1806.

» Général de brigade le 6 mars 1806, puis baron de l'Empire la même année, Bazancourt fut envoyé en qualité de commandant militaire à Hambourg, avec la mission spéciale de veiller à l'observation du blocus continental.

» Appelé à commander une brigade de la division militaire de Paris en 1809, mis à la retraite lors de la première restauration, il reprit du service sous les Cents-Jours et commanda alors le département d'Eure-et-Loir. Mis de nouveau à la retraite en 1815, il mourut à Paris le 17 janvier 1830, à l'âge de 63 ans. »

Le nom de Bazancourt continue d'être porté avec honneur par un écrivain distingué, M. le baron de Bazancourt, qui a suivi comme volontaire l'expédition de Sébastopol et a consacré sa plume à retracer les divers épisodes de la campagne de Crimée.

BEAUCOUSIN (Christophe-Jean-François),

Jurisconsulte et Biographe,

né à Noyon.

1730 — 1798.

Voici un de ces laborieux écrivains qui, après avoir passé de longues années à puiser dans les livres une vaste érudition, ont à peine le temps, à la fin de leur carrière, de mettre au net leurs travaux manuscrits, et meurent sans avoir rien publié d'important. Beaucousin ne saurait être oublié dans une biographie spéciale du département de l'Oise, lui qui a amassé tant de matériaux pour cette publication. Il était né le 3 octobre 1730 (1), à Noyon-sur-Oise. Après avoir fait de bonnes études au collége de cette ville, il embrassa la profession du barreau et fut reçu avocat au parlement en 1751.

Son talent comme jurisconsulte lui procura assez d'aisance pour former une collection de livres et de manuscrits, particulièrement sur l'histoire littéraire. Beaucousin a fourni beaucoup de notes pour la nouvelle édition de la *Bibliothèque historique de France* du P. Lelong. Depuis la publication de cet ouvrage, il avait fait sur son exemplaire un grand nombre de corrections d'autant plus précieuses qu'il avait sous les yeux tous les ouvrages qu'il cite.

Voici la liste de ses manuscrits connus, d'après la table des auteurs de la Bibliothèque historique :

1° *Histoire de Noyon et du Noyonnais*, dans laquelle se

(1) En 1723, suivant la biographie Didot.

trouvent les vies de Jean d'Artis, de Bonaventure Fourcroy, d'Antoine Le Conte, de Nicolas de Ramel, de Philibert Delorme; les éloges de J. B. Hatte, de Loiseau de Mauléon, de Jacques et Pierre Sarrazin, et des remarques sur le collége de Noyon;

2° L'*Histoire des Hommes illustres de Noyon*; il avait pour collaborateur Cl. Sezilla;

3° Une *Notice sur les ouvrages de Charles Dumoulin*, jurisconsulte;

4° Une *Vie de Racan*, accompagnée de remarques sur ses œuvres.

Ce studieux amateur avait aussi employé ses loisirs à composer un grand ouvrage intitulé : *Délassements d'un Jurisconsulte*. Cette compilation, qui devait fournir plus de vingt-cinq volumes in-8°, allait être livrée à l'imprimeur, lorsqu'éclata la révolution de 1789, qui, en enlevant à l'auteur sa fortune, lui ôta aussi les moyens de publier ce grand ouvrage.

Le chagrin que Beaucousin en ressentit le conduisit au tombeau. Il mourut en 1798, à l'âge de 67 ans.

La veille de sa mort, il apprit qu'il venait d'être nommé bibliothécaire du Directoire exécutif, et que son cabinet devait être incorporé à la bibliothèque confiée à ses soins. Les manuscrits de Beaucousin sont aujourd'hui dispersés dans plusieurs collections.

Philippe de BEAUMANOIR, Jurisconsulte,

né à Remy, près Clermont.

12.. — 1296.

> Homme providentiel dans lequel semblaient s'être incarnés l'esprit du pays, les progrès du temps et le perfectionnement de l'humanité.

Ces paroles sont empruntées à l'éloge historique de Philippe de Beaumanoir, que M. Dupont-White, alors procureur du roi, a prononcé, en 1847, lors de la rentrée solennelle du tribunal civil de Beauvais.

L'auteur des *Coutumes du Beauvaisis* fut, en effet, un grand citoyen, dans l'acception sérieuse qu'on peut donner à ce mot, à l'époque de l'émancipation des communes. Le Droit romain, préconisé par les légistes, aidait au progrès du pouvoir royal; le Droit canon, appliqué par l'Eglise, maintenait l'omnipotence du clergé; le Droit féodal, fondé sur la conquête, défendait énergiquement les priviléges de la noblesse; en formulant le Droit coutumier, Beaumanoir opéra une première transaction entre ces législations rivales et posa une des premières pierres du Code français, ce Code molèle qui consacre l'égalité devant la loi.

Beaumanoir avait d'autant plus de mérite à concourir à l'avénement futur de la bourgeoisie, qu'il était noble d'origine et allié à l'illustre maison de Coucy (1). Il consacra toute sa jeunesse à l'étude des lois, et fut délégué en 1273 comme bailli royal dans le ressort de Senlis. Le recueil des *Olim* constate qu'une de ses sentences par laquelle il avait usurpé sur la juridiction ecclésiastique du prieur de Bazaincourt, fut réformée, après enquête, par arrêt du parlement. Ainsi le père du droit coutumier se heurtait dès le début à l'un de ces mille écueils de la législation complexe qui régissait alors la France féodale.

Robert, comte de Clermont, un des fils de Saint-Louis, et le père des Bourbons (qui tirent leur origine du Beauvaisis), sut apprécier le mérite de Beaumanoir, et lui confia la charge de grand bailli à la résidence de Clermont. Cette fonction ne consistait guère alors que dans la présidence de la cour féodale, car Beaumanoir lui-même nous apprend qu'en ce comté les hommes de fief (les barons) avaient conservé le droit de juger, et qu'aucun bailli ne pouvait y faire les jugements avec des assesseurs, comme il était d'usage dans les autres bailliages qui ressortissaient directement à la couronne.

C'est à Clermont que Beaumanoir rédigea ses *Coutumes du Beauvaisis*. Il les termina en 1283, ainsi que l'indique la mention finale du livre (2). Cet ouvrage le place au pre-

---

(1) On croit qu'il était d'une famille noble et qu'il embrassa d'abord la carrière militaire, parce que, dans plusieurs actes authentiques, on lui donne la qualité de *miles* ou chevalier ; mais, dans le prologue de ses *Coutumes du Beauvaisis*, Beaumanoir dit lui-même qu'il s'est décidé à les écrire, parce que « Noz devons avoir mix (mieux) en mémoire ce que noz avons veu uzer et jugier de nostre enfance en nostre pays, que d'autres dont noz n'avons pas aprises les coustumes ni les usages. » Or, ce n'était pas la coutume des nobles de donner à leurs enfants la pratique judiciaire et de les confiner dans un bailliage, au lieu de les envoyer à la guerre.

(2) Il y déclare qu'il a été « entremis de garder et fere garder les droits et les coustumes de la comté de Clermont, par la volonté de très haut home et très noble Robert fix (fils) de *Saint rey Loys*.

mier rang des jurisconsultes du moyen-âge. Rompant avec la tradition féodale, Beaumanoir l'écrivit sous l'inspiration des ordonnances royales et des *Etablissements de Saint-Louis*, d'après les traditions de ce grand règne (1). Ce n'est point seulement un recueil de toutes les lois civiles et criminelles de l'époque, c'est un code complet de procédure, un traité de droit public et administratif, un règlement de police usagère, en un mot une sorte d'encyclopédie législative.

Soit que Beaumanoir indiquât les règles de l'*ajournement* qui jouaient un si grand rôle dans le régime féodal, puisque tous les services personnels étaient requis par voie de *semonce*, soit que, d'une main ferme et d'un coup-d'œil exercé, il marquât la ligne de démarcation entre les pouvoirs laïques et ecclésiastiques, soit qu'il donnât des explications sur les degrés de parenté si nécessaires à établir en tout temps, soit enfin qu'en posant admirablement les règles de l'arbitrage, il simplifiât d'avance la procédure à venir, partout, dans son ouvrage, à côté de la règle fixe, se trouve la doctrine, l'interprétation, le commentaire.

Nous pourrions étendre indéfiniment cette notice, en étudiant sous ses divers points de vue l'œuvre si complexe de Beaumanoir et en faisant ressortir tout ce qu'elle offre d'intéressant pour l'histoire du Beauvaisis; mais cette tâche à elle seule remplirait un livre, et il nous suffira d'une citation pour montrer à quel point l'auteur des *Coutumes du Beauvaisis* comprenait le rôle utile et civilisateur

(1) On prétend qu'il avait été membre du conseil du parlement à Paris, même avant d'exercer les fonctions de bailli à Senlis, parce qu'il dit avoir vu juger « en l'ostel le roy » certains points qu'il donne comme règles dans son livre, et parce qu'on aime à supposer qu'un homme de ce mérite avait pu être appelé, du vivant de Saint-Louis, dans son conseil. Mais les baillis étaient tenus de paraître environ trois fois par an, pour rendre compte des sentences qu'ils avaient rendues ou auxquelles ils avaient présidé lorsqu'il y avait appel.

de l'administration centrale alors en enfance, mais déjà occupée de réagir contre l'anarchie féodale. L'office de bailli, si ridicule au XVIIIe siècle par suite de l'abus administratif, était au XIIIe siècle une magistrature sérieuse.

Beaumanoir nous donne des renseignements historiques sur l'origine de ces premiers agents du pouvoir royal, investis à la fois des fonctions civiles, de l'autorité militaire, de rendre la justice et de percevoir les impôts.

« L'établissement des baillis en France remonte à 1191, sous le nom de *gardes justices*. Le roi Philippe-Auguste institua ces officiers, qui avaient dans leurs attributions les armes, la justice et la finance. Comme chefs militaires de la province, ils exigeaient des feudataires et des communes le service militaire auquel ils étaient tenus, prêtaient main forte pour l'exécution des arrêts de la justice, et veillaient au maintien de la paix et de l'ordre.

» Comme juges, ces baillis présidaient les assises des chevaliers, et leur autorité comme magistrats était plutôt réglementaire et législative que judiciaire. »

Enfin, comme comptables, ils avaient à vérifier la comptabilité des prévôts percepteurs des deniers royaux, et, deux fois par an, ils en rendaient compte à une commission du parlement siégeant au Temple, à Paris, où était gardé le trésor.

Relativement aux devoirs des baillis, Beaumanoir disait : « Il nous est avis que celui qui veut être loyal bailli » et droiturier, doit avoir en soi dix vertus : l'une qui » doit être dame et maîtresse de toutes les autres est appelée sapience ; la seconde est la piété ; la tierce vertu que » le bailli doit avoir, est qu'il doit être doux et débonnaire, sans cruauté ni félonie ; la quarte vertu qui doit » être en bailli, si est qu'il soit souffrant et écoutant, sans » soi courroucer, ne mouvoir de riens ; la quinte vertu, » si est qu'il soit hardi et vigoureux car s'il était couard,

» il n'oserait courroucer le riche homme qui aurait af- » faire contre le pauvre, ou il n'oserait celui qui aurait » mort desservie faire justicier par crainte de son lignage. » Il veut en sixième bien que son bailli ait la vertu de » largesse : Pour ce, dit-il, qu'avarice hébergée en cœur » de bailli est plus mauvaise et plus périlleuse qu'en au- » tres gens. La septième vertu, c'est l'obéissance au Sei- » gneur ; la huitième vertu, c'est la connaissance de ses » administrés ; la neuvième, c'est la vigilance et l'habileté » du comptable. Enfin, la dixième et dernière vertu, c'est » la loyauté qui enlumine toutes les autres.

Voilà certes un excellent programme d'administration, et, de nos jours, un ministre de l'intérieur ne s'exprimerait pas mieux dans une circulaire aux préfets.

Quoique Beaumanoir avoue lui-même qu'il ne connaissait bien que les coutumes du Beauvoisis, sa patrie, qu'il avait vu pratiquées dès son enfance, il s'étudia à fortifier les bonnes règles qu'il y trouvait par des exemples tirés des coutumes voisines ; mais, ce qui indique un esprit supérieur, c'est qu'il voulait établir le droit commun de la France. Ce résultat n'a pu être obtenu que bien des siècles après lui ; la rédaction définitive des principales coutumes en forme législative n'a été commencée qu'en vertu d'une ordonnance de Charles VII ; elle n'était pas encore achevée sous Louis XIV, et ce n'est qu'après la révolution de 1789, sous le consulat de Napoléon, qu'on put, en 1801 et 1802, en former le Code civil.

« A l'époque de Beaumanoir, dit M. Isambert (1), le droit romain, introduit dans les Gaules d'abord par le Code théodosien, avait succombé dans l'anarchie féodale de la fin du neuvième siècle, quand le territoire français fut par-

(1) Nouvelle Biographie générale, t. IV, p. 843.

tagé en une centaine de principautés, et quand chaque seigneur fut maître dans ses terres. Malgré la puissance du clergé, qui avait emprunté beaucoup aux édits des empereurs chrétiens et aux Capitulaires de Charlemagne, il n'existait presque partout que des coutumes et des usages : Beaumanoir remarque qu'il n'y avait pas dans le royaume de France « *deux chastelenies qui de toz cas uzassent d'une miesme coustume.* » Les livres de Justinien, récemment découverts en Italie, obtinrent une vogue et une autorité morale qui se fait sentir dans l'ouvrage latin de l'anglais Bracton et dans les établissements de Saint-Louis; mais les papes, qui avaient déjà décrété des Codes ecclésiastiques, donnaient à la juridiction cléricale une autorité plus considérable, due à l'empire de la religion et à l'ignorance barbare des nobles : heureusement nos rois formèrent autour d'eux un corps de légistes qui les aidèrent à affranchir les communes, et, par l'établissement d'une justice centrale, à recouvrer peu à peu les prérogatives du pouvoir législatif.

» Beaumanoir proclame que « *le roi peut faire tels establissements, comme il lui plaist, pour le commun profit, et cela d'une manière obligatoire : qu'il n'y a si grand baron qui ne puisse estre trait en la cour du roi, pour défaut de droit* (déni de justice) *ou pour faux jugement* (mal jugé). *Toute laïc* (seigneurial et non ecclésiastique) *du royaume est tenu du roi en fief et arrière-fief.* » C'est pour cela sans doute que la grande ordonnance de 1256, sur les attributions des sénéchaux et des baillis, est faite pour les provinces de la langue d'Oc, comme pour celles de la langue d'Oyl. Pour amener la ruine des guerres privées et du duel judiciaire, que saint Louis n'avait pu interdire que dans ses domaines (ordonnances de 1257 et 1260), Beaumanoir établit que le roi ou le comte a droit de s'interposer entre les parties qui se sont défiées, et que la justice n'a le droit de poursuivre la punition du méfait, que s'il n'y avait pas eu combat. Quoique Beaumanoir reconnaisse à la juridiction ecclésiastique le droit de prononcer sur les contestations relatives aux mariages et aux bâtardises, aux testaments et aux dons faits aux églises et monastères, aux procès des croisés, à ceux des veuves, aux sorcelleries (auxquelles il croyait peu) et aux dîmes, il ouvre la porte à l'intervention du parlement, et des comtes, comme gardiens des églises.

» Si la pragmatique sanction de 1268 est contestée dans un de ses articles, parce que l'original n'est pas au trésor des chartes ni dans les monuments contemporains, il n'est pas douteux que saint Louis n'ait affranchi son pouvoir des excommunications, sous lesquelles ont tremblé plusieurs de ses prédécesseurs. Il maintint les élections canoniques aux évêchés et aux bénéfices ecclésiastiques, sans l'intervention du pape; il empêcha les exactions faites au nom de la cour de Rome. En 1245, les barons de France avaient fait alliance contre les entreprises ecclésiastiques et voulaient que la juridiction du clergé fût limitée à la connaissance de l'hérésie, des usures et des mariages, ce qui était déjà beaucoup; car Clovis et Charlemagne avaient fondé les libertés gallicanes en ne permettant aux conciles de ne faire aucune loi sans leur aveu. Les baillis royaux au treizième siècle, et Beaumanoir en particulier, s'étudièrent à restreindre la juridiction ecclésiastique; fort de l'appui du parlement, celui-ci admit l'appel contre les actes de cette juridiction, comme envers la juridiction laïque. »

C'est ainsi que M. Isambert, conseiller à la cour de cassation et l'un des collaborateurs de la biographie Didot, apprécie la doctrine de Beaumanoir. J'ai préféré adopter le jugement motivé de ce jurisconsulte distingué plutôt que de mettre en regard les opinions souvent contradictoires de tous ceux qui ont parlé des coutumes du Beauvaisis et de leur auteur. Cette critique comparée nous entraînerait trop loin et nous renvoyons le lecteur aux ouvrages spéciaux (1).

La biographie proprement dite de Beaumanoir est pour ainsi dire impossible à faire. Aucun de ses contemporains n'a songé à écrire l'histoire de sa vie, et tous ceux qui plus tard ont cru devoir inscrire son éloge en tête de ses œuvres ont dû extraire de ses œuvres mêmes les rares particularités biographiques qui s'y trouvent consignées. Quelques apologistes font honneur à Beaumanoir d'uné mission diplomatique qu'il aurait remplie à Rome, en 1289, pour empêcher que le roi de Sicile, Charles II, ne fût couronné par le pape, et ils attribuent à ce voyage et au spectacle des révolutions dont les cités lombardes étaient alors le théâtre, les idées libérales émises par ce savant jurisconsulte sur l'esprit de caste; mais ce voyage ne saurait guère se concilier avec les faits authentiques qui nous montrent le bailli royal occupé alors des devoirs de sa charge. De 1285 à 1288, Beaumanoir présida les assises à Creil et à Compiègne. En 1288, on le revoit à Senlis, et même en Saintonge, en qualité de sénéchal, à moins qu'il n'y ait été envoyé seulement comme commissaire par le parlement, pour l'enquête qui y fut rapportée à la Pentecôte de cette année, car la Saintonge avait été engagée à Henri III, roi d'Angleterre, en 1259, et la cession en fut renouvelée, en 1289, par Philippe-le-Bel, qui la reprit aux Anglais en 1293.

(1) Montesquieu, *Esprit des lois*. — Laurière, *Sur les ordonnances du Louvre et les établissements*. — Duclos, *Académie des inscriptions*, t. 17 et 18. — Dupin, *Addition aux lettres sur la profession d'avocat*. — F. Lajart, *Histoire littéraire de l'Institut*. — Ed. Laboulaye, *Revue des législations*, 1840, XI. — Beugnot, notice en tête de l'édition de Beaumanoir de 1840.

En 1289, Beaumanoir présente à la cour des comptes le rôle des recettes et dépenses des prévôtés du Vermandois, dont il était responsable envers le roi comme bailli, en vertu des attributions mixtes établies par les ordonnances du règne précédent. En 1290, il présida l'assise de Saint-Quentin, et on le voit chargé des comptes de l'armement qui eut lieu alors, par ordre de Philippe-le-Bel, contre la Flandre. En 1292, il est porté comme bailli de Tours, dans une liste dressée par Brussel en son livre des fiefs, d'après les registres de la chambre des comptes. En 1293, il y présente encore les comptes du Vermandois pour les années 1291 et 1292; cependant on ne pouvait cumuler les baillages, et on devait les gérer en personne. Enfin, en 1295, il était encore bailli de Senlis. En 1296, Mabille de Boves est qualifié *uxor quondam D. Phil. de Bellomanerio*, et les *Olim* mentionnent un arrêt du parlement de la Toussaint, où il est question du fief tenu par son fils aîné, relevant de l'évêque de Senlis. Il est peu douteux qu'il n'ait été ennobli, s'il n'était pas noble d'origine. Un chanoine de Rouen, Amaury de Montfort, lui donna plusieurs propriétés au territoire de Remin ou Remy, en Beauvaisis, et l'affranchit de toute sujétion féodale envers lui par des lettres de juin 1282, confirmées en 1283 par le prince Robert, comte de Clermont.

Tels sont les faits épars qu'on a pu recueillir sur ce personnage, plus illustre par ses ouvrages que par l'élévation si contestée de sa magistrature, car malgré les registres du chapitre de la cathédrale de Beauvais, qui font mention du noble homme, messire Philippe de Beaumanoir, en qualité de chevalier, l'auteur des coutumes du Beauvaisis, appartiendrait encore moins à la noblesse d'épée, qu'à la noblesse de robe.

Beaumanoir a eu ce rare privilége d'être prophète dans son pays, non pas peut-être auprès de ses contemporains;

mais, après plusieurs siècles, il a trouvé du moins dans Loisel un sincère apologiste. Son ouvrage, dit Loisel, est « le premier et le plus hardi œuvre qui ait été composé sur les coustumes de France. Car c'est luy qui en a rompu la glace et ouvert le chemin à Jean le Bouteiller et tous ceux qui sont survenus depuis. Car messire Piere des Fontaines, conseiller et maistre des requestes de Saint-Louis, autheur du livre de la roine Blanche n'avait point passé si avant : il appert par son livre qu'il était grand légiste, canoniste et coustumier (1) ».

Le livre de Beaumanoir ne fut pas seulement d'un haut prix pour les jurisconsultes; nos publicistes, et surtout Montesquieu, y découvrirent un grand nombre de dispositions qui ont servi à éclairer l'origine et la marche de nos anciennes institutions.

Montesquieu, dans l'*Esprit des Lois*, dit qu'on doit regarder Beaumanoir comme « la lumière de son temps et une grande lumière ». Il appelle ailleurs son livre « un admirable ouvrage ». Les historiens français et anglais Robertson, Stuart, Hallan, etc., qui ont tracé le tableau des progrès de la société en Europe, s'aident à chaque pas du témoignage du bailli de Clermont.

On a lieu de s'étonner qu'un recueil aussi précieux n'ait pas été imprimé avant la fin du 17e siècle, si l'on réfléchit surtout que les Pithou, les Chopin, les Loisel, les Dumoulin, etc., en avaient eu connaissance et y avaient trouvé d'amples matériaux. Carondas avait promis de le donner en public et de l'illustrer de ses commentaires. Loisel dit qu'il l'avait remis à Douceur, libraire. Le célèbre avocat Ricard avait pris la peine de le copier entièrement de sa main pour le publier.

---

(1) Mémoires des pays, villes, comté, etc., de Beauvais et Beauvoisis 1627, in-4°, chap. 7.

C'est un savant jurisconsulte du dix-septième siècle, La Thaumassière, qui a publié la première édition des *Coutumes du Beauvoisis* en 1690, d'après un manuscrit qui appartenait à Colbert. Mais il paraît que la copie fut très-inexacte, et qu'il n'en surveilla pas l'impression, car on a vérifié qu'elle est pleine de contre-sens et de fautes de toute espèce en la comparant aux manuscrits qui nous restent, et dont il en est un au moins qui passe pour contemporain de Beaumanoir (1).

M. Beugnot a publié la seconde édition en 1842, 2 volumes in-8°, avec une excellente dissertation, d'après le manuscrit du treizième siècle, en dialecte de l'Ile-de-France, avec l'ortographe du temps. La langue était encore si peu formée, qu'il serait à désirer qu'on en publiât une traduction, comme on l'a fait des *Etablissements de Saint-Louis* de l'an 1270, en relevant soigneusement les variantes des manuscrits, dont plusieurs n'ont pas été vérifiées par M. Beugnot, et qui se trouvent à Orléans, à Troyes, à Carpentras, et à Rome, en la bibliothèque du Vatican. Il serait curieux de savoir en quoi le dialecte picard, donné par des manuscrits, diffère du dialecte de l'Ile-de-France (2).

L'œuvre de Beaumanoir est complète en 70 chapitres. Il est probable qu'il la remania jusqu'à sa mort, et l'on croit que ses successeurs, dont elle devint le manuel, y

(1) Cet ouvrage, devenu rare, mérite d'autant plus d'être recherché que, selon l'observation de M. Dupin aîné, il est probable qu'il ne sera jamais réimprimé.

(2) On voit dans la bibliothèque du tribunal civil de Beauvais un exemplaire des *Coutumes du Beauvaisis*, par Philippe de Beaumanoir, copié en 1315, qu'on regarde comme plus exact que l'édition imprimée en 1690. Ce manuscrit précieux est très-bien conservé et a été légué par M. Le Caron de Troussures, qui fut longtemps président de ce même tribunal.

ajoutèrent quelquefois. C'est probablement à cette circonstance qu'est due la mention de la canonisation de saint Louis qui se trouve dans le prologue.

Beaumanoir est originaire du Beauvaisis, c'est ce dont il n'est pas permis de douter. A défaut des témoignages historiques, son patois picard le trahirait. Mais il a pris soin lui-même de constater son origine : « Pour ce que nous sommes d'ichelui pais, » dit-il dans le prologue des Coutumes. « Son langage, d'ailleurs, dit Loisel, le montre manifestement. »

Quant au lieu précis de sa naissance, il est exactement indiqué par M. Victor Tremblay, dont les renseignements topographiques ont une certaine autorité :

« C'est près de l'antique bourg de Remy, dépendance de l'ancien comté de Clermont, sur l'un des versants de la petite vallée que traverse l'Aronde, qu'on voyait, au treizième siècle, s'élever à mi-côte le château de Beaumanoir. Une ferme aujourd'hui a remplacé ce château, auprès duquel se trouvait une vieille tour crénelée, qui a disparu, il y a dix ans, pour faire place à des bâtiments d'exploitation. Ce souvenir conservé dans le pays, le nom de Beaumanoir donné à un petit hameau, et un moulin que fait mouvoir l'Aronde, voilà tout ce qui subsiste de l'ancien château où naquit un des plus illustres enfants du Beauvaisis. »

Nous ne pouvons mieux terminer cette notice qu'en rappelant, avec l'auteur de la Galerie historique du Beauvaisis, que le Conseil général du département de l'Oise, dans sa sollicitude éclairée, a décidé que l'image de Beaumanoir décorerait le nouveau palais de justice de Beauvais. Au moins le manuscrit de cet homme d'élite, déposé dans la bibliothèque de ce palais, ne sera plus le seul souvenir de cette grande illustration. A côté de Beaumanoir figurera le savant Loisel : ces deux lumières de notre vieux droit coutumier, tous deux enfants du Beauvaisis, recevront ainsi l'hommage bien mérité de notre filiale admiration.

Charles Walon de BEAUPUIS,

Prêtre janséniste,

né à Beauvais.

1621 — 1709.

Ce pieux ecclésiastique, connu par ses liaisons avec les solitaires de Port-Royal, naquit à Beauvais le 9 août 1621 : il était fils d'un conseiller à l'élection de cette ville et de dame Marguerite de La Croix. Après avoir fait ses premières études sous les yeux de son père, au collége de Beauvais, il vint à Paris, étudia chez les Jésuites et au collége des Grassins, et acheva son cours de philosophie au collége du Mans, sous le docteur Ant. Arnaud, puis au collége de Cluny. Il était dès lors en grand commerce de lettres avec M. Manguelin, chanoine de Beauvais. L'évêque de Bazas, Litolphi-Maroni, l'ayant distingué, l'emmena dans son diocèse (1644); mais ce prélat étant mort (1645), Beaupuis revint à Paris et fut peu de temps après chargé de la direction des écoles de Port-Royal, situées alors près de la rue Saint-Dominique. Il dirigea depuis celle des Granges, près de Port-Royal-des-Champs, et il eut l'avantage d'y compter parmi ses disciples Lenain de Tillemont et Thomas du Fossé. Lancelot y enseignait alors les mathématiques, et Nicole les belles-lettres. Ces écoles ayant été supprimées en 1650, Beaupuis revint à

Beauvais; et son évêque, Mgr Choart de Buzanval, l'ayant obligé de recevoir la prêtrise, lui donna la conduite de quelques maisons religieuses, celles des Urselines de Beauvais et de Clermont. Il l'établit ensuite supérieur de son séminaire. Après la mort de ce prélat, l'abbé de Beaupuis fut interdit par Forbin de Janson, qui occupa ensuite le siége de Beauvais. Il se retira dans le sein de sa famille, où il passa les trente dernières années de sa vie dans les exercices d'une austère pénitence, uniquement occupé des pensées de l'éternité, et ne sortant de sa chambre que pour aller à l'église. Il mourut le 1er février 1709, à 87 ans, et fut enterré dans le chœur de Saint-Sauveur, sa paroisse, avec l'épitaphe suivante :

D. O. M.

Hic jacet D. CAROLUS WALON DE BEAUPUIS, *presbyter Bellovacensis*, *S. F. P. baccalaureus theologus, seminarii Bellovacensis quondam moderator. Ab infantiâ edoctus viam domini, Juvenes ad christianam pietatem, clericos ad sanctiora ministeria, virgines, ad vitam in Deo absconditam erudivit. Tandem quod semper in votis habuerat, annos triginta sedens solitarius et tacens; obiit primâ februarii, anno domini* 1709, *ætatis* 87.

Outre quelques opuscules ascétiques que l'on conserve en manuscrit, on a de lui : 1° *Maximes chrétiennes tirées des lettres de l'abbé de Saint-Cyran*, Paris, 1678, in-12 : elles ont été réimprimées plusieurs fois; l'édition la plus récente que l'on connaisse est celle de 1735. 2° *Nouveaux Essais de Morale, contenant plusieurs traités sur différents sujets*, ibid., 1699, in-12. On peut consulter pour les détails : *Mémoires sur la vie de Charles Walon de Beaupuis*, dans le volume intitulé : *Suite des Vies des Amis de Port-Royal*, Utrecht (Rouen), 1751, in-12.

Chastelain de BEAUVAIS (Maison des).

Le P. Anselme, dans son *Histoire des grands officiers de la Couronne,* fait mention d'une famille qui portait le nom de *Chastelain de Beauvais* et qui se rattachait au Beauvaisis par ses alliances, sinon par son origine qui est incertaine et se perd dans l'obscurité des généalogies.

Guillaume Chastelain de Beauvais, premier du nom, vivait en 1225. Guillaume II, appelé aussi Chastelain de Beauvais, seigneur de Vacueil, vivait en 1252, et épousa Eléonore Crespin, dame de Ferrières, de Ry et de Saint-Denys-le-Thisboust. Il fut la souche des deux branches de cette maison qui a fourni plusieurs personnages marquants.

De la branche aînée sont issus : Guillaume III, dit le Velu, mort en 1329; Colart Chastelain de Beauvais, son fils, qui servit en 1346 en Normandie sous le comte d'Eu; il épousa Marguerite de Roy, dame de Germigni; une de ses filles, Marguerite de Beauvais, épousa Pierre, dit Hutin, seigneur d'Aumont, porte-oriflamme de France. Guillaume IV Chastelain de Beauvais, conseiller et chambellan du Roi, était gouverneur de Beauvais en 1359, servit pendant quelques années dans les armées, et fut pourvu vers l'an 1367 de la charge de grand-queux de France, qu'il exerça jusqu'à sa mort arrivée en 1390; il ne laissa qu'une fille unique, et après lui sa succession et le titre de Chastelain de Beauvais passèrent à son cousin Aubert d'Evreux, seigneur de Valiquerville, qui mourut sans enfants.

La branche cadette eut encore plus de considération et d'importance, par suite de l'alliance de Renaud de Beauvais, second fils de Guillaume II, avec Marguerite de

Trie, d'une des plus grandes familles du Vexin-Français. Renaud servit aussi pendant la guerre entre la France et l'Angleterre sous Raoul, comte d'Eu, connétable de France, en 1346; et assista à la fatale journée de Poitiers, où il fut fait prisonnier avec l'élite de la noblesse française et le roi Jean. Son fils, Philippe de Beauvais, assistait aussi à la bataille et partagea le sort de son père. Plus tard (1368), il servit sous Heu de Châtillon, grand-maître des arbalétriers. Il vivait encore en 1388. Il avait épousé Alix, dite la Blonde, dame de la Forêt-le-Roi; mais les fils nés de cette alliance moururent sans postérité, et Jean Leclerc, chancelier de France, époux en secondes noces de Jeanne de Beauvais, hérita des deux branches de cette maison et fut maintenu, par arrêt du Parlement en date du 5 mai 1425, en possession de la châtellenie de Beauvais et de toutes les terres qui en dépendaient. Il vendit cette châtellerie à Estout d'Estouteville, seigneur de Beaumont, qui prit depuis la qualité de Chastelain de Beauvais.

Remi de BEAUVAIS, Capucin,

né à Beauvais.

(XVIIe SIÈCLE.)

En prenant l'habit religieux, le frère Remi prit le nom de Beauvais, sans doute du lieu de sa naissance; les érudits n'ont pas jugé à propos de faire de grandes recherches sur sa famille. Il est auteur d'un poème intitulé *la Madeleine*, imprimé à Tournay en 1617, in-8°, aux frais et par les soins de Marie de Longueval, l'une des pénitentes de l'auteur, qui lui en avait donné le sujet et qui a mis son nom au bas de l'avis au lectêur. C'est une chose qui n'a point encore été remarquée et qui mérite de l'être, que le sujet de la pénitence chrétienne d'une femme abusée longtemps par le monde, revenue de ses erreurs et les expiant par les larmes, sujet qui paraîtrait digne de la muse héroïque, n'ait inspiré cependant que des vers ridicules. On connaît le poème de *la Madeleine au désert de la Sainte-Baume*, par le P. de Saint-Louis, que La Monnoie a jugé digne d'une réimpression, à raison de sa singularité et de sa bizarrerie. Un chartreux nommé Durand, en 1622, et Jacques Leclerc, curé de Saint-Valery, en 1628, ont également choisi la Madeleine pour sujet de leurs chants dévots. Desmarets de Saint-Sorlin, le Laboureur et plusieurs autres poètes ont aussi célébré les miracles, les larmes et la pénitence de cette sainte, tous ont échoué dans leur entreprise. Le poème du frère Remi est divisé en vingt livres. On trouve au commencement un dialogue entre Sainte-Madeleine et l'auteur. Ce dialogue amusera les personnes qui savent trouver dans les choses sérieuses un côté plaisant. Il serait impossible de supporter la lecture de l'ouvrage; au surplus, le frère Remi s'avoue humblement un petit novice en poésie.

Jean-Baptiste de BELLOY,

Cardinal, Archevêque de Paris,

né à Morangles.

1709 — 1808.

Les cardinaux du moyen-âge, — le Beauvaisis en a produit plusieurs, — étaient des hommes de forte trempe, champions énergiques de la cause du Saint-Siége, qui était alors celle de la liberté religieuse et de l'émancipation civile, contre des souverains simoniaques, et une féodalité à demi-barbare. On ne retrouve plus cette foi belliqueuse et ces élans énergiques dans les prélats du XVIIIe siècle; mais s'ils n'ont plus l'ardeur de Grégoire VII et de saint Dominique, ils se distinguent du moins par cet esprit de modération et de douceur, que les temps modernes semblent avoir emprunté à la primitive église et qui fait des Vincent de Paul, des François de Sales, des Fénélon et des Belzunce, sinon des Pères de l'Église, du moins des apôtres de la charité.

Monseigneur de Belloy était de cette communion douce et tolérante qui attire les âmes faibles et indécises mieux encore que le dogme austère et la sévère discipline ne retiennent les fermes croyants. Il était né le 9 octobre 1709, à Morangles, au diocèse de Beauvais, d'une ancienne famille qui avait fourni à l'État des militaires d'un mérite distingué, et même des officiers généraux (1).

---

(1) Le premier membre connu de cette famille, l'une des plus illustres du Beauvaisis, figure en 1214 parmi les seigneurs qui jurèrent et signèrent la trêve que Philippe-Auguste conclut avec le roi d'Angleterre,

Dès son début dans la carrière ecclésiastique, il fut fait vicaire général, official et archidiacre de Beauvais, sous le cardinal de Gèvres; il annonça dans toutes ces places l'esprit de douceur et de modération qui n'a cessé de le distinguer dans tout le reste de sa longue vie.

Nommé évêque de Glandèves en 1751, il fut député à la fameuse assemblée du clergé de 1755, qui avait été convoquée pour rétablir la paix dans l'église Gallicane. Il s'y rangea du côté des prélats modérés qu'on appelait les *feuillants*, parce qu'ils avaient à leur tête le cardinal de La Rochefoucauld, ministre de la feuille des bénéfices, par opposition aux prélats d'un zèle trop exalté, qu'on nommait *théatins* par allusion à l'ancien évêque de Mirepoix, qui avait été de cet ordre et dont ils suivaient les principes. Mgr de Belzunce, l'héroïque évêque de Marseille, justement révéré pour sa conduite admirable durant la peste de cette ville, mais dont le zèle outré pour la bulle *unigenitus* avait rendu l'épiscopat très-orageux, étant mort pendant l'assemblée, la cour jeta les yeux sur l'évêque de Glandèves pour le remplacer, comme le prélat le plus propre, par sa prudence et sa modération, à ramener la paix dans le diocèse.

Elle ne fut point trompée dans ses espérances. Le nouveau pasteur sut tenir d'une main ferme la balance entre les deux partis, les contenir dans le devoir par cet esprit de sagesse qui le dirigeait dans toute son administration et se faire aimer de tout le monde par son caractère de douceur et l'aménité de ses mœurs, de sorte qu'on ne tarda pas

---

après la bataille de Bouvines. Un autre, chargé du commandement de la ville d'Amiens, se distingua dans les guerres contre les Anglais, sous le règne de Charles VI. Deux autres seigneurs de Belloy furent revêtus de commandements importants sous Charles VII et Louis XII. L'un fut tué à la bataille de Verneuil, en 1424; l'autre à celle de Guinegate, en 1479.

à voir le calme succéder aux orages qui avaient désolé le diocèse sous le régime précédent.

La Révolution française effraya le pacifique évêque. Il n'attendit pas que ses ouailles chantassent la *Marseillaise*; dès les premiers troubles, il se retira à Chambly, petite ville voisine du lieu de sa naissance. Ce fut dans cet asile qu'il traversa les temps orageux de la Révolution, attendant en paix le retour du calme et le rétablissement du culte.

Quand Napoléon jeta les bases du Concordat, Mgr de Belloy fut le premier des évêques qui firent le sacrifice de leur titre pour faciliter cette transaction. Cet exemple du doyen des évêques, par son âge et par son ancienneté dans l'épiscopat, eut une grande influence, attira tous les yeux sur sa personne, et, en rappelant le souvenir de ses précieuses qualités, le fit regarder comme le prélat de France qui, dans ces circonstances, convenait le mieux au siége archiépiscopal de Paris. Bernier, le *factotum* du Concordat, s'était réservé *in petto* le premier archevêché de la République : mais le premier consul qui rêvait déjà le rétablissement de l'autorité, préféra à l'évêque de la Révolution un prélat de l'ancien régime. Mgr de Belloy sortit de sa modeste retraite, en 1802, et fut promu à l'archevêché de Paris. Il avait alors plus de 90 ans. Il fut élevé l'année suivante à la dignité de cardinal.

Les mœurs patriarcales qu'il conserva dans cette charge éminente, la sagesse de son administration, sa dignité dans l'exercice de son ministère, justifièrent un tel choix. Jamais l'épiscopat n'avait paru dans Paris avec une dignité plus évangélique. On vit dès lors la religion refleurir sans fanatisme, mais non sans éclat, dans toutes les paroisses de la capitale. Le culte retrouva ses pompes, les prêtres leur ancienne considération; tout cela fut dû à l'influence du prélat dont le zèle ne se déployait jamais qu'à propos, parce qu'il savait attendre.

Les honneurs terrestres ne manquèrent pas au cardinal de Belloy. Il fut successivement fait comte, sénateur, grand-aigle de la Légion-d'Honneur; en un mot, il fut revêtu de toutes les dignités de l'Empire, comme il l'était déjà de toutes celles du sacerdoce, et il les honora toutes.

Mgr de Belloy avait reçu de la nature une santé robuste; il sut l'entretenir par une vie très-réglée, et parvint ainsi presque à son année séculaire sans éprouver aucune des infirmités de la vieillesse. Napoléon, étonné de lui voir une santé si robuste, lui dit un jour : « Vous vivrez jusqu'à cent ans, monsieur le cardinal. »

— Et pourquoi, répondit gaiement l'archevêque, Votre Majesté veut-elle que je n'aie plus que quatre ans à vivre?

— Moins heureux que Fontenelle, Mgr de Belloy ne devait pas arriver à cet âge extraordinaire. La mort l'atteignit quatre mois avant qu'il n'eût accompli un siècle révolu. Sa première maladie fut un rhume catharral qui ne l'empêcha pas de conserver toute sa connaissance jusqu'à deux heures avant sa mort, arrivée le 10 juin 1808. Ses derniers moments furent très-édifiants. S'adressant aux personnes de sa famille qui entouraient son lit pour recevoir sa bénédiction : « Apprenez à mourir, » leur dit-il. Et, comme l'un de ses serviteurs lui présentait une potion fortifiante : « N'entravez pas la mort, s'écria le moribond. »

Napoléon, permit, par un privilége spécial, que Mgr de Belloy fut enterré dans le caveau de ses prédécesseurs, à Notre-Dame, et il ordonna qu'un monument lui fût élevé « pour attester la singulière considération qu'il avait pour ses vertus épiscopales. »

Ce monument, dû au ciseau de Desenne, est un des plus beaux ornements de l'Eglise métropolitaine. Les personnes qui ont connu le cardinal de Belloy y retrouvent son image parlante. Le service funèbre, qui fut célébré à Notre-Dame, a été une des cérémonies les plus imposantes de l'Empire. Napoléon, qui était alors à Bayonne, voulut que tous les dignitaires de l'Etat, ayant à leur tête le prince archi-chancelier Cambacérès, y assistassent.

Son éloge était alors dans toutes les bouches, nous n'en citerons que les passages les moins officiels :

« Une bonté rare, une politesse obligeante et affectueuse, une simplicité de mœurs admirable, une justesse de sens qu'il a conservée non-seulement dans son extrême vieillesse, mais même jusqu'à son dernier soupir, rendait sa conversation infiniment agréable.

» Objet de la vénération publique partout où il allait, il en recevait partout les témoignages les plus touchants. Homme de paix avant tout, il regardait comme une des principales obligations de son ministère de la maintenir. Sa devise était véritablement : *Pax vobiscum*. Il sacrifiait tout à la paix, tout, excepté le devoir. Modèle de la charité chrétienne, il était le père des pauvres qui trouvaient toujours chez lui d'abondants secours.

» Sa présence, dit un de ses panégyristes, rappelait saint Jean l'évangéliste, se faisant porter dans les rues d'Ephèse, âgé aussi de 99 ans, et répétant sans cesse : « Mes enfants, aimez-vous les uns les autres. » C'était aussi le vœu suprême de ce vénérable patriarche de l'épiscopat français. Sa mort fut pour l'Eglise de Paris un sujet de désolation et de deuil ; mais le souvenir de ses vertus lui a survécu, et sa mémoire, toujours honorée, est encore aujourd'hui comblée de bénédictions. »

Peu de jours après la mort de ce digne prélat, le clergé des deux églises de Beauvais a célébré dans la cathédrale un service funèbre pour le repos de l'âme de l'ancien grand-vicaire de Mgr le cardinal de Gèvres, évêque de Beauvais. M. l'abbé Serpe, curé de Saint-Pierre, âgé alors de 88 ans, et qui fut honoré de l'amitié particulière de Mgr de Belloy, a officié. Malgré son grand âge, il est monté en chaire après l'Evangile et a jeté quelques fleurs sur la tombe du respectable cardinal et archevêque de Paris.

Depuis la mort de Mgr de Belloy, les caveaux de l'église Notre-Dame se sont plusieurs fois ouverts pour recevoir la dépouille mortelle des pasteurs de ce diocèse qui semblent tous voués aux plus pénibles épreuves de l'Eglise militante. Sans parler du cardinal Maury dont le beau talent se brisa deux fois à l'écueil de la politique, n'avons-nous pas vu Mgr de Quélen chassé par les révolutionnaires de 1830 des ruines fumantes du palais de l'archevêché, et les deux derniers archevêques de Paris tomber en martyrs, l'un sur les barricades de juin, l'autre sur les dalles de l'église Saint-Etienne-du-Mont!...

Mgr de Belloy a peu écrit. Sa vie a été remplie par des œuvres évangéliques, non par des travaux scientifiques ou littéraires. Il avait, dit un de ses contemporains, plus de cœur que de science, et plus d'onction que d'éloquence. Sauf ses *Mandements* dont la collection se trouve dans les recueils capitulaires, il n'a guère écrit qu'un petit ouvrage manuscrit qui fut publié plus tard sous ce titre : *Principaux devoirs d'un prêtre en forme d'examen*, Paris, 1823, in-16.

On trouve, dans le *Grand Rituel de Paris*, une petite biographie de Mgr de Belloy.

BERGERON (Nicolas), Jurisconsulte et Historien,

né à Béthisy-en-Valois.

15.. — 1584.

Nicolas Bergeron était le fils du capitaine de la forteresse de Béthisy-en-Valois, voisine du château de Pierrefonds.

Il fut un des nombreux protégés de la reine Marguerite de Valois, et justifia ce haut patronage par son mérite et son érudition. On lui doit un grand nombre d'ouvrages, les uns de jurisprudence, les autres purement littéraires.

Comme avocat au Parlement, il concourut à la rédaction des commentaires sur la *Coutume de Paris*, et publia un grand nombre de mémoires fort curieux sur les différentes causes plaidées de son temps. *P .Ram.* (Pierre Ramus), *professoris regii et Andomari. Talæi* (Omer Talon), *præfationes, epistolæ, orationes.*

Les magistrats du XVIe siècle étaient en même temps littérateurs et se délassaient volontiers de l'étude des lois par la culture des lettres. Bergeron était très versé dans l'étude des langues grecque et latine, et il composa dans ses loisirs un poème en vers latins sur l'avènement de Henri III. (in-4°, 1574.)

Mais le seul ouvrage de Bergeron qui ait survécu à l'oubli est son *Histoire du Valois royal*, 1583, in-8°, annoncé d'abord sous ce titre : *Histoire Valésienne touchant la louange et illustration du pays tant que de la maison royale du Valois.* Ce livre a été souvent cité par les écrivains postérieurs, bien qu'il manque de critique et qu'il renferme de nombreuses erreurs. Il fut remanié par Ant. Maldruc, prieur de Longport, qui publia, en 1622, un livre sous le même titre avec des augmentations.

Voici la liste des principaux ouvrages de Bergeron :

Sommaire des Temps. (Paris, Vascosan. 1562.) La deuxième édition a été publiée sous le titre : *Table historiale* contenant un abrégé de ce qui est advenu de plus notable depuis le commencement du monde jusqu'à présent.

« On peut considérer Bergeron, dit M. Lamoureux dans la *Biographie Michaud*, comme le premier auteur de ces tables synchroniques qui présentent d'un seul coup-d'œil la série des principaux événements de l'histoire (1). »

Description de l'Estat, gouvernement et justice de France. (Paris, Richer. 1574.) La table et le plan de l'ouvrage ont seuls paru.

Des additions à la *Gramère francoise de Ramus.* (Ibid. 1587.)

La *Révision* de l'ouvrage de *Claude d'Espence*, intitulé : *Deux notables Traités*, l'un desquels enseigne combien les lettres et les sciences sont utiles aux rois ; l'autre contient un discours à la louange des trois lys de France. (Paris, 1575.)

Le *Tableau de la Théologie* dans l'ouvrage de Savigny, intitulé : *Les Tableaux accomplis de tous les arts libéraux.* (Paris. 1587.) Savigny lui-même y déclare que « son bon amy et conseil M. Bergeron lui a presté la main à dresser les tableaux qu'il offre au public. »

D'autres ouvrages attribués à Bergeron sont énumérés dans la Bibliothèque Française de La Croix du Maine et Duverdier, entre autres : *L'Arbre universel de la suite et liaison de tous les Arts et Sciences*, le même sans doute que le précédent, dont il reproduit l'idée.

Bergeron fut l'élève et plus tard l'exécuteur testamentaire du savant *Ramus*, qui périt dans le massacre de la Saint-Barthélemy. Il eut pour condisciple Antoine Loisel, le savant interprète des origines du Beauvaisis.

La Croix du Maine le cite comme un « homme très docte et bien versé en sa profession, » sans faire mention des

(1) Le chancelier Bacon, né vers la même époque (1561), publia vers le même temps son *Arbre généalogique ou Système raisonné des Connaissances humaines*. Le célèbre La Pérouse avait considérablement étendu, dans toutes ses ramifications, cet arbre généalogique sur une feuille grand-aigle, contenant deux cent quatre-vingts cercles ou divisions.

langues grecque et latine et autres sciences qu'il a apprises ès-plus célèbres universités.

S'il faut en croire Antoine Loisel, au contraire, « Bergeron ne brilla pas dans la plaidoirie, quoiqu'il fut docte aux bonnes lettres et en droit. » — Il est vrai que Loisel était son compatriote.

Bergeron vivait encore en 1584, année où, selon La Croix du Maine, « il florist non sans prendre la peine de profiter au public, en toutes choses dignes d'un homme vertueux. » Il mourut à Béthisy, où il avait pris naissance.

Bergeron (Pierre), fils de Nicolas Bergeron, quoique né à Paris, appartient aussi à l'histoire littéraire du Beauvaisis. Destiné au barreau, il marcha d'abord sur les traces de son père, mais il abandonna bientôt cette carrière pour se livrer à sa passion des voyages.

« M. Bergeron fils, dit Loisel dans son *Dialogue des Avocats de Paris* (édition Dupin), n'a point tant suivi la vocation de son père, mais une aultre qui lui vauldra mieux par adventure. » Il fit, en effet, plusieurs voyages dans les pays méridionaux de l'Europe, mais on ignore s'il parcourut des contrées plus éloignées.

Il publia en 1629 un *Traité de la Navigation et des Voyages ou Découvertes et Conquêtes modernes.* (Paris, Henqueville, in-12.) Il fut aussi l'éditeur de l'*Histoire de la découverte des Canaries,* par Jean de Béthencourt. (Paris. 1630.) Le manuscrit de cette histoire était entre les mains de Galien de Béthencourt, conseiller au Parlement de Rouen, qui chargea Pierre Bergeron de le revoir et de le remettre au jour. Ces deux ouvrages assez rares se trouvent réunis dans la *Bibliothèque universelle des Voyages* (tome 4). Pierre Bergeron a aussi publié plusieurs récits de voyages faits en Orient, d'après des documents manuscrits. Il mourut en 1637.

BERNIER (Adhelm), Avocat et Historien,

né à Senlis.

Il exerça quelque temps la profession d'avocat dans sa ville natale. Entraîné par le goût des recherches historiques, il vint à Paris, se fit porter sur le tableau des avocats à la Cour royale, et publia successivement plusieurs travaux très-intéressants sur diverses contrées de la France.

Voici, d'après Quérard, la liste de ses principaux ouvrages :

1° *Discours sur la profession d'Avocat*, in-8° imprimé à Senlis en 1833.

2° *Etudes sur l'économie politique*, in-8°, Paris, 1834.

3° *Monuments inédits sur l'histoire de France*, de 1400 à 1600. Ce sont des mémoires originaux concernant principalement les villes d'Amiens, Beauvais, Clermont, Compiègne, Crépy, Noyon, Senlis et les environs de ces villes, publiés à Paris, en 1834.

4° *Journal des Etats généraux de France, tenus à Tours en* 1484, *sous le règne de Charles VIII*, rédigés sur les manuscrits de la bibliothèque royale. Edition in-4°, publiée par ordre du roi. Paris, 1836.

5° *Procès-verbaux des séances du Conseil de régence du roi Charles VIII*, pendant les mois d'août 1484 à janvier 1485, d'après les manuscrits de la bibliothèque du roi. Edition in-4°, publiée par les soins du ministre de l'instruction publique. Imprimerie royale, 1836.

6° *Mémoires secrets et inédits de la cour de France sur la fin du règne de Louis XIV*, par le marquis de Sourches, publiés pour la première fois et conformément au manuscrit du XVIIe siècle, nouvellement découvert, suivis de documents inédits relatifs à la révocation de l'édit de Nantes. Deux volumes in-8°. Paris, 1836.

7° *Histoire du château de Pierrefonds en* 1594. Deux volumes in-8°. Paris, 1847.

Ce savant et modeste historien succomba à la tâche. La fatigue du travail altéra non seulement sa santé, mais encore sa raison. Il mourut prématurément en 1846, à l'hospice des aliénés de Charenton.

BERTRAND-QUINQUET, Imprimeur et Administrateur,

né à Compiègne.

17.. — 1808.

Le citoyen Bertrand, imprimeur à Compiègne, avait épousé en premières noces la sœur du célèbre Quinquet, pharmacien distingué, inventeur des lampes qui portent son nom. Il donna avec chaleur dans le mouvement révolutionnaire de 89, plutôt par exaltation de principes, dit M. Victor Tremblay, que par intérêt personnel, et devint procureur-syndic du district de Compiègne.

Le département de l'Oise le nomma député à la Convention; il refusa, et demanda seulement la place de suppléant, que l'Assemblée électorale lui conféra. Il ne siégea pas à la Convention; mais, obligé de quitter Compiègne, en 1795, par suite des événements politiques, il vint à Paris, où il établit une nouvelle imprimerie.

Bertrand chercha alors à s'occuper dans les bureaux de

la liquidation générale, d'où il passa dans ceux du *bureau central*, puis à la préfecture de police où il fut chef de la première division.

Ce fut là que, connaissant tout Paris et connu de tout Paris, il dirigea la police pendant plusieurs années du règne de Bonaparte et se tira fort bien d'affaire dans des circonstances difficiles. Il avait plus d'aptitude pour cet emploi que pour la profession d'imprimeur, car il a publié un *Traité d'Imprimerie*, un volume in-4°, qui fourmille de fautes et qui est aussi mal rédigé qu'imprimé. Il est aussi l'auteur d'une mauvaise *Grammaire latine*, imprimée également chez lui. Bertrand-Quinquet mourut à Paris, après une longue maladie, le 12 juin 1808.

BIET (Antoine), Missionnaire,

originaire du diocèse de Senlis.

1620 — 1676.

La Guyane française, avant de devenir un lieu de déportation, exerça pendant de longues années la patience des colons et le zèle des missionnaires apostoliques. Parmi les apôtres qui se vouèrent à la tâche de défricher cette terre ingrate, et d'y prêcher l'Evangile, était un jeune prêtre du diocèse de Senlis.

Né vers 1620, Antoine Biet fut d'abord vicaire, puis curé, de la paroisse Sainte-Geneviève, à Senlis. En 1651, une compagnie obtint du Gouvernement la cession de Cayenne, et un gentilhomme normand nommé Royville fut le chef de la nouvelle colonie. Il réunit environ cinq ou six cents aventuriers, les distribua par compagnies, et, par l'espoir d'une rapide fortune, les entraîna vers cette Californie du XVIIe siècle qu'on appelait alors l'*Eldorado* (le pays de l'or). Les émigrants emmenèrent avec eux quelques prêtres, je ne sais trop dans quel but, car ils n'avaient pas, à beaucoup près, cette ardeur de prosélytisme qui animait les *conquistadores* espagnols. L'abbé de l'Isle-Marivault, chef de la mission, s'étant noyé au moment de monter sur un des navires, Biet, un peu malgré lui, fut obligé de le remplacer. Sa répugnance s'explique aisément par l'histoire de cette aventureuse et peu honnête expédition, que le pauvre missionnaire a racontée dans un livre intitulé : *Voyage de la France équinoxiale ou l'île de Cayenne, entrepris par les Français en* 1652. (Paris, 1664. In-4°.)

Voici en quels termes le savant M. Weiss analyse cet ouvrage dans la nouvelle édition de la biographie Michaud :

« Les bâtiments nolisés avaient besoin de réparations, qui retinrent les colons au Havre pendant trois semaines. Royville employa ce temps à compléter l'organisation de sa troupe. Il tira des diverses compagnies les hommes les plus beaux et les plus forts pour en faire sa garde particulière, et dès lors il prit avec ses associés des airs de hauteur dont ils furent vivement blessés. Le séjour des colons au Hâvre avait diminué leurs provisions, et, lorsqu'on mit à la voile, le 2 juillet, ils n'avaient plus de vivres que pour trois mois. Royville n'en commit pas moins la faute de s'arrêter devant Madère pendant plusieurs jours. Il descendit seul dans l'île, avec une partie de ses gardes, et reçut du gouverneur des fêtes magnifiques, qu'il lui rendait à son bord aux dépens de l'équipage. Dans cette circonstance, il traita ses associés avec tant de mépris qu'ils résolurent de s'en venger à la première occasion. Elle ne tarda pas à se présenter. Royville étant tombé malade, voulut rester la nuit sur le tillac pour y respirer le frais. Pendant qu'il dormait, quelques-uns des conjurés se jetèrent sur lui, et, après l'avoir percé de coups de baïonnette, le précipitèrent dans la mer. Ce fut le 29 septembre, jour de la fête de Saint-Michel, que les nouveaux colons débarquèrent à Cayenne. Ils furent mis sur-le-champ en possession du fort bâti dix ans auparavant par Bretigny. Ce fort, entouré d'une bonne palissade, était plus que suffisant pour soutenir les attaques des sauvages. Mais le nouveau gouverneur qui se défiait de ses propres associés, en fit construire un second entouré de fossés et de remparts pour sa propre sûreté. Comme il désirait que cet ouvrage fût achevé promptement, il y employa tous ceux qui étaient en état de travailler et laissa passer la saison des semailles sans en profiter. Loin de s'occuper des intérêts de la colonie naissante, les associés ne songeaient qu'à contrarier le gouverneur dans ses vues et même à lui disputer l'autorité. Un complot, qu'ils avaient formé contre lui, ayant été découvert, il en traduisit les auteurs devant un tribunal qu'il avait établi pour les juger. Un seul, reconnu le plus coupable, fut mis à mort, et ses complices déportés sur le continent. Cet exemple de sévérité ne put ramener le calme dans la colonie.

La division qui régnait parmi les associés ne leur permettant pas de se concerter pour la défense commune, ils eurent le chagrin de voir plusieurs habitations dévastées et brûlées par les sauvages. Cependant les colons eurent moins à souffrir de leurs ennemis que du manque de vivres. Ils étaient réduits à quelques onces de mauvais pain, et la pêche, quoique abondante, ne suppléait qu'imparfaitement aux défauts d'autres aliments. Une fièvre maligne ne tarda pas à se déclarer. En quelques jours elle enleva les médecins et les ecclésiastiques.

Biet resta seul pour soigner et consoler les malades, et s'acquitta de sa tâche avec un dévouement héroïque. Les colons n'étaient plus soutenus que par l'espoir qu'ils recevraient bientôt des secours de France; mais l'époque où les vaisseaux d'Europe fréquentent ces parages étant passée, ils se décidèrent à quitter Cayenne et s'embarquèrent le 26 décembre 1653 sur un bâtiment hollandais qui se rendait à Surinam, où ils trouvèrent un capitaine anglais avec lequel ils traitèrent poor leur transport à la Barbade.

Biet fut reconnu chez le gouverneur par un jeune élève irlandais, qu'il avait nourri quatre ans dans sa maison de Sainte-Geneviève, et qui lui témoigna sa reconnaissance par toutes sortes de services. Ceux de ses compagnons qui n'avaient aucune ressource en France ayant témoigné le désir de retourner à Cayenne, Biet se rendit, vers la fin d'avril 1654, à la Martinique, pour y traiter de leur transport avec quelques capitaines de vaisseaux marchands. Mais le gouverneur, auquel il avait été signalé comme un espion anglais, ne lui permit pas de débarquer, et il fut obligé de rester sur le bâtiment jusqu'au départ d'un autre vaisseau pour la Guadeloupe, où l'accueil qu'il reçut le dédommagea bien de l'affront qu'il venait d'essuyer. Le gouverneur de la Guadeloupe, obligé de faire un voyage en France, offrit à Biet de l'y ramener, et ne cessa de lui donner des témoignages d'estime. Il arriva sur les côtes de Normandie le 25 avril 1654, deux ans et deux mois après son départ.

Biet passa les dernières années de sa vie à rédiger le récit de son voyage. Cet ouvrage, écrit avec candeur, présente une lecture attachante. Le volume cité plus haut se termine par un *Dictionnaire de la langue galibi*. Mais Biet n'avait pas fait un assez long séjour aux Antilles pour en parler avec exactitude. Ce qu'il rapporte, d'après des mémoires qui lui ont été fournis, a été réfuté depuis par le P. Dutertre.

L'abbé Antoine Biet mourut à Senlis, sa ville natale, en 1696.

Jacques de BILLY, Mathématicien,

né à Compiègne.

1602—1679.

Ce savant astronome s'est beaucoup occupé des comètes, et ses œuvres ont subi le sort de ces astres vagabonds. Oubliées de ses contemporains eux-mêmes, elles ne reparaissent qu'à de longs intervalles, pour être citées dans les dictionnaires et les catalogues biographiques.

Jacques de Billy appartenait à la société de Jésus, qui ne négligeait aucune science, pas même celle de l'astrologie. Il a publié plusieurs ouvrages de mathématiques dont il ne reste plus que les titres. Les principaux sont : *Opus astronomicum*; Paris, 1661, in-4°; — *Nova Geometriæ Clavis algebra*; Paris, 1643, in-4°; — *Tabulæ Lodoïcæ de Doctrina eclipseon*; Dijon, 1658, in-4°; — *De Proportione harmonica*; Paris, 1658, in-4°; — *Tumulus astrologiæ judiciariæ*; Paris, 1659, in-4°; — *Diophantus geometra*; Paris, 1660, in-4°; — *Discours de la comète qui a paru l'an* 1665, *au mois d'avril*; Paris, 1665, in-4°; — *Crisis astronomica de motu cometarum*; Dijon, 1666, in-8°; — *Doctrinæ analyticæ inventum novum*; Toulouse, in-folio.

Nicéron, *Mémoires*. — Moréri, *Dictionnaire historique*.

BINET (Jean, Pierre et Claude),

Poètes et Magistrats,

nés à Beauvais.

XVIe SIÈCLE.

Voici une famille de poètes dont les œuvres sont introuvables, pour plusieurs raisons. D'abord elles ne méritaient guère de passer à la postérité ; puis, selon l'usage des auteurs de cette époque, elles ont été insérées la plupart dans des recueils anonymes ou à la suite des œuvres d'un autre écrivain du temps. Nous nous bornerons donc à donner, en résumé, la généalogie de la dynastie poétique des Binet (1) :

Jean Binet, d'une famille recommandable de Beauvais, fut, de l'aveu de ses contemporains, avocat distingué et bon poète. On lui attribue une *Description du Beauvaisis* en vers latins. Il mourut vers 1583.

Pierre Binet, frère du précédent (2), cultivait aussi la poésie. On a de lui : trois sonnets, insérés dans *les Plaisirs de la vie rustique,* recueil publié en 1583 ; — *Poëme de la Truite,* adressé à Ronsard ; — *le Vœu du pêcheur à Neptune,* et quelques autres pièces de vers latins et français,

(1) La série de cet ouvrage, consacrée plus particulièrement aux extraits, analyses et citations d'auteurs, sous le titre de *Bibliothèque du Beauvaisis,* contiendra une étude complète et de nombreux fragments des œuvres des Binet.

(2) Duverdier : *Bibliothèque française.*

imprimées dans le même recueil. — Il mourut en 1584, dans un âge peu avancé.

Claude Binet, ancien lieutenant-général du Beauvaisis, avocat au Parlement de Paris, fut l'ami et le biographe enthousiaste de Ronsard, qui le chargea de revoir ses œuvres et d'en publier une édition complète. Il en retrancha les pièces satiriques composées contre les vices de la cour de Charles IX, et, en cela, il se montra plus soucieux de la sécurité que de la réputation de son ami (1).

Dès 1573, Claude Binet avait publié lui-même diverses poésies à la suite des *OEuvres de Jean de la Péruse*. Son *Discours sur la vie de Pierre Ronsard*, 1586, contient beaucoup de particularités curieuses. Il a traduit en vers français, du latin de Jean Dorat, *les Oracles des douze Sibylles, extraits d'un livre antique, avec les figures des sibylles, portraicts au vif par Jean Babel*; Paris, 1586. On lui attribue en outre : une *Ode sur la Naissance et sur le Baptéme de Marie-Elisabeth de Valois, fille unique de France*, 1572; — *Adieu de la France au roi de Pologne, et l'adieu du roi de Pologne à la France*; Paris, 1573; — *Adonis*, ou *le Trespas du roi Charles IX, églogue*; — *Rencontre merveilleuse sur les noms tournés du roi et de la royne*, 1574; — *les Daulphins*, ou *le Retour du roi, avec le chant des sereines, qui est une épithalame sur le mariage du roi Henri III*; Paris, 1575; — *les Plaisirs de la vie rustique et solitaire*; Paris, 1583 (2).

---

(1) Les œuvres inédites de Pierre Ronsard et sa vie par Claude Binet ont été publiées récemment par M. Aug. Aubry, éditeur.

(2) Duverdier : *Bibliothèque française*. — Nicéron : *Mémoires*.

Réné BINET,

Recteur de l'Université de Paris,

né à Notre-Dame-du-Thil, près Beauvais.

1732—1812.

« *Sedulus interpres Flacci, interpresque Maronis.* »

La vie de Réné Binet s'est écoulée dans le calme des paisibles études. Contemporain et l'un des successeurs du vertueux Rollin, il vécut au milieu du siècle le plus frivole et le plus corrompu avec l'application d'un érudit et la vertu d'un sage.

Il était né le 23 janvier 1732, à Notre-Dame-du-Thil, près de Beauvais, d'une famille de simples cultivateurs. Après avoir achevé ses études avec succès au collége Sainte-Barbe, déjà l'un des meilleurs de Paris, il entra dans la carrière de l'enseignement et débuta par être maître de quartier. Nommé professeur à l'Ecole militaire et ensuite au collége du Plessis, il y enseigna la rhétorique jusqu'à la suppression de cet établissement.

En 1779, Réné Binet fut élu par ses confrères recteur de l'Université. Il continua dignement la tradition des Rollin, des Hersant, et de tant d'autres savants d'un grand mérite, dont quelques-uns appartiennent au Beauvaisis. Lorsqu'éclata la Révolution, Binet, malgré les difficultés et les dangers attachés alors aux fonctions publiques, consentit, pendant les années 1791 et 1792, à remplir les fonctions de recteur sans en avoir le titre. Il s'intitulait en plaisantant *vice-recteur constitutionnel.* Ce n'était pas de sa part un simple acte de condescendance; il espérait conserver ainsi les saines traditions de la vieille Université et le culte des études classiques; mais la Révolution s'attaquait encore plus aux idées qu'aux individus et se préoccupait des générations futures au moins autant que des errements du passé. Les anciens colléges universitaires et les écoles monastiques furent remplacés par les écoles centrales et les Prytanées (1). Binet était pauvre (les professeurs n'avaient pas le moyen d'émigrer); il accepta l'humble place de professeur de grammaire latine à l'école du Panthéon. Plus tard, il fut nommé proviseur du Lycée qui prit le nom de Bonaparte.

Dans les courts loisirs que lui laissaient ses pénibles fonctions, il s'était occupé à faire passer dans notre langue quelques-uns des chefs-d'œuvre de la littérature latine, et, malgré les défauts qu'on peut lui reprocher, ses versions d'Horace et de Virgile lui assurent un rang distingué parmi les traducteurs français. L'abbé Delille, son contemporain, a éclipsé par sa poésie élégante les traductions en prose de Réné Binet, dont le génie poétique ne s'élevait guère à la hauteur de ses inimitables modèles. Sa traduction de Virgile n'est guère qu'une révision soignée de la version dite des quatre professeurs. On raconte que, tous les soirs, Binet lisait à sa femme et à sa servante son travail de la journée et qu'il demandait à son auditoire femelle s'il était content. — Oui, répondait-il. — Et moi aussi : allons-nous coucher.

Un élève de Binet, Dussault, caractérisait ainsi la méthode de ce professeur : « Ce qui le distinguait dans sa

---

(1) Binet prononça le discours officiel à la rentrée des écoles centrales de Paris, le 1er brumaire an VII. (Paris, 1790, in-8°.)

classe, c'était un sentiment parfait des convenances et une critique très-judicieuse. Il avait beaucoup de goût, mais peu de talent : il écrivait avec sagesse et avec pureté, mais il manquait de chaleur. »

La traduction des *Œuvres d'Horace*, par Binet, a eu six éditions successives de 1783 à 1827. Cette version est élégante et fidèle. Binet, dans sa préface, prouve sans peine que la traduction en prose a sur la traduction en vers l'avantage de pouvoir rendre l'original avec plus de fidélité; mais sa fidélité scrupuleuse « ne le conduit que trop souvent à éteindre un mouvement heureux et rapide dans une phrase molle et traînante (1). »

La traduction des *Œuvres de Virgile,* du même auteur, a eu cinq éditions, de 1805 à 1833. Toute faible de style qu'elle est, elle a été longtemps classique dans nos lycées. Binet, dit un écrivain contemporain, était la ressource des élèves et quelquefois des maîtres.

On a encore de Binet : *Histoire de la décadence des mœurs chez les Romains, et de ses effets dans les derniers temps de la République* (Paris, 1795, in-18), traduit de l'allemand de l'ouvrage de Reiniers; — *Valère-Maxime,* 1796, 2 vol. in 8°. — *Oraisons de Cicéron :* cette traduction, terminée avant 1796, était restée inédite. Revue par Lemaire, elle a été imprimée dans la collection des œuvres de Cicéron.

Sur la fin de sa vie, Binet travaillait encore à revoir des ouvrages élémentaires, dont il soignait les éditions. Il mourut à Paris, le 31 octobre 1812, à l'âge de 80 ans. Ses nombreux élèves, dont plusieurs avaient dans les lettres une grande réputation, accompagnèrent ses restes au cimetière Montmartre où deux d'entre eux, M. Legrand,

---

(1) Préface de la traduction d'Horace, par MM. Campenon et Desprès.

censeur du Lycée Bonaparte, et M. Boulard, respectable universitaire, prononcèrent des discours qui ont été imprimés (1).

L'éloge de ce savant et vertueux professeur a été fait en vers latins par un de ses anciens élèves, M. Billecocq. Voici ces vers; je les cite de préférence à l'épitaphe en prose latine que le professeur Lemaire a composée pour être gravée sur le monument que les anciens disciples de Lemaire lui ont élevé par souscription :

.... hic ille magister
Quem mirata diu domus est Plessœa docentem,
Quem vetus unanimi rectorem academia plausu
Elegit sibi, qui patribus natis que vicissim
Rhetorices servanda dedit prœcepta, Binetus,
Sedulus interpres Flacci, interpres que Maronis (2).

Paris avait rendu un éclatant hommage à la mémoire de l'ancien recteur de l'Université : Beauvais ne montra pas moins de regrets et de vénération.

Le 24 novembre 1812, plusieurs anciens élèves du collége de Beauvais, condisciples ou élèves de Réné Binet, ont fait célébrer pour le repos de son âme un service solennel dans l'église Saint-Etienne. Presque tous les fonctionnaires de la ville, les élèves du collége et leurs professeurs, et une foule de citoyens de toutes les classes ont rendu ce dernier hommage à la mémoire de leur compatriote qui fut un des plus respectables patriarches de l'U-

---

(1) La vie de Réné Binet a été publiée par son ancien élève Boulard, dans la 4e édition de la traduction des œuvres d'Horace. (Paris, 1816. 2 volumes in-12.)

(2) Ce vénérable maître dont l'enseignement a été longtemps cité comme modèle dans le collége du Plessis, que la vieille Université choisit à l'unanimité pour son recteur, et qui tour à tour enseigna aux pères et aux fils les préceptes traditionnels de la rhétorique, Binet, fidèle traducteur d'Horace et de Virgile.

niversité. Les deux neveux de Binet, MM. Wuilhorgne, l'un curé de Marseille, l'autre vicaire en l'église de Saint-Etienne, ont officié en cette mémorable circonstance. M. Delassaut, ecclésiastique de la même paroisse, a prononcé un discours funèbre écrit avec une heureuse simplicité, dans lequel il a rappelé les droits du digne recteur de l'Université de Paris à la reconnaissance et aux regrets de ses compatriotes.

Biographie Michaud (nouvelle édition).

BLAMPIN (**Thomas**), Théologien.

né à Noyon.

1640 — 1710.

Ce savant bénédictin de la congrégation de Saint-Maur entra dans l'abbaye de Saint-Remy de Reims, où il enseigna la philosophie et la théologie. Ses supérieurs l'ayant chargé d'une nouvelle édition des œuvres de saint Augustin, dom Blampin se distingua dans l'accomplissement de ce travail. Il accepta le prieuré de Saint-Nicaise de Reims d'où il passa à celui de Saint-Remy, dans la même ville, et plus tard au prieuré de Saint-Ouen de Rouen. On le nomma, en 1708, visiteur de la province de Bourgogne.

On a de lui : *Sancti Aurelii Augustini, Hipponensis episcopi, opera, emendata studio monachorum ordinis S. Benedicti, cum vita ejusdem sancti Augustini, indicibus*, etc.; Paris, 1679-1700 (1).

Thomas Blampin mourut à Saint-Benoît-sur-Loire, le 13 février 1710.

---

(1) Richard et Giraud : *Bibliothèque sacrée.*

BLANDUREL (Antoine), Professeur de littérature,

né à Saint-Just-des-Marais.

1734—1813.

M. Blandurel a été le Delille du Beauvaisis, pendant plus d'un demi-siècle. Il a tour à tour professé, émigré et versifié, suivant les circonstances.

Né à Saint-Just, près Beauvais, le 5 juillet 1734, il fit de bonnes études à l'Université de Paris, de trop bonnes peut-être, car ses succès lui valurent d'être enrôlé six ans en qualité de maître d'études, et six autres années comme précepteur chargé d'une éducation particulière.

Edifié par ces marques de patience et de résignation, le bon Rollin, recteur de l'Université, le choisit pour collaborer avec les Bénédictins et l'envoya au collége de Metz. Il n'y resta que 18 mois.

M. Blandurel, quoique abbé, était avant tout universitaire. Il quitta la Congrégation de Saint-Vanne pour obtenir, au concours, la chaire de Rhétorique de l'Université de Douai. Après cinq ans de professorat, il fut pourvu, par collation royale, d'une des prébendes de la collégiale de Béthune et fut attaché en cette qualité à l'évêque diocésain. Il fut pourvu par la suite d'un canonicat au chapitre de la cathédrale d'Arras, et comptait bien, à l'âge heureux de cinquante-cinq ans, finir ses jours dans cette honorable retraite.

Mais la révolution le força d'émigrer en Allemagne. Il y resta huit ans, et c'est encore le pain de l'enseignement qui le nourrit sur la terre étrangère. Ramené en France par la fin des proscriptions, il professa les belles-lettres, à l'école secondaire du département de l'Oise, et obtint ensuite la chaire de Rhétorique du collége de Beauvais, qu'il occupa jusqu'à un âge fort avancé.

« M. Blandurel, dit M. V. Tremblay, était un savant modeste et aimable. Ses talents, la douceur de son caractère et son esprit de conciliation, lui méritèrent l'estime de ses concitoyens. Il était aimé de tous les hommes instruits avec lesquels il s'est trouvé en rapport et de tous ses élèves qui le chérissaient comme un père. »

Quelques anciens élèves du collége de Beauvais, contemporains du premier Empire, se souviennent encore du père Blandurel. C'était le pöète de circonstance, et jamais sa Muse, tour à tour française et latine, n'a fait défaut aux événements. Il a chanté tour à tour Dieu et ses Saints, ainsi qu'on en jugera par ce catalogue curieux de ses publications.

1° *Portrait de Jésus-Christ*, ode en vers français et latins (1801).

2° Ode en vers français sur les Stations du Jubilé ouvert à Beauvais en avril 1804.

3° *A la Mémoire de Pie VI,* ode en vers français publiée en 1804.

4° Vers en l'honneur du directeur de l'école secondaire de Beauvais, le jour de la saint Éloi, son patron (1805).

5° *Au Père de la Patrie*, ou *les Deux Victoires,* ode en vers français (1806).

6° Sur l'hymne de la Pentecôte et le Don des langues en vers français (1807).

7° Odes variées sur les fruits de la Prière et de l'Éducation (1808).

8° Vers français à la génération naissante, lus à la distribution des prix du collége de Beauvais, le 25 août 1808.

9° Hymne en vers français sur le Verbe.

10° Cantique sur la Nativité et sur l'Epiphanie.

11° *La Muse chrétienne*, ou poésies nouvelles appliquées à la révolution du XVIIIe siècle.

12° *Ode à l'Éternel*, en vers français.

13° Essai sur l'*Hymne de la Purification* (id.).

14° *Cantique de Moïse* (id.) 1811.

15° *Maximes de l'Écriture-Sainte*, traduites en vers français, manuscrit in-4°.

16° Traduction en vers latins du *Poème de la Religion*, par Louis Racine, manuscrit formant un volume in-4° mis au net par l'auteur en 1812, peu de temps avant son décès.

Cette simple nomenclature peut paraître une critique des œuvres complètes de M. Blandurel; si nous l'avions poussée jusqu'aux citations, c'eût presque été de la satire. En effet, la Muse banale d'Antoine Blandurel ne se contentait pas de s'attaquer aux grands hommes et aux grands événements; elle s'abaissait à de plus minces besognes et improvisait, à tête reposée, pour des réunions ou des fêtes de familles, pour des mariages, etc., des distiques, des quatrains, des couplets, et généralement tout ce qui concerne un poète de circonstance.

M. Blandurel, dit son biographe, aimait à écrire des petits vers sur ses cartes de visite, à l'occasion de la nouvelle année : il transcrivait aussi ses poésies de condoléance sur les billets de mort, grand format, qu'on est dans l'usage de distribuer à Beauvais.

Cet estimable poète mourut à Beauvais, à l'âge de 82 ans, le 28 novembre 1813. La plupart de ses œuvres sont demeurées manuscrites, en la possession d'un de ses neveux, M. Braillon.

Charles BOILEAU, Abbé de Beaulieu,

né à Beauvais.

16.. — 1704.

Plusieurs biographes ont confondu Charles Boileau le prédicateur, avec Jacques Boileau le docteur en Sorbonne. Cette confusion vient de ce que ce dernier fit ses études au collége de Beauvais, à Paris, et ces mêmes biographes, prenant leur bien où ils le trouvaient, ont revendiqué ainsi en faveur de cette ville, un certain nombre d'illustrations qui ne touchent réellement à Beauvais que par le collége qui en portait le nom (1).

Charles Boileau, abbé de Beaulieu et membre de l'Académie française, était réellement né à Beauvais, et aucun lien de parenté ne l'unit à la famille de Boileau le satirique. Bien lui prit d'être immortel de son vivant, car il ne l'est pas demeuré après sa mort, et la notice consacrée à sa mémoire, par d'Alembert, n'est pas une épitaphe à perpétuité. D'Alembert, comme Fontenelle, comme depuis Arago, M. Villemain et les secrétaires perpétuels de toutes les académies, avaient en effet mission non d'immortaliser, mais d'embaumer les défunts académiciens dont la critique exhume aujourd'hui les momies littéraires.

Voici, d'après les éloges académiques de d'Alembert, le procès-verbal d'exhumation de l'abbé Boileau :

« C'est à ses prédications qu'il doit la réputation dont

---

(1) Cette même confusion a souvent eu lieu pour la rue Saint-Jean-de-Beauvais, à Paris, où se trouvait situé le collége de ce nom.

il a joui de son vivant. Elle fut assez grande pour faire désirer de l'entendre à la cour; il y fut goûté de Louis XIV qui répandit ses bienfaits sur l'orateur. On a de lui deux volumes de sermons qui ont été imprimés après sa mort. (*Homélies et sermons sur les évangiles du carême*, publiés par Richard, 1712. Paris, 2 vol. in-12). On lui a fait un honneur que peu de prédicateurs ont obtenu et dont la plupart en effet seraient bien peu susceptibles. On a recueilli dans un volume à part les *pensées de l'abbé Boileau* (Paris, 1733, in-12) comme on a recueilli celles de Massillon et de Bourdaloue; et si ce recueil est aujourd'hui peu connu, c'est du moins un hommage que nos pères ont rendu aux succès de l'orateur. Aussi trouve-t-on, dans les sermons de l'abbé Boileau, sinon de l'éloquence, au moins de l'esprit, car Bourdaloue disait de lui « qu'il en avait deux fois plus qu'il ne fallait pour bien prêcher : » mais si l'esprit, dans un écrivain, ne supplée jamais au talent, il peut au moins en faire supporter la privation.

» Quoique l'abbé Boileau, ajoute d'Alembert, eût obtenu le suffrage du prince, qui devait lui assurer celui des courtisans, néanmoins, si nous en croyons une anecdote qui n'est peut-être pas plus vraie que beaucoup d'autres, il ne fut pas toujours heureux dans ses stations à Versailles. On prétend que la *Judith* de Boyer, qui avait été applaudie au théâtre pendant le carême de 1695, ayant été sifflée après Pâques, la Champmeslé qui en témoignait sa surprise à Racine, reçut de lui cette réponse : « C'est que pendant le carême les sifflets étaient à la cour aux sermons de l'abbé Boileau.

» Quoi qu'il en soit, dit en terminant le panégyrique académique, si l'abbé Boileau ne fut pas un orateur du premier ordre, il fut au moins un citoyen vertueux et de la plus sage conduite, un prêtre bienfaisant (deux mots qui ne sont par malheur pas toujours synonimes) (1), plein d'attachement et de zèle pour ses amis et empressé même d'obliger les inconnus qui avaient besoin de ses secours. »

L'abbé Boileau avait été reçu membre de l'Académie française le 19 août 1694, en remplacement du peu illustre Ph. Goibaud-Dubois.

Ceux qui ne voudront pas prendre la peine de lire les sermons de l'abbé Boileau, devenus assez rares aujourd'hui par leur médiocrité même, pourront au moins trouver dans ses pensées la preuve de l'esprit qu'on n'a jamais refusé à ce prédicateur. Plusieurs de ces pensées méritent d'être retenues, celle par exemple qu'on lit à la tête du premier chapitre :

« La preuve la plus réelle d'un vrai mérite, c'est de se connaître : c'est par là que la philosophie finit; c'est par là que la foi commence; c'est la leçon que le sage fait à l'homme, et la prière que le chrétien fait à Dieu. »

Nous pourrions en citer beaucoup d'autres, mais il nous paraît plus utile de remarquer que le défaut général de ces pensées est l'usage trop multiplié de l'antithèse, et la symétrie trop fréquente et trop affectée des expressions l'abbé Boileau, dans cet ouvrage, est une espèce de Senèque français, mais avec une philosophie moins profonde que celle du Senèque romain. Il a les défauts de Fléchier; mais il n'a ni la pureté, ni l'élégance, ni l'harmonie de son style. Aussi, ajoute d'Alembert, dans ses notes, on lit encore Fléchier, et on ne lit plus l'abbé Boileau.

Outre les ouvrages déjà cités, on a encore de l'abbé Boileau un volume de *Panégyriques*. Paris, 1718, in-8° et in-12.

(1) La parenthèse est de d'Alembert.

BONIN (Pierre), Mathématicien,

né à Compiègne.

15.. — 1636.

Ce savant, contemporain et compatriote de Jacques de Billy, était principal du collége de Compiègne en 1628; il a publié à cette époque les *Mystères de l'octonaire*, ou conjectures tirées tant de l'Ecriture Sainte que des mathématiques et appuyées sur des raisons naturelles, etc., ouvrage dédié à M. le Cardinal de Richelieu, 1 vol. in-8° (1).

Bonin mourut à Compiègne en 1636.

Jean de BONNEUIL,

Chanoine de la cathédrale de Beauvais.

XVe SIÈCLE.

Orléans a conservé la mémoire des historiens qui ont rapporté les faits mémorables du siége de 1429, et l'héroïque légende de Jeanne d'Arc : Beauvais doit le même

---

(1) Victor Tremblay. (Biographie du Beauvaisis).

souvenir à Jean de Bonneuil, trésorier de la fabrique de Saint-Pierre, qui a relaté, jour par jour, les incidents du siége de 1472 et de l'assaut du 27 juin où s'est signalée Jeanne Hachette (1).

« Les notes de ce chanoine, dit M. Vict. Tremblay, sont fort curieuses et très-instructives. Nous allons en rapporter une d'après laquelle on serait fondé à croire que c'est à l'assaut du 9 juillet que s'immortalisa une fille de Beauvais.

» En cette semaine, le jeudi neuvième jour de juillet, environ heure de 8 heures, les Bourguignons livrèrent assaut aux portes de l'Hôtel-Dieu et de Bresle, auquel assaut les femmes portaient le corps de *sainte Angadrême*, et tiraient dedans la ville dards et arbalètes, tellement qu'une flèche demeura dedans ladite porte, comme encore appert, et toutes à l'aide de Dieu et des Benoits Saincts furent reboutés arrière des murs, qu'il y en demeura (des Bourguignons) si grand nombre de gens d'armes et seigneurs et autres dedans les fossés, avec trois étendars, desquels les femmes gagnèrent l'un et se retrairent si vaillamment que ils pardirent tout honneur avec leurs gens. »

Cette note est extraite du *siége de* 1472, publié en 1848, par M. Dupont-White, à la suite de laquelle il ajoute :

« Adrien de Boufflers, dans son *Recueil d'anecdotes*, donne le même renseignement historique sur l'assaut du 9 juillet 1472. »

---

(1) Le nom de Bonneuil est encore porté aujourd'hui par une honorable famille du Valois qui habite le village de Bonneuil, canton de Crépy.

BORDEAUX,

ancien Administrateur au district de Chaumont.

1700 — 1792.

Le citoyen Bordeaux, natif de Fresneaux, canton de Chaumont, et ancien maire de cette commune, fut député à l'assemblée constituante.

De retour de sa mission, le député Bordeaux fit le calcul du traitement dont il avait joui pendant le cours de ses fonctions, et, balance faite de ses dépenses pendant son séjour à Paris, il trouva un excédant de 50 louis qu'il distribua aux indigents de sa commune.

Ce partisan anticipé des fonctions gratuites, mourut à Fresneaux, en 1825, dans un âge très-avancé. La commune lui est redevable du Presbytère, de la Mairie et de la maison d'Ecole (1).

BOREL (Louis),

Chanoine et Vicaire général de Beauvais.

XVIIe SIÈCLE.

La famille Borel est une des plus anciennes et des plus recommandables du Beauvaisis. Pendant six générations,

---

(1) *Moniteur universel.* — Victor Tremblay. Biographie du Beauvaisis. — Graves. Statistique de l'Oise.

avant l'époque contemporaine, ses ancêtres ont occupé les fonctions de lieutenants-généraux civils et criminels du bailliage de Beauvais. Avant de citer les membres de cette famille dont l'illustration plus récente a laissé un plus vif souvenir, il convient néanmoins d'accorder une mention à l'abbé Louis Borel, chanoine et vicaire général de Beauvais, au XVIIe siècle, qui consacra toute sa vie au soulagement des malheureux. Il s'était fait construire une modeste habitation dans l'hospice des pauvres, dont il était un des plus ardents soutiens, et dont il ne voulait pas être séparé. Après sa mort, il voulut que son cœur fut déposé dans la chapelle de cet hôpital.

BOREL (Eustache-Louis), Archéologue,

né à Beauvais.

1720 — 1797.

« E. Borel, dit M. Dupont-White, fut un des membres de cette savante trilogie (1) par qui fut commencée une monumentale histoire de la ville de Beauvais, qu'interrompit la Révolution. » Il était lieutenant-général au bailliage de Beauvais.

On lui doit des mémoires précieux et fort étendus sur la ville de Beauvais et le Beauvaisis qu'il rédigea en collaboration avec MM. Bucquet et Danse. Il a aussi travaillé

---

(1) Voir les biographies de MM. Bucquet et Danse.

à la carte générale de France avec M. de Cassini et fit lui-même des recherches très-savantes sur les mesures itinéraires des Gaulois et des Romains.

Il a enfin écrit une dissertation pour prouver que *Litanobriga*, *Curmiliaca* et *Petromantalum* des Romains ne sont autres que Pont-Sainte-Maxence, Cormeilles, près d'Amiens, et Magny-en-Vexin.

« M. Borel, ajoute M. Dupont-White, était un homme du monde, et unissait à l'érudition les graces du plus brillant esprit. Il avait été nommé, sous la Révolution, président du tribunal civil de Beauvais et mourut dans cette ville le 19 avril 1797 (1). »

BOREL DE BRÉTIZEL (Durand),

Législateur et Magistrat,

né à Beauvais.

1764—1839.

M. Borel de Brétizel, fils du savant lieutenant-général au présidial de Beauvais, naquit dans cette ville le 23 juillet 1764. Destiné à la même carrière que son père et doué d'une grande facilité de travail, il fut reçu à l'âge de 19 ans licencié en droit et avocat au parlement de Paris qui, en 1786, lui accorda les dispenses d'âge. Il n'avait encore

(1) M. Dupont-White : *Mélanges historiques, archéologiques et littéraires.*

que 23 ans, lorsque, en 1787, il succéda à son père qui se démit en sa faveur de ses fonctions, après plus de 40 ans d'exercice.

M. Borel de Brétizel avait 25 ans lorsqu'éclata la révolution de 1789. Il était investi de la première charge de la ville, et tous les regards étaient fixés sur lui. Le parti monarchique et celui de la révolution se disputèrent l'homme de mérite, le magistrat populaire. Lors de l'élection pour les Etats-Généraux, il fut nommé secrétaire de la noblesse; plus tard, ses concitoyens l'investirent des fonctions municipales et le nommèrent, un peu malgré lui, procureur-syndic de la commune de Beauvais.

Comme ses opinions modérées contrastaient avec le républicanisme du Comité de Salut public, Borel fut arrêté avec toute sa famille, en vertu d'ordres émanés de Paris. Mais par un sentiment de courageuse indépendance, la commune le maintint, quoique suspect, dans l'exercice de ses fonctions. Un gendarme le venait prendre chaque matin à la prison; on le conduisait à l'hôtel-de-ville, où il expédiait les affaires, et le soir, il était réintégré dans la maison d'arrêt sans qu'il lui fût permis de mettre les pieds chez lui. Ce singulier état de choses dura jusqu'à la fin de la Terreur. La journée du 9 thermidor rendit au citoyen Borel sa liberté et sa popularité.

A la chute de la Convention, il fut élu député de l'Oise au Conseil des Cinq-Cents.

Il ne parut à la tribune qu'une fois dans la session de l'an IV pour présenter un code de remplacement, par élection, des commissaires près les tribunaux civils, qui fut adopté. En l'an 5, il fit prendre une résolution pour régulariser les droits des usufruitiers de maisons vendues nationalement, avec réserve de l'usufruit.

Il se prononça, le 20 octobre 1797, contre le projet d'ostracisme qu'amena le coup d'Etat du 18 fructidor an 5, et fit rapporter l'arrêté qui ordonnait à une commission de présenter des vues sur cet objet, « institution renouvelée des anciens, dit-il, et dont la seule proposition a excité une inquiétude générale. » Quelques jours après, il combattit le projet de loi des institutions civiles. En applaudissant aux vues philanthropiques qui animaient le rapporteur, il rejeta toutes les cérémonies dont on se proposa d'accompagner la célébration des actes de naissance, de mariage et de sépulture.

Il demanda que la forme de ces actes fut purement civile, sans aucun mélange d'idées religieuses, et qu'aux termes de la loi de septembre 1792, on laissât à chacun la faculté de les consacrer d'après les rites propres au culte de son choix. Borel de Brétizel combattit encore le projet sur les réclamations contre les poursuites des créanciers déclarés insolvables. Il avait demandé un rapport sur la réception des dons patriotiques; plus tard, il s'étonna que dans les rapports sur les opérations de la trésorerie dans le cours de l'an 5, il ne fut point fait mention de ces dons, des versements, ni de l'emploi des fonds qui en provenaient. Il fit encore prendre une résolution qui ordonnait le sursis à tout jugement de mort pour falsification de rescriptions; déclarer l'urgence du projet sur les poids et mesures; en un mot, sans paraître souvent à la tribune, il ne négligea aucune occasion de faire adopter des mesures, d'accord avec l'humanité, la justice et les lumières.

Depuis ce moment, la carrière de M. Borel de Brétizel est marquée par de nombreuses variations politiques. Nous empruntons à la nouvelle édition de la *Biographie Michaud* la suite de cette notice :

« La Révolution du 18 brumaire trouva dans Borel de Brétizel un zélé partisan; aussi fut-il nommé, en 1800, membre du tribunal de cassation et chevalier de la Légion-d'Honneur, le 26 novembre 1803. Il vota pour l'élévation de Napoléon à l'Empire. Depuis cette époque jusqu'à l'an 1814, Borel de Brétizel, jurisconsulte habile, magistrat zélé et laborieux, se consacra entièrement aux devoirs et aux travaux de la cour de cassation. Au mois d'avril 1814, il adhéra à la déchéance de Napoléon et au rappel de Louis XVIII. Il fit dès lors partie du conseil particulier du duc d'Orléans. Pendant les cent jours, il prit part à toutes les délibérations officielles de la cour de cassation en faveur de Napoléon; puis au mois de juillet en faveur de Louis XVIII; du reste il refusa de souscrire à l'acte additionnel.

» Au mois de janvier 1816, Borel de Brétizel fut chargé de présenter à ce monarque, au nom des habitants de Beauvais, le mouton que leur ville était, de temps immémorial, dans l'usage d'offrir aux rois de France à l'époque du jour de l'an. A peine Borel eut-il annoncé au roi que sa fidèle ville de Beauvais s'empressait de renouveler ses hommages : « Oh! oui, interrompit Louis XVIII, j'accepte son présent avec grand plaisir, d'autant plus que je me souviendrai toujours du bon accueil qu'elle m'a fait dans un mauvais moment.

» Nommé peu de temps après député par le département de l'Oise, Borel, depuis cette époque jusqu'en 1827, fut constamment réélu, et fit partie de cette 2e section du côté droit qui votait assez souvent avec le ministère.

» Il fut souvent rapporteur de la commission des pétitions. Dans la session de 1821, il fit partie de la commission chargée d'examiner le projet de loi tendant à ouvrir au ministère des finances un crédit en rentes cinq pour cent consolidés; puis de celle qui s'occupa de la proposition de Dubruel sur l'autorité paternelle. Peu empressé de se montrer à la tribune, il n'y paraissait guère que pour traiter les questions judiciaires. Dans la session de 1827, chargé du rapport sur le projet de loi concernant le jury, il s'opposa à la question préjudicielle élevée par la Bourdonnaie sur ce projet, et résuma, avec talent, la discussion.

» Le duc d'Orléans, devenu roi, le chargea de l'administration des biens considérables que le legs universel du duc de Bourbon transmit au jeune duc d'Aumale. Cette mission demandait un homme intègre, éclairé, laborieux, conciliant; on ne pouvait faire un meilleur choix.

» En 1838, l'affaiblissement de sa santé engagea Borel de Brétizel à résigner ses fonctions de conseiller à la cour de cassation. Il mourut le 1er mai de l'année suivante. »

M. Borel de Brétizel a laissé à ses héritiers une riche et précieuse bibliothèque qui renferme un grand nombre d'ouvrages relatifs à l'histoire du Beauvaisis.

BOUCHEL (Laurent), Jurisconsulte,

né à Crespy-en-Valois.

1560—1629.

Son père, Claude Bouchel, était receveur ordinaire du duché de Valois. Laurent naquit à Crespy, le 1er mars 1588, étudia le droit, et devint avocat au parlement de Paris. A en juger par ses ouvrages, c'était un caractère hardi, un esprit original. Il eut maille à partir avec le parlement, pendant les troubles civils et religieux dont la France était alors agitée, et fut même enfermé à la Bastille. Il en sortit par le crédit du premier président.

Laurent Bouchel a publié les ouvrages suivants :

1° Une édition soignée de l'*Histoire de Grégoire de Tours* (1610).

2° Le *Trésor du Droit français*, savante compilation qui eut quatre éditions successives (1616, 1629, 1666 et 1689).

3° *Curiosités où sont contenues des réflexions sur la création du monde* (1616).

4° *Traité de la justice criminelle en France* (1621).

5° *Histoire de Navarre.*

6° *Code Historial de France.*

7° *Les Coutumes générales des Bailliages de Senlis, comté de Clermont en Beauvaisis et duché de Valois* (1631).

Ce dernier ouvrage publié deux ans après la mort de l'auteur, est précédé d'une excellente notice sur le Valois, par Bergeron, compatriote de Bouchel (1).

Ce jurisconsulte qui jouissait d'une haute réputation et était regardé comme un des plus savants hommes de son temps, mourut à Paris le 29 avril 1629, âgé de 70 ans.

BOUFFLERS (Louis et Adrien de).

1534-1622.

De ces deux frères, l'un était simple gentilhomme; l'autre, bailli de Beauvais : tous deux issus d'ailleurs

(1) Voyez ce nom.

d'une des plus nobles et des plus anciennes familles de Picardie (1).

Louis de Boufflers, né en 1534, était guidon de la compagnie de gendarmes de Jean de Bourbon, duc d'Enghien. Il fut célèbre sous les règnes de François Ier et d'Henri II, par sa force prodigieuse et son étonnante agilité. Loisel, La Morlière, Varillas, racontent de ce nouveau Milon des particularités étonnantes. Il portait dans ses bras un cheval qu'il enlevait de terre; son adresse égalait sa force : il luttait contre les Bretons les plus vigoureux et les terrassait. A la chasse, il franchissait, tout botté, les ruisseaux les plus larges; il sautait, armé de toutes pièces, sur son cheval, sans mettre le pied à l'étrier; il devançait à la course un cheval d'Espagne, pourvu que la carrière ne fût pas d'une trop grande étendue. Enfin il tuait à coups de pierre les quadrupèdes et les oiseaux; mais, depuis l'invention de la poudre à canon, le grand avantage que tant de force et tant d'agilité ou d'adresse devaient donner à Louis de Boufflers se réduisait à peu de chose. Il périt d'un coup d'arquebuse au siége de Pont-sur-Yonne, en 1553, à l'âge de 19 ans, sans avoir été marié.

Adrien de Boufflers, frère du précédent, gentilhomme de la chambre de Henri III, porta les armes fort jeune, et se trouva aux journées de Saint-Denis et de Montcontour. Henri III créa en sa faveur, en 1582, la charge de grand bailli de Beauvais (2), pour récompenser sa fidélité au

(1) Une série spéciale sera consacrée dans cet ouvrage aux familles illustres du Beauvaisis, en tant qu'elles offriront une série non interrompue de générations; ce sera une sorte d'armorial historique. Nous nous bornons, dans cette première partie de notre travail, à mentionner les personnages qui, en dehors de leur illustration généalogique, appartiennent, à divers titres, à la biographie du département de l'Oise.

(2) Voir le remarquable ouvrage de M. Dupont-White : *La Ligue à Beauvais.*

parti royaliste. Les ligueurs brûlèrent ses maisons et ravagèrent souvent ses terres. Il publia des *Considérations sur les ouvrages du Créateur*, et le *Choix de plusieurs histoires et autres choses mémorables, tant anciennes que modernes, appariées ensemble*, ou *Mélanges historiques*. Paris, 1608, in-8°. Il mourut le 28 octobre 1622, âgé de 90 ans, et fut bisaïeul du célèbre défenseur de Lille.

Le village de Crillon a porté pendant de longues années le nom de la famille de Boufflers.

BOURBON-CLERMONT (Maison de)

en Beauvaisis.

XIIIe SIÈCLE.

La famille de Bourbon appartient au Beauvaisis à double titre ; elle en est originaire, puisqu'elle remonte à Robert, comte de Clermont, sixième fils de Saint-Louis ; et l'une de ses branches, celle qui joignait au nom patrimonial de cette illustre maison celui non moins glorieux de Condé, s'est éteinte, en 1830, à Chantilly, domaine qui fut, pendant près de deux siècles, la résidence favorite des princes de Bourbon-Condé.

Robert de France, comte de Clermont en Beauvaisis, sixième fils de Saint-Louis, est la tige de la maison de Bourbon-Clermont, qui a joué un si grand rôle dans l'histoire de France, et dont les descendants règnent encore aujourd'hui en Espagne, à Naples et à Parme.

Robert, né en 1256, devint à l'âge de 16 ans sire de

Bourbon, par son mariage avec Béatrix de Bourbon, qui, en 1283, succéda à sa mère Agnès dans cette baronnie. Il séjourna fort peu dans sa comté de Clermont, qu'un de ses baillis, l'illustre Beaumanoir, administrait avec sagesse et dotait de l'admirable livre des *Coutumes du Beauvaisis*, un des monuments du droit féodal.

Robert de Clermont n'avait que 22 ans lorsque, en 1279, son frère aîné, Philippe-le-Hardi, l'arma chevalier dans un tournoi. Pendant une des joûtes militaires, le jeune comte, accablé par le poids de ses armes et par les coups redoublés qu'il avait reçus sur la tête, épouva un tel ébranlement au cerveau qu'il tomba en démence. « Chacun, dit Guillaume de Nangis, ressentit une grande douleur d'un tel dommage. Il était d'une belle figure, d'une taille assez élevée, d'une âme disposée à la prouesse, et il y serait parvenu si Dieu l'avait permis. »

Il survécut quarante ans à cet accident, et tout porte à croire qu'il eut des intervalles lucides, puisqu'on le vit, sous Philippe-le-Bel, chargé d'une négociation importante. Il fonda l'hôpital Saint-Jacques, à Moulins, capitale du duché de Bourbon, et mourut à Paris le 7 février 1317. Son tombeau et sa statue étaient dans la chapelle dite de Bourbon, aux Jacobins de la rue Saint-Jacques. Le poète Santeuil avait composé l'épitaphe suivante pour ce monument érigé au père de tant de princes et de rois.

> Hic stirps Borbonidum, hic primus de nomine princeps
> Conditur : hic tumuli, veluti incunabula regum,
> Huc veniant proni regali è stirpe nepotes :
> Borbonii hic regnant, invito fnuere manes (1).

(1) Du premier des Bourbons c'est ici le tombeau.
C'est ici qu'est leur tombe, ainsi que leur berceau.
Et, malgré le trépas auquel tu les condamnes,
O mort, tu vois ici régner encor leurs mânes.

Les descendants de Robert de Clermont appartiennent désormais à l'histoire de France comme ducs de Bourbon, mais non plus à celle de Beauvaisis, à laquelle ils ne se rattachent plus que par leur titre et les liens de suzeraineté (1).

Le cardinal de Bourbon, cinquième fils de Charles de Bourbon, aïeul de Henri IV, et qui fut un moment proclamé roi de France par les ligueurs sous le nom de Charles X, avait été nommé évêque de Beauvais en 1572, et occupa ce siége épiscopal pendant trois ans. C'était un des principaux chefs de la ligue dont Beauvais eut tant à souffrir; mais la faiblesse de son caractère et l'énergie des membres du chapitre et des magistrats municipaux épargnèrent à la ville les sanglantes violences dont la France était alors le théâtre (2).

Il n'entre pas dans le plan de cette biographie de reproduire l'histoire volumineuse de la maison de Bourbon; il nous suffira, quant à présent, de rappeler les principaux événements de son séjour dans le Beauvaisis, et d'esquisser plus tard la vie des membres de cette famille qui sont nés à Chantilly, ou qui y ont laissé un souvenir de leur passage.

BOURDELIN (Claude, François et Louis),

Membres de l'Académie des Sciences,

nés à Senlis.

1621—1777.

Cette illustre famille qui a vu trois de ses membres appelés à l'Académie des sciences et un autre à l'Académie

---

(1) Desormeaux : *Histoire de la Maison de Bourbon.*

(2) Voir au mot *Condé* pour l'histoire des Bourbons de la branche de Condé.

des inscriptions et belles-lettres, est originaire du Lyonnais. L'ancêtre, *Claude Bourdelin*, était né en 1621, à Villefranche près de Lyon, d'une famille de commerçants. Il quitta l'école de son pays pour venir étudier à Paris. Mais la science ne lui sourit pas tout d'abord, et il fut obligé d'aller s'établir apothicaire à Senlis. Il demeura dans cette ville jusqu'en 1668, époque à laquelle il passa de son humble officine dans les savants laboratoires de Paris, et fut reçu membre de l'Académie des sciences. Il présenta à cette savante compagnie près de 2,000 analyses de toutes sortes de corps composés. L'étude des eaux minérales et des plantes l'occupa principalement pendant les dernières années de sa vie. Il mourut le 15 octobre 1699. Fontenelle, qui a écrit son éloge, dit qu'il fut pendant trente-deux ans l'oracle de la chimie.

Claude Bourdelin, fils du précédent, naquit à Senlis le 20 juin 1667. « Il fut élevé, dit Fontenelle, avec beaucoup de soin dans la maison de son père. M. Du Hamel, secrétaire de l'Académie des sciences, lui choisit tous les maîtres et présida à son éducation. A 16 ou 17 ans, il avait traduit tout Pindare et tout Lycophron, les plus difficiles des poètes grecs, et, d'un autre côté, il entendait dans le cours le grand ouvrage de M. de la Hire sur les sections coniques, plus difficile par sa matière que Lycophron, et Pindare par le style. Il y a loin des poètes grecs aux sections coniques. La diversité de ses connaissances le mettait en état de choisir entre différentes occupations; mais son inclination naturelle le détermina à la médecine, pour laquelle il avait déjà de grands secours domestiques. Il était né au milieu de toute la matière médicale, dans le sein de la botanique et de la chimie. Il se donna donc, avec ardeur, aux études nécessaires et fut reçu docteur en médecine de la faculté de Paris en 1692.

» Il aimait dans cette profession, et les connaissances qu'elle demande, pour lesquelles il avait une disposition très-heureuse, et encore plus sans comparaison l'utilité dont elle peut être aux hommes. Cette utilité, qui devrait toujours être l'objet principal du médecin, était de plus l'unique objet de M. Bourdelin. Il est vrai qu'il était né avec un bien fort honnête et qu'il pouvait vivre commodément, quoique tout le monde fût en parfaite santé : mais son désintéressement ne venait pas de sa fortune ; il venait de son caractère, car il n'est pas rare qu'un homme riche veuille s'enrichir. Les malades de M. Bourdelin lui étaient assez inutiles, si ce n'est qu'ils lui procuraient le plaisir de les assister. Il voyait autant de pauvres qu'il pouvait et les voyait par préférence : il payait leurs remèdes, et même leur fournissait souvent les autres secours dont ils avaient besoin ; et quant aux gens riches, il évitait avec art de recevoir d'eux ce qui lui était dû ; il souffrait visiblement en le recevant, et sans doute la plupart épargnaient volontiers sa pudeur ou s'accommodaient à sa générosité.

« Dès que la paix de Riswick fut faite, il en profita pour aller en Angleterre voir les savants de ce pays. La récompense de ce voyage fut une place dans la Société royale de Londres. Il ne l'avait point sollicitée, et on crut qu'elle lui en était d'autant mieux due.

» Il n'eut pas le malheur d'être traité moins favorablement dans sa patrie. L'Académie des sciences, à qui il appartenait par plusieurs titres, le prit pour un de ses associés anatomistes au renouvellement qui se fit en 1699. Il avait en partage, non pas tant l'anatomie elle-même que son histoire, ou l'érudition anatomique qu'il possédait fort. Dans une question assez épineuse que partageaient les anatomistes de la Compagnie, et où il entrait quelques points de fait, et des difficultés sur le choix des opérations nécessaires, on eut recours à M. Bourdelin, et il travailla utilement à des préliminaires d'éclaircissements.

» En 1703, il acheta une charge de médecin ordinaire de Mme la duchesse de Bourgogne. On assure qu'un de ses principaux motifs fut l'envie de donner au public des soins entièrement désintéressés, et de se dérober à des reconnaissances incommodes qu'il ne pouvait pas tout-à-fait éviter à Paris. Nous n'avancerions pas un fait si peu vraisemblable, s'il ne l'avait prouvé par toute sa conduite. Avant que de se transporter à Versailles, il fut quatre ou cinq mois à se rafraîchir la botanique avec M. Marchand, son ami et son confrère. Il prévoyait bien qu'il n'herboriserait pas beaucoup dans son nouveau séjour, et il y voulait arriver bien muni de toutes les connaissances qu'il n'y pourrait plus fortifier. Quand il partit, ce fut une affliction et une désolation générale dans tout le petit peuple de son quartier.

» La plus grande qualité des hommes est celle dont ce petit peuple est le juge.

» Il vécut à Versailles comme il avait fait à Paris, aussi appliqué sans aucun intérêt, aussi infatigable, ou du moins aussi prodigue de ses peines, que le médecin du monde qui aurait eu le plus de besoin et d'impatience d'amasser du bien. Son goût pour les pauvres le dominait toujours. Au retour de ses visites, où il en avait vu plusieurs dans leurs misérables lits, il en trouvait encore chez lui une troupe qui l'attendait. On dit qu'un jour, comme il passait dans une rue de Versailles, quelques gens du peuple dirent entre eux : *Ce n'est pas un médecin, c'est le Messie ;* exagération insensée en elle-même, mais pardonnable en quelque sorte à une vive reconnaissance et à beaucoup de grossièreté.

» Il est assez singulier que dans un pays où toutes les professions, quelles qu'elles soient, se changent en celle de courtisan, il n'ait été que médecin, et qu'il n'ait fait que son métier, au hasard de ne pas faire sa cour. Il la fit cependant à force de bonne réputation. M. Bourdelot, premier médecin de Mme la duchesse de Bourgogne, étant mort en 1708, cette princesse proposa elle-même M. Bourdelin au roi pour une si importante place et obtint aussitôt son agrément. Elle eut la gloire et le plaisir de rendre justice au mérite qui ne sollicitait point. Les courtisans surent son élévation avant lui et il ne l'apprit que par leurs compliments.

» Ses mœurs se trouvèrent assez fermes pour n'être point ébranlées par sa nouvelle dignité. Il fut toujours le même; seulement il donna de plus grands secours aux pauvres, parce que sa fortune était augmentée.

» Cependant les fatigues continuelles affaiblissaient fort sa santé; une toux fâcheuse et menaçante ne lui laissait presque plus de repos. Soit indifférence pour la vie, soit une certaine intempérance de bonnes actions, défaut assez rare, on l'accuse de ne pas s'être conduit comme il conduisait les autres. Il prenait du café pour s'empêcher de dormir et travailler davantage, et puis, pour rattrapper le sommeil, il prenait de l'opium. Surtout c'est l'usage immodéré du café qu'on lui reproche le plus; il se flatta longtemps d'être désespéré, afin d'en pouvoir prendre tant qu'il voulait.

» Enfin, après être tombé par degrés dans une grande exténuation, il mourut d'une hydropisie de poitrine le 20 avril 1711. Ses dernières paroles furent..... *In te Domine, speravi; non confundar...* Il n'acheva pas les deux mots qui restaient. Une vie telle que la sienne était digne de finir par ce sentiment de confiance.

» Il a laissé quatre enfants d'une femme pleine de vertu, avec qui il a toujours été dans une union parfaite. Nous ne nous arrêterons pas à dire combien il était vif et officieux pour ses amis, doux et humain à l'égard de ses domestiques; il vaut mieux laisser à deviner ces suites nécessaires du caractère que nous avons représenté, que de nous rendre suspects de le vouloir charger de trop de perfections. »

Tel est l'éloge que Fontenelle a publié de Claude Bourdelin. C'est aussi aux Mémoires de l'Académie des inscriptions et belles-lettres que nous emprunterons l'éloge de François Bourdelin, fils de Claude, et frère du précédent.

Bourdelin (François), frère du précédent, connu dans le monde savant sous le nom de Bourdelin le cadet, perpétua à l'Académie des inscriptions et belles-lettres un nom déjà honoré à l'Académie des sciences.

François Bourdelin naquit à Senlis, le 15 juillet 1668.

Peu de temps après la naissance de ce second fils, M. Bourdelin le père, qui, par un esprit de philosophie anticipée, avait quitté le séjour de Paris, y fut rappelé par deux circonstances capables de vaincre le plus déterminé philosophe.

La première de ces circonstances fut l'honneur qu'on lui fit de lui assigner, quoiqu'absent, une place de pensionnaire dans l'Académie des sciences.

La seconde fut le peu de retour qu'il trouva dans les habitants du lieu de son nouveau domicile, qui après avoir obtenu par ses sollicitations particulières une diminution de taille, l'en chargèrent lui-même l'année suivante plus fortement qu'il ne l'avait encore été.

Ce changement fut avantageux à toute la famille. Le père dont le désintéressement égalait l'habileté, fit par cette réputation-là même, une fortune au-dessus de ses espérances; et ses enfants, instruits par ce qu'il y avait alors de meilleurs maîtres à Paris, reçurent une éducation qu'ils n'auraient jamais eue ailleurs.

L'aîné fut destiné à être médecin, et si le cadet qui est

celui dont nous parlons, avait suivi les premières vues de son père, il ne serait pas sorti du laboratoire; la pharmacie eût été son partage. Mais il témoigna une si grande répugnance pour cet état qui faisait les délices du reste de la maison, qu'après bien des promesses, bien des menaces inutiles, on lui proposa enfin d'étudier en Droit et de se faire recevoir avocat. Il se prêta à cette seconde destination parce qu'elle pouvait aisément couvrir l'envie démesurée qu'il avait d'apprendre, préférablement à tout, les langues étrangères, les intérêts des princes, les mœurs et les usages des différents peuples.

Le goût qu'il n'osait déclarer était cependant, en quelque sorte, le propre ouvrage de son père; car la récompense la plus ordinaire que M. Bourdelin proposait à ses enfants pour les encourager au travail, était de les mener voyager pendant les vacances. Et quoique cet espace de temps, qui était le seul dont il pouvait disposer, ne fût pas d'une grande étendue, il se trouva qu'au bout de trois ou quatre années, ils avaient parcouru non-seulement les plus belles provinces du royaume, mais encore une partie de l'Angleterre et de la Hollande.

Dans ces derniers voyages, M. Bourdelin le cadet, comme le plus jeune de la troupe, était chargé d'écrire chaque jour ce qu'on avait vu de singulier sur la route, ou dans les villes; mais ce journal de commande n'était pas à beaucoup près si exact qu'une espèce de dictionnaire qu'il faisait de son chef des mots les plus communs ou les plus nécessaires dans la société.

Les voyages finirent, et le goût des langues étrangères s'accrut toujours en lui, au point que tandis qu'on le croyait uniquement appliqué à l'étude du Droit, il apprit, sans qu'on s'en doutât le moins du monde, l'italien, l'espagnol, l'anglais, l'allemand, et même un peu d'arabe, d'histoire et de politique.

La digue rompit enfin : M. de Bonrepos fut nommé ambassadeur en Danemarck, et M. Bourdelin le cadet, qui avait pris des mesures auprès de lui, fut agréé pour secrétaire d'ambassade. La difficulté était d'obtenir pour ce voyage le consentement d'un père qui avait formé des desseins tous différents. M. Racine et M. Duhamel, ses intimes amis, se chargèrent de le lui demander; il l'accorda à leurs instances. M. Bourdelin partit, et passa près de 18 mois à Copenhague.

Sa complexion délicate ne put soutenir plus longtemps la différence du climat, il revint avec une extinction de voix presque entière et une pâleur mortelle.

Le père, qui ne douta point qu'une pareille épreuve n'eût entièrement effacé de l'esprit de son fils toutes les idées de voyage, de langues et de négociations, lui acheta une charge de conseiller au Châtelet, dont il parut d'abord s'occuper avec plaisir. Il remplissait les vides de cette douce magistrature par des conférences sur les belles-lettres, et par une étude particulière de l'antiquité, pour laquelle il avait aussi beaucoup de goût. Il s'était même formé en ce genre un cabinet de livres choisis et une suite de médailles d'or assez complète. Enfin, quand cette Académie (1) fut renouvelée, il fut nommé à une place d'élève.

La politique et les langues qui semblaient abandonnées ne l'étaient pourtant pas. M. Bourdelin avait auprès de M. le comte de Ponchartrain, un ami dans le bureau de qui tombaient les dépêches étrangères; et cet ami lui faisait renvoyer toutes celles qu'il fallait traduire. Il avait ainsi de quoi s'exercer selon sa vocation; et cette besogne secrète était sans doute d'autant mieux faite qu'elle avait encore pour lui tout le charme des plaisirs défendus.

---

(1) Celle des inscriptions.

M. Bourdelin le père mourut; l'occupation du fils cessa d'être un mystère; il alla s'établir à Versailles pour travailler immédiatement avec le ministre, et ce travail dura sept ou huit ans.

Au bout de ce temps-là, il jugea par son expérience ou par de nouvelles réflexions que l'emploi de secrétaire-traducteur ne le mènerait jamais à rien, et son objet était d'être employé dans quelques négociations. Il prit une charge de gentilhomme ordinaire, parce qu'on choisit souvent dans ce corps-là des envoyés pour les cours étrangères. Il se flattait même de quelque préférence dans ce choix, sur le témoignage avantageux que pouvait rendre de lui le ministre sous qui il avait travaillé, et sur le crédit de son frère qui était devenu premier médecin de Mme la Dauphine. Mais ce frère mourut; la princesse elle-même fut bientôt après enlevée à la France, et mille autres circonstances changèrent ses vues, ou dissipèrent ses espérances. Alors il prit le parti de se marier et d'acheter une terre aux portes de Paris. Peut-être ne consulta-t-il pas assez ses forces dans ce double établissement. La terre qu'il avait acquise était grande et demandait des soins; il voulut tout à la fois remettre les fonds en valeur, et le bâtiment en état; ce détail l'épuisa, son ancienne langueur revint, la fièvre s'y joignit et l'emporta en moins de 3 semaines. Il mourut le 24 mai 1717.

Il avait été déclaré vétéran dans l'Académie dès le commencement de l'année 1705, parce que son séjour et ses occupations de Versailles ne lui permettaient plus de remplir ses devoirs académiques. Ce qu'il avait donné auparavant se réduit à la description de quelques anciens monuments trouvés dans les pays étrangers, particulièrement de la colonne d'Antonin-Pie, découverte à Rome en 1704.

« Depuis son retour de Versailles, il recommençait, quoique vétéran, à venir fréquemment aux assemblées, et il se proposait d'y être assidu. Il avait même entrepris deux ouvrages assez considérables. Le premier, dont il m'avait communiqué le plan peu de temps avant sa mort, était l'explication de toutes les médailles modernes frappées depuis deux ou trois siècles; explication qui demandait et la connaissance des différentes langues qui forment la légende de ces médailles, et celle d'un grand nombre de petits faits que l'histoire générale a souvent négligés.

» Le second ouvrage que M. Bourdelin avait entrepris, était la traduction du *Système intellectuel de l'Univers*, publié en anglais par M. Cudworth, professeur de l'Université de Cambridge, gros volume in-folio d'une métaphysique si sublime, et d'un style si concis, que l'auteur de la *Bibliothèque choisie*, qui en a donné à diverses reprises de longs extraits, semble l'avoir fait pour suppléer à la traduction même, dont il parle comme d'une chose impossible.

» Le jugement que M. Bourdelin n'ignorait pas, n'aurait vraisemblablement servi qu'à rendre sa traduction plus exacte, car il était bien résolu de n'y épargner ni le temps ni la peine, et il n'avait qu'environ 49 ans quand il est mort. Il est vrai, comme nous l'avons déjà remarqué, qu'il était d'une complexion très-délicate : il n'y avait presque rien en lui qui n'annonçât cette délicatesse; une taille mince et déliée, un son de voix doux et faible, un visage pâle; et tout cela joint à un certain air inquiet, avait fait dire à un homme d'esprit de ses amis, qu'il ressemblait à une âme en peine. Ceux qu'un long commerce avec lui avait mis à portée de bien juger de son intérieur, assurent que c'était une âme heureuse et tranquille. (1) »

(1) L'éloge de François Bourdelin, par de Boze, se trouve dans le tome III des *Mémoires de l'Académie des Inscriptions et Belles-Lettres*.

La famille Bourdelin, fixée à Paris depuis la fin du XVIIe siècle, compte encore parmi ses membres :

Bourdelin (Louis-Claude), médecin, fils du précédent, né à Paris en 1695, mort en 1777. Il fut admis, en 1727, à l'Académie des sciences où il lut plusieurs mémoires sur des questions de chimie. Il professa cette science au jardin du roi, fut membre de l'Académie de Berlin et de celle des curieux de la nature. Il fut aussi médecin de Mesdames, filles de Louis XV.

L'abbé *Bourdelin*, grammairien, de la même famille que les précédents, né à Lyon en 1725, mort en 1783. Il fut instituteur dans sa ville natale après avoir été aveugle jusqu'à l'âge de 12 ans. Il a laissé : *Nouveaux éléments de la langue latine*. Lyon, 1773, 4 vol. in-12. Un hommage à la mémoire de l'abbé Bourdelin a été publié par Delandine, en 1783.

BOURDON de l'Oise (François-Louis),

Conventionnel,

né à Remy, près Compiègne.

17..—1798.

Bourdon de l'Oise fut un de ces révolutionnaires indécis qui, après avoir provoqué la France à la république, puis à la contre-révolution, périrent victimes des passions qu'ils avaient soulevées. Il était né au petit village de Remy près Compiègne. Son père était un cultivateur aisé. Bourdon vint fort jeune à Paris pour y suivre la carrière du barreau et devint procureur au parlement (1).

Il se maria peu de temps avant les événements de 1789, mais la politique ne tarda pas à lui faire oublier la vie de famille et il embrassa avec ardeur la cause de la révolution.

Il se fit remarquer dans la journée du 10 août 1792 à l'attaque du château des Tuileries. Toutefois, au lieu de participer au pillage du château comme Sergent-Agathe (2) et quelques autres de ses frères d'armes, il fit traduire devant le tribunal criminel un certain d'Aubigny, surnommé Villain, qui avait enlevé du garde-meubles de la Couronne des bijoux et des objets précieux. D'Aubigny fut condamné à la déportation et transporté aux îles Seychelles où il mourut.

Est-ce à sa réputation de patriotisme que Bourdon dut d'être nommé député à la Convention? Ses adversaires politiques ont prétendu que son élection fut le fait d'une supercherie. Bourdon de la Crosnière, homme populaire et, lui aussi, un des héros du dix août, avait été élu en même temps par le collége électoral du département de l'Oise et par celui du département du Loiret. Il opta pour la députation de ce dernier. Bourdon de l'Oise, profitant de la conformité du nom sans être de la même famille, se présenta à la Convention et fut admis sans contestation comme député de l'Oise.

Il est à croire cependant que cette substitution ne se fit pas sans l'assentiment de Bourdon de la Crosnière, car

---

(1) Il déposa contre le baron de Bezenval, au Châtelet.

(2) Sergent, un des héros du 10 août, reçut le sobriquet de Sergent-Agathe pour avoir dérobé une agathe précieuse pendant le pillage des Tuileries.

nous voyons plus tard les deux anonymes faire partie des mêmes commissions, voter dans le même sens et se donner des preuves d'estime réciproque.

Bourdon de l'Oise fut d'abord un des conventionnels les plus ardents (1). Il coopéra à la formation d'une armée révolutionnaire dans chaque département et fit décréter, conjointement avec Bourdon de la Crosnière, que les biens des détenus qui se suicideraient, ainsi que ceux des condamnés, seraient confisqués au profit de la République. Il demanda que les hommes mutilés en combattant pour la cause de la liberté et de l'égalité sur la place du Carrousel, fussent mis en présence de Louis XVI lorsque cet infortuné prince fut introduit à la barre de l'assemblée. Il vota la mort du roi sans appel ni sursis et appela la colère du peuple sur les députés qui parleraient dans un sens opposé; il dénonça ses collègues, Vergniaud, Gensonné, Guadet et Brissot de Varville, comme ayant des intelligences avec la cour et eut une très-grande part à l'insurrection du 31 mai 1793, ainsi qu'aux mesures violentes qui furent prises contre les députés de la Gironde qu'on voulait sacrifier (2).

---

(1) Il provoqua en duel son collègue Chambon et se fit plus d'une fois rappeler à l'ordre.

(2) Voici, d'après les sommaires du *Moniteur*, un résumé des faits et gestes de Bourdon de l'Oise à la Convention :

« Il demande qu'on dirige les armées sur la ville de Francfort et qu'elle soit rasée; s'oppose au rapport du décret rendu contre Arthur Dillon; accuse Brissot de calomnier la Convention, Valence d'avoir fait manquer l'expédition de Hollande, Fournier d'avoir voulu tuer Pétion; menace Isnard; demande le décret d'accusation contre Guadet et l'arrestation de Gardien; dénonce la commission des douze et vote sa suppression; est envoyé comme commissaire à Orléans, puis près l'armée des côtes de la Rochelle; annonce la reprise de Châtillon par les rebelles; dénonce Westermann et provoque une nouvelle organisation de son corps.

Il défendit le régime de la terreur et blâma l'abbé Grégoire de vouloir christianiser la révolution.

Cependant, envoyé en mission dans la Vendée, il s'indigna des excès qui y avaient été commis et parut en revenir plus modéré.

A son retour, il se brouilla avec les terroristes : Hébert et Robespierre l'accusèrent de modérantisme, et le firent exclure de la société des Jacobins et de celle des Cordeliers.

Alors commence pour Bourdon une tactique nouvelle, toute de réaction, et il eut du moins le mérite de changer d'opinion à une époque où c'était encore un danger (1). Craignant pour sa tête, il se réunit à Tallien, à Legendre, à Léonard Bourdon, toujours son ami, et à Lecointre de Versailles, et se montra l'ennemi acharné de Robespierre dont il avait été d'abord un des plus chauds partisans. Il se mit à la tête des jeunes gens qui allèrent attaquer le dictateur à l'hôtel-de-ville et alla jusqu'à proposer de faire fusiller séance tenante tous ceux qui résisteraient au décret d'arrestation de Robespierre et de ses partisans. Comme s'il craignait de voir avorter la réaction de thermidor par un coup de main, il voulut, dit-on, conduire lui-même Robespierre à l'échafaud.

---

(1) Parmi les actes législatifs consignés par le *Moniteur* au dossier de Bourdon de l'Oise, nous pouvons encore citer les suivants :

Il fait organiser l'administration des douanes; accuse les fermiers-généraux de concussion, les monts de piété d'usure; dénonce l'état-major de l'armée révolutionnaire de Bordeaux; fait une motion contre les femmes qui suivent l'armée; il dénonce Bouchotte, la *Sentinelle du Nord*, Hérault de Séchelles, Vincent, etc., etc. (il dénonce un peu tout le monde); il est dénoncé à son tour par Hébert; appelé à la tribune des Jacobins, il ne paraît pas; on propose de l'exclure; il perd aussi la confiance des Cordeliers; est déclaré traître à la patrie par les sociétés des *Droits de l'Homme* et des *Cordeliers*, et désigné comme chef du modérantisme.

Dès ce moment, Bourdon de l'Oise réagit contre l'esprit révolutionnaire avec une énergie qui semble convaincue. Il ne se borne pas à combattre les clubs et les sociétés populaires, mais il s'attache surtout à faire prévaloir les droits imprescriptibles de l'humanité envers les victimes de la révolution. Chargé d'examiner dans les prisons de Paris les causes de détention des nombreux citoyens qui y étaient encore renfermés, il ne les chercha pas davantage que ceux qui les avaient fait emprisonner : il ne leur demandait que leurs noms, leur adressait quelques plaisanteries et leur faisait ouvrir la porte.

Lors du procès du fameux terroriste Carrier, Bourdon de l'Oise se signala de nouveau par son ardeur contre-révolutionnaire; il demanda à la tribune des mesures propres à comprimer le crime, l'intrigue et le brigandage, et fit disperser le club des Jacobins qui cherchait à provoquer de nouveaux désordres.

Lorsque le député Brival se plaignit de ce qu'au milieu de tant de crimes inutiles on n'avait pas encore pris une certaine mesure très-importante pour l'affermissement de la république, Bourdon prononça ces mots dignes d'un patriote vertueux : « Il n'y a point de crimes utiles! »

Ce qui frappe avant tout dans l'étude approfondie de la carrière politique de Bourdon de l'Oise, ce sont les contradictions perpétuelles : tantôt révolutionnaire convaincu, du moins en apparence, tantôt agent actif de la réaction, on le voit tour à tour accuser, puis défendre les émigrés, déclarer qu'il ne mettrait jamais d'autre limite à l'autorité d'un roi que le poignard et protéger les suspects; combattant d'estoc et de taille terroristes et royalistes, véritable athlète, lancé dans l'arène de la révolution, sans avoir la conscience bien nette des coups qu'il portait.

Bourdon poursuivit avec sa fougue habituelle ceux de ses collègues qui pendant les journées de germinal et de prairial, an III, s'étaient mis à la tête d'une des plus effrayantes insurrections qui aient jamais bouleversé la capitale (1); mais, lorsque la Convention se vit à son tour menacée par les complots réactionnaires, il passa dans les rangs de ceux qu'il venait de combattre, et défendit une dernière fois la cause de la révolution. Envoyé à Chartres pour faire des recherches exactes de ceux qui avaient participé à l'insurrection du 13 vendémiaire contre la Convention, il s'acquitta de cette mission avec la plus excessive rigueur.

Devenu membre du Conseil des Cinq-Cents qui succéda à la Convention, il s'y occupa de quelques projets de finances (2). La biographie Michaud, un peu suspecte de partialité politique, l'accuse d'avoir accru sa fortune d'une manière considérable en spéculant sur les assignats et les biens nationaux.

Maîtrisé par la fougue des passions qui le dévoraient, il fallait qu'il s'y abandonnât; il y trouva un aliment en dénonçant, en poursuivant même les auteurs des désastres de Saint-Domingue; mais trop de gens avaient pris part à cette malheureuse révolution, et la plupart d'entre eux étaient encore trop puissants pour qu'il ne fût pas dangereux de leur déclarer ouvertement la guerre. D'ailleurs,

---

(1) Il y eut alors un complot pour l'assassiner.

(2) Continuons de citer l'impartial *Moniteur* :

Il reproche à Ruffron de proposer la banqueroute; présente des vues pour la restauration des finances; s'oppose à la démonétisation des assignats à face; soumissionne des biens nationaux au *triple* de leur évaluation; fait rapporter le décret qui déclarait l'argent marchandise; il regarde comme urgente la vente des biens des émigrés; à propos du discrédit des assignats, signale les manœuvres de l'agiotage; propose les moyens de relever le crédit des assignats par la création de mandats territoriaux; parle en faveur du rapport de Dubois sur la contribution foncière; vote contre le remboursement des capitaux des rentes foncières; s'oppose à la publicité des débats sur les finances, etc. etc.

quoique faisant beaucoup de bruit, Bourdon n'était pas personnellement assez fort de sa conscience pour engager une pareille lutte.

Aigri par la polémique de plus en plus vive qui s'engageait entre les hommes et les partis, Bourdon de l'Oise passa brusquement dans les rangs des clichyens qui dissimulaient mal leurs tendances royalistes. Il fit alors d'énergiques sorties contre le régime révolutionnaire, fit rapporter, en décembre 1794, la loi qui bannissait les nobles de Paris, et devint un des plus mortels ennemis de tout ce qui avait été ou paru républicain.

Cette dernière palinodie fut fatale à Bourdon de l'Oise. Le Directoire qui avait à se venger de lui, en raison de ses violentes diatribes, l'inscrivit sur une des listes de proscription. Il fut embarqué à Rochefort et déporté à Cayenne avec plusieurs députés par suite de la révolution du 18 fructidor an v (4 septembre 1797).

Bourdon de l'Oise, en considération de ses précédentes opinions, eût pu trouver grâce devant un gouvernement qui n'était pas lui-même irréprochable; mais il ne voulut faire aucune démarche pour l'obtenir, et il partit pour l'exil avec un courage qui tenait de l'exaltation. « Messieurs, disait-il à ses compagnons d'infortune, en quelque lieu de la terre que vous vous trouviez, on vous plaindra; vous aurez des consolateurs. »

Bourdon de l'Oise fut bien vite consolé :... il mourut à Sinnamari, près Cayenne, peu de mois après son arrivée à la Guyane.

BOURGEOIS (Antoine).

1603—1693.

L'abbé Antoine Bourgeois fut longtemps curé de Saint-Germain de Crépy-en-Valois et principal du collége de cette ville où il mourut en 1693.

On lui doit quelques écrits sur le duché de Valois. Il a aussi publié des *Hymnes* et une édition des *Fables de Phèdre*, avec des notes.

BOURGEOIS (Florent-Fidèle-Constant),

Paysagiste,

né à Guiscard.

1767-1841.

Constant Bourgeois fut un des élèves de David. Il se consacra presque exclusivement au paysage historique, et n'a cessé pendant plus de 30 ans d'exposer ses tableaux aux salons de peinture. Le gouvernement le chargea de nombreuses commandes. Il peignit pour Trianon, puis pour Fontainebleau. Il obtint successivement la médaille d'or, le premier prix de paysage et un logement au Louvre. Il reçut la croix de la Légion d'Honneur en 1827.

Cet artiste consciencieux fit plusieurs voyages en France,

en Italie et en Suisse, et en rapporta des vues qui ont été gravées à l'eau forte : il s'occupa aussi de lithographie.

On a de lui : *Recueil des vues et fabriques pittoresques de l'Italie*, dessinées d'après nature. Paris, 1805 et années suivantes. — *Recueil de vues pittoresques* (lithographiées) *de France*. — *Voyage pittoresque à la Grande-Chartreuse*. Paris, 1821, in-8° ; enfin les dessins de la *Description des nouveaux jardins de la France et de ses anciens châteaux*.

Bourgeois fut un des premiers peintres de panoramas. Il exécuta ceux de Paris et de Toulon. La plupart de ses tableaux, peu estimés en France, ont été acquis par l'Allemagne et la Russie. Il mourut à Paris en juillet 1841 (1).

BOURLÉ (Jacques),

Théologien.

né à Longménil, diocèse de Beauvais.

XVIe SIÈCLE.

Il fut docteur de Sorbonne et curé de la paroisse de Saint-Germain-le-Viel, de Paris. Ses principaux ouvrages sont : *Congratulation au roi pour l'édit de Janvier rompu* ; — *Adhortation au peuple de France de se tenir sur ses gardes* ; — *Prières à Jésus-Christ sur le mariage de Charles IX* ; — *La Messe de Saint-Denys* ; — *Regrets*

(1) Biographie des hommes vivants. — Nouvelle Biographie générale, etc.

sur la mort hastive de Charles IX, roi de France; Paris, 1574, in-8°; — *Discours sur la prise de Mende par les hérétiques* (en 1563); Paris, 1580, in-8°. — La Croix du Maine attribue encore à Bourlé une traduction des *six comédies de Térence*, vers par vers; mais, au moment où il écrivait (en 1584), cette traduction n'était pas encore publiée (1).

BOUTHILLIER (Louis) (2),

Chanoine et grand Vicaire du diocèse de Beauvais.

XVIe SIÈCLE.

Le diocèse de Beauvais, comme toute l'église militante, a eu son âge d'or et son âge de fer; il a eu ses martyrs de la foi, ses apôtres de la charité, ses lumières de la science; il a eu aussi ses prélats ambitieux, remuants, cupides, depuis l'évêque Cauchon jusqu'à l'épiscopat hérétique et insurrectionnel du cardinal de Châtillon.

Ce frère de Coligny, bien plus zélé calviniste que le chef du protestantisme en France, devenu évêque de Beauvais, avait pris pour grand vicaire Louis Bouthillier de Beauvais, un de ces esprits disputeurs, nourris de la scholastique du moyen-âge, et déjà imbus de l'esprit de libre examen des temps modernes. Louis Bouthillier était de

---

(1) Duverdier et La Croix du Maine : *Bibliothèque française*.

(2) Pour la famille des Bouteillier ou Bouthillier, de Senlis, voir à la série des familles illustres du Beauvaisis.

l'école de Calvin, son contemporain, son compatriote, et peut-être son condisciple. Il ne craignait pas de prêcher des doctrines hérétiques, à Beauvais, en pleine cathédrale et devant le chapitre. Il est vrai qu'à cette époque de discordes religieuses la population de la ville était partagée en deux partis, et que le nombre des protestants croissait rapidement, grâce au prosélytisme des réformés et à la violence des ligueurs.

Les doctrines calvinistes étaient propagées dans le peuple, sinon avec succès, du moins avec persévérance, au moyen d'argumentations verbales et de placards écrits. Il y avait alors à Beauvais des clubs religieux et souvent des rixes acharnées à propos des cérémonies du culte extérieur. « Le 7 avril 1562, un prêtre dévoué à Louis Bouthillier insulta la procession de Sainte-Marguerite qui passait devant sa maison, et répondit par des insolences aux reproches du curé. Alors la populace furieuse l'entoure, le frappe; il veut fuir vers l'évêché; on le poursuit, et il est mis en pièces aux portes du palais épiscopal.

« Le maire de la ville, Jean Paumard, accourut, pour le sauver, mais trop tard : il ne trouva qu'un cadavre (1). »

De BROÉ (Jacques-Nicolas), Magistrat,

né à Beauvais.

1790 — 1840.

C'est un grand mérite pour un émule de M. de Marchangy, que d'avoir su désarmer la critique de ses contem-

(1) Victor Tremblay : *Biographie du département de l'Oise.*

porains et d'avoir trouvé grâce devant le faux-libéralisme qui a longtemps défiguré l'histoire et les personnages de la Restauration. M. de Broé eut ce rare privilége, et bien qu'il fit partie du parquet de la Cour royale de Paris à une époque fertile en procès politiques, un écrivain, ami du gouvernement de juillet, M. J. Janin, lui a rendu justice dans cette courte oraison funèbre : « Sa résignation fut profonde, sa retraite austère, sa vie sérieuse et utile. »

Jacques-Nicolas de Broé naquit à Beauvais, en 1790, d'une famille honorable dont divers membres se sont distingués dans la magistrature, dans l'armée et dans les finances. Après avoir fait son droit à Paris, dans l'école relevée par Napoléon, il débuta au barreau en 1810. En 1813, il devint conseiller-auditeur à la Cour impériale de Paris. Il n'avait encore que vingt-cinq ans lorsqu'il fut attaché au tribunal de première instance de la Seine, en qualité de substitut : mais c'était l'époque où l'avancement était aussi rapide dans la magistrature, que, sous l'Empire, il l'était dans l'armée. Il ne tarda pas à être investi des fonctions de substitut du procureur général près la Cour royale de Paris, et fut nommé avocat général en 1822.

Préposé par le procureur général Bellart au soutien de la plupart des accusations politiques intentées sous la restauration, de Broé eut une mission difficile, ordinairement peu favorable aux yeux du vulgaire. Champion ardent de la légitimité, il fut souvent en butte aux pamphlets de Paul-Louis Courier. M. Dupin, qui depuis.... l'eut alors pour adversaire. Plus tard il fit son éloge comme procureur général à la cour de cassation :

« Dignité sans morgue, fermeté sans rudesse, modération par esprit de justice et d'humanité, amour du travail avec un talent vrai, soutenu, une parole suave sans emphase et sans prolixité; des études fortes et variées, une connaissance approfondie du droit civil et du droit public...

telles sont, à mon sentiment, les qualités qui ont distingué ce magistrat, l'un des hommes les plus honorables et les plus consciencieux que j'aie connus. »

Une des premières causes graves auxquelles il prit part fut le procès en diffamation intenté par la veuve du maréchal Brune, au rédacteur du *Drapeau blanc*, Martinville. La question neuve et importante qu'il présentait y fut traitée par de Broé avec une élévation de vues et une impartialité remarquables. Sa réplique dans l'affaire de la *souscription nationale*, consignée dans le *Recueil du Barreau français* de Panckouke, est restée un de ses titres à la réputation d'orateur. L'affaire de Paul-Louis Courier lui fournit l'occasion d'une action généreuse. Le mordant et spirituel helléniste avait publié, à la suite de sa condamnation, plusieurs brochures où des attaques violentes contre le ministère public, le président et les jurés, donnaient matière à de nouvelles poursuites. Ce fut en usant de son influence pour les arrêter que de Broé se vengea des invectives de l'écrivain. Dans le fameux procès de l'empoisonnement Castaing, il développa sur le corps du délit des principes qui, depuis, ont fixé la jurisprudence. Parmi ses discours de rentrée, celui qu'il prononça en 1823 *sur l'Amour du vrai*, et plus encore celui de 1827, *sur la Conscience*, méritent d'être médités par le moraliste et le jurisconsulte. Il fut nommé maître des requêtes au conseil d'Etat; mais lorsqu'en 1827, un conseil de surveillance des journaux, composé de trois pairs de France, de trois députés et de deux membres du conseil d'Etat, fut institué, il refusa ces fonctions. Il fut vers le même temps élu président du conseil général du département de l'Oise. Devenu, en 1828, avocat général à la cour de cassation, il parla dignement le langage de la loi dans ses réquisitoires, et bientôt après, lorsqu'il devint conseiller, dans ses rapports et dans les arrêts confiés à sa rédaction. Il avait, dans ses dernières années, perdu, par une maladie du larynx, son éloquence si suave et si pénétrante; sa santé, minée par l'excès du travail, déclinait rapidement. La perte de sa femme, après trois années d'une heureuse union, lui porta un coup dont il ne devait plus se relever. Il mourut à peine âgé de 50 ans, en 1840.

« Ce magistrat, dit M. Tremblay, avait une élocution pure, une action noble et mesurée; ses principes en morale et en législation étaient nets et incontestables. C'était une grande satisfaction de l'entendre. Ferme dans la discussion des charges qu'il développait toujours sans âpreté, sans passion, il accueillait avec indulgence les circonstances justificatives ou atténuantes et il était rare qu'il n'allât pas au-devant des réponses dont il sentait que les arguments étaient susceptibles. »

M. de Broé a fait terminer entre le duc de Bourbon et l'Etat un procès qui durait depuis plus de 300 ans et qui avait été entamé devant le Parlement de Paris relativement à l'ancien comté de Vertus. Ce procès avait pour origine la dot de la fille du roi Jean. Le plaidoyer de M. de Broé est curieux par les recherches historiques qu'il contient.

Les Réquisitoires, discours et plaidoyers de M. de Broé, ont été imprimés en 2 volumes. Il a aussi laissé en manuscrit un recueil de maximes et pensées morales et religieuses, des souvenirs de voyage en Suisse et en Italie, et des Considérations philosophiques sur les fonctionnaires et les devoirs du ministère public.

M. de Vatimesnil, qui avait été son collègue et son ami, a donné une intéressante notice sur ce magistrat.

BROISSE (Jean-François), Littérateur,

né à Préfontaine, près Senlis.

1759-1848.

Senlis a eu aussi son poète, contemporain de M. Blandurel (1), comme lui assidu courtisan des Muses, mais dans un genre tout différent. L'un fut le chantre héroïque des bords du Thérain; l'autre fut le chansonnier érotique des rives de la Nonette.

M. Victor Tremblay a sauvé de l'oubli quelques poésies légères de M. Broisse, qui rangent leur auteur parmi les disciples de Gresset et de Brillat-Savarin. Dans un badinage un peu long composé en 1813 sous ce titre : l'*Origine d'un penchant*, il chante son goût pour la friandise. Cette pièce se termine par le portrait de l'auteur, ébauché par lui-même :

> Au premier jour on me peindra
> La carte en main, la bouche pleine;
> A ce portrait chacun dira
> Je l'ai connu, c'est Préfontaine !

M. Broisse, qui se laissait appeler *de Préfontaine*, prénom plus poétique et plus sonore que son nom propre, a chanté en quatrains manuscrits les trottoirs de Senlis, les sapeurs pompiers, la caisse d'épargne, etc.

Indépendamment d'un grand nombre d'autres opuscules en vers que M. Broisse a composés, on lui doit encore une

(1) Voyez ce nom.

Histoire abrégée de la ville de Senlis, qu'il a publiée en 1835.

Et cependant cet aimable poète de sous-préfecture, pareil au Pégase de Don-Quichotte, galoppa, lui aussi, une fois en sa vie. Il eut l'esprit, avant de terminer sa poétique carrière, de réunir dans un recueil ses divers opuscules, et de les publier sous ce titre : l'*Esprit des autres*, titre modeste, et que bon nombre de compilateurs devraient donner au recueil de leurs œuvres complètes.

BRUHIER d'ABLAINCOURT (Jean-Jacques),

Médecin,

né à Beauvais.

1685 — 1756.

La liste sera longue des médecins qui ont contribué (soit dit sans malice) à la nécrologie des hommes illustres du Beauvaisis. Un des premiers (par ordre alphabétique) est Jean-Jacques Bruhier, dont le nom se rattache à une thèse médicale éternelle comme la mort qui en est le sujet. Je veux parler des inhumations précipitées. Il naquit à Beauvais, en 1686, d'une ancienne et honorable famille de commerçants. Après avoir terminé ses études au collége de sa ville natale, il se rendit à Angers, où il avait un oncle, dans l'intention d'y étudier la médecine. Il fut reçu docteur et membre de l'Académie de cette ville. Il vint à Paris, en 1715, et obtint l'emploi de censeur royal.

Bruhier fut un des médecins du dernier siècle qui servirent le mieux la bibliographie médicale par le nombre des ouvrages qu'il traduisit ou dont il se fit l'éditeur. On a de lui :

1° *Observations sur le Manuel des accouchements*, traduit du latin de Deventer. (Paris, 1733, in-4°.)

2° *La Médecine raisonnée*, traduit du latin d'Hoffman. (Paris, 1739, 9 vol. in-12.)

3° *La Politique du médecin*, traduit de l'allemand du même. (Paris, 1741 et 1752, in-12.)

4° *Traité des Fièvres*, traduit du même. (Paris, 1746, 3 vol. in-12.)

5° *Observations sur la cure de la Goutte et du Rhumatisme*, traduit du même. (Paris, 1751, in-12.)

6° *Traité des Aliments*, par Lemery. (3e édit., Paris, 1755.)

Il fit sur tous ces ouvrages des analyses raisonnées qu'on trouve dans le *Journal des Savants*.

On lui doit encore quelques ouvrages qui lui sont propres et que ne mentionne pas Eloi, dans son *Dictionnaire de la Médecine*; ce sont :

7° *Caprices d'imagination attribués aux maladies*. (Edit. de 1740 et 1741, in-8°.)

8° Mémoire pour servir à la vie de M. Silou. (1741, in-8°.)

Ce savant et laborieux enfant de Beauvais a surtout acquis la renommée et mérité la reconnaissance de la postérité par ses divers ouvrages sur les signes de la mort et par la démonstration publique qu'il fit de la nécessité de différer les inhumations.

On a de lui sur ce sujet :

9° *Dissertation sur l'incertitude des signes de la mort et l'abus des enterrements et embaumements précipités*. (1re partie, 1742; 2e partie, 1745.) D'autres éditions lui succédèrent avec de notables augmentations (1749-1752). Bref, ce livre fut un de ceux qui eurent le plus de succès au XVIIIe siècle. Il s'attaquait à d'anciens préjugés et à la vieille routine, ce qui lui valut l'appui des encyclopédistes et des philosophes. La thèse soutenue par le docteur Bruhier avait été proposée, en 1740, par Winslow. Elle trouva un ardent contradicteur dans le docteur Louis. Bruhier insista dans un dernier ouvrage :

10° *Mémoire sur la nécessité d'un règlement au sujet des enterrements.* (Paris, 1745, et avec un supplément, 1746.)

Ses travaux sur cette question philanthropique et humanitaire lui valurent de la part du poète de la Soumière une épître, dont nous citerons le commencement et la fin :

Bruhier, ton immortel ouvrage
Ouvre les yeux à bien des gens
Sur l'abus, le cruel usage
D'enterrer les morts tout vivants.
. . . .
Collatéraux auront beau faire,
Ils attendront assurément
Quatre jours impatiemment.
Ce n'est pas trop en telle affaire,
Car je t'avouerai sans mystère,
Bruhier, qu'il me déplairait fort
Bien à l'étroit dans une bière,
De me voir vif après ma mort.

La thèse de Bruhier a été reprise de nos jours et a occupé plusieurs esprits sérieux. L'opinion populaire a toujours donné raison aux détracteurs des inhumations précipitées; mais le répit de quatre jours réclamé par Bruhier n'a jamais été admis par l'administration, en raison de l'embarras que les morts non inhumés causent aux vivants, surtout dans les grandes villes. Ce système ne pourrait être appliqué que par l'établissement de dépôts mortuaires, comme il en existe aujourd'hui en Angleterre.

Le docteur Bruhier mourut à Paris, le 24 octobre 1756.

Le Sire de BRUNAULIEU,

Poète et Gentilhomme de Beauvais.

XVIe SIÈCLE.

Ce poète picard procédait plus du *Roman de la Rose* que de l'école de Ronsard, son contemporain. Il est l'auteur d'un poème manuscrit de plus de 3,000 vers, faits en l'honneur d'une noble demoiselle, dont il devint l'époux.

C'est à M. Mathon, bibliothécaire de la mairie de Neufchâtel, et membre du comité archéologique de Beauvais, qu'est due la découverte de ce précieux manuscrit. Il a fourni à M. Dupont-White la matière d'un rapport plein d'intérêt, qu'il a lu en 1846 au comité. Après avoir donné quelques détails généalogiques et biographiques sur le sire de Brunaulieu, il fait connaître, par divers extraits de son ouvrage, qu'il existe dans ce poème une grande délicatesse de sentiment, une élégance un peu maniérée mais toujours de bon ton, et une facture très-harmonieuse dans la phrase poétique, qui recommandent aux littérateurs ce vieux poète picard, dont l'existence vient de se révéler, et qui ne méritait pas l'obscurité dans laquelle son nom est resté si longtemps enseveli.

Le sire de Brunaulieu était un descendant de Guillaume de Brunaulieu, maître des forteresses de Beauvais en 1453.

BULARD (Arsène-François), Médecin,

né à Méru.

1805—1843.

Le tableau célèbre des *Pestiférés de Jaffa* a popularisé l'héroïque dévouement de Desgenettes. Voici un modeste et savant docteur qui, lui aussi, est allé braver le fléau de la peste en Orient, et qui est mort à 38 ans, victime de son amour pour l'humanité.

Arsène-François Bulard était né le 1er janvier 1805, à Méru, où ses parents exerçaient la profession de tanneurs. Après des études bien incomplètes, il entra comme élève en pharmacie dans l'officine de M. Graux, qui fut plus tard maire de Méru, et mourut en cette ville en 1847. Bulard avait beaucoup de goût pour la médecine, et, à force de travail, il acquit les connaissances nécessaires pour être reçu interne dans les hôpitaux de Paris.

Mais le jeune docteur n'avait pas seulement l'ardeur de la science, il était aussi animé de la foi qui fait les missionnaires.

Lorsque le vice-roi d'Egypte fonda une école de médecine au Caire, en 1832, Arsène Bulard, dont le mérite était déjà apprécié, fut désigné par le doyen de la Faculté de Paris, M. Orfila, comme devant y remplir une chaire. Il accepta ce titre avec d'autant plus d'empressement, qu'il savait devoir retrouver en Egypte le savant M. de Mimaut, consul général à Alexandrie, aussi originaire de Méru, et ami de sa famille.

Il avait reçu du gouvernement la pénible mission d'aller observer les effets de la peste dans les diverses provinces de l'Empire ottoman. Pendant quatre ans, de 1832 à 1836, il demeura en Egypte. Le lazaret d'Alexandrie fut son premier champ d'observation. Au Caire, il prit la plus grande part aux savants travaux de MM. Clot et Lachère. Enfin, en 1837, il se rendit à Smyrne, où le fléau sévissait avec une intensité terrible et emportait d'innombrables victimes.

Le docteur Bulard s'enferma dans l'hôpital des pestiférés où les malades, entassés pêle-mêle dans des chambres infectes et sans ventilation, mouraient sans secours, négligés par les médecins et abandonnés par des servants cupides qui ne voyaient en eux que des épaves à dépouiller. Sous cette direction nouvelle, l'ordre s'établit, le service s'organise, les malades sont séparés des convalescents, le régime est tracé, les pansements se font, et, grâce à des dispositions presque uniquement hygiéniques, le nombre des guérisons dépasse constamment celui des morts. Loin de se prévaloir de ce résultat et de s'ériger en guérisseur de peste, le docteur Bulard attribuait modestement son succès à la nature.

Il n'en avait pas moins foi dans la science, car il fit dans cet hôpital de Smyrne d'importantes observations sur les symptômes et la marche de la maladie. Pour mieux en étudier les effets, il eut même le courage de s'inoculer le virus et d'observer sur lui-même les phénomènes développés par son absorption. Nous ne suivrons pas le docteur Bulard dans ces périlleuses et savantes expérimentations. Les journaux du temps ont fait l'éloge de ce dévouement admirable, et le fruit de ces utiles travaux est consigné dans l'ouvrage qu'il a publié en 1839 sur la peste orientale.

Lorsque le fléau eut complétement cessé ses ravages à Smyrne, Bulard se rendit à Constantinople, où le champ était encore ouvert à ses études et où il pouvait rendre de nouveaux services. Là encore il s'enferma avec les pestiférés, dans la tour Léandre. Il réorganisa cet hôpital, presque aussi mal tenu que celui de Smyrne, et avec l'aide intelligente de notre ambassadeur, M. l'amiral Roussin, il arrache à l'apathie des Musulmans un firman prescrivant des mesures sanitaires contre la peste, aux ravages de laquelle les Turcs, dans leur inepte fatalisme, s'abandonnaient sans défense en vertu de cette parole du Coran : « Fuir les maux que Dieu nous envoie, c'est prétendre être immortel. »

En 1838, le docteur Bulard revint en Europe, riche d'une expérience acquise au prix de tant de dangers, et appliqua tous ses soins à la réforme de l'ancien régime sanitaire. C'est à lui que l'on doit en grande partie la réduction importante introduite dans ces derniers temps dans la durée des quarantaines.

C'est au milieu de ces travaux, si profitables à la science et à l'humanité, que la mort le frappa à Dresde, en Saxe, le 2 mars 1843. Celui que tant de fléaux destructeurs avaient épargné et qui avait impunément bravé les attaques du choléra, de la peste et de la fièvre jaune, succomba à une maladie vulgaire, à une hydropisie compliquée d'un squirrhe du foie. Les restes mortels du docteur Bulard furent rapportés en France par M. de Bussières, notre ambassadeur à Dresde, et déposés dans le cimetière de Méru, sa ville natale.

« Arsène Bulard, dit M. Victor Tremblay, victime de son amour pour la science et de son zèle pour l'humanité, recueillit, en partie du moins, la récompense de son noble dévouement. Aux cris d'admiration et de reconnaissance dont l'avaient salué les populations au soulagement desquelles il avait voué sa vie, sont venues se joindre les marques de distinction honorablement gagnées, que lui ont adressées divers souverains. Le docteur Bulard était membre de l'Académie des Sciences de Florence, chevalier de la Légion-d'Honneur, officier de l'ordre suprême du Sauveur de Grèce, décoré par le Sultan de l'ordre du Nichan, et d'une médaille d'or votée par les habitants de Smyrne. Il était en outre membre de l'intendance sanitaire de Constantinople et du conseil de santé d'Alexandrie, médecin en chef de l'hôpital militaire du Caire, correspondant de plusieurs sociétés de médecine, etc., etc. Pour lui, tous ces titres, tous ces signes d'honneur étaient le témoignage ou la récompense d'autant de services rendus.»

On n'a de lui qu'un seul ouvrage important. Il a pour titre : *De la Peste orientale,* d'après les matériaux recueillis à Alexandrie, au Caire, à Smyrne et à Constantinople. (Paris, 1839, chez Béchet jeune, libraire de la Faculté de Médecine.)

BUQUET (Louis-Jean-Baptiste),

Magistrat et Savant,

né à Beauvais.

1731 — 1801.

Né à Beauvais, le 10 mars 1731, M. Louis Buquet devint procureur du roi au présidial de cette ville. Membre de l'Académie d'Amiens et de la Société d'agriculture de Paris, il se fit connaître par divers ouvrages de législation, tous empreints de cette ardeur de rénovation qui était l'esprit général de son temps. En lisant ses écrits, on voit que l'amour de son pays et le désir d'être utile ont toujours guidé sa plume. Un magistrat comme lui n'était pas homme à fléchir devant le chancelier Maupeou. Aussi, en 1771, se démit-il honorablement de ses fonctions.

Outre la part qu'il a prise à la rédaction de l'*Histoire du Beauvaisis*, comme collaborateur de MM. Borel et Danse, M. Buquet est l'auteur d'une dissertation sur la position de *Bratuspantium* (Breteuil); d'*Eclaircissements sur les mesures itinéraires des Gaulois et sur le mille romain dont parle César*, et d'un *Essai sur la souveraineté et sur le droit de justice qui y est attaché*.

M. Buquet a remporté plusieurs palmes académiques. Un de ses mémoires a été couronné par l'Académie de Châlons, en 1783, sur la question de savoir « quels seraient « les moyens de rendre la justice en France avec le plus de « célérité et le moins de frais possible. » (Imprimé à Beauvais, 1785.) L'autre discours a été couronné à Amiens, en 1787, sur cette question : « Quel est le moyen le plus « simple et le moins dispendieux de prévenir et d'éviter « les incendies dans les campagnes. » (Imprimé à Beauvais, 1788.)

M. Buquet possédait une nombreuse bibliothèque riche surtout en manuscrits, un cabinet de médailles et une collection d'histoire naturelle. Il mourut au château de Marguerie, commune de Hermes, le 13 avril 1801.

Guillaume CAILLET dit **Jacques Bonhomme,**

Chef de la Jacquerie,

né à Mello en Beauvaisin.

XIVe SIÈCLE.

Le nom de Jacques Bonhomme est resté comme le type historique des insurrections de paysans au moyen-âge.

Celui qui portait ce surnom était né à Mello, sur les bords du Thérain (1), vers le milieu du XIVe siècle. Il fut le chef de Jacques qui en 1358 se soulevèrent dans le Beauvaisis, puis dans toute la France septentrionale, particulièrement contre les nobles, chevaliers et écuyers.

Laissons d'abord Froissard, contemporain des événements, nous retracer le tableau sanglant du soulèvement général qui éclata le 21 mai 1358 parmi les paysans de l'Ile-de-France :

« Advint, dit-il, une grande merveilleuse tribulation en plusieurs parties du royaume de France, si comme en Beauvoisis, en Brie et sur la rivière de Marne, en Valois, en Lannois, en la terre de Coucy et entour Soissons. Car aucunes gens des villes champêtres sans chef, s'assemblèrent en Beauvoisis et ne furent mie (pas) cent hommes les premiers : et dirent que tous les nobles du royaume de France, chevaliers et écuyers, honnissoient et trahissoient le royaume, et que ce serait grand bien qui tous les détruiroit. Et chacun d'eux dit : « Il dit voir; (vrai.) il dit voir! honni soit celui par qui il demeurera que tous les gentilshommes ne soient détruits! »

» Lors se assemblèrent et s'en allèrent sans autre conseil et sans nulles armures fors que de bâtons ferrés et de couteaux en la maison d'un chevalier qui près de là demeurait. Si brisèrent la maison et tuèrent le chevalier, la dame et les enfants, petits et grands, et ardirent, (brulèrent) la maison.

» Secondement ils s'en allèrent en un autre fort châtel et firent pis assez; car ils prirent le chevalier et le lièrent à une estache (pieu), bien et fort, et violèrent sa femme et sa fille les plusieurs, voyant le chevalier; puis tuèrent

(1) Froissart le fait naître à Clermont en Beauvaisis.

la dame qui était enceinte et grosse d'enfant, et sa fille et tous les enfants et puis ledit chevalier à grand martyre et ardirent et abattirent le châtel. »

Pour bien se rendre compte de ce grand gouvernement populaire, il importe de remonter à la cause, c'est-à-dire à l'état de la France, telle que la faisaient les dévastations des nobles et des bandes pillardes qui la désolaient. « Les paysans ne dormaient plus, a dit un historien moderne (M. Michelet); ceux des bords de la Loire passaient les nuits dans les îles ou dans les bateaux arrêtés au milieu du fleuve; en Picardie, les populations creusaient la terre et s'y renfermaient :.... les familles s'y entassaient à l'approche de l'ennemi; les femmes, les enfants y pourissent des semaines, des mois, pendant que les hommes allaient timidement, au clocher, voir si les gens de guerre s'éloignaient de la campagne. »

La faim et toutes les tortures qui l'accompagnaient, tel était donc l'état normal des villes et des campagnes. Froissart lui-même en convient : « Mouroient les petites gens de faim, et c'estoit grand'pitié; et dura cette dureté et ce cher temps plus de quatre ans. » Il n'y avait en effet à manger que dans les châteaux; le peuple courut donc aux châteaux, et Froissart, dans son chapitre : *Comment les communes du Beauvoisin et en plusieurs autres parties de France mettoient à mort tous gentilshommes et femmes qu'ils trouvoient*, ajoute : « Ainsi firent-ils en plusieurs chasteaux, et multiplièrent tant qu'ils furent bien six mille; et partout là où ils venoient, leur nombre croissoit; car chacun de leur semblance les suivoit. Si que chacun chevalier, dames et escuyers, leurs femmes et leurs enfants, les fuyoient; et emportoient les dames et les demoiselles, leurs enfants six ou vingt lieues de où ils se pouvoient garantir, et laissoient leurs maisons toutes vagues et leur avoir dedans; et ces meschants gens, assemblés sans chef et sans armures, roboient et ardoient tout, et tuoient et efforçoient et violoient toutes dames et pucelles, sans pitié et sans mercy, ainsi comme chiens enragés. »

Du Beauvoisin, l'insurrection s'étendit à l'Amiénois, au Ponthieu; au Noyonnais, au Soissonnais, à la Brie, enfin à l'Ile de France. Elle dévasta tout, depuis l'embouchure de la Somme et les rives de l'Yonne. Plus de soixante forteresses furent détruites dans le Beauvoisin et l'Amiénois, plus de cent dans le Valois et les diocèses de Laon et de Soissons. Les châteaux de la maison de Montmorency eurent le même sort. La duchesse d'Orléans se réfugia de Beaumont-sur-Oise à Meaux, où se trouvaient déjà la duchesse de Normandie et plus de trois cents nobles dames et demoiselles, qui s'y étaient retirées, « de peur d'être violées et par après meurtries par ces méchantes gens. »

Leurs appréhensions n'étaient que trop fondées. C'était une guerre de représailles autant que de désespoir. On tuoit jusqu'aux petits enfants qui n'avoient point encore fait de mal, » dit le continuateur de Nangis. Les nobles n'essayèrent pas d'abord de se défendre; mais bientôt aidés de leurs amis de Flandre, du Hainaut et du Brabant, ils reprirent l'offensive. Les Jacques et les Parisiens venus à leur secours ayant attaqué la marche de Meaux, ils furent défaits par le capitaine de Buch et Gaston Phœbus, comte de Foix; et dès lors la fortune se déclara contre eux. « Les vilains, qui estoient, dit Froissart, noirs et petits, et très-mal armés, » ne purent lutter contre ces chevaliers bardés de fer. La réaction fut terrible : « Les gens d'armes les abattoient à grands monceaux; ils en tuèrent tant, qu'ils en estoient tout lassez, et les firent saillir en la rivière de Marne; ils en mirent à fin plus de sept mille. » Le roi de Navarre Charles le Mauvais, dont quelques gentilhommes avaient été massacrés par les insurgés, en tua plus de trois mille près de Clermont en Beauvaisis. Leur chef,

Guillaume Caillet, et quelques autres étant entrés dans le camp du roi pour solliciter son amitié; il répondit à leur avance en les faisant pendre. Ainsi finit cette levée de boucliers, désignée par les historiens sous le nom de *Jacquerie*, et qui, en moins de six semaines, couvrit l'Ile-de-France de sang et de ruines (1).

CALVIN (Jean), Réformateur et Ecrivain,

né à Noyon.

1509—1564.

On voit encore sur la place de l'Hôtel-de-Ville de Noyon, la maison où Calvin naquit, le 10 juillet 1509 (2). Suivant les uns, son père, Gérard Cauvain, était un simple tonnelier. Suivant d'autres, il était notaire apostolique, procureur fiscal du comté, scribe en cour d'Église, et promoteur du chapitre, et fut assez riche pour faire donner à

---

(1) Froissart : *Chronique.* — Michelet : *Histoire de France.* — Henri Martin : *Histoire de France.* — Sismondi : *Histoire des Français.*

(2) La vie de Calvin a été jugée, à des points de vue bien différents, par les écrivains protestants et catholiques. On écrirait des volumes sur cette existence si controversée sans rien produire de nouveau. Au lieu d'entreprendre un travail qui serait hors de proportion avec le but de cet ouvrage, au lieu de faire une compilation plus ou moins habile de tout ce qui a été écrit sur Calvin, nous avons préféré, avec l'assentiment de l'auteur et des éditeurs, reproduire la Notice que M. Léo Joubert a consacrée à ce célèbre réformateur dans la *Nouvelle Biographie générale.*

son fils une brillante éducation. Le jeune Calvin, déjà pourvu à l'âge de douze ans d'un bénéfice dans la cathédrale de Noyon, fut nommé en 1525 curé de Marteville, et deux ans après, par permutation, de Pont-l'Evêque, pendant qu'il achevait à Paris, au collége de la Marche, puis au collége Montaigu, des études commencées dans sa ville natale.

Ces faveurs ne l'attachèrent pas à l'église romaine.

Le souffle de la réforme pénétrait en France et s'insinuait surtout dans les classes lettrées. Robert Olivetan, parent de Calvin, lui fit lire la Bible, et lui montra des contradictions entre les saintes écritures et la théologie telle qu'on l'enseignait dans les colléges. Renonçant à une science incertaine, Calvin alla étudier le droit à Orléans sous Pierre l'Etoile, puis à Bourges sous Alciat. Ce fut dans cette dernière ville qu'il connut Melchior Wolmar, meilleur helléniste que catholique, qui lui enseigna le grec, et le fortifia dans ses idées de réforme. Le jeune étudiant montrait déjà cette intelligence qui saisit promptement ce qui est à sa portée, cette vigueur de volonté qui s'approprie si fortement les connaissances acquises qu'elles semblent moins une conquête récente qu'une faculté innée, et il complétait souvent devant ses condisciples les leçons qu'ils venaient d'entendre. Elève, il avait l'autorité d'un maître.

En quittant l'école de droit, Calvin se rendit à Paris, et publia un commentaire sur le traité *de la Clémence* de Sénèque (*L. Annæi Senecæ, senatoris ac philosophi clarissimi, Libri duo de clementia ad Neronem Cæsarem, Johannis Calvini Noviodunæi commentariis illustrati*; Paris, 1532, in-4°). Le jeune érudit n'avait pas été conduit par le hasard seul vers le livre du philosophe païen. Les conseils adressés par Sénèque à Néron étaient un appel indirect à la clémence de François 1er en faveur des protestants.

Maintenant Calvin se croyait assez fort pour aborder les difficultés de la théologie catholique, et il s'engagea résolument dans une série de controverses. S'établissant au collége de Fortet, à portée de la Sorbonne, il composa ou du moins inspira le discours prononcé le jour de la Toussaint 1533, par son ami Michel Cop, recteur de l'université de Paris. Pour la première fois les idées luthériennes se produisaient sur les bancs de la Sorbonne. Le scandale fut grand. Nicolas Cop et son ami furent obligés de prendre la fuite. Heureusement Marguerite de Valois s'interposa : elle fit cesser les poursuites à Paris, et offrit aux exilés un asile à sa cour de Nérac.

Calvin profita de son voyage pour répandre les idées de la réforme. Il se retira d'abord en Saintonge auprès de Louis du Tillet, chanoine d'Angoulème et curé de Claix. Il méditait déjà son *Institution chrétienne*, et se préparait à l'apologie de la réforme, en composant des exhortations chrétiennes, qu'on lisait au prône. Un court voyage qu'il fit à Paris n'offre qu'un seul incident remarquable. Le jeune réformateur avait pris rendez-vous avec un médecin espagnol, philosophe hardi, pour une joûte théologique. Ce médecin, qui s'appelait Servet, fit défaut, et le duel ne s'engagea que dix-neuf ans plus tard à Genève.

Calvin, ne trouvant pas de sûreté en France, quitta sa patrie après avoir publié sa *Psychopannychie* contre l'opinion de certains anabaptistes, qui prétendaient que les âmes des morts dorment jusqu'au jugement dernier (*Psychopannychia, qua refellitur eorum error qui animas post mortem usque ad ultimum judicium dormire putant*; Paris, 1534). Calvin se rendit à Bâle, s'y lia étroitement avec Capiton et Gryneus, apprit l'hébreu et publia son *Institution chrétienne* en 1535. On a contesté cette date. Le plus ancien exemplaire connu de l'*Institution chrétienne* se trouve à la bibliothèque de Genève; les 42 premières pages manquent, et il est daté de 1536, avec le titre : *Christianæ religionis Institutio, totam fere pietatis summam, et quidquid est in doctrina salutis cognitu necessarium complectens, omnibus pietatis studiosis, lectu dignissimum opus, ac recens editum; præfatio ad christianissimum regem Franciæ, qua hic ei liber pro confessione fidei offertur Johanne Calvino, autore; Basileæ,* 1536, in-8°, *per Thomam Plattnerum.* Il est fort douteux que cet exemplaire appartienne à la première édition; l'Épître dédicatoire à François 1er est datée du 1er août 1535. Ce n'était que la première ébauche en latin de l'ouvrage tel que nous le possédons aujourd'hui. Amélioré, complété dans les éditions successives de Strasbourg, 1539, 1543, 1544, in-fol., de Genève, 1550, in-fol., traduit en français par l'auteur lui-même en 1541, il reçut sa forme définitive tant pour le texte latin que pour la traduction française, en 1558. L'*Institution chrétienne* fut alors donnée en 4 livres, formant 80 chapitres. Le premier livre traite de la connaissance de Dieu et de celle de l'homme; le second, du Christ considéré comme rédempteur du genre humain; le troisième, des moyens d'acquérir la grâce du Christ et des fruits qu'elle produit; le quatrième, des institutions que Dieu a établies pour mettre l'homme en société avec le Christ et l'y retenir. L'ouvrage commence par une préface en forme de dédicace à François Ier; c'est un éloquent plaidoyer en faveur des réformés.

Comme toutes les doctrines nouvelles, la réforme avait porté en naissant le trouble dans le monde; les puissances temporelles et spirituelles, furent ébranlées jusque dans les fondements, et la discorde établit partout son règne. Les adhérents demandèrent un livre qui fût une profession de foi et un formulaire, une apologie et une discipline. C'est ce que fit Calvin. François Ier, qui persécutait alors les protestants en France, recherchait l'alliance des princes luthériens d'Allemagne. Pour se justifier de ses rigueurs, il déclarait ne poursuivre que des perturbateurs dans le genre des anabaptistes. C'est contre cette conduite que réclame Calvin. Par un moyen oratoire plein d'habileté et de force, il s'empare des assertions de François Ier, pour prouver « que ce prince n'est contraire aux protestants que parce qu'il ignore la vérité. Cette vérité, il va la lui faire connaître, en lui exposant les principes de la réforme. »

Le protestantisme n'est ni une philosophie, ni une religion, c'est, dans la pensée des réformateurs, un retour au christianisme, c'est-à-dire à la parole de Dieu consignée dans la Bible. « C'est, disaient-ils, à cette parole obscurcie d'abord par les commentaires des Pères de l'Eglise, puis par les papes et les docteurs de l'Eglise catholique qu'il faut revenir, en écartant les intermédiaires humains qui s'interposent entre Dieu et l'homme; c'est la religion *déformée* par des siècles de superstition qu'il faut réformer. De sorte que cette religion réformée, bien loin d'être nouvelle, est plus ancienne que le catholicisme. »

« En ce qu'ils l'appellent nouvelle, ajoute Calvin en repoussant le reproche de nouveauté, ils font moult grande injure à Dieu, duquel la saine parole ne méritoit point d'être notée de nouvelleté. Certes, je ne doute point que, touchant d'eux, elle ne leur soit nouvelle, veu que Christ même et son Evangile leur sont nouveaux. Mais celui qui sait que cette prédication de saint Paul est ancienne, c'est que Jésus-Christ est mort pour nos péchés et ressuscité pour notre justification, il ne trouvera rien de nouveau entre nous. Ce qu'elle a été longtemps cachée et inconnue, le crime en est à imputer à l'impiété des hommes. Maintenant, quand elle nous est rendue par la bonté de Dieu, pour le moins elle devoit être reçue en son autorité ancienne. »

Appuyé sur cet Evangile « que les miracles du Christ

et des saints ont établi et continué » il repousse toutes les attaques dirigées contre les protestants, d'être contraire à la tradition, d'établir un schisme dans l'église, de causer la guerre dans l'Etat et la licence dans la société. Sur ce dernier point Calvin répondit, comme l'ont fait tous les réformateurs, que ce ne sont pas les réformes, mais la résistance qu'elles éprouvent, qui troublent le monde.

« Combien grande perversité, dit-il, est-ce de charger la parole de Dieu de la haine ou des séditions qu'élèvent à l'encontre d'icelle les fols et escervelés, ou des sectes que sèment les abuseurs? On demandoit à Hélie s'il n'étoit pas celui qui troubloit Israël. Christ étoit estimé séditieux des Juifs. On accusoit les apôtres comme s'ils eussent ému le populaire à tumulte. Que font aujourd'hui autre chose ceux qui nous imputent les troubles, tumultes et contentions qui s'élèvent encontre nous? Or, Hélie nous a enseigné quelle réponse il leur faut rendre. C'est que ce ne sommes nous pas qui semons les erreurs ou émouvons les troubles, mais eux-mêmes qui veulent résister à la vertu de Dieu. » On peut contester la valeur, mais non l'éloquence de cet argument. Cette éloquence redouble à la fin. Le grave enthousiasme, d'abord contenu, du réformateur, s'élève peu à peu, et finit par déborder dans cette apostrophe finale où l'humilité est si fière, où la menace gronde sous la soumission. « Vous ne vous devez, sire, émouvoir de ces faux rapports par lesquels nos adversaires s'efforcent de vous jeter en quelque crainte et terreur. Car Dieu n'est point Dieu de division, mais de paix ; le fils de Dieu n'est point ministre de péché, qui est venu pour rompre et détruire les armes du diable. Quant à nous, nous sommes injustement accusés de telles entreprises, desquelles nous ne donnâmes jamais le moindre soupçon du monde. Est-il bien vraisemblable que nous, desquels jamais n'a été ouïe une seule parole séditieuse, et desquels la vie a toujours été connue simple et paisible, quand nous vivions sous vous, sire, machinions de renverser les royaumes? Qui plus est, maintenant étant chassés de nos maisons, nous ne laissons point de prier Dieu pour votre prospérité et celle de votre règne. Grâce à Dieu, nous n'avons point si mal profité en l'Evangile que notre vie ne puisse être à ces détracteurs exemple de chasteté, libéralité, miséricorde, tempérance, patience, modestie et toutes autres vertus. Vous avez, sire, la venimeuse iniquité de nos calomniateurs exposée par assez de paroles. J'ai prétendu seulement adoucir votre cœur pour donner audience à notre cause; lequel, combien qu'il soit à présent détourné et aliéné de nous, j'ajoute même enflambé, toutes fois, j'espère que nous pourrons regagner sa grâce, s'il vous plaît une fois hors d'indignation et courroux lire cette notre confession, laquelle nous voulons être pour défense envers Votre Majesté. Mais si, au contraire, les détractions des malveillants empeschent tellement vos oreilles que les accusés n'aient aucun lieu de se défendre; d'autre part, si ces impétueuses furies, sans que vous y mettiez ordre, exercent toujours cruautés par prison, fouets, gehennes, coppures, brûlures, nous certes, comme brebis dévouées à la boucherie, serons jetés en toute extrémité, tellement néanmoins que en notre patience nous posséderons nos âmes et attendrons la main forte du Seigneur : laquelle sans doute se montrera en sa saison et apparaîtra armée, tant pour délivrer les pauvres de leur affliction que pour punir les contempteurs qui s'esgayent si hardiment à cette heure. »

Si on oublie le fond du procès, pour ne songer qu'à la forme du plaidoyer; si on voit dans les fragments que nous venons de citer, non les premières assises d'une hérésie, mais un des premiers monuments de la langue de la France, on admirera combien cette langue a gagné au service de Calvin. Prodigieusement riche, chez Rabelais, mais exhubérante et enchevêtrée, elle se retrempe, sous la main du réformateur, aux sources du latin, se purifie de toute la poussière du moyen âge, locutions surannées, incidences obscures, conjonctions disgracieuses, et court sans embarras au but vers lequel la pousse une volonté impérieuse.

Au moment où il publiait la première édition, ou plutôt la première ébauche de son *Institution chrétienne*, Calvin n'était pas encore tout entier lui-même, et plusieurs années lui étaient nécessaires pour arriver à la plénitude de son génie et de son autorité. Apprenant que les idées nouvelles s'introduisaient en Italie, il se rendit à la cour de la duchesse de Ferrare. Renée de France, fille de Louis XII, fut parfaitement accueilli par cette princesse, mais ne put faire un long séjour en pays catholique, et si près de la cour de Rome. Il reprit le chemin des Alpes. En passant, il voulut prêcher dans la ville d'Aoste. Les habitants le chassèrent. Cette expulsion fut célébrée par une petite colonne élevée en 1541, bien que l'événement se fût passé sur la fin de 1535 ou au commencement de 1536. Calvin, revenu en France, se hâta de mettre ordre à ses affaires, et repartit pour l'Allemagne. Ne pouvant traverser la Lorraine et la Flandre, à cause de la guerre, il résolut de passer par Genève, et arriva dans cette ville au mois d'août 1536. Farel, Viret et Coraut y avaient établi la réforme en 1535, et elle avait été adoptée par le conseil général le 21 mai 1536. Il restait à défendre les doctrines nouvelles contre les attaques intérieures et celles du dehors; il fallait encore, et c'était le plus difficile, faire coïncider la réforme des mœurs avec la réforme religieuse. Farel connaissait Calvin de réputation; il le jugea l'homme le plus capable de remplir une pareille tâche, et le retint presque malgré lui, en le menaçant de la malédiction divine s'il refusait de s'associer aux travaux des ministres. L'auteur de l'Institution chrétienne céda; il accepta la place de ministre de la parole de Dieu, et de professeur de théologie. Pour bien apprécier l'œuvre qu'il accomplit, et les difficultés qu'il eut à surmonter, il faut se représenter ce qu'était Genève en 1536. Nous empruntons à M. Guizot, un éloquent tableau de la situation de cette ville à l'époque où Calvin s'y arrêta.

« La réforme avait été précédée à Genève de longues agitations politiques; et depuis plusieurs années les partis, livrés à eux-mêmes, en proie aux alternatives d'une lutte violente, avaient pour ainsi dire désappris la discipline et l'obéissance aux lois. Le parti des ducs de Savoie et de l'évêque, pour retenir le pouvoir qui lui échappait, avait, dans ses moments de triomphe, eu recours à cette politique infâme qui permet aux peuples la licence et la débauche, dans l'espoir de les conduire à la servilité par la corruption. Le parti patriote, souvent opprimé, s'était nourri de passions haineuses, et n'avait pu même dans un si petit Etat échapper à la contagion des mœurs. La victoire lui demeura enfin; mais la victoire après le désordre traîne à sa suite des corruptions nouvelles. Introduite à Genève au milieu de cette situation, la réforme, vivement et sincèrement embrassée par le peuple, ne fut d'abord adoptée par les chefs de l'Etat et les hommes de parti que dans des vues politiques, pour conserver l'alliance de Berne et élever entre la république et les anciens maîtres une barrière insurmontable. Ce but fut atteint; mais la réforme voulut l'amendement des mœurs publiques, l'établissement d'un ordre régulier, le respect des magistrats et des lois. Dès lors les obstacles se rencontrèrent en foule : la licence régnait dans les mœurs; les lieux de débauches étaient non-seulement tolérés, mais convertis en institutions; le relâchement avait pénétré dans l'intérieur des familles et se colorait de maximes insensées. D'autre part, la longue durée des factions avait accoutumé le peuple à l'insubordination, aux émeutes, et les principaux citoyens y avaient contracté ce goût de l'arbitraire, ces habitudes d'irresponsabilité et de despotisme qui dans un petit Etat rendent l'autorité si difficile quand elle veut remplir son devoir en s'exerçant également sur tous. Aussi, dans le sein de Genève réformée, et après l'expulsion du parti étranger, s'éleva bientôt un parti nouveau qui, sous le nom de *libertins*, prétendait se conduire selon son caprice, gouverner l'Etat à sa guise, sans se laisser gouverner lui-même par aucune autorité ni aucune règle; parti factieux et dissolu, se refusant à la réforme des mœurs, résistant au pouvoir des magistrats, et conduit par quelques hommes jadis patriotes, qui s'indignaient qu'on n'eût conquis l'indépendance nationale et chassé le catholicisme que pour tomber sous le joug de la morale et des lois. »

C'était au milieu de cette dissolution turbulente qu'il fallait organiser la réforme. Calvin rédigea avec Farel un formulaire de profession de foi et un plan de discipline ecclésiastique. Ces deux actes, lus devant le conseil des Deux-Cents, au mois de novembre 1536, furent sanctionnés par le peuple assemblé en conseil général le 20 juillet 1537 : ce n'était qu'un premier pas. Après avoir réglé par le formulaire la licence de la pensée, il restait à réprimer la liberté des mœurs. Farel, Calvin et Coraut, prêchèrent contre les désordres, et en demandèrent la répression. Cet excès de zèle souleva un mécontentement presque général. Coraut fut emprisonné. Quant aux deux autres, on employa pour les atteindre un moyen indirect. Les Bernois invitèrent les Génevois à recevoir les décisions du synode de Lausanne sur le pain azyme dans la communion, sur la célébration du baptême avec les fonts baptismaux, sur les fêtes de Noël, de l'Ascension, de la Pentecôte, et de Notre-Dame. On savait que ces décisions étaient blâmées par Calvin et ses amis; ce fut assez pour que le conseil les adoptât et ordonnât aux ministres de s'y soumettre. Ceux-ci résistèrent, refusèrent, le jour de Pâques 1538, de célébrer la cène de la manière prescrite par le conseil, et furent exilés de Genève. Malgré les sollicitations amicales des synodes de Berne et de Zurich, l'arrêt de bannissement, rendu à la fin d'avril, fut confirmé le 26 mai par le conseil général.

Calvin se retira à Strasbourg. Bucer, Capiton et Hédion, le reçurent comme un des chefs de leur parti et le firent nommer professeur de théologie et pasteur de l'église française. Cet accueil flatteur ne lui fit point oublier les Génevois; il se rappela à leur souvenir en réfutant la lettre que le cardinal Sadolet, évêque de Carpentras, venait d'adresser au sénat et au peuple de Genève : *J. Sadoleti Epistola ad S. P. Q. Genevensem et ad eum J. Calvini Responsio*, 1539; traduite en français en 1541.

Les troubles qui agitaient Genève faisaient vivement regretter l'absence du réformateur. En 1540, on lui offrit de venir reprendre sa place. Amied Perrin, son ami, fut député à Strasbourg pour vaincre ses hésitations. Zurich, Bâle et Berne, joignirent leurs instances à celles du capitaine-général. Calvin rentra en maître à Genève au mois de septembre 1541. Ne perdant pas de temps pour affermir dans ses mains le pouvoir qui venait de lui être rendu, il proposa au conseil des Deux-Cents un projet de vaste police ecclésiastique qui fut sanctionné en conseil général, le 20 novembre 1541. « Calvin, dit M. Cerusez, forma un tribunal composé d'ecclésiastiques et de laïques, investi d'une surveillance permanente sur les opinions, sur les actions, sur les discours. Toutes les erreurs en matière de doctrine, tous les vices, tous les désordres étaient de son ressort. Lorsque le châtiment allait au-delà des peines canoniques, le tribunal déférait le coupable aux magistrats civils. Plagiaire de Rome et de Madrid, Calvin établissait ainsi, sous le nom de consistoire, une inquisition nouvelle avec une juridiction plus étendue que celle de l'inquisition catholique. »

« A dater de 1541 jusqu'à sa mort, continue le même historien, Calvin régna sur Genève. Toutefois, son règne, sa supériorité n'étaient pas incontestés : il avait à lutter. Il était le chef du parti dominant, il est vrai, mais le chef d'un parti; et lorsque l'autorité est ainsi menacée, il faut constamment être en éveil, en guerre pour la conserver, la défendre et la fortifier. Ainsi le pouvoir de Calvin, quoique très-grand, ne fut maintenu que par un combat continuel; sa vie fut une lutte et une lutte incessante. C'est pendant ces années qu'il faut voir et admirer l'activité de son esprit, l'ascendant et la puissance de son caractère dans toutes les circonstances critiques. Toutes les fois que son autorité fut menacée, il payait de sa personne pour entretenir la ferveur de ses adeptes : pour se maintenir dans sa haute position qu'il s'était faite, il était obligé d'être constamment en scène, de parler au peuple, d'aller sur la place publique, de braver ceux qui voulaient attenter à son pouvoir. On a peine à comprendre comment il pouvait suffire à tant de travaux : prédications de chaque jour; discussions théologiques improvisées; entretiens particuliers accordés à tous ceux qui voulaient être éclairés sur les matières de la foi; active correspondance entretenue avec tous les dissidents de l'Europe, tout cela marchait de front avec l'administration de l'Eglise, la surveillance de l'Etat et la composition de ses grands ouvrages. Ce qu'il a produit, ce qu'il a écrit et dit est incalculable. Si on réunissait toutes ses lettres, sa correspondance ne remplirait pas moins de trente volumes in-fol. (1). Il existe à Genève

(1) Il a été fait plusieurs recueils des lettres de Calvin : *Epistolæ Calvini et responsa, cum vita Calvini, a Theodoro Beza*. Genève, 1586, in-f°.

deux mille sermons (1) qu'il a prononcés, et qui sont demeurés manuscrits. Ainsi, ce que nous avons dit de lui, cette masse prodigieuse d'écrits déjà imprimés ne donne qu'une faible idée de ce qu'il a composé pendant une carrière que la mort ferma prématurément.

« Il faut songer en outre, et ceci augmente d'abord l'étonnement, que cet homme, si actif d'intelligence, était faible de corps, qu'il était en proie aux maladies les plus cruelles, et que la plupart de ses écrits, il les a dictés dans son lit, aux prises avec la douleur. Ainsi il y avait en lui le contraste d'une intelligence forte et active, et d'un corps faible et misérable. Cependant on peut penser que cette faiblesse de corps, que cette maladie constante qui ne lui permettait la jouissance d'aucun des plaisirs mondains, contribuait à donner à son esprit une plus grande activité, une énergie nouvelle; on ne peut expliquer cette ardeur fiévreuse que par la nécessité de se distraire, par d'autres occupations, de l'impossibilité de goûter à ces plaisirs qui adoucissent l'âme et relâchent l'intelligence. Ainsi son esprit devenait plus actif, et son caractère plus violent, plus emporté, plus amer. Ce sont là, il faut l'avouer, de terri-

— L'edition de Lausanne, chez Le Preux, in-8°, a seize lettres de plus; elle est très-rare. On trouve des lettres de Calvin dans les *Animadversiones philologicæ* de Crenius, dans les *Mélanges de littérature* par d'Artigny, vol. II et III, dans la *Pseudonymia Calvini* de Lièbe, dans le VIIIe volume des *Œuvres de Calvin*, imprimées à Amsterdam. Tessier a publié en français les *Lettres choisies de Calvin* en 1702. On a publié aussi les *Lettres de Calvin à Jacques de Bourgogne*. Amsterdam, 1744, in-8°.

(1) Ou plus exactement deux mille vingt-cinq. Denys Raguenier les écrivait à l'église pendant que Calvin prêchait. Jean Budé et Charles de Joinvillers écrivaient les leçons de théologie. Nicolas des Gallers, François Bourgoing et Jean Cousin avaient de même écrit plusieurs leçons et sermons du réformateur. André Spisame écrivit ses sermons sur l'*Epître aux Galates*.

bles organisations. On est comme saisi d'effroi en présence de cette activité de l'esprit, que l'ambition emporte sans relâche vers un but unique, dans une direction constante que rien ne détourne, avec un mouvement que rien ne ralentit. La conquête du pouvoir est souvent au prix de cette persévérance ; mais le pouvoir aux mains de ces hommes ardents, maladifs, ambitieux, devient une insupportable tyrannie. »

Toute tyrannie provoque l'opposition. Calvin eut à lutter en politique et en religion contre de redoutables adversaires. Un des premiers fut Castalion, excellent latiniste, mais théologien trop hardi au gré du strict réformateur. Après avoir traduit la Bible en style cicéronien, et l'avoir commentée en philosophe, il osa demander au conseil la permission de disputer publiquement contre Calvin sur la descente de Jésus-Christ aux enfers. Pour toute réponse il fut destitué de sa place de professeur d'humanités en 1543. Forcé de quitter Genève, il alla mourir de misère à Bâle.

C'est aussi au bannissement que fut condamné Jérôme Bolsec, moine défroqué, mauvais médecin et théologien brouillon. Il avait adopté les idées de Pélage sur la liberté métaphysique, et crut pouvoir les publier à Genève. Il en fut quitte pour une réfutation de Calvin, trois mois de prison et l'exil en 1552. Il se vengea de son adversaire intolérant en écrivant contre lui, après sa mort, un libelle plein des plus violentes invectives. De tous les adversaires de Calvin, Jérôme Bolsec est sans contredit le moins intéressant ; mais le livre *de Prædestinatione,* suscité par cette polémique, mérite de fixer l'attention, car on peut le regarder comme le complément de *l'Institution chrétienne.*

Dans son travail de réforme, Calvin, nous l'avons vu, procède par voie d'élimination. Il commence par écarter les intermédiaires qui se placent entre Dieu et l'homme :

le pape, la hiérarchie ecclésiastique, les pères de l'Eglise, les saints, la sainte Vierge; mais il est d'autres intermédiaires que nous trouvons en nous-mêmes : ce sont nos bonnes œuvres, qui, selon les dogmes catholiques, intercèdent pour nous auprès de Dieu. L'efficacité même des bonnes œuvres ne trouve pas grâce devant Calvin. Il ne veut pas que l'homme puisse avoir d'autre mérite que celui qui lui vient de Dieu. L'homme fait-il de bonnes œuvres, « c'est un effet de la grâce divine, c'est un don du Rédempteur, ce n'est pas un mérite propre à la créature déchue, et qui puisse en rien concourir à son salut. En un mot la justification de l'homme est toute en Jésus-Christ.»

Comme dans une matière aussi délicate nous craindrions de ne pas rendre exactement la pensée de Calvin, nous le laisserons parler lui-même.

« La prédication du libre arbitre, tel qu'on l'entendait avant Luther et ses disciples, que pouvait-elle, sinon gonfler les hommes de la vaine opinion de leur propre vertu, de manière à ne plus donner place à la grâce du Saint-Esprit et à ses secours? Le débat le plus vif, la plus opiniâtre réclamation de nos adversaires porte sur la justification; l'obtient-on par la foi ou par les œuvres? Ils ne souffrent pas que l'honneur de notre justice revienne tout entier à Christ; ils en reportent une part aux mérites de nos œuvres. Nous ne disputons pas ici sur les bonnes œuvres, nous n'examinons pas si elles sont agréables à Dieu, si elles recevront de lui une récompense, mais si elles sont dignes de nous concilier Dieu, si on acquiert au prix d'elles la vie éternelle, si elles sont des compensations que Dieu reçoive en payement des péchés, si enfin on doit placer en elles la confiance du salut. Nous repoussons ces erreurs, parce qu'elles portent les hommes à considérer leurs œuvres plutôt que Christ, pour se rendre Dieu propice, pour attirer sa grâce, pour acquérir l'héritage de la vie éternelle, enfin pour être justes devant Dieu. C'est ainsi qu'ils s'énorgueillissent de leurs œuvres, comme si par là ils tenaient Dieu enchaîné. Or, qu'est-ce que cette superbe, sinon une ivresse mortelle de l'âme? En effet, ils s'adorent à la place de Christ; et, plongés dans le gouffre profond de la mort, ils rêvent qu'ils possèdent la vie. On me reprochera de m'étendre trop longuement sur ce sujet, mais ne publie-t-on pas dans toutes les écoles, dans tous les temples, cette doctrine : qu'il faut mériter la grâce de Dieu par les œuvres; que par les œuvres il faut acquérir la vie éternelle; que la confiance au salut est présomptueuse sans l'appui des œuvres; que nous sommes réconciliés à Dieu par la satisfaction des bonnes œuvres, et non par la rémission gratuite des péchés; que les bonnes œuvres méritent le salut éternel, non qu'elles nous soient imputées gratuitement à justice par le mérite de Christ, mais par la force de la loi; que les hommes sont réconciliés à Dieu, non par le pardon gratuit des péchés, mais par des œuvres de satisfaction, comme ils les appellent; qu'à ces satisfactions s'ajoutent les mérites de Christ et des martyrs, seulement lorsque le pécheur a mérité ce secours. Il est certain que ces opinions impies ont fasciné la chrétienté avant que Luther se fît connaître au monde. »

Moins heureux que Sébastien Castalion et Jérôme Bolsec, Jacques Gruet et Michel Servet, payèrent de leur vie leur résistance à Calvin. Gruet appartenait au parti des *libertins*. Il fut arrêté pour avoir affiché sur la chaire de la cathédrale un placard contre les Génevois réformés et leurs ministres. On trouva dans ses papiers des écrits violents contre Calvin, une requête qu'il voulait présenter au conseil général contre la discipline ecclésiastique, et un traité dans lequel étaient mis en doute la divinité des livres saints, la spiritualité et l'immortalité de l'âme, le jugement dernier. Jacques Gruet fut condamné à mort pour avoir parlé avec mépris de la religion, pour avoir travaillé à ébranler l'autorité du consistoire, pour avoir mal parlé des ministres et surtout de Calvin, pour avoir écrit des lettres propres à irriter la cour de France contre Calvin. Il eut la tête tranchée le 26 juillet 1547. On peut discuter sur la part que Calvin prit à ce jugement; on peut même approuver la sentence, mais l'inquisition n'aurait pas été plus sévère. Servet était un esprit vaste, déréglé, et trop amoureux du bruit. Médecin savant, s'il eût su se renfermer dans la physiologie, il aurait conquis une gloire durable, car il avait découvert la circulation du sang, et cette découverte pouvait le conduire à d'autres. Il s'aventura dans la métaphysique, et s'y perdit. Dépassant les négations timides du protestantisme, il s'élança jusqu'aux systèmes les plus audacieux de la philosophie antique. Promenant en Europe ses idées proscrites, et bravant les persécuteurs par orgueil ou par conviction, il eut l'imprudence de se rappeler au souvenir de Calvin. Il lui écrivit plusieurs fois, et lui envoya même le livre où étaient consignées ses pensées les plus téméraires, sa *Restitution du christianisme* (*Restitutio christianismi*). Calvin fut d'autant plus irrité contre cette œuvre, qu'elle n'était, après tout, que la conséquence du principe posé par le protestantisme lui-même, l'interprétation individuelle de la Bible. Dans son indignation il écrivit, au mois de février 1546, à Viret et à Farel, qu'il agirait de manière que si Servet venait à Genève, il n'en sortît pas vivant. (*Si venerit, modo valeat mea auctoritas, vivum exire numquam patiar*). Il tint parole; mais ce ne fut pas la faute des magistrats de Vienne, qui, devançant les juges catholiques, condamnèrent Servet au bûcher au mois de juin 1553.

Quelle part eut Calvin à la sentence rendue par le parlement du Dauphiné? On prétend qu'il dénonça Servet; il est sûr du moins qu'il envoya aux juges ses lettres et *la*

Restitution du christianisme. Servet parvint à s'évader, et ne fut brûlé qu'en effigie. Chose étrange! il se réfugia à Genève, dans la ville même où régnait son mortel ennemi.

Cette résolution qui paraît presque insensée s'explique par deux motifs : le malheureux condamné n'avait à attendre que le bûcher dans les pays catholiques, et il crut trouver plus de tolérance dans une ville protestante : l'autorité de Calvin était sérieusement menacée par ses anciens amis, eux-mêmes fatigués de sa tyrannie; oserait-il fournir par le procès du médecin hérétique un point de ralliement à ses nombreux ennemis? Il l'osa. Servet, arrivé à Genève dans les premiers jours de juillet, fut arrêté le 13 août. La loi de Genève ordonnait que l'accusateur et l'accusé entrassent ensemble en prison. Calvin fit intenter le procès par Nicolas de la Fontaine, son secrétaire, étudiant en théologie. De la Fontaine se constitua prisonnier en requérant la détention de Servet, et il produisit quarante articles sur lesquels il demanda que l'accusé fût examiné. Celui-ci fut reconnu coupable. Le lieutenant-criminel se saisit de la procédure. Les principales accusations dirigées contre Servet étaient : d'avoir écrit dans son *Ptolémée* que c'était à tort que la Bible célèbre la fertilité de la terre de Canaan, qui était inculte et stérile ; d'avoir appelé la Trinité un cerbère, un monstre à trois têtes; d'avoir écrit que Dieu était tout, et que tout était Dieu.

La procédure dura plus de deux mois, et la sentence fut longtemps douteuse. Les magistrats Génevois consultèrent les cantons suisses, qui se prononcèrent unanimement pour la peine capitale. Ce fut aussi l'avis de tous les grands docteurs du protestantisme, Bucer, Melanchton, Farel, Théodore de Bèze. Servet, jugé sur des extraits authentiques de ses ouvrages, reconnu coupable des opinons hérétiques qui lui étaient imputées, et ayant refusé de se rétracter, fut condamné à être brûlé vif. La sentence fut exécutée le 27 octobre. Une seule voix s'éleva contre cette barbare manière de combattre l'erreur : ce fut celle de Castalion. Pour imposer silence à cette noble protestation de l'humanité contre un sectaire impitoyable, Calvin écrivit un long traité sur le droit et la nécessité de punir les hérétiques, non-seulement par des peines canoniques comme dans la primitive Eglise, mais par le glaive. « Quiconque, dit-il, prétendra que c'est injustement qu'on châtie les hérétiques et les blasphémateurs, celui-là deviendra sciemment et volontairement leur complice. On nous oppose ici l'autorité des hommes ; mais nous avons par devers nous la parole de Dieu, et nous comprenons clairement les commandements qui doivent régir son Eglise à perpétuité. Ce n'est pas en vain qu'il chasse toutes les affections humaines qui tendent à amollir les cœurs ; qu'il bannit l'amour paternel et la tendresse qui unit les frères, les proches et les amis ; qu'il arrache les époux aux délices du lit conjugal, et qu'il dépouille en quelque sorte les hommes de leur propre nature pour que rien ne fasse obstacle à la sainteté de leur zèle. Pourquoi cette sévérité, si ce n'est pour nous apprendre que nous ne rendons à Dieu l'honneur qui lui est dû qu'à la condition de préférer son service à tous les devoirs humains, et que, toutes les fois que sa gloire est en cause, nous devons effacer de notre mémoire tous les attachements des hommes entre eux..... Qu'ils voient, ces miséricordieux que charment tant la licence et l'impunité des hérésies, combien ils sont peu d'accord avec les ordres de Dieu. De peur qu'une rigueur excessive ne diffame l'Eglise de Dieu, ils voudraient, par égard pour un seul homme, que l'erreur et l'impiété pussent s'avancer impunément ; et Dieu n'épargne pas même des peuples entiers : il commande que leurs villes soient détruites de fond en comble, que leur mémoire soit abolie, que des trophées soient dressés en signe d'exécration, de peur que la contagion n'envahisse la terre entière, et qu'en dissimulant le crime on ne paraisse s'y associer. » A ces terribles arguments, qui peuvent tous se ramener à celui-ci : quiconque en matière de religion possède la vérité peut l'imposer par le glaive et punir de mort les dissidents; nous n'opposerons qu'un seul fait : la saint Barthélemy est la conséquence rigoureuse des prémisses posées par Calvin.

La condamnation de Michel Servet ne fut pas la seule qui attestât l'intolérance du protestantisme naissant. Gentili de Cosenza, Napolitain réfugié à Genève, soutint sur la Trinité des doctrines assez semblables à celles du médecin espagnol; condamné au feu comme lui, en 1556, mais moins opiniâtre ou moins convaincu, il se rétracta, et eut la vie sauve.

Calvin ne fut pas plus indulgent pour l'opposition politique que pour l'hérésie. Il porta un dernier coup au parti des libertins en frappant Amied Perrin. Le capitaine général avait cependant provoqué le rappel du réformateur banni; mais la reconnaissance n'est pas la vertu des chefs d'Etat.

Le théologien impérieux, fatigué de la rivalité du vaillant soldat qui avait rendu de grands services à la république, le rendit suspect au peuple. Amied Perrin n'échappa à la peine capitale qu'en s'enfuyant à Berne. Cette fuite, bientôt suivie du supplice de François-Daniel Berthelier, assura la domination de Calvin pendant les huit années qu'il lui restait à vivre.

Tout en constituant par des moyens trop souvent tyranniques la réforme à Genève, Calvin n'oublia rien pour assurer le triomphe du protestantisme dans le reste de l'Europe. En 1540, il assista aux diètes de Worms et de Ratisbonne, où il connut Mélanchton et Cruciger. A la diète de Spire, en 1544, on peut dire que, quoique absent, il occupa la première place, car il fut représenté dans cette assemblée par deux de ses plus éloquents ouvrages, la *Supplique à Charles-Quint*, et le traité *Sur la nécessité de réformer l'Eglise* (*Johannis Calvini supplex exhortatio ad invictum Cæsarem Carolum Quintum, et illustrissimos principes aliosque ordines Spiræ nunc imperii conventum agentes, ut restituendæ Ecclesiæ curam serio suscipere velint*; 1543, in-4°; — *De necessitate reformandæ Ecclesiæ*, 1544).

Calvin s'adresse à Charles-Quint comme dix ans plus tôt il s'adressait à François Ier; mais son langage a changé comme sa situation. Il parle « au nom de plusieurs princes de haute dignité, de beaucoup d'illustres républiques, » et sa prière ressemble à un commandement. Quel orgueil dans toute sa requête! Quelle audace dans cette conclusion qui, montrant à Charles-Quint la ruine de l'empire comme imminente, place le monarque entre la réforme ou la déchéance! « Ainsi donc, à l'avenir, toutes les fois qu'on répétera à vos oreilles qu'il faut différer l'œuvre de la réforme, et qu'il sera toujours temps de s'y appliquer lorsqu'on aura mis ordre au reste des affaires, invincible César, et vous prince très-illustre, souvenez-vous que vous avez à décider si vous voulez ou non laisser quelque pouvoir à vos descendants. Eh! que parlé-je de vos descendants! Déjà, sous nos yeux mêmes, l'empire, à demi-écroulé, s'incline pour une chute dont il ne se relèvera jamais. Pour nous, quelle que soit l'issue de ces choses, nous serons soutenus devant Dieu par la conscience d'avoir voulu servir sa gloire, servir son Eglise, d'avoir donné nos soins à cette œuvre, et de l'avoir avancée autant qu'il était en nous. Car nous savons de reste que tous nos efforts, que tous nos désirs n'ont pas eu d'autre but, et nous avons pris soin de laisser derrière nous d'éclatants témoignages de notre dévouement. Et certes, lorsqu'il est clair pour nous que nous avons pris en main et défendu la cause de Dieu, nous avons la confiance que Dieu ne fera pas défaut à son œuvre. Au reste, quoi qu'il arrive, nous n'aurons jamais regret ni d'avoir commencé, ni de nous être avancés jusqu'ici. L'esprit saint nous est un témoin fidèle et assuré de notre doctrine : nous savons, dis-je, que nous publions l'éternelle vérité de Dieu. Que notre ministère procure le salut du monde, nous devons le désirer; mais l'événement est aux mains de Dieu, et non dans les nôtres. Si donc, parmi ceux que nous voulons servir, l'obstination des uns, l'ingratitude des autres amènent la ruine de tous et de toutes choses, je répondrai en digne chrétien, et tous ceux qui voudront mériter ce nom glorieux souscriront à ma réponse : Nous mourrons. Mais dans la mort même nous serons victorieux; non-seulement parce que la mort sera pour nous un passage à une vie meilleure, mais parce que nous savons que notre sang sera comme une semence qui propagera la vérité de Dieu, qu'on repousse aujourd'hui. »

La hardiesse de ce langage montre assez quelles étaient les espérances des protestants, qui se croyaient déjà sûrs du triomphe; quelle était aussi l'autorité de celui qui parlait en leur nom. Calvin était à la tête de tous les réformés de l'Europe. Content d'un médiocre salaire et du seul titre de ministre évangélique, il ne profita point de son autorité pour acquérir des dignités et des recherches. Débile et maladif, plus porté aux jouissances de l'esprit que vers les plaisirs des sens, il ne se maria que par convenance, en 1540. Il eut de sa femme Idelette de Bures, veuve d'un anabaptiste converti, un fils qui vécut peu. Idelette même mourut après neuf ans de mariage, et Calvin ne se remaria pas. Les historiens nous le représentent avec un visage pâle et décharné, un teint sombre, et une barbe longue terminée en pointe.

Il était sujet à la migraine, à la fièvre quarte, à la goutte. A tous ces maux se joignit, vers la fin de sa vie, la gravelle. Supérieur à ses douleurs, il ne cessa jusqu'au dernier moment d'édifier l'église de Genève par ses sermons, d'éclairer les réformés de l'Europe par ses ouvrages. Général des protestants, on peut dire à la lettre qu'il mourut sur la brèche. « Le jour qu'il trépassa, dit Théodore de Bèze, il sembla qu'il parloit plus fort et plus à son aise; mais c'étoit un dernier effort de nature, car sur le soir, environ huit heures, tout soudain les signes de la mort toute présente apparurent; ce qui m'étant soudain signifié, d'autant qu'un peu auparavant j'en étois parti, étant accouru avec quelques autres de mes frères, je trouvai qu'il avoit déjà rendu l'esprit si paisiblement que, jamais n'ayant râlé, ayant pu parler intelligiblement jusqu'à l'article de la mort, en plein sens et jugement, sans avoir remué pied ni main, il sembloit plutôt endormi que mort. Voilà comme en un même instant, ce jour là, le soleil se coucha et la plus grande lumière qui fût en ce monde pour l'adresse de l'Église et de Dieu fut retirée au ciel. »

Les œuvres complètes de Calvin furent publiées à Genève, en 12 vol. in-fol., et réimprimées en 1617. Schepfer en donna une nouvelle édition; Amsterdam, 1667, 9 vol. in-fol. — Comme réformateur religieux, Calvin peut être jugé très-sévèrement; comme législateur, il introduisit de grandes améliorations à Genève; comme écrivain, il contribua puissamment à la formation de la langue française; comme homme enfin, il eut le génie de l'opiniâtreté, qui, selon les circonstances, peut faire indifféremment le mal et le bien (1).

---

(1) Théodore de Bèze : *Histoire de la vie de Jean Calvin*. Genève, 1564, in-4°. — Jérôme Bolsec : *Vie de Jean Calvin*. — Charles de Relincourt :

CARLIER (Claude), Archéologue et Economiste,

né à Verberie-sur-Oise.

1725—1787.

Claude Carlier a remporté, dans sa vie, neuf couronnes académiques, dont quatre à l'Académie des inscriptions et belles-lettres, deux à celle de Soissons et trois à celle d'Amiens. Il n'en est pas demeuré pour cela plus célèbre, et, sauf son *Histoire du Valois*, qui a pour nous un intérêt particulier, nous ne pouvons guère que rappeler les titres de ses nombreux ouvrages.

Voici cette nomenclature :

1° *Dissertation sur l'étendue du Belgium et de l'ancienne Picardie ;* Amiens, 1753 ; — 2° *Mémoire sur les laines,* in-12, 1755 ; — 3° *Considérations sur les moyens de rétablir en France les bonnes espèces de bêtes à laine,* 1762 ; — 4° *Histoire du duché de Valois, contenant ce qui est arrivé dans ce pays depuis le temps des Gaulois jusqu'en* 1703 ; Paris, 1763, 3 vol. in-4° ; — 5° *Traité sur les manufactures de laineries,* 2 vol. in-12 ; — 6° *Dissertation sur l'état du commerce en France sous les rois de la première et de la*

Défense de Jean Calvin. — Maimbourg : *Histoire du calvinisme.* — Bayle : *Dictionnaire historique.* — Sénebier : *Histoire littéraire de Genève.* — Guizot : *Musée des protestants célèbres.* — Audin : *Histoire de la vie, des ouvrages et des doctrines de Jean Calvin.* — Eugène Gérusez : *Essais d'histoire littéraire.* — Rilliet de Candolle : *Relation du procès criminel intenté à Genève, en* 1553, *contre Michel Servet,* dans les *documents publiés par la société d'Histoire et d'Archéologie de Genève,* 1844, t. III, page 1160. — Sayous : *Etudes littéraires sur les écrivains français de la réformation.*

deuxième race; Amiens, 1753, in-12; — 7° *Observations pour servir de conclusion à l'histoire du diocèse de Paris*, qui se trouvent dans le tome XV de l'ouvrage de l'abbé Lebeuf et dans le *Journal historique du Voyage fait au cap de Bonne-Espérance, par de Lacaille*; 1763, in-12, etc., etc. On lui doit en outre un grand nombre d'articles insérés dans le *Journal des Savants*, le *Journal de Physique* et le *Journal de Verdun* (1).

Claude Carlier, devenu prieur d'Andrésy, mourut dans cette abbaye, le 23 avril 1787.

CARON (Antoine), Peintre,

né à Beauvais.

1520—1598.

Tout ce qu'on sait de positif sur Caron, c'est qu'il fut peintre de Catherine de Médicis, et qu'une de ses filles épousa le graveur Thomas le Leu. Le musée du Louvre possède de lui quelques dessins, parmi lesquels on remarque : *le Sacre d'un jeune prince* et *une Flagellation*. Il avait peint dans l'église Saint-Laurent de Beauvais, détruite en 1798, plusieurs tableaux, et fourni des cartons pour les verrières exécutées par Angrand le Prince. Il

---

(1) Desessarts : *les Siècles littéraires*, *Dictionnaire de l'économie politique*. — Quérard : *la France littéraire*. — Le Bas : *Dictionnaire encyclopédique de la France*.

existe quelques pièces gravées d'après lui par G. Vænius, Gauthier et Th. le Leu (1).

Dans ses *Mémoires*, publiés en 1616, Loisel rapporte : « Caron était si excellent peintre, que ceux qui ont fait représenter les visages des hommes illustres de la France ne l'ont point oublié, en indiquant qu'il était né à Beauvais; et les peintres, sculpteurs et graveurs en font si grand cas que ses dessins se recueillent et se vendent chèrement; et la peinture est de telle grâce, que ses traits servent de patron et de leçons aux autres. »

Plus tard, en 1706, l'historien Denis Simon, conseiller au présidial de Beauvais, donne des renseignements détaillés sur les tableaux peints par Caron, qu'il a vus, et qui existaient au commencement du XVIIIe siècle dans différentes églises de Beauvais, détruites en 1791.

Le gendre d'Antoine Caron, Thomas Leleu, était un très-habile graveur de portraits. Il fit, en 1599, celui de son beau-père, qui est très-recherché, et sur lequel il marque que Caron avait vécu 78 ans, d'où il résulte qu'il est né entre 1520 et 1521.

La tradition recueillie par Denis Simon indique que Caron était peintre de François Ier, qui l'aurait pu connaître dans les fréquents voyages qu'il fit alors à Beauvais. Cela est possible; mais, comme à la mort de François Ier, en 1547, Caron n'avait guère que 26 ou 27 ans, il est plus probable qu'il ait été le peintre de Henri II. Il est certain dans tous les cas qu'il a été celui de Catherine de Médicis, d'après deux sonnets de Louis d'Orléans, le célèbre ligueur, son contemporain et son ami. Ces sonnets, qui font connaître que Caron était un parfait catholique, se trouvent dans les poésies inédites de Louis d'Orléans, conservées

(1) A. de Montaiglon : *Antoine Caron*. Paris, 1850, in-8.

aux manuscrits de la bibliothèque nationale sous le n° 228.

D'après l'ancien répertoire du chapitre de Saint-Laurent de Beauvais, Antoine Caron, Beauvaisin, serait, suivant toutes les apparences, né sur la paroisse Saint-Laurent, et peut-être même parent de la famille Caron, qui tire son origine de ladite paroisse, où était leur sépulture, précisément auprès de l'autel du Saint-Esprit, ce qui aura sans doute fait naître à Antoine Caron la pensée de peindre, de sa main, l'autel où reposaient ses ancêtres.

Le CARON de Troussures,

Archéologue et Magistrat,

né à Beauvais.

1751 — 1820

Louis-Lucien Le Caron de Troussures, « destiné, dit M. Dupont-White, à servir de transition entre les antiquaires anciens et nouveaux du Beauvaisis, » était né à Beauvais le 3 avril 1751, de Jean-Toussaint Le Caron de Troussures, et de dame Marguerite Danse, fille de Claude Danse, conseiller en la Cour des Monnaies.

Les titres de Jean-Toussaint Le Caron de Troussures étaient : écuyer, conseiller du Roi au bailliage et siége présidial de Beauvais, lieutenant criminel et de police du bailliage comté-pairie de la même ville.

Il mourut en 1769, ayant, depuis 1766, le titre de bailli de la ville et comté-pairie de Beauvais, juridiction qui ressortissait du Parlement, et à laquelle l'office de lieutenant-général de police, créé par l'édit de 1699, avait été réuni.

En 1785, Louis-Lucien Le Caron de Troussures était lieutenant particulier au bailliage et siége présidial de Beauvais, assesseur civil et criminel. Il figure aussi à cette époque comme membre de la Société d'agriculture. On le retrouve avec les mêmes qualités en 1786, 1787, 1788, 1789 et 1790.

Le 4 octobre 1790 il fut nommé juge au tribunal de district de Beauvais, présidé par M. Borel père, et composé d'un président et de quatre juges, avec quatre suppléants et un commissaire du Roi.

Il fit ensuite partie du tribunal de département, composé d'un président, de vingt juges et de quatre suppléants, qui entra en exercice au mois de brumaire an IV, en vertu de la loi du 19 vendémiaire précédent.

Ce tribunal était présidé par M. Leporquier-Devaux, qui devint plus tard secrétaire général de la préfecture, et comptait au nombre de ses membres plusieurs magistrats distingués, qui ont été placés plus tard à la tête des tribunaux d'arrondissement créés en l'an VIII.

En l'an VI, M. Le Caron crut devoir s'abstenir des fonctions de juge, par suite de la loi du 9 frimaire de cette année, qui excluait de toutes fonctions publiques les parents d'émigrés et les nobles. Mais il rentra dans la magistrature en l'an VIII, comme président du tribunal de première instance de l'arrondissement de Beauvais, qui fut installé le 6 thermidor an VIII (25 juillet 1800). Depuis cette époque jusqu'à sa mort, arrivée le 24 février 1821, il a toujours conservé le titre et les fonctions de président.

Le tribunal de Beauvais, composé en l'an VIII d'un président et de quatre juges, fut porté, en 1811, au nombre de neuf juges, compris le président et le vice-président. C'est l'état dans lequel il se trouve encore dans le moment actuel (1).

M. Louis-Lucien Le Caron de Troussures avait épousé Mlle Le Mareschal de Fricourt, issue elle-même d'une famille distinguée de la magistrature de Beauvais. Il a eu deux enfants de ce mariage : M. Toussaint Le Caron de Troussures, d'abord officier d'artillerie et aide-de-camp du maréchal Soult, et plus tard lieutenant-colonel d'infanterie, et Mme Levaillant de Bovent, dont le mari a été député de l'Oise en 1829 et 1830.

Le président Le Caron a laissé la réputation d'un magistrat instruit et d'une grande sagacité, d'un esprit fin et cultivé, ami des lettres, savant en histoire et habile bibliographe, ainsi que l'attestent les nombreuses et substantielles notices dont il a enrichi tous les livres de sa belle bibliothèque. Les nombreux discours qu'il a prononcés dans l'exercice de ses fonctions, prouvent en lui un esprit distingué, et se recommandent par le choix des pensées et par un style élégant et pur, formé à l'école des grands modèles de l'antiquité et du XVIIe siècle (2).

En étudiant cette vaste bibliothèque, on voit de suite qu'elle est spécialement historique. Aux grandes collections des XVIIe et XVIIIe siècles, éternel honneur de la France, elle réunit la collection la plus complète de mémoires, les livres les plus curieux en diplomatique, et quantité de

---

(1) Ces détails nous ont été communiqués par le savant M. Danjou, vice-président du tribunal civil de Beauvais.

(2) Il a laissé sa bibliothèque de droit au tribunal de Beauvais, qui, en témoignage de sa reconnaissance, a fait placer son portrait dans la chambre du conseil.

manuscrits précieux dont quelques-uns remontent jusqu'au VIIIe siècle (1).

Grâce à ses liens de parenté, M. Le Caron avait enrichi sa bibliothèque de quatre successions savantes. Madame Le Maréchal de Fricourt avait hérité des œuvres manuscrites de son grand oncle, l'abbé Dubos. Les correspondances de Foy-Vaillant, les travaux de M. Le Maréchal de Fricourt et ceux de l'abbé Danse, complétèrent ce trésor littéraire que M. Le Caron enrichit de savantes annotations, fruit de sa critique ingénieuse et de son immense érudition.

La bibliothèque de ce savant magistrat est une des plus précieuses collections, non-seulement du Beauvaisis, mais de la France. Hâtons-nous d'ajouter que Mme Le Caron de Troussures en fait les honneurs avec une parfaite courtoisie aux savants et même aux simples curieux.

CARPENTIER, Economiste,

né à Beauvais.

1739—1778.

Il était architecte et expert-estimateur des grandes propriétés. Voici, d'après Quérard (2), la liste de ses principaux ouvrages :

Avantages des inventaires des titres et papiers tant an-

---

(1) La plupart de ces manuscrits proviennent de la riche bibliothèque du Chapitre, et ils ont été préservés du feu ou du pillage par M. Le Caron de Troussures.

(2) La *France littéraire.*

cions que nouveaux; Paris, 1760, in-8°; — *Observations particulières sur les noms anciens et modernes d'extraction ou de grâce, avec un traité sur l'explication du blason*; ibid., 1768, in-8°; — *Avis et mémoire instructif sur les avantages des inventaires généraux des titres et papiers*, etc.; ibid., 1768, in-12; — *l'Art de l'archiviste français*, etc.; ibid., 1769, in-12; — *l'Inspecteur des fonds de terre, ou Remarques historiques et chronologiques sur la matière de leur administration*; ibid., 1771, in-12; — *Ébauche des principes sûrs pour estimer exactement le revenu net du propriétaire des biens fonds, et fixer ce que le cultivateur peut et doit en donner de ferme*; Amsterdam et Paris, 1775, in-8°; *la Clef de la Circulation*, ou *Mouvement universel en faveur de la circulation entre la liberté des possessions et celle du commerce*; ibid., 1775, in-12.

CASSINI DE THURY (famille de),

établie à Thury, près Clermont.

1673—1845.

La famille de Cassini est originaire de l'Italie, mais c'est en France qu'elle a acquis la gloire qui s'est perpétuée de génération en génération sur tous ses membres, depuis le règne de Louis XIV jusqu'à nos jours. Elle appartient au Beauvaisisis, par ses alliances, par son séjour dans la terre de Thury, dont le nom est devenu inséparable de celui de Cassini, et par une suite non interrompue de souvenirs et de bienfaits.

Jean-Dominique Cassini, l'ancêtre de cette illustre famille, né à Périnaldo, dans le comté de Nice, fut appelé en France, sous le règne de Louis XIV, par Colbert, qui le chargea d'organiser l'Observatoire de Paris.

« Le roi, dit Fontenelle, le reçut et comme un homme rare, et comme un étranger qui quittait sa patrie pour lui. Son dessein n'était pas de demeurer en France; et, au bout de quelques années, le pape et Bologne, qui lui avaient toujours conservé les émoluments de ses emplois, le redemandèrent avec chaleur; mais M. Colbert n'en persista pas moins à le leur disputer; et enfin il eut le plaisir de vaincre et de lui faire expédier des lettres de naturalité, en 1673. La même année, il épousa Geneviève Delattre, fille de M. Delattre, lieutenant général de Clermont en Beauvoisis. Le roi, en agréant son mariage, eut la bonté de lui dire qu'il était bien aise de le voir devenu Français pour toujours. C'est ainsi que la France faisait des conquêtes jusque dans l'empire des lettres. »

Le mariage de Cassini avec une riche héritière du Beauvaisis l'engagea à acquérir par la suite les terres de Thury et de Filerval, voisines de Clermont. C'est dans ce domaine qu'il se reposait de ses immenses travaux, et que ses descendants continuèrent d'habiter après lui.

Jacques Cassini, fils du précédent, né à Paris en 1667, mourut en 1756 dans sa terre de Thury, où il avait fait construire un observatoire. Il y fit, en 1753, un grand nombre d'observations astronomiques avec Maraldi, son collègue à l'Académie des sciences (1). Les recueils de cette savante compagnie renferment de lui plusieurs mémoires importants, mais il est principalement connu par ses travaux relatifs à la détermination de la figure de la terre.

---

(1) Fouchy : *Eloge de J. Cassini* dans l'*Histoire de l'Académie des Sciences.*

César-François Cassini de Thury, fils du précédent, né en 1714, mort en 1784, n'avait pas encore 22 ans quand il fut reçu à l'Académie des Sciences, comme adjoint surnuméraire. C'est à lui qu'on doit les premiers travaux de la carte de France qui porte le nom de carte de Cassini, travail qui eût suffi à illustrer un nom déjà célèbre à tant de titres (1).

Jacques-Dominique de Cassini, né en 1747, mort en 1845, continua la tradition de cette famille de savants en qui le titre de membre de l'Académie des Sciences semblait héréditaire. Il succéda à son père comme directeur de l'Observatoire, et termina la carte topographique de la France, commencée par César-François Cassini.

Cette carte a onze mètres de haut sur onze mètres trente-trois centimètres de largeur, et se compose de 180 feuilles à l'échelle de 1/86, 400 : c'est l'ouvrage le plus beau et le plus complet qui existe dans ce genre. L'*Atlas national*, publié à partir de 1791, par Dumas, n'en est que la réduction au tiers de l'échelle.

L'assemblée nationale ayant décrété en 1790, la division de la France par départements, cette carte servit de type et de point de départ à ce travail, auquel Cassini lui-même eut une part importante.

Le nom si recommandable de Cassini, ses utiles travaux, sa coopération au monument scientifique commencé par son père, tant de titres à la faveur, ou du moins à la clémence, ne purent sauver Jacques Cassini de la proscription. Il fut chassé de l'Observatoire, où sa famille logeait depuis plus d'un siècle, arrêté comme royaliste et traduit devant le tribunal révolutionnaire, en 1793. Plus heureux

---

(1) Condorcet : *Eloge de César-François Cassini* dans *l'Histoire de l'Académie des Sciences.*

que Lavoisier, il put sauver sa vie, mais il perdit ses cuivres de la carte de France, qui n'avaient pas coûté moins d'un demi-million.

Rendu à la liberté par la réaction thermidorienne, Jacques Cassini fut nommé membre du bureau des longitudes, mais il semblait dès lors avoir renoncé à la science active pour se livrer, dans la retraite, au repos et à la contemplation des merveilles de la nature. Retiré dans son domaine de Thury, il y vécut de longues années, moins en savant qu'en gentilhomme campagnard, ne dédaignant pas les fonctions modestes que lui conféraient ses concitoyens. Il fut membre du conseil général de l'Oise, de 1800 à 1819, et cinq fois président de cette assemblée (1).

Il accepta aussi et conserva pendant de longues années le titre de juge de paix du canton de Mouy et de maire de Thury. Dès lors, sa vie tout entière appartient à son pays d'adoption (2).

Depuis 1810, M. de Cassini n'a presque pas cessé d'habiter ses propriétés de Thury et de Filerval. Il y avait fondé un musée d'antiquités et un ermitage qu'il se plut à décorer d'inscriptions et de poétiques légendes.

Nous en citerons quelques-unes. Sur un casier de bibliothèque on lisait :

Des livres, ainsi que d'amis,
Il en faut peu, mais bien choisis.

Un petit baril servant de siége portait ce distique :

Petit quartaut de vin d'élite
Est suffisant pour un ermite.

---

(1) Un descendant de Cassini, par les femmes, M. Vuillefroy, président de section au Conseil d'Etat, vient d'être nommé (1857) membre du Conseil général de l'Oise pour le canton de Mouy.

(2) Notice sur la famille de Cassini par M. l'abbé Devic.

Et sur le fond opposé :

Un peu de vin, pas trop n'en faut
Pas trop, non plus, ni mettez d'eau.

Ces sentences ne brillent pas par la poésie, mais on y retrouve, comme dans toutes les dernières œuvres du savant ermite de Filerval, un grand fond de bon sens et une morale douce et gaie.

La muse champêtre de M. de Cassini ne changea de ton et de style qu'en 1830, pour attaquer la révolution de Juillet et la royauté sortie des barricades; mais la verve du vieillard n'était pas à la hauteur de son indignation, et les satires qu'il publia alors n'eurent guère de retentissement. On cite parmi ces chétives et caduques productions :

La lanterne magique d'un octogénaire et une série de pièces intitulées :

Les fruits des glorieuses journées;—*le Calembourg politique*; —*l'excuse du chiffonnier*; — *Adieux d'un vieil ultra à sa perruque poudrée*, etc., etc. La plupart de ces poésies sont inédites et le seront probablement toujours, pour la gloire de leur auteur.

Mais l'illustre savant rachetait ces poétiques péchés de vieillesse par les bienfaits qu'il ne cessait de répandre autour de lui. Durant sa longue carrière, il avait vu s'éclaircir autour de lui les rangs de ses contemporains, de ses amis et même de sa famille.

Alexandre-Henri-Gabriel, comte de CASSINI, fils du précédent, né à Paris le 9 mai 1774, mourut du choléra le 16 avril 1832. Il avait commencé ses études à Juilly; et, après la suppression de cet établissement, il les acheva dans la retraite de Thury près de Clermont (Oise), sous la direction de son père. Ce fut pendant son séjour à la campagne qu'il apprit à se passionner pour l'histoire naturelle, particulièrement pour la botanique. Les *Lettres sur la Botanique* de J.-J. Rousseau, et le *Spectacle de la Nature* de l'abbé Pluche, étaient ses lectures favorites. Il revint à Paris en 1794, entra au dépôt de la guerre, et quitta son emploi pour suivre les cours de droit, dès l'ouverture des écoles, en 1804. Après la réorganisation judiciaire en 1810, il fut nommé membre du tribunal de première instance de la Seine, et devint successivement vice-président de ce tribunal, conseiller et président à la cour royale de Paris, député de l'arrondissement de Clermont (Oise), conseiller à la Cour de cassation (section des requêtes), et pair de France le 19 novembre 1830. Il était, depuis 1827, membre de l'Institut (Académie des sciences). Alexandre Cassini ne suivit pas la carrière où sa famille s'était illustrée, et ne se sentit jamais, dit-on, aucun goût pour l'étude de l'astronomie; tous ses moments de loisir furent consacrés à la culture de la botanique, qui lui doit de précieuses découvertes. Il a fourni au recueil de l'Académie des sciences et à plusieurs journaux scientifiques (*Magasin encyclopédique*, *Dictionnaire des sciences naturelles*, etc.) un grand nombre de mémoires, dont les plus importants ont été réunis et publiés par lui, sous le titre d'*Opuscules phytologiques*; Paris, 1826, 2 vol. in-8°. On y remarque surtout un travail sur la classification des *synanthérées*, où il a établi beaucoup de genres nouveaux (1).

J. Dominique Cassini eut donc la douleur de survivre à presque tous ses enfants. Aussi, au déclin de ses jours, et déjà presque centenaire, voyait-il approcher la mort avec confiance et résignation. Le dernier des Cassini ren-

---

(1) Gossin : *Notice sur Alexandre-Henri-Gabriel de Cassini*, Paris, 1832. — Quérard : *La France littéraire*. — Le Bas : *Dictionnaire encyclopédique de la France*.

dit son âme à Dieu le 18 octobre 1845, à l'âge de quatre-vingt-dix-sept ans.

Sa statue a été placée, en 1846, dans la salle du Musée de Clermont.

Du CAURROY (François-Eustache), Musicien,

né à Gerberoy.

1549—1609.

L'origine de la famille du Caurroy remonte au XIIIe siècle. Le premier du nom dont fassent mention les généalogies fut messire Droco du Caurroy, chevalier seigneur dudit lieu (1). Il vivait en 1222. Un de ses descendants, Cornu, seigneur du Caurroy, était capitaine et gouverneur du Beauvaisis, commandant pour le service du roi dans les ville et château de Gerberoy, vers 1363. Mais l'illustration réelle de cette famille ne date que du XVIe siècle.

François-Eustache *du Caurroy*, écuyer, sieur de Saint-Frémin, surnommé par ses contemporains le Prince des compositeurs français, était le troisième fils de Guillaume du Caurroy, sieur de Hautcourt, secrétaire du cardinal de Bourbon. L'aîné, François du Caurroy, était commandeur de l'ordre de Malte. François-Eustache, en sa qualité de cadet de famille, dut entrer dans les ordres. Il était

---

(1) Le Caurroy est un village de Picardie qui fait partie aujourd'hui du département de la Somme.

né, en 1549, à Gerberoy, petite ville de l'arrondissement de Beauvais, située sur une éminence qui domine la vallée du Thérain. Le vidamé de Gerberoy avait alors une certaine importance : c'était un des fiefs les plus importants du Beauvaisis, dont la mouvance s'étendait sur une partie de la Picardie et du pays de Bray.

Le père de Eustache Du Caurroy destinait son fils à entrer aussi dans l'ordre de Malte; mais sa vocation l'entraînait vers la musique, et, après avoir achevé ses études, il s'adonna de préférence à l'art que Palestrina cultivait avec tant de succès en Italie. Toutefois, au lieu de s'inspirer de l'école italienne de la Renaissance, Du Caurroy rechercha la tradition harmonique dans les compositions sévères du moyen âge. Ses talents lui procurèrent d'illustres protecteurs : il devint successivement chanoine de la Sainte-Chapelle de Paris, et prieur de Saint-Aïoul de Provins.

La Sainte-Chapelle était alors et fut jusqu'au XVIIe siècle, une école de chant, sous le patronage des rois de France. Eustache Du Caurroy reçut le titre de maître de musique de la chapelle du Roi vers 1568. Il remplit ces fonctions sous les règnes agités de Charles IX, de Henri III et de Henri IV, et gouverna pendant de longues années le poétique lutrin illustré par Boileau.

Le cardinal du Perron le protégeait : c'est peut-être à sa recommandation qu'il dut être nommé surintendant de la musique du roi; cette place fut créée exprès pour lui en 1599. L'œuvre importante de Du Caurroy est sa messe des morts (*missa pro defunctis*), à cinq voix, la seule qui pendant longtemps fut chantée à Saint-Denis aux obsèques des rois de France. Elle n'a cependant pas été imprimée. Le manuscrit en est conservé, dit-on, à la bibliothèque impériale.

Du Caurroy ne paraît pas avoir recherché la renommée de son vivant. Du Verdier, dans la *Bibliothèque française*, parle de quelques compositions qu'il aurait publiées chez Adrien Leroy, en 1584, mais il n'en indique pas les titres. Il parle aussi de divers ouvrages théoriques sur la musique qui n'étaient point encore publiés à cette époque : il ne paraît pas qu'ils l'aient été depuis lors.

Piganiol de la Force, dans sa *Description de Paris*, rapporte, comme une tradition généralement répandue, que les noëls, populaires de son temps, étaient, la plupart, des airs de gavottes et de menuets tirés d'un ballet que Du Caurroy aurait composé pour Charles IX. Ce témoignage unique ne suffit pas à prouver que le maître de la Sainte-Chapelle ait fait de son talent un si profane usage ; d'ailleurs beaucoup de ces airs sont plus anciens que Du Caurroy, et, en supposant qu'il en ait composé quelques-uns, on en trouve aussi qui appartiennent à Jehan Danielle, musicien, à F. Bodouin et à Guillaume Costeley, organiste de Charles IX.

André Pitard, petit neveu de Du Caurroy, fit imprimer ses *Mélanges de musique*. Paris, Ballard, 1610, in-4°. C'est un recueil de chansons, de psaumes et de noëls, dédié au duc de Bouillon, vicomte de Turenne, maréchal de France. Cette édition est précédée, suivant l'usage du temps, de plusieurs sonnets à la louange de l'auteur. Un de ces sonnets dus à la plume amie d'un poète appelé Lahyre, commençait ainsi :

Chansons, dont la douceur peut les pierres mouvoir,
Et par art les ranger pour bâtir une ville,
Chansons, dont le chant peut rendre une mer tranquille
Et, pour nous en sauver, les Dauphins émouvoir.....

Burney a extrait des *Mélanges de musique* de Du Caurroy un noël à quatre voix qu'il a publié dans le 3e volume de son Histoire générale de la musique.

On a enfin de Du Caurroy : *Preces ecclesiasticæ, ad numeros musices redactæ*, à 5 voix. Paris, 1609. — *Precum ecclesiasticarum.* Paris, 1608. — *Fantaisies à* 3, 4, 5 *et* 6 *parties.* Paris, P. Baillard, 1610.

Du Caurroy fut surpris par la mort au milieu de la publication de ses œuvres musicales. Il mourut le 7 août 1609, à l'âge de 60 ans, et fut inhumé dans l'église des Grands-Augustins. Son tombeau élevé aux frais de Nicolas Formé, son successeur, a été détruit sous la Révolution. L'archéologue Millin l'a fait graver dans ses Antiquités nationales. L'épitaphe de Du Caurroy, composée par le cardinal Du Perron, se trouve dans l'*Essai sur la musique*, par De la Borde (tome III).

La famille Du Caurroy s'est perpétuée jusqu'à nos jours dans le pays dont elle était originaire. Un de ses descendants, professeur à l'école de droit, a été une des lumières du droit romain appliqué aux codes modernes. Ce nom, précieux héritage, est encore aujourd'hui porté par la famille de M. l'abbé Du Caurroy, vicaire de Notre-Dame-des-Victoires, à Paris (1).

CHANTRE (Pierre), Moine, surnommé Pierre de Hodenc.

11 —1197.

Il était né dans la maison seigneuriale de Hodenc-en-Bray, et devint chanoine au chapitre de Gerberoy. Nommé évêque de Paris, il refusa cette haute dignité, et aima

(1) *Biographies générales* : Fétis. *Biographie universelle des musiciens.* — Delaborde : *Essai sur la musique.* — *Renseignements particuliers.*

mieux se retirer au monastère de Longpont, près Soissons, où il mourut le 22 septembre 1197.

Il est auteur de plusieurs ouvrages, parmi lesquels on remarque celui qui est intitulé *Verbum abbreviatum*. Le cardinal de Vitry avait surnommé poétiquement cet auteur ecclésiastique un Chandelier d'or dans la maison du seigneur.

CHARONDAS Le Caron (Louis),

Jurisconsulte,

né à Clermont en Beauvaisis.

1534—1613.

Né à Clermont, il fut avocat au parlement, lieutenant-général et président du bailliage de cette ville. Il avait été nommé député aux Etats-Généraux de Blois, ce qui lui valut plus tard les persécutions des ligneurs. Pendant ses loisirs, Charondas le Caron a publié divers ouvrages de jurisprudence et de belles-lettres. Il mourut à Clermont, en 1613, et fut enterré dans l'église de Saint-Samson. Son tombeau, détruit sous la révolution, a été rétabli, en 1854, avec une épitaphe en style lapidaire qui rappelle les titres de Charondas au souvenir de ses concitoyens.

---

(1) Victor Tremblay. *Galerie des Hommes célèbres du Beauvaisis*, manuscrit.

Jacques CHARPENTIER, Médecin et Philosophe,

né à Clermont en Beauvaisis.

1524—1574.

En ces temps d'érudition où chacun latinisait son nom, Charpentier s'appelait *Carpentarius* et passait pour un des plus célèbres, parmi les savants en *us*.

Il avait fait ses études au collége de Bourgogne, et, après avoir achevé ses humanités, il étudia pendant cinq ans l'éloquence et la philosophie. Il fit tant de progrès dans cette science, qu'il fut chargé de l'enseigner au collége de Bourgogne. « Ses leçons, dit Eloi, lui procurèrent tant de réputation, que jamais on ne vit un concours d'écoliers si prodigieux. Il s'en présentait de toutes nations, et en si grande foule, qu'une partie de la rue en était pleine, même dans les temps les plus fâcheux de l'année. »

Après avoir professé avec un tel succès pendant seize ans, Charpentier vint étudier la médecine à Paris, et fut reçu docteur dans la Faculté de cette ville : il en fut élu doyen au mois de novembre 1568. Il obtint en 1566 la chaire de mathématiques au Collége royal (Collége de France), et fut nommé médecin de Charles IX. Partisan et commentateur d'Aristote, il se trouva en opposition avec Pierre Ramus, adversaire déclaré du grand philosophe grec. Selon Moréri, Charpentier défendit ses opinions avec trop de chaleur. On l'accuse même d'avoir participé au meurtre de Ramus dans la journée de la Saint-Barthelemy. Ce fait, s'il est vrai, est un singulier exemple d'intolérance en matière de philosophie. Charpentier survécut peu à son malheureux rival. « Il tomba, dit Eloi, dans une mélancolie que rien ne put dissiper, et qui le plongea dans la phthisie, dont il mourut, au mois de janvier 1574. »

On a de lui : *Descriptio universæ naturæ ex Aristot.; de putredine et coctione*; Paris, 1562, in-4°; — *Ad expositionem Disputationis de methodo, contra Thessalum Ossatum responsio*; Paris, 1564, in-4°; — *Orationes contra Ramum*; 1566, in-8°; — *Epistola in Alcinoum*; 1569, in-8°; — *Libri XIV, qui Aristotelis esse dicuntur, de secretiore parte divinæ Sapientiæ secundum Ægyptios, ex arabico sermone*, etc.; Paris, 1572, in-4°; — *Comparatio Platonis cum Aristotele in universa philosophia*; Paris, 1573, in-4° (1).

Charpentier (*Antoine*), ancien avocat, né à Compiègne, en 1601, est auteur d'un ouvrage intitulé : *Séjour royal de Compiègne, depuis Clovis Ier jusqu'à Louis XIV*, publié en 1647. Il mourut en 1670.

CHASTELAIN (Pierre et Jean-Pierre),

Religieux,

originaires de Senlis.

15..—1653.

Pierre Chastelain, célestin de la maison de Saint-Pierre-ès-Chartres, fut grand maître de son ordre. Il est auteur

(1) Moréri : *grand Dictionnaire historique*. — Eloy : *Dictionnaire historique de la médecine; Biographie médicale.*

d'un commentaire manuscrit sur la constitution des Célestins. Il mourut en 1562.

Jean-Pierre Chastelain, de la même famille que le précédent, né à Senlis, en 1606, fut un des missionnaires de la Compagnie de Jésus dans l'Amérique septentrionale. Il a publié, en 1648, un traité intitulé : *Affectus animæ amantis Jesum*. Il mourut en 1653.

CHAUMONT (Denis), Missionnaire (1),

né à Eragny-sur-Epte,

1752—1819.

Après avoir fait ses études théologiques au séminaire des Trente-Trois, il entra en 1775 au séminaire des missions étrangères. Déjà depuis six ans il était employé dans la province du Fo-Kien, en Chine, quand on le rappela, en 1784, pour être directeur du séminaire de Paris. En 1792, il passa en Angleterre, où il ne cessa de se vouer aux intérêts des missions catholiques. Pendant la Révolution, il fut chargé de la correspondance avec les missionnaires. A son retour en France, en 1814, ses confrères le choisirent pour supérieur du séminaire, à la tête duquel il est resté jusqu'au moment de sa mort, qui eut lieu le 25 août 1819 (2).

---

(1) Voir, pour la maison de Chaumont, la série des familles illustres du Beauvaisis.

(2) *Ami de la religion.*

Jean CHOLET, Cardinal,

né à Nointel en Beauvaisis.

12..—1291.

La nation Picarde a fourni, pendant le moyen-âge, plus d'un légat au Saint-Siége. Jean de Nointel, appelé Carlet en France, et en Italie *Coleti* ou *Cioleti*, a marqué son passage dans l'histoire sous le nom du cardinal Cholet. Il était né au village de Nointel, près de Creil, et portait le titre de Seigneur du pays.

Après avoir été chanoine de la cathédrale de Beauvais, peut-être même évêque de cette ville, il fut créé cardinal le 12 mars 1281, et chargé de diverses missions par les papes Martin IV et Nicolas IV. Le premier de ces deux pontifes lui donna l'ordre de se rendre en Sicile, pour empêcher, sous peine d'excommunication, Charles Ier d'Anjou et don Pèdre d'Aragon d'en venir à un combat singulier. Martin IV envoya aussi Cholet auprès de Philippe III, *le Hardi*, roi de France, pour offrir à ce prince, qu'il devait décider à se croiser contre don Pèdre, les royaumes de Valence et d'Aragon avec le comté de Barcelone.

Le 17 août 1284, le cardinal-légat tint à Paris un concile où Philippe III et ses deux fils aînés prirent en effet la croix. Atteint d'une maladie épidémique qui régnait dans son armée, Philippe le Hardi mourut à Perpignan, le 5 octobre 1285, et le cardinal Cholet, revenu à Paris avec Philippe le Bel, célébra les obsèques du feu roi à Saint-Denis ; puis il fit consentir Philippe le Bel à la continuation de la croisade. A la vue de ces préparatifs du roi de France, Alphonse III, successeur de don Pèdre au trône d'Aragon, se hâta de traiter avec Charles II, fils et successeur de Charles Ier d'Anjou, roi des Deux-Siciles. Cholet fit conclure ensuite entre le roi de France et Sanche IV, roi de Castille, le traité du 13 juillet 1289.

Toutefois il était si acharné contre la maison d'Aragon qu'il avait légué par testament six mille livres pour aider à la continuation de la guerre contre don Pèdre. Mais il mourut le 2 août 1291, et la paix ayant été conclue avec l'Aragon en 1294, les exécuteurs testamentaires du cardinal employèrent plus utilement le capital de son legs à fonder, dans l'Université de Paris, le collége qu'on appela des Cholets, pour l'instruction des écoliers des diocèses de Beauvais et d'Amiens. Le collége des Cholets était situé sur la montagne Sainte-Geneviève (1).

CHRESTIEN (de Poly), Magistrat,

né à Lihus.

1769—18..

M. Chrestien de Poly était, avant la révolution, conseiller à la cour des aides. Il devint par la suite, vice-président du tribunal civil de la Seine et fut nommé, le 14 mai 1823, conseiller à la cour royale de Paris.

On a de lui : 1° *Les principes d'agriculture et d'économie,*

---

(1) *Histoire littéraire de la France,* tome xx. *Gallia purpurata. Nouvelle Biographie générale.*

un vol. in-8°, 1804; 2° *Lois et institutions nécessaires à la France* (1826); ouvrage dédié au roi; 3° *Essai politique sur les causes de perturbation et des crises en France, et sur les moyens d'y remédier, et d'affermir le trône et les libertés publiques*, 2 vol. in-8°, 1840.

On se demande comment M. Chrestien de Poly, qui avait décrété les lois nécessaires à la France en 1826, trouvait les moyens d'affermir le trône en 1840?

CLEMENT du Metz (Jean-Jérôme),

Aumônier de Louis XVI,

né à Frocourt.

Jean-Jérôme Clément du Metz était, en 1789, grand vicaire de l'évêque de Senlis, et, ajoute M. Victor Tremblay, 'un des aumôniers ordinaires de Louis XVI. Il ne parait pas qu'il ait beaucoup marqué dans ces fonctions, car, dès les premières années de la révolution, on le rencontre à Beauvais, occupé à rédiger le *Journal du département de l'Oise*, commencé par Louis Portiez. Aussi inconstant dans ses goûts qu'infidèle à ses devoirs, il abandonna la presse pour le commerce, et s'essaya ensuite au barreau. Marié, en 1794, avec une demoiselle D...... de Beauvais, il se retira à Amiens, où il établit une sorte d'école préparatoire pour les jeunes gens qui se destinaient à la carrière judiciaire. Il finit par entrer dans l'Université, et tomba dans l'oubli. C'était ce qui pouvait lui arriver de mieux.

Clément du Metz était issu d'une des plus illustres maisons du Beauvaisis, qui a même fourni des maréchaux de France sous le règne de Philippe-Auguste. Le berceau de cette maison était la ferme du Metz, dépendante de la commune de Frocourt.

CLERMONT (Renaud de),

premier comte de Clermont en Beauvaisis (1).

L'ancienne famille des comtes de Clermont remonte d'une manière certaine à *Renaud Ier*, l'un des généraux de l'armée qu'Eudes, frère de Henri Ier, dirigea contre Guillaume le Bâtard, duc de Normandie. Cette famille se divise en plusieurs branches; parmi ses membres les plus célèbres, on remarque :

Raoul Ier, connétable de France, mort à Acre, en 1191. Il fut l'un des plus puissants barons du royaume. Nommé connétable en 1158, il accompagna le roi Philippe-Auguste en Terre-Sainte, et y mourut. Il avait épousé Alix, dame de Breteuil.

Jean de Clermont, seigneur de Chantilly, maréchal de France, de la famille du précédent, mort le 19 septembre 1356. Il fut créé maréchal de France en 1352, puis, en janvier 1354, nommé lieutenant du roi pour le Poitou, la Saintonge, l'Angoumois, le Périgord, le Limousin et quelques parties de l'Auvergne. Il commandait en Berry en 1356, et fut tué à la bataille de Poitiers (2).

---

(1) Voir la maison de Bourbon-Clermont.

(2) Voir la notice sur les Clermont-Tonnerre à l'appendice généalogique consacré aux familles illustres du Beauvaisis, comprenant aussi les maisons de Carvoisin et d'Achy.

Arnauld de CORBIE,

Chancelier de France,

né à Beauvais.

XIVe SIÈCLE.

Arnaud de Corbie, successivement conseiller clerc au Parlement, premier président et chancelier, mêlé à la plupart des négociations importantes qui signalèrent la fin du règne de Charles V et celui de Charles VI, a vu son rôle au milieu de ces circonstances difficiles, singulièrement amoindri par l'histoire et complètement passé sous silence par les biographes (1). Il s'est trouvé en quelque sorte effacé par la bruyante renommée de quelques turbulents contemporains, et le bruit de son nom, étouffé au milieu des clameurs anarchiques et des luttes ardentes qui dominèrent l'époque où il vécut, n'est arrivé jusqu'à nous qu'affaibli et presque éteint : il méritait une meilleure destinée.

L'origine d'Arnauld de Corbie est obscure ; un seul historien, Nicole Gille, le fait naître de Robert de Corbie sans pouvoir indiquer sa mère, et cette incertitude s'explique facilement, si Arnauld était enfant naturel. Loisel semble être de cette opinion : « On pourrait à bon droit, dit-il, » ajouter au nombre des plus renommés bâtards du

(1) Aucune des biographies générales ou particulières n'a donné à cet important personnage la place qu'il mérite, à tant de titres, dans une galerie d'hommes illustres.

» royaume, Arnauld de Corbie, pour avoir été l'un des » plus sages et des plus grands hommes de son temps. »

Quoi qu'il en soit, Arnauld naquit dans le courant de l'année 1325, non pas à Corbie, comme le dit Tessereau, mais à Beauvais, ainsi que le constate expressément un acte du Parlement enregistré le 2 janvier 1374.

Nommé conseiller clerc au Parlement, à une époque qu'il est difficile de préciser, son mérite le signala rapidement à l'attention de Charles V (le sage), qui lui donna un rôle dans presque toutes les affaires qu'il entreprit; il négocia notamment le mariage de Philippe de France, comte de Vertus, troisième fils du roi, avec Marguerite de Bourgogne, fille de Louise de Flandre.

Le roi reconnut les services d'Arnaud en le nommant premier président du Parlement, le jour de Noël de l'année 1373, et, pour élever son rang à la hauteur de ses fonctions, il le créa, au Louvre, chevalier ès-droit ou de robe longue. On sait que cette distinction s'introduisit, lorsque les seigneurs, désertant les cours de justice que leur rendaient insupportables les progrès de la procédure et l'invasion du droit romain, laissèrent la porte ouverte aux bourgeois qui, bientôt maîtres au Parlement, s'unirent au Roi pour abattre la féodalité. Comme on le voit, Ph. de Beaumanoir avait fait des élèves.

Arnauld de Corbie, tout en se consacrant aux travaux de sa charge, puisque nous le trouvons, en 1374, député par le Parlement pour présider les grands jours de Troyes, n'en reste pas moins le conseiller intime et l'un des familiers de Charles V. Après avoir, à force d'habileté, conjuré les malheurs que faisaient prévoir les commencements si orageux de son règne, le Roi jetait sur l'avenir un regard plein d'effroi. Son fils n'avait que huit ans, et il se sentait mourir. Son imagination évoquait les désordres qui allaient éclater pendant la minorité du Dauphin;

ses pressentiments lui montraient anéanti le fruit des longs et patients travaux auxquels il avait voué sa vie, et, entre les mains du duc de Berry, lettré mais sans aucune capacité politique, du duc d'Anjou avide et cruel, du duc de Bourgogne turbulent et ambitieux, il voyait prête à périr l'unité de la monarchie. Les ordonnances qu'il rendit à cette époque trahissent les terreurs si cruellement justifiées qui l'assiégeaient.

Au mois d'août 1374, il fixe à quatorze ans la majorité des Rois de France, ce qui, depuis, devint la loi de la monarchie; puis, dans le but de diminuer le pouvoir du régent, il sépara la régence de la tutelle, détermina exactement leurs attributions respectives, et nomma, pour assister le tuteur et veiller à son administration, une commission dans laquelle on distinguait Arnaud de Corbie, dont la prudence et l'intégrité bien connues du roi pouvaient seules peut-être diminuer ses appréhensions.

Ce fut lui que Charles V, en 1380, chargea de conclure la paix avec la Bretagne depuis si longtemps déchirée par les divisions auxquelles l'héroïsme de la comtesse de Montfort et de Jeanne de Blois prêtaient tant d'éclat. Il prit également part au traité qui rétablit pour un moment l'harmonie entre la France et l'Angleterre.

Les événements n'avaient que trop réalisé les craintes de Charles V mourant; la guerre et les déprédations des oncles de Charles VI n'étaient pas les seules calamités qui désolaient le pays, les exactions de la papauté y mirent le comble; Clément VII, chassé de Naples, était venu chercher un refuge en France, et profitait de l'hospitalité qu'il y avait reçue, pour jeter sur l'Église gallicane ce filet aux mailles si serrées et si savamment tressées qui ramenait à la Cour d'Avignon la meilleure partie des richesses du clergé de France. De concert avec le duc d'Anjou, dont il avait acheté la protection, en lui abandonnant une part dans les extorsions qu'il ordonnait, ce pontife porta à des limites jusqu'alors inconnues ses impitoyables exigences; il écrasait de dîmes les diocèses, faisait saisir par la chambre apostolique l'argent et le mobilier des évêques qui venaient à mourir, et s'emparait des revenus des colléges; les bénéfices étaient mis aux enchères, les hospices livrés au pillage et les clercs réduits à la mendicité.

Le conseil du Roi s'émut du cri d'indignation que jeta le clergé, et, malgré l'opposition du duc d'Anjou, complice intéressé de ces rapines, chassa de Reims l'abbé de Saint-Nicaise, qui présidait aux exactions pontificales, retira aux collecteurs l'autorisation de continuer leurs déprédations, et mit un terme à ces désordres.

Arnauld de Corbie fut chargé de faire accepter à Clément cette décision qui arrêtait le flot d'or incessamment dirigé sur Avignon, mission délicate, et qui prouve la confiance qu'inspiraient à ses contemporains l'éloquence et l'adresse du premier président. Il réussit complétement, et ce succès qui nous montre un pape acceptant sans protester une semblable transaction, place évidemment Arnauld de Corbie au premier rang des négociateurs.

Trois ans après, Charles VI prenait en main le gouvernement, et un de ses premiers actes fut d'élever à la dignité de chancelier de France, Arnauld, dont il avait su comme son père apprécier les talents et la loyauté; il lui donna même une preuve touchante d'affection personnelle en le nommant son exécuteur testamentaire; mais la confiance absolue que lui inspirait son caractère se révéla surtout lorsque, après les accès de démence auxquels il était en proie, il entendait, dans un intervalle lucide, monter jusqu'à lui les cris du peuple écrasé sous la tyrannie des ducs d'Anjou et de Bourgogne; il prenait Arnauld de Corbie pour confident de son désespoir et de ses alarmes, et s'attachait alors à lui mettre entre les mains un pouvoir qui lui permit de lutter contre l'autorité de ses oncles : sentant bien que le mal qui le dominait allait ramener les ténèbres autour de lui, il s'efforçait de ne pas disparaître tout entier, et, après avoir indiqué à Arnauld ses vues et ses projets, il réclamait pour les décisions du chancelier l'obéissance qu'on devait aux volontés royales.

Une curieuse ordonnance datée du 13 mars 1401 et vérifiée par le Parlement le 4 avril 1402, nous en donne la preuve. Elle est ainsi conçue :

« Si vous mandons, et à chacun de vous, que toutes » les grâces, rémissions et autres choses quelconques, que » notre chancelier aura faites ou passées en la manière » dessus dite, ès-dites requêtes générales, vous vérifiriez, » expédiriez et entheriniez le tout ainsi en la forme et » manière que si nous-mêmes en notre personne et en » notre conseil l'avions fait, et ainsi nous plaise être fait » nonobstant quelconques ordonnances, mandements et » dépenses à ce contraire. »

Les derniers mots sont caractéristiques et trahissent énergiquement dans l'esprit du Roi les craintes qu'il avait de voir la volonté d'Arnauld de Corbie paralysée par l'opposition des ducs, ses oncles.

Par un autre édit, daté de 1403, Charles VI ordonna que, lui mort, son fils reçut la couronne, quel que fût son âge, et confia le soin de gouverner à la reine ou, à son défaut, aux princes du sang et à Arnauld de Corbie.

La même année il publia des lettres qui obligeaient tous ses sujets à prêter serment de fidélité entre les mains d'Arnauld de Corbie et du connétable d'Albret *méme*, ajoute-t-il, *la rène*, *nos frères*, *nos oncles et tous autres de notre lignage*.

Enfin, le 16 novembre 1408, il enjoignit au chancelier de ne point quitter Paris, en lui recommandant de garder la ville et de veiller à tout ce qui serait nécessaire.

Au milieu des factions rivales entre les mains desquelles le pouvoir s'abîmait dans l'anarchie, le dauphin se résolut enfin à prendre une résolution; il méditait de grouper autour de lui un parti qui absorbât tous les autres et, décidé à secouer la domination où, sous prétexte de tutelle, le tenait son beau-père le duc de Bourgogne, il profita pour éclater d'une violente querelle qui s'éleva dans son appartement même de l'hôtel Saint-Pol, entre Jeand de Neelle, chancelier du duc, et Arnauld de Corbie. Le jeune prince intervint immédiatement en faveur d'Arnauld, et chassa son adversaire en l'accablant des plus sanglants reproches.

Jean-Sans Peur ne se trompa pas sur le sens de cet acte; il vit que le dauphin allait lui échapper, et, comprenant qu'il ne pouvait retremper son pouvoir que dans la popularité, il n'hésita pas à donner la main aux écorcheurs de Caboche, et livra à la multitude sinon l'appui de son nom, car il affectait le rôle de médiateur, au moins celui de son influence et de ses soldats.

Quelques jours après, en effet, éclata l'insurrection qui, après avoir inutilement tenté l'assaut de la Bastille, envahit l'hôtel Saint-Pol, força le dauphin à livrer ses amis, et mit garnison dans les tours du palais.

Le triomphe de cette faction était évidemment le signal de la chute d'Arnauld de Corbie; destitué de sa charge, il fut remplacé par Eustache Le Maître, créature du duc de Bourgogne.

Mais son successeur ne jouit pas longtemps de ce succès; une émeute l'avait mis au pouvoir, un nouveau mouvement l'en chassa; les sanglantes exécutions des Cabochiens ne tardèrent pas à exaspérer les bons citoyens. Caboche était devenu beaucoup plus maître à Paris que le duc de Bourgogne; Jean de Troie, Eustache de Puvillé, se sentaient dépassés; cet état de choses était trop violent pour pouvoir durer; l'Université devint hostile, la réaction se préparait partout, et la bourgeoisie se montrait déterminée à tout risquer pour briser la domination des Cabochiens. Aussi, lorsque le dauphin, secondé par le duc d'Anjou, son grand oncle, se mit à la tête de la résistance, renversa-t-il facilement une faction qui, quelques mois auparavant, l'avait forcé de plier.

Eustache Le Maître subit le sort de son parti et se hâta de rejoindre le duc de Bourgogne qui avait rapidement gagné la Flandre.

Il fallait donc désigner un nouveau chancelier, et Charles VI décida qu'il serait nommé par élection, ne se réservant que le droit de voter comme les autres. Il assembla ses conseillers et quelques grands seigneurs dans une chambre de son hôtel Saint-Pol, et voulut qu'Arnauld de Corbie fût présent quoique, dit un historien, « il eût atteint quatre-vingt-huit ans et qu'il ne pût plus aller ni venir. »

Henry de Marle fut élu par vingt-huit voix, et Arnauld de Corbie, malgré son grand âge, en obtint dix-huit; mais, ajoute le chroniqueur qui raconte cette scène à laquelle il assistait : Vray est, dis je, que si ledit Arnauld » eût pu exercer encore ledit office, mesdits sieurs les » élisants se fussent arrêtés à lui plus qu'à nul autre, toutefois malgré sa faiblesse encore s'y arrêtèrent lesdits » dix-huit. »

Dans ses recherches sur la France, Pasquier, rappelant le même fait, s'exprime ainsi : « Arnauld de Corbie, qui » fut chancelier pendant vingt-cinq ans, eut dix-huit » voix, mais il les eût eu toutes s'il eust pu encore en » exercer la charge. »

Digne conclusion d'une existence ainsi remplie; c'est un spectacle véritablement touchant que de voir le Parlement et la cour se groupant avec respect autour de ce vieillard qui avait traversé si noblement les phases les plus orageuses de la monarchie, dans un temps où les déchirements du pays offraient à la cupidité et aux ambitions des tentations auxquelles presque tous succombèrent. Arnauld de Corbie, inaltérablement fidèle à la royauté, surtout lorsque, représentée par un prince frappé de démence, elle menaçait de se dissoudre, vit son nom, au milieu des passions et des crimes qui s'agitaient autour de lui, devenir un symbole de justice et de loyauté. Cette grande figure se détache vigoureusement sur le fond d'horreurs qui assombrit ces malheureuses années et console l'âme attristée de douloureux spectacles.

Délivré des soucis de la vie publique, Arnauld vint chercher au milieu de ses compatriotes un repos que ses fatigues et son âge avancé lui rendaient si nécessaire; il se retira dans sa terre de Plessis, près Saint-Just, qu'en 1389 il avait achetée de Mathieu de Rouvray.

Arnauld de Corbie, chancelier, est le premier anneau de cette chaîne glorieuse qui, dans la magistrature, se perpétua sous le nom des l'Hôpital, des Molé, des Harlay, et c'est avec un sentiment d'amour-propre national, qui trouvera surtout de l'écho dans la vieille province du Beauvaisis, que nous avons pieusement recherché, à travers les documents un peu effacés d'une époque si éloignée de nous, les traces de cette existence dont la France a le droit d'être fière et qui n'avait pas encore dans l'histoire la place dont elle est digne.

FIN DE LA PREMIÈRE PARTIE.

SUPPLÉMENT A LA PREMIÈRE PARTIE.

Armand BAZIN, Agronome.

né au Mesnil-Saint-Firmin.

1817—1855.

Fils aîné de l'honorable fondateur des établissements agricoles et charitables du Mesnil-Saint-Firmin, M. Armand Bazin s'est distingué, dès son enfance, par un caractère doux, studieux et par un goût prononcé pour les sciences naturelles. Il fit ses premières études au collége de Beauvais, sous la direction de M. Gellée, curé de la cathédrale.

Il avait commencé, dès sa jeunesse, une collection géologique qu'il a toujours continuée depuis.

Parfaitement classée et riche en nouveaux fossiles, cette collection est souvent citée par M. Graves dans sa *Statistique du département de l'Oise.*

M. Armand Bazin se fixa au Mesnil, près de son père, et s'appliqua à l'agriculture d'une manière toute spéciale. Ses premiers travaux eurent pour objet la mécanique agricole. Convaincu de la nécessité des cultures profondes, il a perfectionné la *Fouilleuse.* L'instrument de ce nom amélioré par lui se recommande par beaucoup de simplicité et de solidité. Aussi a-t-il été souvent distingué par les jurys des expositions régionales et universelles.

Voici, d'après M. Gossin (1), le résumé des travaux agronomiques de M. Armand Bazin :

« Il a fait des recherches intéressantes sur la floraison du blé et sur celle du chanvre. Il a établi le premier que la fécondation du froment s'opère en général avant que les étamines n'aient paru en dehors des glumes, ce qui explique pourquoi les hybridations sont très-rares dans cette céréale. Au sujet du chanvre, il a reconnu qu'une seule fécondation peut suffire pour plusieurs générations.

» M. Armand Bazin est un des premiers agronomes qui aient distillé le sorgho et le topinambour.

» L'entomologie agricole a beaucoup occupé M. Bazin. On lui doit des études pleines d'intérêt sur le *sulus pulchellus* qui dévore en terre les blés de semence; sur l'*atomaria linearis* qui ronge les jeunes betteraves, enfin, sur certains insectes encore peu observés auxquels il attribuait la plupart des maladies des plantes, notamment celle de la pomme de terre.

» Ces dernières observations ont vivement attiré l'attention du monde savant.

» Aujourd'hui, MM. Charles et Stéphane Bazin continuent sur le même sujet les études de leur frère.

» Lorsque la mort l'a frappé, à l'âge de 38 ans, le 12 janvier 1855, M. A. Bazin se préparait à rendre à l'agriculture des services encore plus importants. C'était lui qui devait succéder à son père dans la direction des établissements du Mesnil-Saint-Firmin.

» Comme il était dans toute la force de l'âge, il aurait assuré pour de longues années, la prospérité de ces éta-

---

(1) Les documents de cette notice nous ont été communiqués par M. Gossin, professeur d'agriculture, qui, par son enseignement à la fois raisonné et pratique, a rendu de très-grands services aux études agronomiques dans le département de l'Oise.

blissements auxquels s'intéressent tous les amis du progrès religieux et agricole. »

Les principales publications de M. A. Bazin sont :

1° Formation des graines sans fécondation *Cannabis sativa*. — *Echo du monde savant*, octobre 1840.

2° Charrue pour les défrichements des bois. — Envoyé au journal le *Cultivateur*, avril 1842.

3° Culture du colza. — *Moniteur de la propriété*, 4 avril 1842.

4° Du fouilleur. — Nouvel instrument pour les labours profonds. (Le *Cultivateur*, juin 1847.)

5° Nouvelles variétés de froment. — Inséré dans le *Journal d'agriculture pratique* du 5 mars 1854.

6° Insectes qui dévorent le blé de semence. — *Journal d'agriculture pratique*, 20 mai 1854.

7° Insectes détruisant les betteraves. — *Journal d'agriculture pratique*, 20 octobre 1854.

8° Maladie des plantes. *Cosmos* du 11 août 1854. —

Le nom de M. Armand Bazin est mentionné très-honorablement dans les *Rapports du jury de l'exposition universelle* (Paris 1856).

FIN.

DEUXIÈME PARTIE.

CORRÉUS, Chef des Bellovaques.

51 *ans avant J.-C.*

Corréus est la plus vieille illustration de l'antique Beauvaisis. Il vivait au temps de Vercingétorix et de Jules César. Impatient du joug que la domination romaine venait d'imposer à son pays, il excita ses concitoyens à la révolte. Enflammés par ses paroles, les Bellovaques se soulevèrent et chassèrent la garnison que César avait laissée dans leur ville.

Une ligue se forma contre les Romains entre les Bellovaques (habitants du Beauvaisis), les Atrebates (habitants d'Arras), les Ambiani (d'Amiens), les Véliocasses (habitants du Vexin), etc. Plusieurs cités voisines imitèrent cet exemple; toutes aspiraient à l'indépendance, et Corréus fut proclamé leur général. César, instruit de ce soulèvement, marcha sur Beauvais, persuadé que le châtiment qu'il réservait à ses habitants suffirait pour ramener à l'obéissance les autres villes révoltées.

Il rencontra les Beauvaisins prêts à lui résister; les armées en vinrent aux mains. Le vainqueur de Pompée eut d'abord du désavantage; les guerriers d'une ville de ses alliés furent repoussés avec perte par ceux du Beauvaisis. Mais la ruse triompha où la force des armes romaines avait échoué. César tendit à ses ennemis une embuscade qu'ils ne surent point éviter.

Dans cette cruelle circonstance, les Beauvaisins, accablés plutôt que vaincus, furent désarmés. Corréus, sommé de se rendre, préféra un trépas glorieux à une servitude honteuse : il mourut avec la liberté de son pays (1).

COTTARD (L.-M.), Grammairien,

né à Orry-la-Ville.

1790-18**.

La Nouvelle Biographie Générale traite M. Cottard de pédagogue français, en le gratifiant des deux étoiles qui annoncent que le personnage vit encore. Nous ne voudrions pas, sciemment, placer un contemporain dans une galerie nécrologique. Dans le doute, et pour ne pas non plus faire tort à sa modeste renommée, nous rappellerons sommairement les titres de ce savant universitaire au souvenir de ses compatriotes.

M. Cottard est né le 17 février 1790. En 1820 il fonda, conjointement avec M. Soulacroix, une école commerciale, et, en octobre 1821, il fut chargé d'organiser l'instruction publique en Corse. Revenu en France en 1827, il fut nommé successivement inspecteur des études à Bourges, recteur de Limoges, puis d'Aix, et placé, en 1831, à la tête de l'Académie de Strasbourg. On a de lui : *Souvenir de Moïse Mendelsshon* ou le second livre de lecture des écoles israélites. (Strasbourg, 1832, in-18. — *Rachel Otty*, Strasbourg, 1833.) (2).

---

(1) *Commentaires de César.* — Hirtius : *Bellum gallicum*, VIII.

(2) Louandre et Bourquelot. *La Littérature française.* — *Biographie des Hommes du jour.*

COUPÉ ou COUPPÉ de l'Oise (Jean-Marie),

Curé de Sermaise, représentant du peuple.

1733 — 1818.

L'abbé Coupé était curé de Sermaise, près Compiègne, lorsqu'éclata la révolution. Il n'avait pas, pour se laisser entraîner au mouvement révolutionnaire, et pour apostasier ses principes, l'excuse de la jeunesse, car il était âgé de près de soixante ans, lorsqu'il quitta son presbytère pour se mêler aux affaires publiques.

Il fut nommé d'abord président du district de Noyon, puis député du département de l'Oise à l'Assemblée législative. « Sa première motion, dit la *Biographie Michaud*, fut pour appuyer la ridicule proposition de Cambon, qui voulait obliger les ecclésiastiques à monter la garde. » La carrière politique de l'abbé Coupé fut déplorable. Si nous la racontons avec plus de détails que n'en mérite le personnage, c'est précisément afin de montrer, par son exemple, où l'ambition désordonnée et l'abandon des principes ont pu conduire un homme intelligent d'ailleurs, habile aux affaires et qui a pris une certaine part aux mesures économiques et commerciales décrétées par la Révolution.

Dans la séance de l'Assemblée législative du 14 février 1792, présidée par Condorcet, Coupé donna lecture d'une lettre adressée par le procureur-syndic du district de Noyon à M. Imbert, administrateur de ce même district et député à l'Assemblée nationale. Elle était relative à une émeute populaire qui avait éclaté à Noyon par suite de la cherté des grains, et qui avait été réprimée par la garde civique. Après la lecture de ce document, M. Coupé ajoutait : « Je crois pouvoir rassurer l'assemblée sur les dispositions du peuple de Noyon et des campagnes environnantes. L'inquiétude et l'alarme ont été excitées uniquement par les enlèvements excessifs de grains qui se faisaient dans le département. Le peuple sait bien que ces subsistances ne sont pas inépuisables, et qu'à force d'enlever il n'en restera plus, comme cela est arrivé en 1789. »

L'orateur rappelait ensuite qu'en vertu des anciens réglements les communautés religieuses étaient obligées de garder une année de leurs revenus en grains ou au moins une quantité suffisante pour garnir les marchés. Les curés de village avaient toujours quelques sacs chez eux. Ces greniers de prévoyance n'existant plus, le peuple craignait que les marchés ne cessassent d'être fournis.

« Vous savez aussi, ajoutait M. Coupé, que les grands propriétaires sont émigrés, qu'ils se sont hâtés de vendre leurs grains, et que toute cette denrée est par conséquent tombée entre les mains de marchands et d'avides spéculateurs qui l'enlèvent et vouent à la disette les pays où devait régner l'abondance. Le laboureur même, effrayé et abusé, s'empresse de vendre ses denrées à un bas prix. Les marchands ne cessent de lui dire : Vous allez avoir la guerre ; si vous avez des greniers bien remplis, cela attirera chez vous l'ennemi. Le peuple sait tout cela comme vous, il travaille dans les granges, il bat les blés, il voit tout ce qui se passe, il s'aperçoit que les magasins sont vides : de là naissent les inquiétudes, les défiances. »

L'orateur concluait à ce qu'on rassurât le peuple par des mesures de prévoyance, au lieu d'employer la force, et, sur sa proposition, le rapport sur les événements de Noyon était renvoyé au Comité de surveillance.

Réélu député de l'Oise à la Convention, Coupé y débuta par récriminer contre un rapport sur la situation de

Paris. Toujours préoccupé de la disette et des manœuvres des accapareurs, il proposa la confiscation, au profit du dénonciateur, de tout navire chargé de grains pour le compte de l'étranger, et fit rendre deux décrets à cet égard.

Dans le procès de Louis XVI, il vota pour la peine de mort, sans appel ni sursis, lui, ministre du Dieu de miséricorde, dont le devoir était de pardonner !

Un curé aussi patriote ne pouvait manquer d'être dans les bonnes grâces de la Convention. Aussi fut-il délégué comme commissaire dans les départements de l'Est, pour y faire triompher les principes révolutionnaires. De concert avec Bo et Hentz, ses collègues, il destitua et fit arrêter les administrateurs du département des Ardennes, suspects de modérantisme. Le zèle qu'il déploya dans sa mission lui valut d'être reçu à la Société des Jacobins, qui n'admettait que des républicains éprouvés. Il présida plusieurs fois ce club célèbre et parla en plusieurs occasions contre le parti de la Gironde et en faveur du Comité du Salut public que présidait Robespierre.

A la Convention, il appuya de même toutes les mesures révolutionnaires. On peut en juger par les tables du *Moniteur* qui résument ses principaux actes politiques :

Il demande la suppression du décret qui établit trois degrés d'instruction ; — Il demande un rapport sur les *Muscadins* qui veulent se soustraire à la réquisition ; — Il signale les partisans de la Commission populaire de Bordeaux ; — Il présente un rapport sur la fixation d'un *maximum* pour les denrées de première nécessité ; — Il propose de faire placer les magasins de blé à douze lieues des frontières ; — Il fait à la tribune l'historique des événements de la guerre dans le Nord ; — Il fait traduire au tribunal révolutionnaire des fournisseurs et fabricants de souliers qui sont dénoncés ; — Il dénonce l'*Observateur Sans-Culotte*, etc., etc.

Le thème ordinaire de ses motions était la question des subsistances et l'exportation des grains, système qu'il combattait à outrance, en accusant Pitt et les Anglais de vouloir affamer la France. « Rouen, disait-il, et tous les ports de l'Ouest, sont autant de marchés d'où les grains et les denrées de première nécessité sont expédiés à l'étranger. Il faut déjouer ces manœuvres en distribuant des patrouilles révolutionnaires dans les ports et à l'embouchure des fleuves, en établissant au besoin des batteries pour empêcher la sortie des navires. »

Or, à la même époque, Rouen se plaignait précisément d'être affamée. La Convention chargea le représentant Legendre d'y faire passer des vivres, et lui adjoignit le citoyen Coupé pour y découvrir les magasins de blé qu'il prétendait connaître en cette ville.

Malgré tant de preuves de civisme, Coupé était encore suspect auprès des Jacobins, à cause de son caractère ecclésiastique. En vain dans la séance de la Convention du 17 brumaire, an II, imita-t-il le scandaleux exemple donné par Gobet, l'évêque constitutionnel de Paris, qui se coiffa du bonnet rouge et reçut l'accolade fraternelle du président; en vain déposa-t-il ses lettres de prêtrise, renonçant même à la pension ecclésiastique, il ne pouvait perdre aux yeux de ses ennemis le caractère indélébile du sacerdoce, dont il faisait lui-même si bon marché; il ne put résister à l'épreuve de l'épurement que la Société des Amis de la Liberté et de l'Egalité, séant aux Jacobins, pratiquait envers ceux de ses membres qui étaient représentants du peuple.

Fabre d'Eglantine monta à la tribune et donna lecture d'une lettre de Coupé à un certain Loranger, curé d'Attichy. Loranger, curé marié et ayant des enfants, écrivait à Coupé pour le prier d'obtenir une exception en sa faveur et de lui faire toucher son traitement avant l'époque indiquée par la loi.

Coupé lui avait répondu : « Je suis très-fâché de l'embarras où vous vous trouvez : on crie bien *bravo* aux prêtres qui se marient, mais ce ne sont que des bravos dérisoires ; je ne pense pas que vous puissiez rien obtenir. Je suis au désespoir de n'avoir rien de plus consolant à vous marquer. »

Fabre d'Eglantine continue : Coupé a pu être un bon patriote, il peut l'être encore, il a toujours voté avec les républicains dans le sens de la Montagne ; mais il est *fanatique*. Il reste à savoir si un fanatique peut être patriote ?

« Comment ! un législateur, lui, qui, plus que tout autre, doit travailler à extirper les préjugés de l'esprit des hommes et à rendre à la société des individus que le célibat rendait inutiles, comment, dis-je, a-t-il pu se permettre d'écrire une telle lettre ? La Convention nationale, dont la tribune a été souvent honorée de la présence de prêtres qui s'étaient mariés, tourne donc en ridicule ceux qui obéissent au vœu de la nature et donnent des citoyens à l'Etat ? Quel blasphème dans la bouche d'un homme qui se dit républicain ! Je demande la radiation de Coupé. »

Coupé répliqua : « Il est vrai que j'ai écrit cette lettre ; mais, en disant que la Convention n'accorderait pas de secours à ce prêtre, j'ai voulu faire entendre que l'Assemblée était obsédée de réclamations de ce genre ; je ne pensais pas qu'il pût rien espérer. Je pense que le peuple ne peut voir que d'un mauvais œil les prêtres qui demandent des secours à la barre de la Convention, pour avoir fait des enfants. Au reste, Citoyens, j'approuve la sévérité de vos principes, et je respecterai toujours vos décisions.

Une voix : Voilà encore une astuce de prêtre, une hypocrisie raffinée.

Laveaux : « Je demande que Coupé soit exclu de la société, jusqu'à ce qu'il ait pris une femme. » (On rit.)

La discussion s'engage et dure assez longtemps en faveur du patriotisme de Coupé. Quelques membres demandent qu'il soit admis avec censure, un autre qu'il soit privé pendant six mois d'assister aux séances. La société l'exclut purement et simplement.

J'ai reproduit textuellement ce passage des procès-verbaux de la Société des Jacobins, afin de montrer à quel degré d'abaissement moral en était arrivé ce prêtre apostat, ce honteux vieillard qui courbait la tête devant le caprice populaire et déshonorait ses cheveux blancs!

Coupé avait encouru la disgrâce de Robespierre, et il est fort heureux pour lui que, comme pour beaucoup d'autres, le dictateur n'ait pas conservé plus longtemps le pouvoir. Sentant sa vie menacée et craignant à chaque instant d'être traduit devant le tribunal révolutionnaire, il concourut de tout son pouvoir à la révolution du 9 thermidor qui mit fin à la Terreur. Il rentra alors dans la Société des Jacobins épurée de nouveau, et un arrêté solennel, pris à l'unanimité, le réintégra parmi les frères et amis de l'Egalité et de la Liberté, en compagnie de Tallien, de Fouché et de Dubois-Crancé.

Comme Bourdon de l'Oise, son compatriote et son collègue, Coupé s'amenda vers la fin de sa vie. Il ne se fit plus l'organe, à la Convention, que de motions économiques ou même littéraires. Il fut un de ceux qui propagèrent en France la culture de la pomme de terre, et, comme membre du Comité d'Agriculture, il fit un rapport sur les préparations économiques de ce précieux tubercule. Il rédigea aussi une instruction pratique pour la fabrication de l'huile de faînes et celle de marc de raisin.

Coupé n'avait pas oublié qu'il était député d'un district forestier. Il fit rendre un décret qui permettait à tout le monde de ramasser des glands et des faînes dans les forêts nationales. Cette mesure le rendit populaire dans les villages avoisinant la forêt de Compiègne.

Il appela enfin l'attention du Comité d'Instruction publique sur la création de bibliothèques nationales.

« Les cloîtres, disait-il dans son exposé de motifs, ont sauvé de la destruction ce qu'il a été possible des productions savantes de l'antiquité ; ils y ont ajouté celles des siècles suivants, et ces temps d'ignorance et d'erreur n'ont pas été les moins féconds. Il y aura sans doute beaucoup à réformer dans ces amas informes ; mais il existe un fonds précieux qu'un sage discernement saura conserver.

» Chaque bibliothèque, disait-il en terminant, doit devenir l'école de tous les citoyens, leur présenter le tableau des siècles et des nations et les agrandir de tous les travaux et de toutes les pensées de l'esprit humain. »

Le projet rédigé par Coupé fut adopté par la Convention, et c'est à cette mesure libérale que la plupart des collections bibliographiques du siècle dernier doivent de n'avoir pas été détruites ou dispersées.

Lorsque la Convention, délivrée du joug de la Terreur, essaya de se rendre populaire par des mesures libérales et pacifiques, Coupé s'associa à cette tardive réparation. Un décret ayant décidé que des encouragements seraient accordés aux artistes, aux savants, aux gens de lettres, il ajouta : « Je demande que ces encouragements soient distribués tous les ans par la Convention de la manière la plus solennelle, et que, tous les ans, il soit fait, le jour des récompenses, un rapport sur les artistes qui auront mérité la palme et dans lequel on rendra compte des travaux, des ouvrages et des intentions qui leur auront donné des droits à la reconnaissance nationale. » La proposition de Coupé, renvoyée au Comité d'Instruction publique, fut décrétée par la Convention nationale.

« Durant la période la plus orageuse de la Révolution,

dit la *Biographie Didot*, Coupé fut au nombre de ceux qui surent allier au zèle démocratique celui de la culture intellectuelle. Il lutta contre les *vandales* pour employer l'expression de son collègue Grégoire.

Réélu député de l'Oise, au Conseil des Cinq-Cents, en 1795, Coupé ne se fit remarquer que par un rapport relatif aux encouragements à donner aux manufactures. Il concluait à ce qu'un crédit de quatre millions fût mis à la disposition du ministère de l'intérieur pour venir en aide aux manufactures de laine, de toile et de soie. La proposition fut ajournée.

Sorti du Corps législatif avec le second tiers des Conventionnels, au renouvellement de 1797, Coupé de l'Oise rentra dans la vie privée. Il vécut dans l'obscurité pendant tout l'Empire. La Restauration oublia le régicide octogénaire qui mourut en 1818, à l'âge de 85 ans. Peut-être sa vie avait-elle été ainsi prolongée dans un but providentiel, afin que l'ancien curé de Sermaize eût le temps de faire pénitence !

Moniteur universel, tomes 11, 14, 15, 17, 18, 19, 20, 22, 28. — *Petite Biographie conventionnelle.* — Vallet de Viriville, *Histoire de l'Instruction publique.*

COUSTANT (Dom-Pierre), Religieux Bénédictin,

né à Compiègne.

1654 — 1721.

Au moyen-âge, alors que l'instruction était rare dans toutes les classes de la société, les membres des ordres religieux, d'abord groupés autour d'hommes remarquables par leur savoir, puis divisés en un grand nombre de congrégations différentes, furent les dépositaires de toutes les connaissances : dépositaires et non encore propagateurs. Avant que la science pût être propagée, il fallait qu'elle fût reconstituée; il fallait arracher aux débris du passé le trésor scientifique dispersé par les invasions barbares. Ce fut dans le silence des cloîtres que les moines consacrèrent leur vie à collationner les manuscrits de l'antiquité payenne et des premiers temps du christianisme.

De tous les ordres religieux qui se livrèrent avec ardeur à cette œuvre immense, c'est celui des Bénédictins qui, pendant plusieurs siècles, travailla avec le plus de succès à cette reconstitution. La Congrégation de Saint-Maur, qui suivait la règle de saint Benoît, était une réunion de savants qui renonçaient à la gloire particulière pour établir, ouvriers ignorés, les bases du monument scientifique. Les travaux de chacun de ces hommes effraieraient par leur étendue plus d'un savant ou d'une académie de nos jours.

Un des membres les plus remarquables de la Congrégation des Bénédictins de Saint-Maur fut Dom-Pierre Coustant. Ce savant religieux naquit à Compiègne le 30 avril 1654. « Ses parents, dit Dom S. Mopinot, étaient d'honnête famille et gens de piété, et son cœur se trouva tourné vers Dieu dès sa première jeunesse. » Il fit ses études à Compiègne, et, aussitôt qu'il eut terminé ses humanités, il entra, à l'âge de 17 ans, dans la Congrégation de Saint-Maur; il prit l'habit religieux dans l'abbaye de Saint-Remi, de Reims, et y fit profession le 17 juin 1672.

Dès lors il se livra tout entier à l'étude, et l'on ne saura trouver sur lui de détails biographiques étendus. On rapporte seulement que par esprit d'humilité et de pénitence il ne se chauffait jamais, dans les hivers même les plus rigoureux, comme le fut celui de 1709, où le froid le plus vif vint ajouter de nouveaux maux à ceux que la famine et la guerre faisaient peser sur la France. Après avoir terminé son cours de philosophie et de théologie, il fut appelé à Paris par ses supérieurs (1681), afin de travailler aux tables de la nouvelle édition de saint Augustin. Nommé, en 1693, par le chapitre général, prieur de Notre-Dame de Nogent, petite abbaye située dans le diocèse de Soissons, il reçut cette nouvelle comme un coup de foudre. Sa simplicité d'âme lui avait toujours fait désirer un rang obscur, et appréhender sa supériorité; il avait désiré les travaux les plus pénibles et les plus rebutants. Malgré ces supplications pour dénier cette faveur, il dut obéir.

Après avoir gouverné pendant trois ans l'abbaye avec autant de zèle que de douceur, il demanda sa déposition par une lettre qu'il data de l'heure de minuit pour montrer à ses supérieurs que son emploi lui ôtait le repos. On eut égard à ses prières, mais on le rappela à Paris, ce qu'il n'avait pas demandé; il y revint au mois de juillet 1696, et ne cessa de travailler jusqu'au jour même de sa mort, le 18 avril 1721.

Nous allons reprendre rapidement le récit des différents travaux qui occupèrent sa vie si longue, mais si bien remplie. Il fut, comme nous le disons plus haut, appelé à Paris pour coopérer au classement des tables d'une nouvelle édition de saint Augustin. Mais Dom-Thomas Blampin (voyez ce nom), chargé de cette édition, s'aperçut bientôt que Dom Coustant était capable d'études plus importantes. Il lui confia le soin de démêler les vrais sermons de saint Augustin d'avec ceux qui lui ont été faussement attribués, de revoir ces derniers sur les manuscrits, et d'en corriger le texte. C'était une tâche ingrate : D. Coustant s'en acquitta avec promptitude et succès.

On a porté de son temps ce jugement sur sa critique.

M. Baillet a dit de lui : « Il a une industrie toute parti-
» culère pour reconnaître, non-seulement les pièces sup-
» posées, mais encore les fourrures et les gloses insérées
» mal à propos dans le texte de certains traités que les
» copistes prenaient la liberté d'ajouter de leur tête, sous
» prétexte d'éclaircir et d'expliquer la pensée de l'auteur. »

En 1687, à la sollicitation du Père Mabillon, et par les ordres de ses supérieurs, il entreprit une nouvelle édition des œuvres de saint Hilaire. Il en recueillit les manuscrits avec soin et les collationna presque tous lui-même. Il fut toujours persuadé que, pour faire un bon choix parmi les différentes leçons, il est indispensable d'avoir sous les yeux tous les manuscrits d'où elles sont tirées, et que l'on peut y retrouver des détails qui ont échappé aux précédents éditeurs.

A son retour à Paris, en 1696, il fut chargé de veiller sur une édition du Bréviaire et d'en corriger les épreuves; puis on l'associa à Dom-Claude Guenié pour travailler à l'*Index* général de saint Augustin. Il relut alors tous les ouvrages du père de l'Eglise latine, ne voulant pas se contenter des tables particulières. Il n'y avait point eu jusqu'alors de tables des ouvrages supposés, il entreprit avec succès d'en dresser.

Ces travaux immenses ne remplissaient pas encore les veilles du savant Bénédictin. On lui proposa plusieurs entreprises : l'Edition d'un Père de l'Eglise, une Bibliothèque des auteurs Bénédictins. Quand on lui proposa de réunir les lettres des Papes en un corps d'ouvrage, il se fixa à ce sujet dont il comprit la grandeur et l'étendue. Il fut interrompu dans cette œuvre par un écrit contre la Diplomatique du Père Mabillon, auquel il était joint un *Appendix*. Dans cet Appendix l'auteur accusait de falsification les manuscrits dont on s'était servi pour les éditions de saint Augustin et de saint Hilaire. Comme D. Coustant avait coopéré à la première et fait lui-même la seconde, il répondit à cette accusation en publiant, en 1706, un livre intitulé : *Vindiciæ manuscriptorum codicum a R. P. Bartholomæo Germon impugnatorum* (Justification des textes attaqués par le R. P. B. Germon). Dans le même livre il répondait à un écrit anonyme intitulé : *Altération du dogme théologique par la philosophie d'Aristote.*

Cette réponse de D. Coustant faisait partie d'un grand ouvrage intitulé : *L'unité de Dieu dans la Trinité, défendue contre les idées fausses d'un auteur moderne.* Ce livre ne fut pas imprimé parce que la censure du temps interdit l'ouvrage qui l'avait provoqué, et D. Coustant ne jugea pas à propos de réveiller la discussion. Après une seconde réponse au Père Germon, D. Coustant reprit sans interruption son grand ouvrage sur les lettres des Papes. Au commencement du mois d'avril 1721, il en donna le premier volume. Mais, quelques mois après, il mourut d'une fièvre violente, le 18 octobre 1721.

Dom Coustant est resté comme un modèle du vrai Bénédictin. La prière et le travail furent les seules occupations de sa vie. Quant à l'importance de ses ouvages, pour s'en faire une idée juste, il ne faut pas les juger au point de vue de notre temps. Il écrivit à l'époque où la scholastique, vivement attaquée par Descartes et ses successeurs, régnait encore sans partage dans les cloîtres. Les philosophes ne commencèrent qu'après sa mort leur grande lutte contre les idées et les théories du moyen-âge. La guerre intellectuelle n'était pas encore déclarée, et la polémique, un moment engagée entre lui et le Père Germon, n'en fut qu'un prélude peu retentissant (1).

(1) *Eloges de Coustant,* par Dom Mopinot.

COUSTEL (Pierre), Littérateur et Moraliste,

né à Beauvais.

1621 — 1704.

Pierre Coustel naquit à Beauvais, sur la paroisse Saint-Sauveur, en 1621. Après avoir terminé ses études de philosophie à Paris, il revint dans sa ville natale, où il fut nommé régent de la classe de seconde. Dans cette place il fit preuve de talents pédagogiques fort remarquables. L'évêque de Beauvais, voulant, à titre de récompense, lui accorder un bénéfice, lui proposa de recevoir la tonsure. Il refusa par esprit d'humilité. Il se retira alors à Port-Royal, où il se réunit à Nicole et à quelques autres savants; il y enseigna les humanités aux jeunes gens de grandes maisons, qu'on y envoyait pour être instruits dans la piété et dans les lettres. Il resta à Port-Royal jusqu'à ce que l'évêque d'Angers, Arnauld, l'emmena avec lui en Italie. A son retour de Rome, il fut choisi pour précepteur des neveux de Guillaume Egon, cardinal et prince de Furstemberg.

Il composa pour l'éducation de ces enfants un livre intitulé : *Les Règles de l'Education des Enfants*, *où il est parlé en détail de la manière dont il se faut conduire pour leur inspirer les sentiments d'une solide piété, et pour leur apprendre parfaitement les belles-lettres.* Cet ouvrage, imprimé à Paris en 1687, était dédié au cardinal de Furstemberg.

En 1666 il publia à Paris une traduction des *Paradoxes* de Cicéron, mais il ne fit pas paraître ce livre sous son nom et se cacha sous celui de *du Clouset*, qui est l'anagramme de Coustel. La préface de cette traduction fait comprendre que Coustel la révisa seulement en y ajoutant des notes et commentaires; la traduction elle-même est attribuée à M. le Maistre de Saci. Coustel obtint un privilége pour faire imprimer une traduction de quelques moralités tirées des *Offices* de Cicéron et de quelques-unes de ses plus belles lettres, des lettres et extraits de Pline le jeune, de Valère Maxime, de Sénèque, de Tite-Live, d'Isocrate, de Ménandre et autres poètes grecs. Il écrivit encore des descriptions de la Terre-Sainte, de la Grèce, de l'Egypte, de l'Italie ancienne, de la France, de l'Espagne, et d'autres traités de géographie à l'usage de la jeunesse.

Tous ces ouvrages, à l'exception des Paradoxes de Cicéron, existaient encore manuscrits en 1735, entre les mains de son neveu, M. Prévost, pieux laïque résidant à Beauvais. Celui-ci se servit du privilége de son oncle pour les faire imprimer, ainsi qu'une nouvelle traduction en français des *Offices* de Cicéron, des Oraisons et autres traités du même orateur; une traduction de plusieurs comédies de Plaute, entre autres celle des *Captifs*, et un traité intitulé : *Le bon Précepteur ou la manière dont il faut se conduire dans l'éducation des enfants.*

P. Coustel écrivit contre le P. Cassaro, théatin, le petit ouvrage qui a pour titre : *Sentiments de l'Eglise et des saints Pères, pour servir de décision sur la comédie et les comédiens, opposés à ceux de la lettre qui a paru sur ce sujet depuis quelques mois* (1694). Enfin, après avoir passé quelque temps au collége des Grassins, à Paris, où il avait eu plusieurs jeunes enfants sous sa conduite, il se retira à Beauvais; il y passa sa vieillesse dans le calme et l'uniformité.

Quoique les détails qui suivent soient peu importants, dit Moreri, nous les consignons ici. « Il se levait tous les jours à cinq heures; il disait ensuite son office, comme s'il eût été dans les ordres; il étudiait jusqu'à onze heures, allait à la messe, dînait; après le repas, il se mettait au travail jusqu'à quatre heures du soir, faisait quelques visites et rentrait à cinq heures pour prier et travailler jusqu'au soir. »

Les nombreux ouvrages et manuscrits qu'il laissa sur les humanités et la géographie furent d'un grand usage pour les auteurs qui suivirent; et si le nom de Coustel est oublié, on retrouverait dans un grand nombre d'ouvrages d'éducation de notre temps des parties qu'il pourrait revendiquer avec honneur (1).

COUTEL (Pierre-Joseph), Médecin,

né à Beauvais.

1715 — 1795.

Le docteur Coutel fut un de ces vaillants praticiens dont la vie tout entière fut consacrée à l'exercice de la médecine et qui, au lieu d'ouvrages plus ou moins scientifiques, laissent après eux la tradition de leur art et le souvenir de leurs vertus. Elève du collége de Beauvais, il y fit de brillantes études à l'époque où cette maison était le plus florissante par ses maîtres et par ses disciples.

Il étudia la médecine à la Faculté de Paris et se vit appeler, jeune encore, à l'emploi d'aide du premier chirurgien du roi Louis XV. Cette place n'était pas une sinécure.

Pierre Coutel entra plus tard dans le service médical

(1) Dictionnaire de Moréri.

de la marine française et fit comme chirurgien de nombreux voyages à bord des navires de l'Etat.

Après une carrière laborieusement remplie, le docteur Coutel prit sa retraite et vint se fixer, en 1788, dans sa ville natale. Il y fut accueilli par ses concitoyens avec cet empressemeut que le mérite dévoué est toujours certain d'obtenir. Il publia à cette époque un mémoire fort intéressant sur la découverte de la tourbe, son extraction et son emploi.

Mais quelques années après son retour dans ses foyers, le docteur Coutel mourut, le 31 mars 1795, à l'âge de 80 ans.

Il laissa en mourant une veuve, maîtresse sage-femme, qui exerça sa profession encore pendant quinze années. Cette femme, d'un rare mérite et d'une grande expérience, opérait encore avec un succès étonnant dans l'âge le plus avancé.

Une des filles du docteur Coutel fut la mère du docteur Gustave Labitte, fondateur de la maison des aliénés de Clermont que ses fils dirigent avec autant d'habileté que de succès.

V. T.

CROUZET (Pierre), Professeur d'humanités,

né à Saint-Vast-les-Mello.

1753—1811.

La vieille Université de France a recruté un grand nombre de ses professeurs dans le Beauvaisis. Pierre Crouzet fut un de ces savants humanistes qui conservèrent, pendant la Révolution française, le feu sacré des belles-lettres, et rallumèrent, sous l'Empire, le flambeau des muses latines et françaises. Contemporain de Delille et de Binet, voué aux mêmes études, Crouzet eut la même destinée; sa vie fut partagée entre de rudes épreuves et de paisibles travaux.

Il était né à Saint-Vaast-les-Mello, près Senlis, le 15 décembre 1753. Ses parents, cultvateurs aisés, lui firent faire de bonnes études au collége du Plessis. A vingt-cinq ans, il était reçu docteur agrégé (1778).

Nommé professeur au collége de Montaigu, en 1780, il occupa successivement les chaires de troisième, d'histoire et de rhétorique, de manière à soutenir la réputation de cette austère et savante école. Il était principal de ce collége lorsqu'éclata la révolution.

La Convention, qui en voulait moins aux hommes qu'aux institutions, le nomma directeur de l'institut des jeunes Français, puis directeur de l'école des Arts et Métiers de Liancourt. Les nouvelles méthodes d'éducation ne trouvaient pas en lui un partisan bien zélé; mais son dévouement et sa bienfaisance trouvaient à s'exercer. Malgré sa modique fortune, il fournit souvent des vivres et des vêtements aux plus pauvres de ses élèves. Son dévouement lui valut, en l'an VIII (1800), la direction du collége de Compiègne.

Le premier Consul, appréciant le mérite de l'ancien principal du collége de Montaigu, le nomma, en 1801, directeur du Prytanée de Saint-Cyr. Il rétablit l'ordre et la subordination parmi les 120 élèves de eet établissement, génération élevée au milieu des troubles et de la licence révolutionnaire. Sous sa direction, les belles-lettres ne le cédèrent pas aux sciences exactes, et l'apprentissage du métier des armes se concilia avec l'étude des humanités. Crouzet compte parmi ses anciens élèves plusieurs illustrations militaires; mais il n'eut pas le temps de s'enorgueillir de leurs futurs triomphes. Le Prytanée de Saint-Cyr ayant été transféré à la Flèche (1809), son directeur fut nommé professeur au lycée Charlemagne. C'est dans ces modestes fonctions qu'il termina son utile carrière, le 1er janvier 1811.

Pierre Crouzet était membre de la Légion-d'Honneur et correspondant de l'Institut national.

Le zèle avec lequel il remplissait ses fonctions ne lui a pas permis de publier des ouvrages de longue haleine; mais il a célébré, soit en latin, soit en français, les événements les plus remarquables de son temps. Il a publié *la Liberté*, poëme, 1790. — *Discours sur la nécessité du travail*, 1797. — *Ode sur l'accident du* 3 *nivôse*, 1801. — *Eloge funèbre de J.-S. Lefebvre de Corbinières*, 1803. — *Discours sur l'honneur*, 1806.

On lui doit une *Ode sur la bataille d'Iéna*, des vers sur le blocus continental, sur l'affranchissement de la Pologne, et un drame historique en un acte et en vers intitulé *Fortunas*, ou le nouveau d'Assas à la prise de l'Ile, sous Dantzig.

Beaucoup d'opuscules de Crouzet ont été imprimés à Senlis, chez Tremblay; mais presque tout ce qu'il a publié a été réimprimé à Paris dans divers recueils, notamment sa pièce ingénieuse intitulée : *Réclamation sur l'E muet*, adressée à M. l'abbé Sicard, instituteur des sourds-muets, insérée dans le *Recueil des leçons de l'Ecole normale*.

Il a aussi tressé quelques guirlandes dans l'*Almanach des Muses* et dans la *Couronne poétique de Napoléon*.

Peu de temps avant sa mort, en 1811, il venait de terminer une traduction des *Commentaires de César* qui n'a pas été imprimée; il avait aussi travaillé à une tragédie d'*Hécube* dont on trouve quelques fragments insérés dans le *Journal de Paris* de cette époque.

DANJOU (Jean-Pierre), Magistrat,

né à Beauvais.

1760 — 1832.

La *Galerie historique des Hommes honorables du département de l'Oise* résume ainsi la vie et les travaux de ce respectable magistrat : « Issu d'une famille honorable de Beauvais, après avoir fait de brillantes études, il fut, jeune encore, appelé par son mérite et la supériorité de ses talents à de hautes fonctions publiques. A partir de 1790, on le vit successivement procureur général syndic du département de l'Oise, membre de l'Assemblée législative, commissaire du pouvoir exécutif près de l'administration centrale, procureur général près la Cour de justice criminelle du département, et substitut du procureur général près la Cour d'appel d'Amiens.

» M. Danjou avait pris sa retraite en 1815 et consacra, depuis cette époque, le reste de sa vie à des fonctions gratuites. Il fut enlevé à l'affection de sa famille et de ses concitoyens, le 16 juin 1832, à l'âge de 72 ans. Il succomba à une violente attaque du choléra. »

Cette famille de robe a fait souche de magistrats intègres dans le Beauvaisis, et son nom est encore porté dignement par un de nos concitoyens, qui unit le goût littéraire et l'amour des beaux-arts à la science du jurisconsulte.

DANSE (Gabriel-Claude),

Chanoine de Saint-Pierre,

né à Beauvais.

1725 — 1806.

L'abbé Danse complète la trilogie de savants archéologues (1) dont M. Dupont-White a fait ressortir le mérite dans sa notice sur les antiquaires du Beauvaisis (2).

Dans cette savante association, dit M. Dupont-White, l'abbé Danse, esprit vif et résolu, avait l'initiative des voyages, des recherches et des démarches actives. Il parcourait le diocèse et les contrées voisines, visitant les églises, les abbayes, les cartulaires et les collections savantes. Il s'occupait beaucoup d'étymologie, cette archéologie du langage. Entre mille traits que l'on cite en voici un qui prouve jusqu'à quel point il portait l'insouciance, la préoccupation exclusive et les singularités d'un véritable antiquaire :

« Les églises venaient d'être rendues au culte. L'abbé Danse, qui demeurait en face du portail nord de Saint-Pierre, et qui de sa vie n'avait su se contraindre, trouva commode de traverser la rue du Cloître en habits sacerdotaux pour se rendre au chœur. Cet anachronisme valut au bon abbé un mois de prison. »

L'abbé Danse appartenait à une famille des plus an-

(1) Voir les notices de MM. Buquet et Borel.

(2) *Mémoires de la Société académique d'archéologie, sciences et arts du département de l'Oise*, tome I, 1847.

ciennes et des plus honorables du Beauvaisis, qui a perpétué jusqu'à nos jours un nom populaire et vénéré. Il comptait, parmi ses ascendants en ligne collatérale, le chanoine Jean Danse, qui se signala dans la lutte que le chapitre de Beauvais soutint pendant huit ans contre le Roi, le Pape et Philippe de Crevecœur, maréchal de Querdes. Il était le petit neveu de l'abbé Dubos (voyez ce nom), et il contribua à sauver de l'oubli plusieurs travaux de cet illustre historien. Il consacra ses veilles et ses savantes recherches à écrire une histoire de sa ville natale qui est demeurée manuscrite, source précieuse où ont puisé les annalistes postérieurs, et qui est un trésor d'érudition.

L'abbé Danse mourut à Beauvais le 10 septembre 1806.

DARTOIS de Bournonville **(Louis-Armand-Théodore)**, auteur dramatique.

1796—1845.

Villon disait en plaisantant : Je suis né à Paris, près Pontoise. Les biographes contemporains font naître M. Dartois aîné à Beauvais (1), près Noyon, le 3 septembre 1786.

Après avoir été clerc de notaire, il devint sous-lieutenant dans le régiment étranger levé par M. de la Tour-d'Auvergne, puis receveur-particulier des droits réunis,

---

(1) M. Tremblay donne à ce village le nom de Beauvoir.

en 1812; garde du corps, en 1815; capitaine d'infanterie jusqu'en 1820, et secrétaire du gouverneur du château de Meudon jusqu'en 1830.

On a de lui: *le Père tuteur* ou *l'Ecole de la Jeunesse*, comédie en 5 actes et en vers, Paris, 1822; *Caïus Gracchus* ou *le Sénat et le Peuple*, tragédie en 5 actes et en vers, Paris, 1833; — des poésies légères éparses dans plusieurs recueils.

M. Dartois aîné, qui vit encore, est un de nos plus féconds vaudevillistes.

DAUCHY (Hue-Jacques-Edouard),

Administrateur,

né à Saint-Just-en-Chaussée.

1747—1817.

M. Graves résume ainsi la carrière administrative de M. Dauchy (1):

« Il naquit à Saint-Just, en octobre 1747, d'une famille de cultivateurs. Adonné lui-même dès sa jeunesse à l'agriculture, il porta dans l'exercice de cet art une rectitude de jugement et une activité éclairée qui ne le quittèrent jamais pendant une longue carrière consacrée au service public. Son canton lui dut l'introduction des prairies artificielles et l'acclimatation des bêtes à laine de race espagnole.

---

(1) Statistique du canton de Saint-Just, 1835.

» Ses succès fixèrent sur lui l'attention de ses concitoyens qui l'élevèrent, en 1788, à l'assemblée primaire de Montdidier, d'où on l'envoya, comme délégué, à celle de Péronne. Il fut, en 1789, l'un des quatre députés nommés par le bailliage de Clermont en Beauvaisis aux Etats-Généraux : il devint bientôt un des membres les plus utiles de l'Assemblée constituante et prit part aux travaux qui préparèrent l'établissement des contributions directes. »

Le citoyen Dauchy présida plusieurs fois l'Assemblée Constituante en 1791, mais il exerça néanmoins peu d'influence sur les grands événements de la révolution dont il suivit toutes les phases en homme prudent et circonspect. C'est ainsi qu'il devint, en 1795, président de l'administration départementale de l'Oise; il siégea ensuite au conseil des Cinq-Cents, et fut nommé, en 1800, préfet du département de l'Aisne. Il publia une statistique de ce département, qui attira sur lui l'attention du premier Consul.

Dès lors la carrière des hauts emplois administratifs s'ouvrit devant M. Dauchy. Il devint successivement conseiller d'Etat, commissaire du gouvernement dans les quatre départements du Rhin, préfet de Marengo, intendant général du trésor en Piémont, administrateur général des Etats-Vénitiens, de la Toscane, et intendant dans les provinces illyriennes.

M. Dauchy était devenu comte de l'Empire et commandeur de la Légion-d'Honneur. Il fit partie de la Chambre législative en 1815, puis se retira dans sa propriété de Saint-Just, où il mourut le 27 juillet 1817, laissant une mémoire honorée par son intégrité et par l'habileté dont il avait fait preuve dans le cours de sa carrière administrative. (*Moniteur officiel.*)

DEGAULLE (Jean-Baptiste), Ingénieur,

né à Attichy.

1732—1810.

Le dépôt des cartes et plans de la marine renferme une série de cartes, celle des côtes de la Manche, par un ingénieur hydrographe Degaulle, dont le nom reste attaché aux travaux qui ont fait du Havre un port de premier ordre. L'ingénieur Degaulle était né à Attichy, le 5 juillet 1732. Il était attaché au service de la marine militaire du Canada, lorsque l'incurie de l'administration et la mollesse du gouvernement laissèrent tomber cette belle colonie française au pouvoir des Anglais. Il se trouvait à Louisbourg, en 1758, lors de la prise de cette ville. Il eut assez de bonheur et d'adresse pour échapper aux vainqueurs et atteignit Québec après de nombreuses fatigues. Il lui fallut quitter l'Amérique désormais perdue pour la France. Rentré dans sa patrie, il fut nommé professeur d'hydrographie au Havre et se consacra aux travaux d'amélioration de l'embouchure de la Seine. C'est à lui que l'on doit la construction des petits phares élevés sur les jetées du Havre et de Honfleur.

On a de lui :

1° *Usage d'un nouveau calendrier perpétuel, astronomique et maritime* ; Paris, 1768, in-8°.

2° *Construction et usage du Sillomètre*, instrument destiné à observer en mer le sillage des vaisseaux.

3° *Instruction sur la manière de vérifier les boussoles* ; 1803, in-8°.

4° *Mémoires sur les travaux du port du Havre et sur le gisement des côtes qui l'environnent* ; in-4°.

5° *Nouveau moyen de vérifier la hauteur du soleil*; in-12.

Degaulle était correspondant de l'Institut de France, et membre des Académies de Rouen et de Caen. Il est mort à Honfleur le 13 avril 1810 (1).

DELAMARRE (Louis-Gervais), Agronome,

né à Mello.

1766 — 1827.

Le Beauvaisis est une des contrées où le progrès agricole rencontre le plus d'encouragements. Les instruments aratoires de l'importante fabrique de Liancourt sont cités dans toutes les expositions et les concours régionaux; le drainage, qui est encore à l'état de théorie dans une partie de la France, est pratiqué dans le département de l'Oise sur une large échelle : l'enseignement professionnel de l'agriculture compte dans le pays des maîtres savants et des élèves distingués.

Dès le siècle dernier, la science agricole était en honneur parmi les propriétaires de nos contrées. M. Delamarre, de Mello, émule de Duhamel, de Parmentier et des agronomes distigués de cette époque, et pressentant déjà les améliorations futures, publia, sur le boisement des landes de Gascogne, des traités dont les idées ont été depuis reproduites et pratiquées, entre autres : *Traité de*

---

(1) Nouvelle Biographie générale.

la culture des pins à grandes dimensions, et *Historique de la création d'une richesse millionnaire par la culture des pins.*

Il est rare que les novateurs agricoles s'enrichissent par leurs découvertes et les progrès qu'ils font faire à l'agriculture. M. Delamarre avait fait sa fortune dans les affaires. Après avoir été plusieurs années maître-clerc chez Bourgeois, procureur du Châtelet, il lui succéda en 1791. Il fut arrêté en 1793, avec un de ses plus riches clients, le duc du Châtelet, traduit devant le tribunal révolutionnaire et acquitté. Après le 9 thermidor il quitta les affaires avec une fortune considérable et s'adonna alors à l'agriculture. Son éloge a été inséré par Silvestre dans les *Mémoires de la Société d'Agriculture* (1828. T. 1).

DRAPPIER (Gui), Curé de Saint-Sauveur,

né à Beauvais.

1624 — 1716.

Gui Drappier, dont nous ne parlons ici que pour mémoire, fut un des adeptes les plus fervents de la petite église Janséniste du Beauvaisis. Il fit sa théologie à Paris et y devint licencié. En 1657, il fut nommé curé de Saint-Sauveur à Beauvais, et occupa cette cure près de 60 ans, jusqu'au 3 décembre 1716, où il mourut à l'âge de 92 ans. Ses ouvrages sont estimés, quoiqu'accusés de jansénisme. On a de lui :

Traité des oblations, ou *défense des droits imprescriptibles des curés sur les oblations des fidèles*; 1685, in-12;

Tradition de l'Eglise touchant l'extrême-onction, où l'on fait voir que les curés en sont les ministres ordinaires; Lyon, 1699, in-12;

Traité du gouvernement de l'Eglise en commun par les évêques et les curés; Bâle, 1707, et Nancy, 1708, 2 vol. in-12;

Défense des abbés commendataires et des curés primitifs. « Drappier, dit Moréri, n'y prend que dans le titre la défense des abbés commendataires; l'ouvrage est réellement fait contre eux, et contient une invective continuelle tant contre ces abbés que contre les curés primitifs. »

Factum contre le chapitre de Saint-Vast; in-12. L'auteur y combat avec force le droit des curés primitifs.

On attribue à Drappier plusieurs écrits faits en faveur des *Réflexions morales* du Père Quesnel et contre la bulle *Unigenitus*. Le Père Quesnel adressa à Drappier une lettre le 15 janvier et le 22 février 1715.

Nouvelles littéraires, VI. — Moréri, *Grand dictionnaire historique*. — Gouget, *Bibliothèque française*.

DUBOS (Jean-Baptiste),

Historien et Critique,

né à Beauvais.

1670 — 1742.

L'abbé Dubos est un des plus illustres enfants de Beauvais. Son père, qui était marchand et échevin, lui fit faire dans cette ville ses premières études et l'envoya les achever à Paris. Cette origine plébéienne eut sur la nature de son esprit une influence considérable, et est peut-être la cause de sa célébrité. Si, par sa naissance, il eut appartenu à la noblesse, il n'eut sans doute été qu'un diplomate habile, un administrateur éclairé, sans sortir de la catégorie des hommes ordinaires. Mais, bourgeois, à une époque où la bourgeoisie ne se frayait qu'avec les plus grandes difficultés un chemin vers les fonctions publiques et les honneurs, il sut se faire un nom par son mérite personnel et devint même, comme l'on dirait aujourd'hui, un personnage officiel. Toutefois il ne put dépasser une certaine limite. Bien recompensé de ses services administratifs, il renonça à la vie active pour se livrer tout entier aux travaux historiques pour lesquels il avait toujours eu un goût particulier.

Quand ses études furent terminées, en 1691, il se fit recevoir bachelier de Sorbonne et entra presque immédiatement dans les bureaux du ministère des affaires étrangères, alors sous la direction de M. de Torcy. Depuis cette époque jusqu'à la mort de Louis XIV il fut chargé de plusieurs missions auprès de différentes cours de l'Europe. Tour à tour délégué vers les petits princes de l'Allemagne coalisés contre la France et Louis XIV, dans la guerre de la succession d'Espagne, en Italie, en Angleterre, en Allemage, il apporta dans ces missions une finesse et une souplesse d'esprit qui le firent partout réussir. A Utrecht, à Bade, à Rastadt, il était parmi les négociateurs français qui arrachèrent aux plénipotentiaires étrangers les concessions exigées par l'honneur de la France.

Pendant la régence du duc d'Orléans et sous l'administration du cardinal Dubois, il prit part aux négociations entamées entre la France, la Hollande et l'Angleterre pour former la triple alliance contre l'Espagne, et fut mêlé aux intrigues de cour qui firent échouer la conspiration de Cellamarre. Il obtint en récompense des bénéfices, des pensions et l'abbaye de Notre-Dame de Ressons, près de Beauvais.

Cette partie de la carrière de l'abbé Dubos est peu connue et on l'oublie facilement pour ne considérer en lui que l'historien et le critique. A ce point de vue il mérite une attention toute particulière. Il débuta comme historien par un livre aujourd'hui complètement oublié : *Histoire des quatre Gordiens prouvée et illustrée par ses médailles*, qu'il publia à Paris en 1695. Dubos cherchait à établir qu'il y eut quatre Empereurs romains de ce nom ; il déploya, à l'appui de cette opinion paradoxale, une immense érudition. On n'en admet généralement que trois; aussi le livre de l'abbé Dubos provoqua des réfutations assez aigres de la part de quelques savants. Il répondit du mieux qu'il put dans une brochure intitulée : *Vindiciæ pro quatuor Gordianorum historiâ* (1), publiée à Paris cinq ans après.

Au plus fort de la guerre entre la France et l'Angleterre, l'abbé Dubos fit paraître à Amsterdam, en 1704, un ouvrage assez remarquable : *Les intérêts de l'Angleterre mal entendus dans la guerre présente*. Ce livre, fort goûté en France, ne fit que fort peu d'impression sur les Anglais; ce qui s'explique naturellement par les prédictions peu flatteuses pour leur orgueil qui y étaient contenues. Une d'elles cependant s'est réalisée soixante-dix ans plus tard, quand les colonies américaines se séparèrent violemment de leur métropole. Il avait prévu la guerre d'Amérique en indiquant dès cette époque les vues de la colonisation absorbante de l'Angleterre : Le hasard, peut-être, le fit prophète. Ses prédictions furent traitées d'imaginations,

(1) Preuves pour l'Histoire des quatre Gordiens.

et, en forme d'épigramme, on changea ainsi le titre de son livre : *Les intérêts de l'Angleterre mal entendus par l'abbé Dubos.*

On attribue assez généralement à l'abbé Dubos le *Manifeste de Maximilien, électeur de Bavière, contre Léopold, empereur d'Allemagne*, qui parut en 1705. Ce manifeste était relatif à la succession d'Espagne : on en vante le style. Il fut traduit en latin par un jésuite, le Père Souciet.

En 1709, l'abbé Dubos publia l'*Histoire de la ligue faite à Cambray entre Jules II, pape, Maximilien I*[er]*, empereur, Louis XII, roi de France, Ferdinand V, roi d'Aragon, et tous les princes d'Italie contre la république de Venise.* Cet ouvrage, réédité en 1728 et 1785, en deux volumes in-12, a toujours joui d'une certaine réputation. L'origine, les développements et la prompte dissolution de cette ligue y sont exposés avec une grande ampleur de détails et une netteté remarquable. « Cette histoire, dit Voltaire, est profonde, politique, intéressante ; elle fait connaître les usages et les mœurs du temps, et est un modèle en ce genre. »

Voltaire porte un jugement aussi favorable sur les *Réflexions critiques sur la poésie et la peinture*, qui parurent à Paris, en 1719, en deux volumes in-12. « Tous les artistes, dit Voltaire, dans son *Siècle de Louis XIV*, le lisent avec fruit ; c'est le livre le plus utile qu'on ait jamais écrit sur ces matières chez aucune des nations de l'Europe. Ce qui fait la bonté de cet ouvrage, c'est qu'il n'y a que peu d'erreurs et beaucoup de réflexions vraies, nouvelles et profondes. Ce n'est pas un livre méthodique, mais l'auteur pense et fait penser. Il ne savait pourtant pas la musique, il n'avait jamais pu faire de vers, et n'avait pas un tableau ; mais il avait beaucoup lu, vu, entendu et réfléchi. »

On a encore de l'abbé Dubos la traduction des trois premières scènes du *Caton*, d'Addisson, imprimée dans les *Nouvelles littéraires de la Haye*, d'octobre 1716.

L'ouvrage capital de l'abbé Dubos est l'*Histoire critique de l'établissement de la Monarchie française dans les Gaules*, qui parut en 1734. C'était alors l'époque de la renaissance historique; on rompait avec la tradition du moyen-âge, et l'on apportait dans l'étude de l'histoire cet esprit d'examen qui, deux siècles auparavant, avait révolutionné le monde religieux. L'appréciation la plus complète de l'ouvrage de l'abbé Dubos a été écrite par M. Augustin Thierry, dans ses *Récits historiques*. Nous ne pouvons mieux faire que lui emprunter cette fidèle analyse :

« Jean-Baptiste Dubos entreprit non-seulement d'abattre le système historique de Boulainvilliers, mais encore d'extirper la racine de tout système fondé pareillement sur la distinction des vainqueurs (la noblesse et le haut clergé), et des vaincus (la bourgeoisie, le bas clergé et le peuple) de la Gaule. C'est dans ce but qu'il composa le plus grand ouvrage qui, jusqu'alors, eût été fait sur les origines de l'histoire de France, un livre encore lu de nos jours avec profit et intérêt, l'*Histoire critique de l'établissement de la Monarchie française dans les Gaules*. L'esprit de ce livre, où un immense appareil d'érudition sert d'échafaudage à un argument logique, peut se formuler en très-peu de mots et se réduire aux assertions suivantes : « La conquête de la Gaule par les Francs est une illusion historique. Les Francs sont venus en Gaule comme alliés, non comme ennemis des Romains. — Leurs rois ont reçu des empereurs les dignités qui conféraient le gouvernement de cette province, et, par un traité formel, ils ont succédé aux droits de l'Empire. — L'administration du pays, l'état des personnes, l'ordre civil et politique sont restés avec eux exactement les mêmes qu'auparavant. Il n'y a donc eu, au ve et au vi[e] siècles, ni intrusion d'un peuple ennemi, ni domination d'une race sur l'autre, ni asservissement des Gaulois. — C'est quatre siècles plus tard que le démembrement de la souveraineté et le changement des offices en seigneuries produisirent des effets semblables à ceux de l'invasion étrangère, élevèrent entre les rois et le peuple une caste dominatrice et firent de la Gaule un véritable pays de conquête.

Ainsi le fait de la conquête était retranché du ve siècle pour être reporté au xe avec toutes ses conséquences, et par cette opération de chimie historique, la loi fondamentale de Boulainvilliers, le droit de victoire s'évanouissaient sans qu'il fut besoin d'en discuter la valeur ou l'étendue. En outre, tout ce dont l'établissement des Francs se trouvait déchargé en violences, en tyrannies, en barbaries, tombait à la charge de l'établissement féodal, berceau de la noblesse et de la noblesse seule, la royauté demeurant, comme la bourgeoisie, une pure émanation de la vieille société romaine.

» Dans le projet et la pensée intime de son œuvre, l'abbé Dubos obéit, du moins on peut le croire, à l'influence de traditions domestiques, car il était fils d'un marchand de Beauvais, ancien bourgeois et échevin de cette ville. Une chose certaine, c'est que le mode d'exécution lui fut en partie suggéré par sa science dans le droit public, et son intelligence de la diplomatie. Non-seulement il avait étudié à fond la politique extérieure, les intérêts mutuels et les diverses relations des Etats, mais encore il avait rempli avec succès plusieurs missions délicates auprès des cours étrangères. De ses travaux et de ses emplois, il avait rapporté une merveilleuse souplesse d'esprit et la tendance à considérer l'histoire principalement au point de vue des alliances offensives ou défensives, des négociations et des traités. C'est sur la théorie de ces transactions politiques qu'il fonda son nouveau système; il chercha une raison d'alliance entre les Romains et les Francs, et, dès qu'il l'eut trouvée, il en induisit audacieusement l'existence et la durée non interrompue de leur alliance fondée sur le voisinage et un intérêt commun. Il en profita, ou plutôt il abusa des moindres indications favorables à sa thèse, des moindres traits épars chez les histotiens, les géographes, les poètes et les panégyristes, torturant les textes, traduisant faux, interprétant à sa guise, et conservant, dans ses plus grands écarts, quelque chose de contenu, de patient, de finement persuasif qui tenait, en lui, du caractère et des habitudes diplomatiques. Il parvint ainsi à former une démonstration invincible en apparence, à enlacer le lecteur dans un réseau de preuves toutes fort légères, mais dont la multiplicité étonne l'esprit et ne lui permet plus de se reconnaître. Raisonnant comme si les relations de l'Empire romain avec un peuple barbare avaient dû ressembler à celles qu'entretiennent les puissances de l'Europe moderne, il fait planer, au-dessus de l'histoire réelle du ve et du vi^{e} siècle, une histoire imaginaire toute remplie de traités et de négociations entre les Francs, l'Empire et une prétendue République des provinces armoricaines. Voici quelle série de faits, la plupart donnés par l'hypothèse ou par la conjecture, occupe, dans son livre, l'espace de temps compris entre la fin du iiie siècle et le règne de l'empereur Justinien.

» L'époque de l'établissement des Francs sur les bords du Rhin est celle du premier et du principal traité d'alliance entre ce peuple et les Romains. Dès lors les deux nations furent unies par une amitié constante, à peu près de la même manière que la France et la Suisse depuis le règne de Louis XI. — Les Romains ne déclarèrent jamais la guerre à toute la nation des Francs, et la masse de celle-ci prit souvent les armes en faveur de l'Empire contre celle de ses propres tribus qui violait la paix jurée. — Il était de l'intérêt des Romains d'être constamment alliés des Francs, parce que ces derniers mettaient la frontière de l'Empire à couvert de l'invasion des autres barbares ; c'est pour cela qu'à Rome on comblait d'honneurs et de dignités les chefs de la nation franque. — Les anciens traités d'alliance furent renouvelés, au commencement du ve siècle; par Stilicon, au nom de l'empereur Honorius; vers 450, par Aétius, au nom de Valentinien III, et vers 460, par Ægidius, pour les Gallo-Romains, alors séparés de l'Italie à cause de leur aversion contre la tyrannie de Ricimer. — Childéric, roi des Francs, reçut de l'empereur Anthémius le titre et l'autorité de maître de la milice des Gaules; son fils Clovis obtint la même faveur après son avènement, et il accumula cette dignité romaine avec le titre de roi de sa nation. — En l'année 509, il fut fait consul par l'empereur Anastase, et cette nouvelle dignité lui donna dans les affaires civiles le même pouvoir qu'il avait déjà dans les affaires de la guerre; il devint empereur de fait pour les Gaulois, protecteur et chef de tous les citoyens romains établis dans la Gaule, lieutenant et soldat de l'Empire contre les Goths et les Burgondes. — Vers l'année 540, ses deux fils Childebert et Clotaire, et Théodebert, son petit-fils, obtinrent, par une cession authentique de l'empereur Justinien, la pleine souveraineté de toutes les Gaules.

Cette fameuse cession qui, en réalité, ne s'étendit qu'au territoire méridional déjà cédé par les Ostrogoths, forme le couronnement de l'édifice fantastique élevé par l'abbé Dubos. Arrivé là, l'auteur met fin au récit et ne s'occupe plus que des conclusions qui sont l'objet de son dernier livre, le plus curieux parce qu'il donne le sens et, pour ainsi dire, le mot de tout l'ouvrage. Dans ce dernier livre qui est un tableau général de l'état des Gaules durant le VIe siècle et les trois siècles suivants, se trouvent mises en lumière avec assez d'art, les questions résolues ou tranchées par le nouveau système. C'est là que sont réunies et groupées, de manière à se fortifier mutuellement, toutes les propositions ayant une portée politique, et entre autres celle-ci : « Que le gouvernement des rois de la première et de la seconde race, continuation de celui des Empereurs, fut une monarchie pure et non une aristocratie ; que sous ce gouvernement les Gaulois conservèrent le droit romain et la pleine possession de leur ancien état social ; que chaque cité des Gaules conserva son sénat municipal, sa milice et le droit d'administration dans ses propres affaires ; que les Francs et les Gallo-Romains vivaient avec des lois différentes sur un pied d'égalité ; qu'ils étaient également admis à tous les emplois publics et soumis à tous les impôts. »

Le temps et le progrès des idées historiques ont opéré le partage de ce qu'il y a d'excessif ou de légitime, d'absurde ou de probable dans les inductions et les conjectures de l'antagoniste du comte de Boulainvilliers. La fable d'un envahissement sans conquête, et l'hypothèse d'une royauté gallo-franque parfaitement ressemblante d'un côté au pouvoir impérial des Césars, et de l'autre à la royauté des temps modernes, tout cela a péri ; mais le travail fait par l'écrivain, pour trouver des preuves à l'appui de ses vues systématiques, a frayé de nouvelles voies à la science. Dans ce genre d'ouvrage la passion politique peut devenir un aiguillon puissant pour l'esprit de recherches et de découvertes ; si elle ferme sur certains points l'intelligence, elle l'ouvre et l'excite sur d'autres ; elle suggère des aperçus, des divinations, parfois même des élans de génie auxquels l'étude désintéressée et le pur zèle de la vérité n'auraient pas conduit. Quoi qu'il en soit pour Dubos, nous lui devons le premier exemple d'une attention vive et patiente dirigée vers la partie romaine de nos origines nationales. C'est lui qui a retiré du domaine de la simple tradition le grand fait de la persistance de l'ancienne société civile sous la domination des Barbares, et qui, pour la première fois, l'a fait entrer dans la science. On peut, sans exagération, dire que la belle doctrine de Savigny, sur la perpétuité du droit romain, se trouve en germe dans l'*Histoire critique de l'établissement de la monarchie française*.

« Ce livre eut à la fois un grand succès de parti et un grand succès littéraire; il fut classé dans l'opinion comme le meilleur antidote contre le venin des systèmes aristocratiques. Il produisit une profonde impression sur les Bénédictins eux-mêmes, ces apôtres de la science calme et impartiale, et ses nouveautés les plus aventureuses trouvèrent crédit auprès de M. Bouquet, le premier auteur du vaste recueil des historiens de la France et des Gaules. »

Dans les derniers chapitres de l'*Esprit des lois*, Montesquieu s'exprime ainsi : « Le comte de Boulainvilliers et l'abbé Dubos ont fait chacun un système, dont l'un semble être une conjuration contre le Tiers-Etat, et l'autre une conjuration contre la noblesse. Lorsque le Soleil donna à Phaéton son char à conduire, il lui dit : Si vous montez trop haut vous brûlerez la demeure céleste; si vous descendez trop bas vous réduirez en cendres la terre. N'allez point trop à droite, vous tomberiez dans la constellation du Serpent; n'allez point trop à gauche, vous iriez dans celle de l'Autel: tenez-vous entre les deux. »

Montesquieu, un peu partial pour le comte de Boulainvilliers, montre pour le publiciste plébéien une entière sévérité et une clairvoyance impitoyable. Voici en quels termes l'auteur de l'*Esprit des lois* juge le livre de l'*Etablissement de la monarchie française :*

« Cet ouvrage, dit-il, a séduit beaucoup de gens parce qu'il est écrit avec beaucoup d'art, parce qu'on y suppose éternellement ce qui est en question, parce que, plus on y manque de preuves, plus on y multiplie les probabilités, parce qu'une infinité de conjectures sont mises en principe, et qu'on en tire, comme conséquences, d'autres conjectures. Le lecteur oublie qu'il a douté pour commencer à croire. Et comme une érudition sans fin est placée, non pas dans le système, mais à côté du système, l'esprit est distrait par des accessoires et ne s'occupe plus du principal... Si le système de M. l'abbé Dubos avait eu de bons fondements, il n'aurait pas été obligé de faire trois mortels volumes pour le prouver; il aurait tout trouvé dans son sujet, et, sans aller chercher de toutes parts ce qui en était loin, la raison elle-même se serait chargée de placer cette vérité dans la chaîne des autres vérités.

» L'histoire et nos lois lui auraient dit : Ne prenez pas tant de peine, nous rendrons témoignage de vous.

» L'abbé Dubos veut ôter toute espèce d'idée que les Francs soient entrés dans les Gaules en conquérants; selon lui, nos rois, appelés par les peuples, n'ont fait que se mettre à la place et succéder aux droits des Empereurs romains. Cette prétention ne peut pas s'appliquer au temps où Clovis, entrant dans les Gaules, saccagea et prit les villes; elle ne peut pas s'appliquer non plus au temps où il défit Syagrius, officier romain, et conquit le pays qu'il tenait : elle ne peut donc se rapporter qu'à celui où Clovis, devenu maître d'une grande partie des Gaules par la violence, aurait été appelé, par le choix et l'amour des peuples, à la domination du reste du pays. Et il ne suffit pas que Clovis ait été reçu, il faut qu'il ait été appelé; il faut que l'abbé Dubos prouve que les peuples ont mieux aimé vivre sous la domination de Clovis que de vivre sous la domination des Romains ou sous leurs propres lois. Or, les Romains de cette partie des Gaules qui n'avait point encore été envahie par les Barbares étaient, selon l'abbé Dubos, de deux sortes: les uns étaient de la Confédération armorique et avaient chassé les officiers de l'Empereur pour se défendre eux-mêmes contre les Barbares et se gouverner par leurs propres lois; les autres obéissaient aux officiers romains. Or, l'abbé Dubos prouve-t-il que les Romains, qui étaient encore soumis à l'Empire, aient appelé Clovis? Point du tout. Prouve-t-il que la République des Armoriques ait appelé Clovis et fait même quelque traité avec lui? Point du tout encore. Bien loin qu'il puisse nous dire quelle fut la destinée de cette république, il n'en saurait pas même montrer l'existence, et quoiqu'il la suive depuis le temps d'Honorius jusqu'à la conquête de Clovis, quoiqu'il y rapporte avec un art admirable tous les événements de ces temps-là, elle est restée invisible dans tous les auteurs.... Pour que toutes les conséquences de l'abbé Dubos fussent vraies, il aurait fallu que non-seulement les Francs n'eussent rien changé chez les Romains, mais encore qu'ils se fussent changés eux-mêmes. »

En 1710, l'abbé Dubos entra à l'Académie française; il en fut nommé secrétaire perpétuel en 1722, à la place de Dacier. Dubos, dans sa vie politique comme dans sa vie littéraire, fut toujours d'un caractère doux et obligeant; dans un siècle où les hommes de lettres professaient pour la noblesse et les préjugés aristocratiques un dédain intéressé, il ne montra ni aigreur ni colère. Il évita la polémique, genre de lutte pour lequel il n'était pas né; il prit parti pour la réforme historique vers laquelle le portait son érudition et son bon sens pratique en même temps que le souvenir de son origine. Il mourut à Paris, le 23 mars 1742, après une maladie longue et douloureuse. Il vit avec joie la mort approcher, et l'on supposa même qu'il l'avança volontairement. Il répétait en mourant ces mots d'un ancien : « Le trépas est une loi et non pas une peine. » Il ajoutait : « Trois choses doivent nous consoler de la vie, les amis que nous avons perdus, le peu de gens dignes d'être aimés que nous laissons après nous, et enfin le souvenir de nos sottises et l'assurance de n'en plus faire (1). »

DUPUIS (Charles-François),

Philosophe et érudit,

né à Trye-Château.

1742—1809.

Charles-François Dupuis naquit, le 26 octobre 1842, à Trye-Château, entre Gisors et Chaumont, de parents plus honnêtes que riches. Son père était instituteur. Quoique content de son sort, il eût voulu en procurer un meilleur à son fils; mais il ne dut songer qu'à le mettre en état de lui succéder. A dix ans, le jeune Dupuis savait tout ce que son père pouvait lui enseigner, et particulièrement l'arpentage. Il en serait probablement demeuré là et aurait passé sa vie dans les utiles mais obscures fonctions d'instituteur, sans une circonstance heureuse qui vint changer sa position. Son père quitta Trye-Château et

---

(1) Voir les notices consacrées à l'abbé Dubos, par M. Dupont-White et par M. Auguste Morel, dont le travail a été couronné par l'Athénée du Beauvaisis.

se transporta avec sa famille à la Rocheguyon, près de Mantes, où il était appelé pour remplir également les fonctions d'instituteur. Cette terre appartenait alors au duc de La Rochefoucauld, arrière-petit-fils de l'auteur des *Maximes*.

Quelques jours après son arrivée, frappé de la vue de la tour antique bâtie sur le point le plus élevé de la colline, il voulut en mesurer la hauteur. Il avait déjà disposé ses instruments et commencé son opération, quand un inconnu, attiré par la curiosité, s'approcha, la suivit avec intérêt et demanda à l'enfant son nom et sa condition. Cet inconnu était le duc de La Rochefoucauld qui offrit au père de Dupuis de faire donner à l'enfant une bourse au collége d'Harcourt. Le jeune Dupuis se livra dès lors à l'étude active de la langue latine, d'abord à la Rocheguyon, ensuite au collége de Vernon. Au bout de peu de temps, il put entrer dans la classe de troisième au collége d'Harcourt. Il y avait remporté des prix et revenait dans sa famille pour faire hommage de ses succès à son père; mais celui-ci, en se rendant au-devant de son fils, se noya par accident, et Dupuis ne put embrasser que son cadavre.

Le duc de La Rochefoucauld vint encore en aide à la famille et fit continuer ses études au jeune homme, que ses triomphes au collége et dans l'Université rendaient encore plus intéressant. Dupuis était un fort en thème. Après son cours de philosophie, il fut reçu sans examen maître ès-arts. Plusieurs années après, quand, après des études de théologie, il se présenta pour être agrégé à l'Université, on le dispensa également d'examen. A vingt-quatre ans, il fut nommé professeur de rhétorique au collége de Lisieux. Malgré les travaux du professorat, il étudia le droit et se fit recevoir avocat en 1770. En 1772, il quitta l'habit ecclésiastique et se maria. De cette union naquirent quatre enfants, trois garçons et une fille, qui moururent tous en bas âge.

Louis XV avait exilé le Parlement de Paris et établi à sa place un conseil supérieur auquel avait été donné le nom de Parlement Maupeou. Louis XVI rappela le Parlement au commencement de l'année 1775. Au mois d'août de la même année, ce corps vint assister à la distribution des prix de l'Université. Le recteur chargea Dupuis de prononcer le discours d'usage. Le professeur prit pour sujet l'amour de la vraie gloire. Un autre discours latin prononcé par Dupuis, l'oraison funèbre de Marie-Thérèse, prononcée au nom de l'Université, lui donna un nouveau renom comme humaniste.

Nous avons emprunté ces détails biographiques aux Mémoires que la veuve de Dupuis publia sur la vie et les travaux de son savant époux; mais, pour mieux juger du personnage et de ses œuvres, il nous faut aborder deux sources de documents indispensables à toute monographie, la critique et l'éloge. L'éloge a été prononcé à l'Institut par M. le baron Dacier, secrétaire perpétuel, qui avait pour mission d'embaumer dans un discours académique ceux qui, *immortels* de leur vivant, cessaient quelquefois de l'être après leur mort. En voici les passages les plus saillants :

L'amitié qui unit Dupuis à M. de Lalande fut le premier anneau de la nouvelle chaîne de travaux, d'efforts, de recherches et de découvertes qui le jetèrent dans une autre région du monde littéraire. Ils lui acquirent une célébrité qu'il aurait difficilement obtenue de l'enseignement public, même par des succès continus et brillants. Ce n'était pas cependant, dit M. Dacier, le seul besoin de la renommée qui engageait Dupuis à faire, quand il le pouvait, des excursions hors de la paisible carrière dans laquelle il était entré; il se trouvait entraîné de divers côtés par la diversité de ses connaissances, de ses goûts, et la vivacité de son imagination. Plus d'une recherche curieuse remplissait les moments de loisirs que lui laissaient ses fonctions et qu'il passait d'ordinaire à Belleville.

C'est là qu'il habitait une maison presque aussi modeste que celle qui l'avait vu naître. Il s'y enfonçait dans les profondeurs les plus obscures de l'antiquité pour en dissiper les ténèbres; il composait en latin ces discours d'apparat qu'il a prononcés, comme professeur, à la distribution des prix de l'Université; il inventait le télégraphe, vraisemblablement d'après l'idée qu'en avait donnée M. Amontons. Au moyen de ce télégraphe, il pouvait correspondre avec M. Fortin, son ami, ingénieur en instruments de physique et de mathématiques, qui avait une maison de campagne à Bagneux, d'où il observait les signaux avec un télescope. Les deux amis se sont ainsi écrit, chaque année, pendant la belle saison, depuis 1778, jusqu'au commencement de la révolution. Alors, il détruisit sa machine, dans la crainte qu'elle ne le rendît suspect. Mais il regretta toujours, non pas le temps que lui avait coûté cette découverte, mais les démarches inutiles qu'il fit auprès du Gouvernement pour l'engager à en profiter. Chappe fut plus heureux et perfectionna plus tard cette invention (que l'électricité a remplacée à son tour.) C'est enfin à Belleville que Dupuis conçut la première idée et commença l'exécution du grand ouvrage que pouvait seul entreprendre un homme qui joignait la connaissance de l'astronomie à celle des écrivains et des monuments de l'antiquité. Dupuis consacra à cette œuvre le reste de sa vie.

L'ensemble enchanteur de la Mythologie grecque, dit encore M. Dacier, source féconde de la littérature et des arts, a été à diverses époques un objet particulier d'études pour une classe d'hommes ingénieux et savants qui ont cherché à découvrir l'origine des traditions et des fables, si intimement liées aux usages et aux diverses religions. Quelques-uns d'entre eux, séduits par une sorte d'amour de l'unité, moyen puissant d'agrandir ses idées et ses vues en les généralisant, et d'abréger la route de la science en dissimulant ou en passant par dessus les obstacles, se sont efforcés de les faire toutes sortir d'une commune origine. D'autres, en plus grand nombre, préférant le solide et le vrai à un vraisemblable qui frappe au premier aspect, mais qui ne se soutient pas à un examen plus réfléchi, ont attribué à plusieurs principes différents cette multitude de contes merveilleux, indépendants les uns des autres, et ne se sont pas flattés d'avoir découvert tous ces principes.

De là est née la division des fables mythologiques en différentes espèces : les fables cosmogoniques, où l'on a prétendu expliquer l'origine des choses; les fables allégoriques, dont quelques-unes sont l'emblème de vérités physiques ou morales; plusieurs fables ont été rappelées au sabéïsme, c'est-à-dire au culte primitif des astres, ou regardées comme des allégories astronomiques; dans d'autres on a cru reconnaître le récit altéré de faits historiques, et l'intention de consacrer le souvenir de quelques événements mémorables ou de quelques personnages illustres et révérés; d'autres ont paru devoir leur origine, soit à quelques équivoques des langues primitives, soit à la signification ambiguë de caractères de l'écriture hiéroglyphique ou figurative. On a enfin reconnu des fables purement poétiques, inventées uniquement pour amuser, telles que les fables Milésiennes, ou arrangées pour produire de l'effet au théâtre, lorsque les compositions dramatiques eurent atteint un certain degré de perfection, et que la curiosité des spectateurs, pour être satisfaite, exigeait impérieusement du merveilleux et du nouveau.

Parmi ceux qui ont voulu expliquer la mythologie au moyen d'un système unique et général, Dupuis peut revendiquer la première place. Voyant que les explications physiques ou morales des neo-platoniciens et de quelques savants avaient eu un succès médiocre; que celles des Huet et des Fourmont qui voulaient retrouver toute la mythologie dans la Bible, avaient paru ridicules; que le système scythique ou dionysiaque du chimérique d'Hancarville n'avait pas beaucoup mieux réussi, Dupuis crut trouver dans l'astronomie et le sabéïsme seuls ce qu'on lui paraissait avoir cherché inutilement jusqu'alors.

En étudiant cette science, il avait été frappé de la bizarrerie des figures par lesquelles on représentait sur les plus anciens planisphères les groupes d'étoiles appelées constellations; il avait également remarqué que ces groupes n'offrent à l'œil aucune forme analogue à leur dénomination, et il en conclut que la configuration réelle de ces constellations ou astérismes, n'avait pu être l'origine des figures et des noms qu'on leur a donnés dès la plus haute antiquité. Dire que c'est un effet du hasard ou de la fantaisie des anciens peuples, c'eût été désespérer de l'explication dans tous les systèmes. Loin de cette pensée, Dupuis se flatta, au contraire, de parvenir à deviner cette énigme, au moins pour les constellations zodiacales. Il imagina que cette représentation du ciel pendant le cours de l'année avait dû correspondre à l'état de la terre et aux travaux de l'agriculture dans le temps et dans le pays où ces signes avaient été inventés, de sorte que le zodiaque était, pour le peuple inventeur, une sorte de calendrier à la fois astronomique et rural. Il ne s'agissait plus que de chercher le climat et le temps où la constellation du Capricorne avait dû se lever avec le soleil le jour du solstice d'été, et l'équinoxe du printemps arriver sous la

Balance. Dupuis crut reconnaître que ce climat était celui de l'Egypte, et que la correspondance parfaite entre les signes et leur signification y avait existé environ quinze à seize mille ans avant le temps présent, qu'elle n'avait existé que là, que cette harmonie avait été troublée par l'effet de la précession des équinoxes, et il ne balança pas à remonter à ces temps reculés et à attribuer l'invention des signes du Zodiaque aux peuples qui habitaient alors la haute Egypte ou l'Ethiopie.

Telle est la base principale sur laquelle Dupuis a établi son système mythologique. Croyant avoir trouvé dans le ciel l'origine de toutes les erreurs de la terre, de tous les contes dont se berce la crédule humanité, la clé de tous les mystères de l'antiquité, de toutes les difficultés des premiers âges de l'histoire, il s'empressa de faire connaître la découverte aux savants. Il publia plusieurs parties de son système dans le *Journal des savants* des mois de juin, d'octobre et de décembre 1779 et de février 1780; il en fit hommage à l'Académie des belles lettres pour mettre sous l'égide de cette compagnie les travaux qu'il avait déjà faits et ceux qu'il projetait.

Si la carrière dans laquelle s'élançait Dupuis était immense, son ardeur et son zèle étaient infatigables. Il voulait tout embrasser; il espérait pouvoir tout saisir, tout enchaîner, ce qui arrive ordinairement quand on veut se créer un système. Cependant plus il allait en avant, plus l'espace s'agrandissait, plus les bornes fuyaient devant lui; plus il découvrait, plus il lui restait à chercher : il se voyait enfin comme accablé sous le poids de ses nombreux matériaux. Tout son temps aurait à peine suffi pour les mettre en œuvre et terminer sa grande entreprise, et il était obligé d'en donner une grande partie à ses devoirs de professeur, que son goût dominant pour la mythologie astronomique avait dû lui rendre pénibles.

La publication de ses premiers mémoires lui fournit un moyen de se délivrer de ces devoirs, et de jouir bientôt de tout le loisir et de toute la liberté qu'il désirait. Le roi de Prusse, le grand Frédéric, qui les avait lus, y ayant remarqué que Dupuis promettait un grand ouvrage sur le même sujet, et désirant que cet ouvrage fût imprimé dans ses Etats, voulut y attirer l'auteur. Il lui fit offrir une chaire de littérature et une place à l'Académie de Berlin.

Dupuis n'hésita pas à accepter l'offre du roi, mais il posa pour condition qu'il resterait à Paris jusqu'à ce qu'il eût pu obtenir la pension de professeur émérite : il ne voulait pas, par un départ précipité, perdre le fruit de dix-huit ans de travaux. Le baron de Tutt, ambassadeur du roi de Prusse, insista au nom de son maître pour aplanir les difficultés qui s'opposaient au départ de Dupuis, lorsque la mort de Frédéric rompit cet engagement et décida Dupuis à demeurer dans sa patrie. Il se convainquit d'ailleurs qu'il pouvait trouver en France autant de ressources et peut-être plus d'encouragements qu'en Prusse.

C'est vers cette époque qu'ayant rassemblé les explications qui jusqu'alors étaient restées éparses dans différents recueils, il en forma un corps d'ouvrage qu'il publia d'abord dans l'*Astronomie* de M. de Lalande, puis séparément dans un volume in-quarto (1781) sous le titre : *Mémoires sur l'origine des constellations et sur l'explication de la fable par l'Astronomie.*

Les parties isolées de son système avaient déjà attiré l'attention des hommes éclairés : leur réunion la fixa plus vivement encore. On avait souvent vu peupler le ciel aux dépens de la terre; mais personne, avant Dupuis, n'avait entrepris de montrer que c'était au contraire le ciel qui avait peuplé la terre de cette multitude d'êtres imaginaires, que l'oubli de leur origine symbolique avait métamorphosés en princes, en guerriers, en héros, et que la simple théorie des levers et des couchers d'étoiles représentées sur les planisphères sous la figure d'hommes ou d'animaux semblant, selon la diversité des aspects, se fuir ou se poursuivre, se combattre ou s'embrasser, naître ou mourir, était l'origine de ce nombre immense de faits merveilleux d'aventures chimériques qui étonnent dans la mythologie, et dont on ne saurait demander raison à l'histoire d'aucun temps.

Nous n'en citerons ici qu'un seul exemple. Le passage du soleil dans les douze constellations zodiacales représentées par des figures d'êtres animées, produit l'idée de la marche audacieuse d'un vainqueur toujours en butte à de nouveaux adversaires et triomphant toujours de leurs efforts. Voilà, comme on le sent bien, les douze travaux d'Hercule. Les moyens d'explication par l'astronomie deviennent encore plus féconds et plus nombreux, si l'on remonte l'échelle des temps, si l'on oublie un instant de tenir compte de certaines opinions et de préjugés tenant à la religion ou à l'éducation et que l'on tire parti de la précession des équinoxes, ce phénomène de la précession, en variant les aspects du ciel, a dû varier les allégories et multiplier les signes, enfin changer, dans la suite des siècles, plusieurs des caractères de cette écriture hiéroglyphique.

Des explications fort vraisemblables d'un grand nombre de fables, que présente le premier ouvrage de Dupuis, et auxquelles il eût, dit M. Dacier, été peut-être sage de se borner, il se laissa entraîner à des vues et à des applications beaucoup plus générales sur le système entier de la théogonie et de la théologie des anciens. Si tant d'hommes, de princes, de héros prétendus, ont été créés par l'astronomie, ne doit-on pas aussi trouver dans les astres les premières idées de ces Dieux dont les noms sont encore ceux des planètes, et est-il naturel de penser que le ciel les ait empruntés à la terre?

Les combinaisons de l'astronomie avec l'astrologie, qui n'est guère moins ancienne, n'a-t-elle pas dû fortifier et propager l'opinion de l'influence bonne ou mauvaise des astres? L'homme, ignorant les règles et surtout les causes du mouvement de ces grands corps, ne dut-il pas être porté à leur supposer un principe de vie et d'intelligence, et les regarder comme des êtres divins? De là le sabéïsme; de là la confusion qui établit bientôt entre le corps céleste et le génie qu'on croyait le régir, et entre le règne des corps et celui des esprits.

Se croyant bien assuré des guides qu'il s'était choisis pour le conduire dans ce labyrinthe théologico-mythologique, Dupuis s'y enfonça, sans s'inquiéter des difficultés qu'il aurait à vaincre pour en sortir. Quel nombre énorme d'aperçus, de rapprochements, de combinaisons, d'analogies, de conjectures! comment et où s'arrêter dans ces espaces aériens, où l'esprit, environné de nuages et de fantômes qu'il crée, éloigne, divise, recrée ou modifie à son gré, est toujours libre de transformer ces idées en corps, les corps en idées, les mots en choses, les choses en mots; de confondre les siècles, les peuples, les climats, où tout se ploie à son système, flexible lui-même au dernier point, et susceptible de s'adapter à tout ce qui a été cru, pensé et imaginé dans tous les temps et dans tous les pays?

Dupuis pouvait alors se livrer presque sans relâche à l'exécution de cette grande entreprise : il était devenu professeur émérite et n'était astreint à d'autres devoirs que ceux que lui imposait la chaire d'éloquenee au collége royal de France. Il avait été nommé, en 1787, à cette place où il remplaça M. Béjot, et l'avait obtenue sur les instances de l'abbé Leblond et de la duchesse de Dauville auprès de M. de Malesherbes et du baron de Breteuil. Il put donc disposer du temps dont il avait besoin pour composer son grand ouvrage.

Il ne restait à Dupuis d'autres vœux à former que de voir accueillir et récompenser ses travaux par l'Académie des inscriptions et belles lettres. Depuis assez longtemps, pressé par les sollicitations de plusieurs membres de l'Académie, qui venaient le voir et à qui il donnait communication de ses travaux et de ses découvertes, Dupuis avait témoigné le désir d'être admis dans cette compagnie. Il avait, à plusieurs reprises, fait les visites d'usage, et chaque fois il s'était vu préférer quelqu'un de ses rivaux. Ces échecs produisirent sur lui une vive impression, et sa femme assura qu'il avait résolu de jeter au feu tous les manuscrits, si elle n'était parvenue à les lui soustraire. La compagnie, en effet, ennemie naturelle, comme tous les corps savants, de tout esprit de système, redoutait la hardiesse et surtout l'étendue et les conséquences du système de Dupuis.

Quand une nouvelle place eût été laissée vacante par la mort de M. de Rochefort, l'abbé Barthélemy qui connaissait la cause de son chagrin, se rendit malgré ses quatre-vingts ans et un temps épouvantable, rue de la Harpe où demeurait Dupuis, et l'engagea à solliciter de nouveau. « Si vous ne voulez pas faire les visites, dit-il, » M. le duc de La Rochefoucauld et moi, nous les ferons » pour vous. » Cette démarche décida Dupuis qui fit les visites et fut élu en 1788.

Dupuis, en voyant l'Académie de plus près, ne tarda pas à reconnaître qu'il ne pourrait, sans la blesser, lui communiquer aucun des développements qu'il s'efforçait de donner à son système, et ne voulant pas se livrer à des travaux d'un autre genre, il garda le silence.

La révolution qui éclata bientôt, en relâchant la chaîne de tous les devoirs, permit à Dupuis de poursuivre ardemment son entreprise; il ne prit d'abord aucune part active à ce qui se passait au dehors. Son caractère, ses goûts, ses études l'éloignaient du périlleux et bruyant théâtre des assemblées politiques. Dans son esprit la révolution ne devait conduire qu'à la réforme de quelques abus, et le mot réforme n'était pas synonyme de destruction. Malgré ses soins et ses efforts pour ne pas être entraîné dans le mouvement révolutionnaire, il y fut jeté au moment où il venait de quitter Paris. La nouvelle de la mort du duc de La Rochefoucaud assassiné entre Gisors et Chaumont (1) l'avait déterminé à chercher un asile chez un de ses amis à Evreux ; il apprit en route que le département de Seine-et-Oise venait de le nommer membre de la convention.

Après une délibération pleine d'anxiété, Dupuis jugea plus prudent d'accepter ce poste tout dangereux qu'il pouvait être, et il se rendit sans différer à Paris. Il montra un égal éloignement pour tous les partis. Lors du procès de Louis XVI, il vota pour la détention comme mesure de sûreté; mais la majorité des suffrages ayant placé le roi sous la hache du bourreau, Dupuis vota pour le sursis et appuya son vote de ces paroles énergiques : « Je souhaite que l'opinion de la majorité fasse le bon» heur de mes concitoyens, et elle le fera si elle peut » soutenir le sévère examen de l'Europe et de la postérité » qui jugeront le roi et ses juges. » Sous le règne de la terreur il sut arracher un certain nombre de victimes vouées à la mort, au risque d'être accusé de modérantisme et de payer de sa tête son noble dévouement. Après la session conventionnelle, il fut nommé au conseil des cinq cents où il développa des idées lumineuses sur l'établissement des écoles centrales, la liberté de la presse, la

(1) On lira avec intérêt ce dramatique épisode de la Révolution dans l'*Histoire de Gisors*, par M. Hersan, membre de la Société académique de l'Oise.

publicité des discussions sur les finances, etc.; il en sortit en 1797.

Ce fut au milieu des orages de la convention qu'il mit la dernière main à son ouvrage sur l'origine des religions. Il dut peut-être à la liberté qu'on avait alors de tout penser et de tout dire de lui faire voir le jour. Il le publia en 1795 sous ce titre : *Origine de tous les cultes ou Religion universelle.* Fidèle au titre, l'auteur s'efforce non seulement de donner le mot de la religion grecque, mais aussi de toutes les religions de l'antiquité, et d'en dévoiler tous les mystères, mais encore de découvrir la source et l'origine de toutes les traditions qui forment la base des différentes religions du monde actuel. Cet ouvrage annoncé depuis si longtemps n'est pour le fond que la suite et le développement du système dont il avait posé les bases dans son mémoire sur l'explication de la fable par l'astronomie. Il produisit des sensations bien différentes ; il souleva, comme l'auteur l'avait prévu, les partisans de l'érudition et de la critique historiques et littéraires; il fut applaudi par les partisans des idées nouvelles et hardies; il troubla et effraya les hommes religieux de différentes croyances, qui ne se sont point lassés de l'attaquer et de le combattre avec plus ou moins d'avantage.

Ce volumineux ouvrage eut, il est vrai, moins de succès que l'auteur ne s'en était promis. Les raisons en sont peut-être que la théorie qu'il présentait parut faible et timide auprès de la doctrine qu'on voyait alors mettre en pratique, ou que cette théorie était embarrassée dans une foule de raisonnements et de détails d'érudition hors de la portée du grand nombre, ou enfin que le style n'avait pas ces qualités qui font oublier les défauts du sujet même. Le même reproche à l'extrait, en un volume in-octavo que l'auteur en donna peu de temps après pour rendre son ouvrage plus populaire; ce dernier fut plus lu et plus recherché; il a même presque fait oublier le premier.

Sans entrer dans un examen détaillé du système de Dupuis, et des bases sur lesquelles il l'établit, on ne peut nier, malgré les défauts et les erreurs qu'il renferme, qu'il n'ait montré une sagacité, une pénétration et une finesse d'esprit peu communes, et qu'il n'ait porté aussi loin que possible ce genre de critique qui fait servir l'allégorie à l'explication des choses obscures et presque inexplicables. On doit ajouter qu'il aurait dû se défier d'une méthode tranchante et universelle, comme on se défie d'un remède propre à guérir tous les maux, employer avec discrétion la baguette magique de l'allégorie explicative au moyen de laquelle on pourrait bouleverser ou métamorphoser tout ce qui a eu une existence réelle ou idéale dans les temps anciens; car après avoir trouvé des faits dans les fables, on pourrait ne plus trouver que des fables dans les faits, car les personnages les plus avérés deviendraient des ombres, et ainsi les champs du passé ne seraient plus que des déserts ou le septicisme historique régnerait sur des songes.

Grâce à l'esprit de critique dont ont toujours été animées les compagnies savantes, on peut espérer que l'abus de ces principes, quelquefois vivifiants, le plus souvent destructeurs, sera contenu et n'étendra pas fort loin ses ravages. La discussion et la contradiction que les Académies provoquent et entretiennent dans leur sein et au dehors opposent un obstacle assez puissant à ces innovations audacieuses et téméraires. Les hommes qui se les permettent, ayant parfois plus d'imagination que de vrai savoir, n'approfondissent pas assez leur sujet, ne sont arrêtés par aucune difficulté, n'en aperçoivent même pas et ne voient les objets que comme ils veulent les voir.

En 1799 Dupuis fut porté sur la liste des candidats au

Directoire exécutif. Après le 18 brumaire il fut élu membre du Corps législatif par le département de Seine-et-Oise; et l'Assemblée, composée d'un grand nombre de conventionnels, l'éleva à la présidence. Il fut proposé par le Corps législatif et le tribunat comme candidat pour le sénat conservateur. Le choix du premier Consul tomba sur un de ses collègues. En 1802 il avait cessé de faire partie du Corps législatif, et il termina alors sa carrière politique; en 1806, au mois d'avril, il fut nommé chevalier de la Légion-d'Honneur.

Lorsque les Académies furent reconstituées sous le titre d'Institut, Dupuis fut nommé membre de la classe de littérature et beaux-arts. Il y lut deux mémoires pleins de recherches sur les Pélasges; dans l'un il essaie de prouver, par la réunion de tous les faits et de toutes les autorités qu'il a pu recueillir, que les Pélasges étaient une nation puissante; que, par les armes, la navigation et le commerce, elle avait formé des établissements et étendu ses ramifications dans presque toutes les parties de l'ancien monde. Dans l'autre mémoire qui n'a pour bases que des conjectures plus ou moins vraisemblables, il s'efforce de faire voir que cette nation, sortie originairement de l'Ethiopie, s'était d'abord répandue sur les côtes d'Afrique, dans la Cyrénaïque, la Libye, etc., et que de là elle avait envoyé des colonies qui avaient civilisé la Grèce, l'Italie, l'Espagne et plusieurs autres contrées. Si le travail de Dupuis ne satisfit pas pleinement tous les esprits, il put convaincre que toute recherche ultérieure sur ce point historique serait inutile et infructueuse.

En 1803, quand l'Institut subit une nouvelle transformation, Dupuis passa dans la classe d'histoire et de littérature ancienne; il y montra le même zèle et la même assiduité. L'expédition française en Egypte venait de mettre les savants à portée de connaître avec exactitude plusieurs des monuments de la science sacrée et de l'astronomie des anciens Egyptiens. Des zodiaques sculptés sur des plafonds ou sur les murs de quelques temples parurent à Dupuis fournir une preuve irrécusable de ses premières hypothèses. La série des signes, sur l'un de ces zodiaques, commence par le lion, et, sur l'autre, par la vierge : or, ces signes, ayant dû nécessairement, selon lui, être équinoxaux ou solstitiaires à l'époque où ces zodiaques furent tracés, il en résulte qu'ils l'ont été bien des siècles avant les temps historiques; ce qui confirme l'explication qu'il donne du zodiaque et la haute antiquité qu'il lui assigne.

Dupuis publia ses explications du zodiaque de Tentyra dans la *Revue philosophique* du mois de mai 1806, et reproduit les mêmes opinions au Mémoire explicatif du zodiaque chronologique et mythologique qui parut la même année. Cet ouvrage dans lequel il compare les zodiaques des Grecs et des Egyptiens avec ceux des Chinois, des Perses, des Arabes, etc., et s'efforce de prouver qu'ils sont originairement les mêmes, présente la même doctrine qu'il a développée dans l'*Origine des Cultes* et n'en est qu'un corollaire ou appendice.

L'explication de la fable du Phœnix occupa bientôt après Dupuis; il veut voir dans cet oiseau merveilleux, qui, après un certain nombre de siècles, venait se brûler sur l'autel d'Héliopolie, et renaissait au même instant de ses cendres, l'hiéroglyphe ou le symbole de la *grande année*, composée de mille quatre cent soixante et une années vagues, et appelée *période sothiaque* ou *caniculaire*, parce que la canicule en ouvrait et fermait la marche. Cette explication qu'il communiqua à la classe paraît être restée inédite dans son portefeuille. Dupuis travailla encore dans la retraite à un ouvrage sur les Cosmogénies et les Théogonies; il écrivait pour sa nièce des lettres sur la mythologie, et s'amusait à traduire les plus beaux discours de Cicéron, ainsi que les ouvrages de Quintilien. Son cours d'éloquence latine était très-suivi et il terminait sa quarante-troisième année d'exercice, puisqu'il avait professé vingt-deux ans au collége de Lisieux et vingt et une au collége de France, quand la mort l'atteignit dans sa soixante-septième année, le 29 septembre 1809. Dupuis avait fait l'acquisition d'un modeste domaine dans le voisinage de Dijon, et il espérait y passer les derniers jours de sa veillesse; mais il fut attaqué de la fièvre pernicieuse qui l'emporta, quelques jours après son arrivée en Bourgogne. Tous ceux qui l'avaient connu payèrent le tribut de leurs regrets à la générosité de son cœur, à la douceur de ses mœurs, à son immense savoir sans pédantisme, à sa modestie sans affectation, à son inaltérable probité (1).

DUPUY (Alexis-Casimir), Vétérinaire.

né à Breteuil.

1774—1849.

La nouvelle Biographie générale résume ainsi la vie et les travaux de ce savant vétérinaire, d'après l'éloge qui lui a été consacré par Bouley fils.

Fils d'un cultivateur maître de poste, il apprit de bonne heure à connaître par expérience tout ce qui devait oc-

---

(1) *Mémoires sur Dupuis*, par sa veuve. — *Eloge de Dupuis*, par Dacier.

cuper sa studieuse vie. Il fit d'assez bonnes études au collége de Beauvais et ensuite au collége Louis-le-Grand, à Paris; il en sortit en 1792, s'enrôla dans les armées républicaines, et mérita à Jemmapes d'être nommé porte-drapeau.

Licencié en 1795, il fut envoyé à l'Ecole d'Alfort par le district de Breteuil. Il obtint à Alfort toutes sortes de succès; et dès le 14 janvier 1798, âgé alors de vingt-trois ans, il fut élu, par concours, professeur de botanique et de matière médicale dans cette école.

Il se lia avec Dupuytren, plus jeune que lui de deux années, se pénétra, à son exemple, des doctrines anatomiques de Bichat, et se livra avec lui à des recherches d'anatomie pathologique. Il reconnut bientôt que la *morve* est une affection tuberculeuse héréditaire et incurable, qu'on ne peut prévenir que par des croisements et des accouplements ayant pour objet l'amélioration des races. Il nia que la morve fût contagieuse; et il suffirait des heureux effets du casernement des chevaux de troupe pour prouver que la prétendue contagion résulte uniquement d'une mauvaise hygiène.

Dupuy découvrit également la vraie nature du *cornage* et de la *pousse*. Il attribua le cornage à la compression ou à l'altération des nerfs pneumo-gastriques, et il imita cette affection en coupant l'un de ces nerfs. Quant à la pousse, il a prouvé qu'elle dépend de la dilatation des vaisseaux bronchiques comme aussi d'une sorte d'emphysème des poumons, dont le volume est accru et le jeu compromis, l'air extravasé mettant obstacle à la libre circulation et à l'accès de l'air aspiré du dehors. La pousse a donc quelque analogie avec certains asthmes humains dont la cause n'est pas au cœur.

Dupuy s'est aussi fructueusement occupé des épizooties, se montrant souvent systématique quant à leurs causes, et d'autres fois judicieusement incrédule au sujet de leur prétendue contagion. Mais il s'est surtout rendu recommandable par le grand nombre d'expériences physiologiques auxquelles il s'est livré. C'est ainsi qu'il a imité artificiellement la maladie charbonneuse, en injectant dans les veines des matières putrides, et qu'il a vérifié les vues de Charles Bell sur l'isolement, dans les deux racines, de la double faculté motrice et sensitive des nerfs rachidiens. Ses nombreuses injections dans le sang de substances médicamenteuses et toxiques l'ont convaincu que la substance agit avec prédilection et spécifiquement sur un système d'organes : l'aloès sur l'intestin, l'émétique sur l'estomac et les poumons, la digitale sur le cœur. Il a vu que le soufre devient un poison pour les herbivores, et que le cheval supporte sans péril de grandes doses de sublimé corrosif. Il a expérimenté avec Dupuytren l'influence qu'ont sur la respiration et sur l'estomac les nerfs pneumo-gastriques. A ces expériences, il en a joint beaucoup d'autres dont la science a gardé le souvenir et les enseignements.

Les travaux de Dupuy ont pour titres :

Mémoire sur la section pneumo-gastrique, en collaboration avec Dupuytren, dans les *Bulletins de l'Institut* de l'année 1807 ;

Rapport sur les travaux de l'Ecole impériale d'Alfort, ibid., du 26 avril 1812 ;

De l'affection tuberculeuse vulgairement appelée morve, pulmonie, gourme, farcin, fausse-gourme, pommelière, phthisie du singe, du chat, du chien, des oiseaux domestiques, comparée à l'affection hydatique ou pourriture du mouton, du lapin, du lièvre, et à la ladrerie du cochon, Paris, 1817 ; excellent travail ;

Compte-rendu de l'Ecole d'Alfort en 1821, dans lequel se trouvent relatées de curieuses expériences ;

Expériences pour faire développer des maladies artificielles sur les animaux (compte-rendu de 1823);

Rapport sur un prétendu empoisonnement par des gobbes, Paris, 1824;

Transfusion faite pour constater les effets de la noix vomique, 1826;

Note sur l'inoculation de la morve aiguë, 1827;

Rapport au préfet des Pyrénées-Orientales sur les fièvres paludiennes des moutons, 1828;

Réflexions et expériences sur l'injection des médicaments dans les veines, 1830;

Observations de rage dans le bœuf et le cheval, 1830-1834.

La plupart de ces mémoires ont été insérés dans le *Bulletin de l'Académie de Médecine*, dont Dupuy était membre dès la fondation, en 1820.

En 1828 Dupuy fut nommé directeur de la nouvelle Ecole vétérinaire de Toulouse. Ses préoccupations scientifiques et les irrégularités de son administration causèrent sa prompte révocation, circonstance qui abreuva d'amertume sa vie studieuse.

Dupuy est mort à Paris en 1849.

ELÉONORE DE VERMANDOIS,

Comtesse de Valois.

11.. — 1214.

Elle était fille de Raoul Ier ou IV, dit le Vaillant, comte de Vermandois, et de Pétronille d'Aquitaine. Elle épousa successivement Godefroi de Hainaut, comte d'Ostrevant; Guillaume IV, comte de Nevers, d'Auxerre et de Tonnerre, mort le 24 octobre 1167; Mathieu Ier d'Alsace, comte de Boulogne, et Mathieu III, comte de Beaumont-sur-Oise. Eléonore se porta pour héritière universelle de sa sœur Isabelle, malgré la donation faite par celle-ci à son mari, Philippe d'Alsace, comte de Flandre. Trop faible pour faire triompher ses prétentions, Eléonore les céda au roi de France, Philippe-Auguste.

Le monarque battit le comte de Flandre, prit possession du Vermandois et ne rendit à Eléonore que le Valois, encore fut-elle forcée de lui abandonner le comté d'Amiens pour les frais de la guerre. Philippe-Auguste ne s'en tint pas là ; vers le printemps de 1185 il passa avec Eléonore un traité par lequel la comtesse lui cédait la propriété du Valois à condition qu'elle en jouirait durant sa vie, ainsi que l'usufruit de Saint-Quentin, avec certains revenus sur le Vermandois. Débarrassée de tous soucis politiques, Eléonore se livra à la piété et fit construire l'abbaye du Parc-aux-Dames. Les chroniqueurs lui accordent de l'esprit et des connaissances assez étendues; elle aimait beau-la poésie. Le roman de Sainte-Geneviève fut composé à sa demande; c'est d'elle qu'il est dit au commencement :

La dame de Valois me prie
De mettre en bon roman la vie
D'une sainte que moult elle clame.

Eléonore mourut fort âgée, et fut enterrée dans l'abbaye de Long-Pont. Aussitôt après la mort de cette princesse, Philippe-Auguste envoya son chancelier Guérin, évêque de Senlis, prendre possession du Valois, qu'il réunit à la couronne avec le Vermandois et l'Amiénois d'une manière définitive (1).

---

(1) Nouvelle Biographie générale.

FAMIN (Pierre-Auguste), Statuaire,

né à Beauvais.

1818 — 1852.

Pierre-Auguste Famin fut un des élèves les plus distingués de David d'Angers. Après quelques essais qui dénotaient en lui la vocation artistique, il débuta au salon de 1842 par une statue de *Pandore* dont la belle exécution fut remarquée. Aux expositions suivantes il donna successivement un *Joueur de billes*, agréable composition ; une *Erigone*, une *Amazone blessée*, dont la pose est touchante, et divers bustes ou médaillons, entre autres ceux du général Thouvenel, de M. Mollevaut, de l'Institut, et de plusieurs personnages remarquables.

La mort arrêta brusquement ce jeune statuaire au milieu de la carrière brillante qui s'ouvrait devant lui. Il fut enlevé à sa famille, à ses amis et aux arts le 22 mai 1852, à l'âge de 34 ans. V. T.

FERNEL (Jean), Médecin,

né à Clermont en Beauvaisis.

1497—1558.

Montdidier dispute à Clermont l'honneur d'avoir donné naissance à l'illustre Fernel, surnommé par ses contemporains le *Galien moderne*. De toute manière, Fernel est une illustration picarde. Son père était originaire d'Amiens; c'est sans doute le motif pour lequel il a pris lui-même, dans plusieurs de ses ouvrages, le surnom d'*Ambianus*. Amiens, Beauvais, Clermont, Noyon, ont conservé la tradition médicale dont Fernel fut, à l'époque de la Renaissance, un des maîtres vénérés.

Dans cette galerie d'illustres personnages, nous avons rencontré plus d'un maître dans l'art de guérir, plus d'un écrivain célèbre dans cette science si controversée.

Guy-Patin n'était qu'un littérateur en médecine; Fernel fut, avant tout, un praticien, un docteur en pathologie. Il est le père de cette science comme Ambroise Paré est le père de la chirurgie. A ce titre, il figure au premier rang dans la pléiade savante du seizième siècle. L'historien de Thou le cite avec honneur dans l'histoire de son temps; Sainte-Marthe lui a consacré un de ses *Eloges*. Guillaume Plantius a inséré la vie de Fernel en tête d'une édition de ses œuvres. Nous aurions pu reproduire tous ces documents biographiques originaux, ou bien encore tirer la biographie de Fernel de ses ouvrages mêmes, procédé généralement usité dans ce genre d'études; mais la *Bibliothèque du Beauvaisis* (1) nous donnera l'occasion de faire connaître par leurs œuvres les personnages illustres de cette galerie, et nous préférons, dans cette première série, emprunter les notices préliminaires aux publications les plus récentes, aux travaux les plus

(1) La seconde partie de cette publication renfermera, sous le titre de *Bibliothèque du Beauvaisis*, des citations extraites des œuvres connues ou inédites des personnages illustres du département de l'Oise. Ces extraits, choisis avec soin, formeront une nouvelle série d'études et nous permettront de compléter par des documents originaux quelques-unes des monographies que nous avons cru devoir emprunter d'abord à des ouvrages de seconde main.

remarquables. A ce titre, nous extrayons de la *Nouvelle Biographie générale* l'étude si consciencieuse que M. le docteur C. Saucerotte a faite sur la vie et sur les travaux de Jean Fernel.

Jean Fernel naquit, en 1497, suivant la version la plus probable, à Clermont en Beauvaisis. Il fit ses premières études dans sa ville natale, et vint à l'âge de dix-neuf ans les terminer à Paris, au collége de Sainte-Barbe, qui jouissait dès lors d'une grande célébrité. Là, grâce à une remarquable aptitude, secondée par une opiniâtre application, il se distingua tellement dans les mathématiques, la philosophie et les lettres, qu'à peine reçu maître ès-arts, il fut pressé d'accepter une chaire importante dans un collége de la capitale; et peut-être eût-il été perdu pour la science sur laquelle il devait jeter tant d'éclat, s'il n'eût préféré se consacrer tout entier dans la retraite à ses études favorites. Obligé, à peu de distance de là, de quitter Paris pour rétablir sa santé fatiguée par de longues veilles, il y revint bientôt avec l'intention d'y choisir une carrière. Après quelque hésitation, il se détermina pour la médecine; et comme sa famille avait peu d'aisance, il résolut, pour subvenir aux frais de son séjour à Paris, d'enseigner la philosophie au collége de Sainte-Barbe tout en poursuivant ses études médicales.

Reçu docteur en 1530, et marié deux ans plus tard, il finit, sur les instances de sa femme et de son beau-père, par abandonner, bien qu'il s'y montrât fort habile, l'étude des mathématiques et de l'astronomie, qui l'entraînait dans des dépenses ruineuses, parce qu'il faisait construire à grands frais des instruments chez lui. Livré exclusivement dès lors à la pratique, et nommé professeur aux écoles de médecine en 1534, Fernel se trouva en quelques années à la tête de l'enseignement, et acquit la réputation d'un des premiers praticiens de son temps. C'est alors qu'au milieu des occupations multipliées de l'enseignement et de la plus vaste clientèle, trouvant encore le temps de se livrer à des travaux de cabinet, il conçut la pensée de rassembler ce que les auteurs grecs, latins et arabes pouvaient lui offrir d'excellent, pour en composer un corps de doctrine approprié aux besoins de son siècle et qui fut l'expression la plus complète de la science d'alors.

On a quelquefois regardé l'éclectisme comme l'indice d'une certaine timidité d'esprit ou d'une tendance au scepticisme; certes, c'était faire preuve d'une indépendance d'esprit et d'une fermeté de raison peu communes que de s'en déclarer hautement le partisan, à une époque où douter de l'infaillibilité des anciens, et en particulier de Galien, passait pour une hérésie au premier chef.

Regardant la connaissance du corps humain comme le point de départ de la médecine, Fernel consacra ses premières publications et ses premiers cours à l'anatomie et à la physiologie. Le traité de *Pathologie*, son plus beau titre, suivit de près. Professeur éloquent, écrivain non moins élégant que disert, artiste en l'art d'exposer et d'enchaîner avec lucidité les doctrines qu'il conciliait, tels furent ses succès, que de son vivant même ses ouvrages, placés au rang des classiques, furent lus et commentés dans les cours comme ceux des pères de la science.

Aux suffrages des savants et du public vint s'ajouter la faveur des grands. Satisfait des soins que Fernel avait donnés à Diane de Poitiers dans une maladie grave, Henri II, devenu roi de France, avait désiré l'attacher à sa personne à titre de premier médecin. Fernel, alléguant l'état de sa santé et le respect des convenances, avait décliné cet honneur, qui lui paraissait revenir de droit au médecin du feu roi; mais à la mort de l'archiâtre, n'ayant plus de prétexte à faire valoir, il fut contraint d'accepter ce poste, dont les exigences allaient assez mal aux goûts du savant et aux habitudes de sa vie. Obligé peu de temps après de quitter Paris pendant un hiver rigoureux pour suivre le roi au siége de Calais, puis de revenir à Fontainebleau, où se trouvait la cour, il y perdit Madeleine Tournebue, sa femme. Frappé douloureusement par ce coup imprévu, et atteint lui-même, à ce qu'il paraît, de la fièvre à laquelle sa compagne avait succombé, Fernel ne lui survécut que de quelques semaines. Il mourut le 26 avril 1558, et fut inhumé à Paris, dans l'église de Saint-Jacques-de-la-Boucherie. Il laissait deux filles, alliées à la haute magistrature.

L'amour de l'étude fut chez Fernel une passion dominante, au point de lui sacrifier les soins de sa santé. De mœurs rigides, d'un caractère défiant, avec une nuance de mélancolie, il se plaisait surtout dans les fonctions de l'enseignement et dans les travaux de cabinet. Et ce qui ne laisse pas que de surprendre, c'est qu'avec de tels goûts, ordinairement si peu compatibles avec la poursuite du gain, il devint le plus riche praticien de son époque. Mais on peut dire que la fortune vint le trouver plutôt qu'il n'alla au-devant d'elle, grâce à la libéralité des grands de son temps, à l'affluence des malades que lui attirait son immense réputation, et enfin aussi à l'économie et à l'esprit d'ordre qu'il portait en toute chose. Fernel eut quelques détracteurs. On lui reprocha de ne point user assez fréquemment de la saignée. Duret, qui ne pouvait comprendre qu'on admît d'autre autorité que celle d'Hippocrate, disait de lui assez plaisamment, mais à coup sûr très-injustement : *Fæces Arabum melle latinitatis condidit.* En revanche, Fernel compte parmi ses admirateurs les plus enthousiastes, j'allais dire les plus prévenus, Bordeu, qui n'hésite pas à le placer *un peu au-dessous d'Hippocrate et presque de niveau avec Galien.* Voyons donc ce qu'un examen rapide de ses œuvres nous permettra de penser, à cent ans de distance, du jugement porté sur lui par le médecin béarnais.

Partisan déclaré de l'analyse, possédant la méthode de l'art des divisions à un degré inconnu jusqu'à lui en médecine, Fernel partage cette science en trois grandes divisions : anatomie et physiologie, pathologie, thérapeutique. Chacune de ces divisions renferme sept livres ; peut-être sacrifie-t-il même en ceci plus qu'il ne convient à la symétrie de son plan.

Quelques mots sur chacune de ces parties.

Quoique Vésale se soit fait gloire d'avoir été son disciple, et que Riolan fasse l'éloge de ses connaissances anatomiques, on ne doit à Fernel aucune découverte en ce genre. Cependant il rectifia plusieurs erreurs de Galien et d'Aristote, et s'efforça de faire considérer l'anatomie comme la base ferme et immuable de toute doctrine médicale. « La connaissance du corps humain, dit-il, est à l'art de guérir ce que la géographie est à l'histoire ; c'est comme le sol sur lequel tout s'appuie. » On trouve dans les derniers livres de sa pathologie de nombreuses relations d'autopsie, dont plusieurs ne sont pas dénuées d'intérêt. En *physiologie* Fernel suit tous les errements de Galien, et, quittant le domaine de l'observation pour se lancer dans celui de la spéculation pure (car la physiologie expérimentale n'était pas encore née), il explique avec la foi inébranlable d'un dogmatisme absolu les mystères les plus intimes de l'organisme, *quæ sola cogitatione discentur,* dit-il ; fidèle néanmoins, lors même qu'il s'égare, à cette belle méthode d'exposition qui ne l'abandonna jamais, et qui constitue l'un de ses principaux mérites.

C'est encore pour ne pas se départir de la régularité de son plan, et pour procéder du général au particulier qu'il aborde la *Pathologie* par des considérations abstraites sur l'étiologie et sur la séméiotique, qu'il donne comme des axiomes, mais qui ne sont en réalité que des théories *a priori*, de subtiles hypothèses, reflet des doctrines arabo-galéniques, alors acceptées sans contrôle dans l'école comme la base inébranlable de l'art de guérir. Ces généralités, qui comprennent les trois premiers livres, correspondent à la *Pathologie générale* de nos jours. L'auteur, analysant chaque symptôme, cherche à remonter à sa cause et à en déduire les signes qu'il peut fournir à l'histoire des maladies, les indications qu'il peut présenter à la thérapeutique.

Le *pouls* et l'*urine* sont pour Fernel, comme pour tous les médecins de ce temps, la base du pronostic et du traitement : « le premier, en nous faisant connaître, dit-il, l'état du cœur et des artères, nous montre l'énergie dont jouit la faculté vitale ; la seconde, en nous décelant l'état du foie et les qualités des humeurs, nous éclaire sur les maladies qui en dérivent. » (*Path.*, lib. III, cap. 1). L'uroscopie était tellement dans la tradition de ce temps, « qu'il était passé en usage, dit Bayle, pour les petites gens qui n'avaient pas le moyen d'appeler le médecin, de lui envoyer leur urine, sur l'inspection de laquelle l'Esculape consulté décidait du traitement à suivre. »

Les trois derniers livres de la *Pathologie* sont consacrés à la nosographie proprement dite, c'est-à-dire à une brève description des maladies alors admises. L'auteur les divise en deux grandes classes :

1° Celles qui n'occupent aucun siége déterminé, *incertæ sedis* : ce sont les fièvres ;

2° Les maladies spéciales ou locales, lesquelles sont internes ou externes, situées au-dessus ou au-dessous du diaphragme, et en outre desquelles il admet des maladies *totius substantiæ*, telles que les épidémies et les affections contagieuses.

On a reproché à Fernel trop de laconisme dans ses descriptions, mais c'est un défaut du genre. Ce qui s'explique moins, c'est qu'on ne trouve pas dans ce traité de description spéciale des *fièvres éruptives*, bien connues pourtant depuis les travaux des Arabes. Il n'y est pas question non plus de quelques affections récemment observées, telles que le scorbut, la coqueluche, à l'exception cependant de la syphilis, dont Freind érigea même le premier en doctrine la virulence, l'attribuant à un agent occulte, contagieux, qui une fois absorbé porte ses effets sur l'économie tout entière, bien qu'il affecte de préférence certains tissus et certaines régions. Néanmoins, Fernel rejetait le mercure, et lui substituait le gayac. Malgré ses défauts, il reste dans la pathologie supérieur à tout ce qui avait paru à cette époque, au point de vue surtout de la clarté, de la précision et de la simplicité de la classification. Certes, personne n'a mieux compris le rôle du médecin en présence du malade que celui qui a écrit ces lignes :

« Jamais, pour mon compte, je n'admettrai qu'une maladie soit diagnostiquée et connue à fond si l'on n'a d'abord découvert et de ses yeux vu quel est le siége du mal ; ce qui dans cette affection s'écarte de l'état naturel ; qu'elle en est l'origine ; si le germe en est au siége de la maladie ; s'il provient d'une cause extérieure, ou enfin si une cause intérieure a fomenté son développement (1). »

Ne croirait-on pas, à la vue de ce programme, lire la profession de foi d'un médecin de nos jours? Rappelons

---

(1) « Equidem nunquam illum plane cognitum penitusque perspectum morbum esse putaverim, nisi compertum habeatur et quasi oculis cernatur quæ in humano corpore sedes primario laboret, quis in ea affectus sit præter naturam, unde is processit, utrum in ea sede genitus, an aliunde profectus, an denique causa interior aliqua illum foveat. »

aussi qu'en proclamant le cœur susceptible de toutes les affections qui atteignent les autres organes (*cor morbi omne genus obsidet*), et en décrivant quelques-unes d'entre elles avec soin, il ouvrit une voie nouvelle à cette branche, jusque là si peu avancée, de la *Pathologie*.

Fernel suit dans sa *Thérapeutique* un plan analogue à celui qu'il a adopté dans sa *Pathologie*; c'est-à-dire que, procédant du général au particulier, il part de ce qu'il considère comme les principes généraux de la science pour passer aux règles particulières de la pratique. Le fameux axiome *Contraria contrariis curantur* est pour lui la boussole du praticien, le pivot de la médecine pratique, et il appelle à son aide dans le développement de cette proposition fondamentale toutes les ressources de la dialectique la plus subtile. Sans entrer dans une discussion qui serait ici déplacée sur la valeur de cet axiome et sur le sens qu'il faut donner particulièrement au mot *contraires*, bornons-nous à dire que telle est l'extension démesurée qu'il prend sous la plume de notre auteur, qu'à force de s'étendre et de vouloir tout expliquer, cet adage thérapeutique finit par ne rien expliquer du tout, et qu'il peut s'appliquer à toute espèce de traitement. Mais on retrouve le grand praticien dans les considérations qui suivent, et où Fernel pose d'une main sûre les limites dans lesquelles doit se renfermer la médecine expectante, dont la théorie de la *Nature médicatrice*, mise en vogue par l'hippocratisme, avait fait tant abus.

Un précepte sur lequel Fernel revient fréquemment aussi dans plusieurs de ses ouvrages, c'est de chercher à détruire la cause d'une maladie avant de s'en prendre à la maladie elle-même. A cette occasion, il fait remarquer qu'il y a souvent dans les affections pathologiques une série de causes qu'il faut combattre et détruire dans l'ordre de génération où elles se sont produites, en commençant par les plus anciennes. Cette méthode peut avoir quelque chose de spécieux, mais elle est d'une application bien difficile, sinon impossible, sur le terrain de la pratique, en raison des complications inextricables qui naissent de ces causes, des phénomènes pathologiques qui en résultent et des indications complexes auxquelles celles-ci donnent lieu. Aux subtilités dans lesquelles tombe l'auteur à propos de la distinction des causes, on reconnaît le disciple de Galien. Mais ce qui a plus lieu de surprendre, c'est de voir ce grand esprit payer sa dette aux superstitions de son temps par sa foi à l'uroscopie, voire même (qui le croirait?) à la magie et à la démonologie (1).

Dans son *Methodus medendi,* il réduit à trois tous les modes de médication :

1° *Evacuer l'excédant des humeurs*; et à ce propos il entre dans de longs développements sur la question, alors tant controversée, de la révulsion et de la dérivation ;

2° *Purger*, et par là il entend toute médication de nature à provoquer la sortie d'une humeur, par quelque voie que ce soit;

3° *Altérer* ou restituer, c'est-à-dire ramener à l'état normal les parties viciées dans leur constitution.

Sa distinction des qualités des médicaments en primaires, secondaires et tertiaires repose en grande partie sur des vues hypothétiques et confuses, auxquelles l'analyse expérimentale n'a pas présidé.

Les trois derniers livres de la thérapeutique renferment la matière médicale proprement dite, d'où Fernel s'efforce d'élaguer beaucoup de remèdes mis en faveur par une aveugle polypharmacie, et dont l'efficacité ne lui paraissait pas démontrée par l'expérience. Il passe même

---

(1) *De abditis Rerum Causis*; lib. II, cap. 16.

sous silence les préparations mercurielles, aurifères, antimoniales et cuprifères récemment introduites dans la pratique par les alchimistes, et à l'égard desquelles sa position scientifique lui commandait une sage réserve. Il prétendait que les substances médicinales qui se trouvent en chaque pays ont une certaine affinité avec la constitution de leurs habitants : argument emprunté à la philosophie des causes finales. Il est fâcheux (ce fut même son plus vif regret à son lit de mort) qu'une fin prématurée n'ait pas permis à Fernel de publier les observations qu'il avait faites sur l'action de plusieurs substances médicinales, la partie expérimentale ou empirique de ses travaux eût eu tout à gagner d'être séparée de la partie dogmatique.

Aujourd'hui on ne lit plus guère Fernel que pour connaître l'état de la médecine à cette époque. La faveur extraordinaire dont avaient joui ses ouvrages ne fut pas même de longue durée ; le crédit des doctrines arabo-galéniques avait baissé en proportion des progrès que faisaient l'hippocratisme et la chimiâtrie. Enfin, un siècle plus tard, la découverte de la circulation du sang amenait une profonde révolution dans la science. Fernel n'en restera pas moins au premier rang dans cette grande œuvre de restauration accomplie à l'époque érudite de la science. « *Artem medicam pene sepultam in vitam revocavit* » a dit de lui son compatriote Guy Patin. Si les théories galéniques tiennent malheureusement plus de place dans ses écrits que l'esprit d'observation, la faute en est à son siècle, et on ne refait pas son temps. On ne peut du moins refuser à Fernel d'avoir été la personnification la plus intelligente du sien dans l'art de systématiser les sciences et de coordonner les doctrines de ses prédécesseurs, en les présentant sous la forme la plus attrayante, dans un style d'une pureté et d'une élégance soutenues.

Voici les titres des principaux ouvrages de Fernel :

1° *De naturali parte Medicinæ libri septem*; Paris, 1542, in-folio; traité de physiologie devenu rare, parce qu'il fut réuni plus tard aux autres;

2° *De evacuandi ratione liber*; Paris, 1545, in-8°. L'auteur s'y élève contre l'abus de la saignée;

3° *De abditis Rerum Causis libri duo*; Paris, 1548, in-fol., réimprimé au moins trente fois : cet ouvrage, dans lequel Fernel s'efforce d'expliquer le *quid divinum* d'Hippocrate, est sous forme de dialogue; il a moins de valeur que les suivants;

4° *Jos. Fern. Medicina*; Paris, 1554, in-fol. : cet ouvrage comprend la physiologie, la pathologie, la thérapeutique et le traité précédent; il en a paru plus de trente éditions en différents formats. Une des plus estimées est celle qui a pour titre : *Jos. Fern. Ambiani Universa Medicina, tribus et viginti libris absoluta*; Paris, 1567, in-fol. Cette édition est due à G. Plancy, neveu de l'auteur, qui y a ajouté, dans les réimpressions posthumes, une vie de Fernel;

5° *Therapeutices universalis, seu medendi rationis libri septem*; Lyon, 1571, in-8°; plusieurs éditions en différents formats, et une traduction française par Duteil; Paris, 1648-1668, in-8°;

6° *Febrium curandarum Methodus generalis*; Francfort, 1577, in 8°; traité posthume, publié par Lancy, et traduit en français par Ch. de Saint-Germain; Paris, 1665, in-8°;

7° *Consiliorum medicinalium Liber*; Paris, 1582, in-8°;

8° *De Luis Venereæ Curatione perfectissima liber*; Anvers, 1579, in-8°; publié par Giselinus; traduit en français par Lelong; Paris, 1633, in-12.

La *Pathologie* de Fernel, le plus estimé de ses ouvrages, et qui se trouve, ainsi que les précédents, dans ses œuvres réunies, a été publiée à part, et traduite en français en 1655 par A. D. M.; in-8°. La partie chirurgicale des œuvres de Fernel a eu aussi les honneurs d'une traduction française, par Siméon de Provenchières; Paris, 1579, in-12. Enfin, Fernel, qui était un très-habile mathématicien, très-versé dans l'astronomie, a publié, au début de sa carrière scientifique, un traité de la sphère et un traité de cosmologie. Il y donne, l'un des premiers, la mesure à peu près exacte d'un degré du méridien.

FERRÉ dit LE GRAND FERRÉ,

paysan de Rivecourt.

13..—1359.

Le Beauvaisis qui a vu naître la Jacquerie (1), a vu l'un des *Jacquiers* tourner contre les ennemis de l'Etat cette rage meurtrière, et le grand Ferré, qui avait débuté par être un *routier*, mourut en héros. Il fut un de ces vigoureux paysans, des bords de l'Oise, qui firent aux Anglais du XIVe siècle, comme aux Cosaques de 1814, une guerre d'extermination. Le grand Ferré, à la tête d'une bande de révoltés, avait d'abord pillé et saccagé les châteaux des environs de Compiègne. Il était aussi redoutable aux Anglais qu'aux nobles. Doué d'une force hercu-

---

(1) Voir la Biographie de Caillet, dit Jacques Bonhomme, natif de Mello en Beauvaisis, page 166.

léenne, il se faisait un jeu d'assommer ses adversaires. En l'an 1359, dit *le Continuateur de Nangis*, il tua un grand nombre d'ennemis. Ceux-ci n'osaient passer l'Oise, tant que Ferré se tenait à Rivecourt. Nous empruntons à M. Michelet le récit des exploits du grand Ferré et de sa mort héroïque :

Les paysans, au nombre de deux cents, s'étaient établis dans le château de Longueil, sous les ordres du capitaine Guillaume Alaud ou aux Alouettes. Les Anglais, qui campaient à Creil, n'en tinrent grand compte, et dirent bientôt : « Chassons ces paysans; la place est forte et bonne à prendre. » On ne s'aperçut pas de leur approche; ils trouvèrent les portes ouvertes, et entrèrent hardiment. « Ceux du dedans qui étaient aux fenêtres sont d'abord tout étonnés de voir ces gens armés. Le capitaine est bientôt blessé mortellement.

Alors le grand Ferré et les autres se disent : « Descendons, vendons bien notre vie; il n'y a pas de merci à attendre. » Ils descendent en effet, sortent par plusieurs portes, et se mettent à frapper sur les Anglais, comme s'ils battaient leur blé dans l'aire; les bras s'élevaient, s'abattaient, et chaque coup était mortel. Ferré voyant son maître et capitaine frappé à mort, gémit profondément, puis il se porta entre les Anglais et les siens, qu'il dominait également des épaules, maniant une lourde hache, frappant et redoublant si bien qu'il fit place nette; il n'en touchait pas un qu'il ne fendît le casque ou n'abattît les bras. Voilà tous les Anglais qui se mettent à fuir; plusieurs sautent dans le fossé et se noient. Ferré tue leur porte-enseigne, et dit à un de ses camarades de porter la bannière anglaise au fossé. L'autre lui montrant qu'il y avait encore une foule d'ennemis entre lui et le fossé : « Suis-moi donc, » dit Ferré. Et il se mit à marcher devant, jouant de la hache à droite et à gauche, jusqu'à ce que la bannière eût été jetée à l'eau... Il avait tué en ce jour plus de quarante hommes... Quant au capitaine, Guillaume aux Alouettes, il mourut de ses blessures.

Les Anglais furent encore battus une autre fois par Ferré, mais cette fois hors des murs. Plusieurs nobles anglais furent pris, qui auraient donné de bonnes rançons, si on les eût rançonnés *comme font les nobles*; mais on les tua, afin qu'ils ne fissent plus de mal. » Cette fois, Ferré, échauffé par une si rude besogne, but de l'eau froide en quantité, et fut saisi de la fièvre. Il s'en alla à son village, regagna sa cabane, et se mit au lit, non toutefois sans garder près de lui sa hache de fer, qu'un homme ordinaire pouvait à peine lever.

« Les Anglais, ayant appris qu'il était malade, envoyèrent un jour douze hommes pour le tuer. Sa femme les vit venir, et se mit à crier : « O mon pauvre le Grand, voilà les Anglais, que faire?... Lui, oubliant à l'instant son mal, se lève, prend sa hache, et sort en chemise (*in curtiuncula*) dans la petite cour : « Ah, brigands! vous venez donc me prendre au lit; vous ne me tenez pas encore... » Alors, s'adossant à un mur, il en tue cinq en un moment; les autres s'enfuirent. « Le grand Ferré se remit au lit; mais il avait chaud, il but encore de l'eau froide; la fièvre le reprit plus fort, et au bout de quelques jours, ayant reçu les sacrements de l'église, il sortit du siècle, et fut enterré au cimetière de son village. Il fut pleuré de tous ses compagnons, de tout le pays; car lui vivant jamais les Anglais n'y seraient venus. » (1)

Les chroniqueurs ont poétisé le personnage du grand Ferré qui figure avec honneur dans plusieurs romans historiques et dans une histoire des paysans illustres.

---

(1) Michelet. *Histoire de France*, tome III, page 419.

FOURCROY (Bonaventure),

Poète et Jurisconsulte,

né à Clermont.

1610 — 1691.

Il fut reçu avocat en 1645 et choisi pour secrétaire des conférences qui se tinrent dans le but de rédiger les arrêts de jurisprudence. Il était l'ami de Molière, de Boileau, de Patru et du président de Lamoignon.

Saint-Marc raconte que quand les *Satires* de Despréaux parurent pour la première fois, Fourcroy fit courir par toute la ville un imprimé conçu en ces termes : « On fait savoir à tous ceux qui n'ont pas lieu d'être satisfaits des satires nouvelles qu'ils aient à se trouver un tel jour, et à telle heure, chez le sieur Rollet, ancien procureur, où se tiendra le bureau des mécontents desdites satires, afin d'aviser aux intérêts des honnêtes gens mêlés en icelles. »

Un jour que Molière disputait à table avec lui, en présence de Despréaux, l'avocat s'échauffant beaucoup et criant à tue-tête, Molière se tourna du côté du satirique et lui dit : « Qu'est-ce que la raison avec un filet de voix contre une *gueule* comme cela ! »

On a de Fourcroy divers plaidoyers imprimés, entre autres celui qu'il fit pour le *Gueux de Vernon.* Ses autres ouvrages sont : *Sonnets à M. le Prince de Conti*, 1651, in-4° ; le cardinal Mazarin est fort maltraité dans ces sonnets ; — *Les sentiments du jeune Pline sur la poésie, tirés de quelques-unes de ses lettres*, Paris, 1660, in-12 ; —

Réflexions sur les décrétales d'Innocent III, touchant l'élection du Patriarche de Constantinople, Paris, 1689, in-8°.

Fourcroy de Guillerville (Jean-Louis de), frère du précédent, né à Paris en 1717, mort à Clermont (Oise) en 1799. Il servit d'abord dans la compagnie des Cadets-Gentilshommes, à Rochefort, devint officier dans l'artillerie des Colonies, passa à Saint-Domingue et y resta environ vingt ans. De retour en France, il se retira à Clermont et y acheta une charge de conseiller du roi au bailliage. Pendant la révolution, il fut nommé juge à Clermont.

On a de lui : *Lettres sur l'éducation physique des enfants du premier âge*, Paris, 1770, in-8° ; — *Les enfants élevés dans l'ordre de la nature, ou abrégé de l'histoire naturelle des enfants du premier âge, à l'usage des pères et mères de famille*, Paris, 1774, in-12. (1)

FULCOIUS ou FOULCOIE,

Poète latin-français,

né à Beauvais.

1020 — 1083.

Il appartenait à une famille noble. Après avoir fait des études à Reims, il alla se fixer à Meaux. Il reçut le sous-

---

(1) Moréri : *Grand dictionnaire historique.* — *Nouvelle Biographie générale.*

diaconnat, mais il ne s'engagea pas plus avant dans la carrière ecclésiastique, et il se consacra entièrement à la poésie.

Ses vers latins forment un recueil divisé en trois parties. La première comprend un seul livre, contenant les *Epîtres*, les *Epitaphes* et autres pièces de peu d'étendue. L'auteur donna à ce livre le titre modeste d'*Utrum*. La seconde partie (en deux livres) est intitulée *Neutrum*. Ce sont des vies de saints. Foulcoie s'y met en frais d'imagination ; il prête gratuitement à ses personnages une foule de miracles. Dans la troisième partie (en sept livres) intitulée *Utrumque de nuptiis Ecclesiæ*, Foulcoie se propose de célébrer l'union de Jésus-Christ avec l'Eglise. Dans un sujet aussi grave et qui prêtait peu à la poésie, Foulcoie n'a su éviter ni l'exagération dans les idées, ni la sécheresse dans le langage ; sa versification est d'ailleurs barbare. Cependant, relativement à l'époque où il écrivait, Foulcoie peut être considéré comme un poète de talent. Sa réputation fut grande parmi ses contemporains et s'étendit jusqu'en Italie.

Foulcoie mourut à Meaux, et l'on eut soin d'orner son tombeau de plusieurs élégies, dans lesquelles on introduit les villes de Beauvais, de Meaux, de Chartres, d'Orléans et de Paris qui, en célébrant à l'envi ses louanges, témoignent de l'extrême regret qu'elles avaient de sa perte. Notre poète y est représenté comme le plus habile maître qu'ait jamais eu la ville de Meaux à qui Beauvais, Reims et même Rome l'enviaient avec raison. Entre toutes ces pièces qui sont autant d'épitaphes, nous empruntons à l'*Histoire littéraire de la France*, celle qui fut rédigée au nom de la ville de Paris :

Cur prœsumis homo requiem violare sepulcri ?
Quid tantum invenies ? olidum vacuumque cadaver.

Improba si quæ manus me lœserit, attamen unam
Lingua sepulturam peperit mihi non perituram,
Quam cunctis annis non diluet ignis et amnis
Nec solidis muris feriet, cùm dura, securis.

Voici tant bien que mal la traduction de ces médiocres hexamètres :

« Homme, pourquoi tenterais-tu de violer le repos de cette tombe? Que trouveras-tu? un cadavre infect et vide. Si quelque main impie me réservait cet outrage, du moins mes œuvres m'ont acquis une sépulture impérissable, que ne saurait détruire, en bien des siècles, le feu, ni l'eau, et dont la hache, si dure qu'elle soit, ne saurait ébranler les fondements solides. »

La ville de Beauvais ne s'était guère exprimée d'une manière plus poétique dans son épitaphe, à en juger par ces vers lugubres :

Scripsi bis quino trinoque volumine libros
Cujus *Utrum*, cujus *Neutrum*, cujus sit *Utrumque*
Nomen et est: arat hoc, ferit istud, colligit illud.

Cette fois, je renonce à traduire. Cela revient à dire que l'ouvrage est divisé en dix chapitres et trois tomes, sous les titres déjà connus d'*Utrum*, de *Neutrum* et d'*Utrumque*. Dans le premier livre, le poète prépare la terre; dans le second, il jette la semence; dans le troisième, il recueille la moisson.

Il y a plus de paille que de grain dans ces stériles compositions de la vieille scholastique. On en jugera par le poëme baroque que Foulcoie a écrit sur les Nopçes de l'Eglise, où il dit « que son cheval (Pégase) l'attend; et que l'ayant d'abord nourri dans les prairies, le long de la rivière du Thérain, il le fait paître maintenant dans les Champs Elyséens de la Marne. » On ne peut voir qu'avec surprise, dit le critique bénédictin, « qu'un poète qui nous est représenté comme sensé et judicieux, et qui avait de la piété, ainsi qu'il paraît par les traits qu'il en a répandus dans ses écrits, ne termine pas plus noblement un poëme où il traite une si riche matière, et qu'il ait aussi peu de justesse dans le choix de ses titres. »

A ses nombreuses poésies, Foulcoie promettait d'ajouter un traité sur les Arts libéraux. Mais, s'il a exécuté ce dessein projeté, qui aurait fait plaisir aux curieux, son écrit est resté enseveli dans l'obscurité de quelque bibliothèque ou peut-être perdu sans ressource. L'*Histoire littéraire de la France* conclut en disant que la poésie de Foulcoie n'a rien au-dessus de celle des autres versificateurs de son siècle. Il était plus laborieux que délicat, plus fécond que poète.

Le chapitre de la cathédrale de Beauvais avait conservé un manuscrit de 172 feuillets renfermant les œuvres principales de Foulcoie; mais la notice la plus claire et la plus exacte sur ce poète obscur se trouve dans un manuscrit de la bibliothèque impériale, provenant du fonds Colbert.

Divers fragments des œuvres de Foulcoie ont été imprimés dans les *Annales bénédictines* de Mabillon, dans l'*Histoire de l'église de Meaux* de dom Toussaint Duplessis, dans la *Bibliotheca latina mediae et infimae aetatis* de Fabricius (1).

(1) L'abbé Lebeuf : *Dissertations sur l'histoire de la ville de Paris*, t. II. — *Histoire littéraire de la France*, t. VIII, p. 113. — Dom Cellier : *Histoire des auteurs sacrés et ecclésiastiques*, t. XX, p. 595.

FOY-VAILLANT (Jean),

Antiquaire et Numismate,

né à Beauvais,

1632—1704.

Un Jacobin, venu à Beauvais pour y prêcher l'Avent, s'informait du nom des principaux de la ville, et, comme beaucoup s'appelaient *Foy*, il s'écria : « Je n'ai jamais rencontré tant de Foi en Israël. »

Jean *Foy-Vaillant*, né à Beauvais le 24 mai 1632, débuta par être médecin et finit par être numismate. Il avait des loisirs. Sa famille était une des plus anciennes, des plus considérables et des plus aisées de la ville (1). Encore enfant, le jeune Foy avait perdu son père. M. Vaillant, un de ses oncles maternels et qui devait un jour lui léguer sa fortune à la charge de porter son nom, dirigea son éducation. Elle fut rapide et brillante. A quatorze ans, Foy avait terminé son cours de philosophie; à dix-sept ans, il était reçu avocat au parlement de Paris.

Il était alors destiné à succéder à M. Vaillant, son oncle, procureur général fiscal du comté de Beauvais, charge qui était dans la famille depuis plus de deux cents ans, de père en fils. Mais l'établissement à Beauvais d'un présidial et d'une élection l'éloignèrent de cette charge devenue par là moins importante; il tourna ses études vers la médecine et prit, à vingt-trois ans, le grade de docteur.

Ici se place un incident de sa première jeunesse, dont

---

(1) Les détails de cette biographie sont empruntés à la notice consacrée à Foy-Vaillant, par M. Dupont-White, insérée dans les *Mélanges historiques, littéraires et archéologiques*. Beauvais, 1847.

le souvenir a été conservé par M. Le Caron de Troussures, curieux annotateur de toutes les traditions beauvaisines. Vaillant fut atteint, à Beauvais, d'une fièvre intermittente contre laquelle venaient échouer tous les secours de l'art. Un dimanche, pendant que toute la famille était à la messe, il se lève, court furtivement cueillir au jardin quelques laitues, les assaisonne de vinaigre et les dévore avec une certitude d'instinct que l'évènement justifia, car il fut complètement guéri.

Malgré cette cure remarquable, opérée sur lui-même, il était écrit que Foy-Vaillant ne serait pas plus médecin que magistrat. Sa vocation lui fut révélée par une circonstance toute fortuite : le hasard voulut qu'un de ses fermiers trouvât, en labourant, un petit coffret plein de médailles antiques. Notre jeune médecin ne fut pas plus tôt en possession de ce trésor, qu'il se dévoua uniquement au soin de les déchiffrer et de les classer. Ses études historiques aidant, et mû par une de ces passions d'autant plus vives qu'elles sont spontanées, sans maître, sans émule, sans documents, bientôt ces hiéroglyphes de l'antiquité n'eurent plus de secrets pour lui. L'effigie la plus fruste, la légende la moins lisible cédaient à sa perspicacité : on eut dit une seconde vue, et c'était un propos répandu dans le pays « qu'il déchiffrait aussi facilement la légende d'une médaille qu'un Normand lit un exploit. »

Une fois dans sa voie, Foy-Vaillant se livre tout entier à sa passion dominante; il se rend à Paris et y visite M. Lequin, doyen de Saint-Germain-l'Auxerrois et célèbre antiquaire.

Le savant apprécia le savant, et voilà notre jeune Beauvaisin mis en rapport avec le premier président de Lamoignon, avec le procureur général de Harlay, tous deux curieux de numismatique. Le prévôt des marchands le fit connaître au gardien des médailles du roi. Là ses bons conseils et ses services le recommandent enfin au grand Colbert, qui sut lui ouvrir, dans toute son étendue, la carrière qu'il brûlait de parcourir. Ce ministre chargea Foy-Vaillant d'aller en Italie à la recherche de médailles et d'autres antiquités destinées à enrichir le cabinet du roi. Ce fut donc sous les auspices de Louis XIV que notre savant fit douze fois le voyage de Rome, visita deux fois le Levant, la Perse, l'Angleterre et la Hollande.

Le passeport de Foy-Vaillant était signé par le grand roi et légalisé par Colbert. Il se terminait ainsi : « Prions et requérons tous Rois, Princes et Potentats, Estats, Républiques et autres, nos bons amis, alliés et confédérés, de laisser passer ledit sieur Vaillant sans lui donner aucun empêchement, offrant de faire le semblable en pareil cas, quand nous en serons requis. » « Signé : Louis. »

Malgré cette haute recommandation, pendant un de ses premiers voyages, de Marseille à Rome, Foy-Vaillant fut fait prisonnier par un corsaire barbaresque, qui captura son vaisseau et le conduisit en captivité à Alger. Au bout de quelques mois, il obtint sa liberté et fut même chargé de remettre une lettre du dey au roi de France, demandant l'échange des captifs.

Ce ne fut pas du reste le seul péril de mer qu'eût à courir un homme qui devait fouiller l'Egypte, la Grèce et tout le Levant. On raconte que, chassé par un autre forban, alors qu'il revenait en France chargé des plus rares médailles, dans sa dévotion d'antiquaire, il ne craignit pas d'en avaler douze des plus précieuses. Quel héroïsme! Cette anecdote, spirituellement tournée, fournit à Carmontel le sujet d'un de ses plus jolis proverbes : *La Médaille d'Othon*.

Pendant les intervalles de ses nombreux voyages, Foy-Vaillant publiait des ouvrages de numismatique : l'*Histoire des Césars* par médailles; *Numismata imperatorum*, savant et irrécusable contrôle de l'*Histoire des Césars*; les *Familles romaines*, *Numismata græca*, etc. Viennent ensuite les savantes histoires des Sélencides, des Plalémées, celles des ténébreuses dynasties des Arsacides et des Achœmenides. Vers la fin de sa carrière, cet homme infatigable avait médité une œuvre qui, sous le titre d'*Essai d'un ouvrage universel sur les médailles antiques*, devait résumer les travaux de toute sa vie. Ce travail est demeuré manuscrit dans la riche collection de M. Le Caron de Troussures. Au milieu de ce cahier, dit M. Dupont-White, et sur un petit carré de papier, nous avons trouvé, tracé de sa plume presque octogénaire, le plan tout entier de l'ouvrage projeté : c'est une table de matières divisée en dix chapitres, savoir :

Pour l'escole des médailles, dix leçons.

1° Les métaux différents dont elles sont composées.

2° Les différentes grandeurs qui forment les suites.

3° Les têtes différentes dont on peut faire des suites.

4° Les revers qui rendent les médailles plus ou moins rares.

5° Les inscriptions que l'on appelle la légende.

6° Les langues différentes employées aux inscriptions.

7° L'âge et le temps des médailles qui en augmentent la rareté et le prix.

8° L'état présent où elles sont qu'on appelle leur conservation.

9° Les différentes manières de contrefaire les médailles.

10° De la conduite que doit tenir celui qui se met à la curiosité et fait un cabinet.

Ne fût-ce qu'en vue de ce dixième et dernier chapitre, combien de collecteurs de médailles regretteront qu'un pareil ouvrage n'ait pas été achevé.

Les travaux de Foy-Vaillant ne pouvaient manquer de

le conduire à l'Académie des inscriptions. Il était depuis longtemps attaché, comme gardien des médailles, au cabinet du duc du Maine, lorsque le titre de pensionnaire de l'Académie lui fut conféré.

En 1684, Foy-Vaillant avait été chargé par Louvois de mettre en ordre le cabinet du roi et d'en dresser le catalogue. Il avait rendu le même service à Christine de Suède, qui n'avait guère le loisir de s'occuper de ses médailles. Il n'est guère de cabinet en Europe qu'il n'ait visité et dont il n'ait décrit les principales pièces. Il entretenait une correspondance incessante avec les numismates de tous les pays.

Au milieu de ces labeurs, il trouva cependant, dit son biographe, le loisir de se marier deux fois. Il épousa les deux sœurs, et ses fréquents voyages à Rome ne lui furent pas inutiles, dit-on, pour obtenir du pape les dispenses nécessaires.

Les *Journaux de voyage* de Foy-Vaillant sont demeurés manuscrits dans le cabinet de M. Le Caron de Troussures. M. Dupont-White, qui les a compulsés, cite, entre autres descriptions intéressantes, celles des villes de Nicomédie, de Pruse et de Smyrne, l'antique Ismyr des Osmanlis.

Foy de Saint-Hilaire, cousin de Foy-Vaillant et chanoine de Saint-Pierre, fut aussi un savant archéologue. Il était le contemporain et l'ami de l'abbé Dubos, et il avait fait de sa maison canoniale un petit musée de médailles et d'antiquités. Il fit faire des fouilles sur le mont Capron, près Beauvais, et y retrouva les ruines d'un temple de Bacchus et une statue de Mercure sur laquelle les antiquaires de Picardie, entre autres l'abbé Dubos et le célèbre orientaliste Galland, exercèrent leur science et leur imagination.

FIN DE LA DEUXIÈME PARTIE ET DU PREMIER VOLUME.

TABLE.

SUPPLÉMENT

AU PREMIER VOLUME.

ADRIEN (Raoul), Jurisconsulte,

né à Beauvais.

15.. — 1626.

Adrien (Raoul), qualifié du titre de seigneur d'Arion, descendait de Jean de Lignière, qui, en 1433, sauva la ville de Beauvais surprise par les Anglais. C'était, au dire des contemporains, un avocat distingué, un écrivain fécond. Il est l'auteur du *Livre des Origines*. Il joua le rôle de pacificateur lors des troubles qui agitèrent Beauvais pendant la Ligue.

Adrien (Raoul) s'était beaucoup occupé de l'histoire de son pays et coopéra avec son beau-frère, Léonard Driot, avocat, à la confection du beau manuscrit des *Coutumes de Beaumanoir,* légué à la bibliothèque du tribunal par M. Le Caron de Troussures.

Ce précieux manuscrit était passé par héritage, au XVIIe siècle, entre les mains du jurisconsulte Ricard, dont la mère était une descendante de Raoul Adrien.

D'AGINCOURT
(Jean-Baptiste-Louis-Georges Seroux) (1),

Archéologue.

Nous complétons, par de nouveaux documents, la notice consacrée au savant d'Agincourt. C'est vers la moitié du XIVe siècle et non au commencement du XVIIIe que cette famille vint du comté de Namur s'établir en Picardie. Elle comptait, vers la fin du siècle dernier, trois branches qui subsistent encore aujourd'hui.

Plusieurs des ancêtres de Seroux d'Agincourt avaient porté les armes pour le service du roi et la défense de la patrie. Lui-même, ainsi que deux frères puinés, débuta dans la carrière des armes. Il servit dans un régiment de cavalerie. Un de ses oncles, officier distingué, fut tué à la bataille de Dettingen, et laissa sept enfants sans fortune et sans appui.

Louis XV consentit à ce que l'aîné des d'Agincourt quittât le service militaire pour se consacrer à l'éducation de ces jeunes orphelins. Il n'hésita point à se charger de ce lourd fardeau : le dévouement dont il fit preuve à cette occasion lui valut de nombreuses sympathies et le fit rechercher dans la meilleure société de Paris.

Le roi, pour lui faciliter cette tâche, lui fit obtenir un emploi lucratif dans la ferme générale. Il devint lui-même, au bout de peu de temps, fermier-général. Une partie de son revenu fut consacrée à former un cabinet où il réunissait des collections de dessins, de tableaux, d'antiquités,

---

(1) Voir sa notice, tome I, page 6.

qu'il augmentait sans cesse. Il se livra avec la même ardeur à l'étude de l'histoire naturelle. Il suivit, au Jardin des Plantes, le cours de botanique de Bernard de Jussieu; fit quelques herborisations avec Jean-Jacques Rousseau, et reçut les conseils et les encouragements de Buffon et de d'Aubenton. Madame Geoffrin l'admit dans ses salons où se réunissait l'élite des gens de lettres et de la bonne compagnie. Marmontel, Saurin, La Harpe, Suard, l'abbé Morellet, devinrent ses amis. Voltaire le reçut à Ferney, et lui écrivit la lettre suivante :

« A M. d'Agincourt, fermier général,

17 décembre 1770.

« Non, Monsieur; je ne suis point assurément de l'avis des sots et des ignorants qui pensent que les chevaliers romains, chargés du recouvrement des impôts publics n'étaient pas des citoyens nécessaires et estimables. Je sais que Jésus-Christ les anathématise; mais en récompense il prit un commis de la douane pour un de ses évangélistes. Pour moi, je n'ai qu'à me louer de MM. les fermiers généraux et de leur générosité depuis que j'ai établi une petite colonie dans un désert qui n'est pas celui de Jean.

« Je recommande encore cette colonie (1) à leur bienveillance. Ces nouveaux habitants ne sont venus que sur la promesse royale expédiée en bonne forme d'être exempts de toutes charges et de tous droits jusqu'à nouvel ordre. Vous m'avouerez qu'un Suisse ne peut pas deviner qu'en France il faut, d'un village à un autre, pour une livre de beurre, un acquit à caution qui coûte de l'argent.

« Certainement l'intention du roi ni celle des fermes

---

(1) Il s'agissait d'une colonie de paysans suisses qui étaient venus s'établir en France et qui sollicitaient des franchises de la part du gouvernement français.

générales n'est pas que des fabricants payent pour les outils qu'ils apportent.

« Je laisse à votre humanité et à votre sagesse, et à celle de messieurs vos confrères, à vous arranger avec M. le duc de Choiseul quand il aura fondé la ville de Versoix. Vous pensez comme lui sur l'avantage du royaume. Je me flatte que nous lui aurons l'obligation de la paix, parmi tant d'autres. Si la guerre se déclare, notre petit canton est perdu pour longtemps.

« Oui, Monsieur, j'ai dit que Newton et Locke étaient les précepteurs du genre humain, et cela est vrai ; mais Locke et Newton n'auraient pas mis le monde en feu pour une île déserte, située vers le pays des Patagons.

« Il est encore très-vrai que Louis XIV dut la paix d'Utrecht au ministère d'Angleterre, mais ce n'est pas une raison pour que la France fasse la guerre au roi George III, qui n'en a certainement nulle envie.

« Je vois, Monsieur, que vous êtes patriote et homme de lettres au moins autant que fermier-général. Vous me faites souvenir d'Alticus, qui était fermier-général aussi, mais c'était de l'empire romain. »

Dans les arts, d'Agincourt comptait des amitiés non moins précieuses. Il était lié avec Boucher, Vanloo, Fragonard, Vernet, Pigalle, Bouchardon, Lebas, etc. Les amateurs les plus distingués, tels que M. de la Live de Bellegarde, fermier-général, le comte de Caylus et l'abbé de Tressan, entretenaient avec lui ce commerce artistique, si cher aux gens de goût.

A la mort de Louis XV, Seroux d'Agincourt résigna ses fonctions, et, disposant d'une fortune qui lui assurait l'indépendance, il ne songea plus qu'à réaliser le projet qu'il avait conçu de parcourir l'Europe et d'explorer surtout l'Italie.

En 1777, il partit pour l'Angleterre, et dans cette même

année visita la Belgique, la Hollande et une partie de l'Allemagne. L'année suivante, il partit pour l'Italie.

Après avoir traversé la Savoie et le Piémont, il se rendit à Gênes et de là à Modène, où il se lia avec l'illustre abbé Tiraboschi, auteur de l'*Histoire de la littérature italienne*; mort en 1794.

Arrivé à Bologne, il y fit un séjour de quelques mois pour examiner et dessiner les monuments de cette ville, si riche en antiquités.

En 1779, il visita Venise et s'y lia avec le savant abbé Morelli, bibliothécaire de saint Marc. Il se rendit ensuite à Florence, et parcourut toutes les villes remarquables du grand duché de Toscane : Pérouse, Cortone, Sienne, etc. Enfin, il arriva le 29 novembre à Rome, et logea dans la maison qu'avait habitée Salvator Rosa, Via Gregoriana.

Après un premier séjour de dix-huit mois dans la ville éternelle, il fit une excursion dans le midi de l'Italie.

En 1781, il se rend à Naples, à Herculanum, à Pompéï, fait deux fois l'ascension du Vésuve, visite Pœstum, Salerne et compulse les nombreux manuscrits de la riche bibliothèque du Mont Cassin. Il revint à Rome vers la fin de l'année.

En 1782, il examina dans le plus grand détail les catacombes de Rome ; outre celles de Sainte-Calixte, de Saint-Saturnin, de Saint-Priscille, de Saint-Laurent et d'autres déjà connues, qu'il parcourut avec la plus grande attention, il en fit ouvrir à ses frais qui restaient fermées depuis plus de deux siècles, entre autres celle de Sainte-Agnès, hors des murs, sur la *Via Nomentana*. Il courut dans cette crypte le même danger, auquel le savant archéologue Montfaucon avait été exposé dans celle de Ciriaca.

Egaré pendant quelques heures, arrêté par des éboulements, il n'en sortit que par une de ces ouvertures, dites

Foramina, espèces de puits qu'on pratiquait de loin en loin pour introduire un peu d'air et de lumière dans ces souterrains.

Dès son arrivée en Italie, d'Agincourt avait trouvé dans les ambassadeurs de France et d'Espagne auprès du Saint-Siége, le cardinal de Bernis et le chevalier d'Azara, des protecteurs et des amis. C'est chez le cardinal que se réunissait tout ce que Rome renfermait d'hommes distingués, d'amateurs et d'artistes en renom. Plusieurs d'entre eux vouèrent à d'Agincourt un inaltérable attachement. Angelica Kauffman, cette artiste que sa beauté, ses malheurs et son talent ont rendue si célèbre, trouva jusqu'à sa mort dans d'Agincourt l'ami le plus constant et le plus dévoué. Les artistes français, qui venaient étudier à Rome, recevaient chez lui un excellent accueil et de bons conseils.

L'honneur et les progrès de l'école française l'occupaient sans cesse, et, en 1782, il fit élever à ses frais dans le Panthéon, un monument à la gloire du Poussin avec cette inscription que sa noble simplicité place au-dessus des épitaphes les plus pompeuses :

NIC. POUSSIN, PICTORI GALLO.

Cependant le nom de d'Agincourt s'était répandu dans toute l'Europe, et l'on attendait avec impatience le grand ouvrage dont on le savait occupé. Louis XVI avait daigné s'y intéresser et déjà les planches avaient été envoyées à Paris, lorsque les troubles de la révolution engagèrent des amis prudents à les renvoyer à l'auteur. Désespérant de recueillir le fruit d'un travail auquel il avait consacré presque toute sa fortune, d'Agincourt n'en continua pas moins de perfectionner son œuvre. Lorsque l'ordre fut rétabli en France, il confia la publication de ce grand travail à Dufourny, membre de l'institut, qui, pendant un long séjour en Italie, avait été initié par son ami à ses travaux et à ses savantes recherches. L'impression d'un ouvrage si considérable devait occasionner une dépense considérable, et la révolution avait à peine laissé à son auteur de quoi vivre. MM. Treuttel et Wurtz, éditeurs, n'hésitèrent point à faire les plus grands sacrifices pour acquérir le droit de publier l'*Histoire de l'art par les monuments*, depuis sa décadence au VIe siècle jusqu'à son renouvellement au XVIe. Tel était le titre de l'ouvrage de Seroux d'Agincourt, qui ne compte pas moins de cinq volumes in-folio, dont un de texte et quatre de planches, imprimés avec un grand luxe par J. Didot, l'aîné, en 1823.

L'illustre savant n'eut pas la satisfaction de voir son œuvre publiée de son vivant. Les guerres sanglantes de l'Empire et la difficulté des temps ralentissaient l'impression de l'*Histoire de l'art* et les livraisons ne pouvaient paraître qu'à des intervalles trop éloignés pour qu'il pût espérer de voir l'œuvre complétée.

Il se résolut alors à détacher de son grand ouvrage un *Recueil de fragments de sculpture antique en terre cuite* (1). Le secrétaire de l'Académie des beaux-arts, dans la séance annuelle de l'Institut, du 1er octobre 1814, fait le plus grand éloge de ce recueil. Après avoir loué le goût, l'imagination et les connaissances variées qui brillent dans cet ouvrage : « C'est, dit-il en terminant son rapport, une nouvelle source d'idées heureuses, de formes élégantes, de renseignements précieux. Ce recueil fera suite aux ouvrages de Caylus, de Stosch et de Winckelmann. Enfin l'esprit y puisera des lumières et tous les amis des beaux-arts s'uniront aux élèves à qui M. d'Agincourt recommande sa mémoire, pour la bénir avec eux. »

(1) Un volume in-4°, orné du portrait de l'auteur et enrichi de 87 planches gravées, contenant plus de 300 sujets.
Paris, Treuttel et Wurts, 1814.

Ces derniers mots semblaient dictés par un triste pressentiment qui n'était que trop fondé. Bientôt on apprit que d'Agincourt avait terminé sa carrière le 24 septembre, à l'âge de quatre-vingt-quatre ans.

Atteint le 25 août d'une maladie de vessie, accompagnée de quelques accès de fièvre, il sentit que sa fin approchait et dicta ses dernières volontés.

Le 19 septembre, un catarrhe violent et des convulsions se déclarèrent, et il expira dans la nuit du 24, à une heure du matin.

Les dernières années de sa vie furent adoucies par les sympathies nombreuses que les souverains pontifes et la noblesse romaine ne cessèrent de lui témoigner, et par la visite qu'une illustre exilée, Mme Récamier, lui fit dans l'année qui précéda sa mort.

Les *Souvenirs et correspondance de Madame Récamier* (1), publié par Mme Ch. Lenormant, donnent de curieux détails sur les relations que cette femme d'esprit eut à Rome avec le vénérable d'Agincourt.

« Il habitait, dit-elle, à la Trinité-du-Mont une petite maison qui porte le nom de Salvator-Rosa. Cette modeste demeure, que précédait une espèce de jardin, où les fragments de colonnes, de chapiteaux et de bas-reliefs se mêlaient aux fleurs, et que couronnaient les pampres et les grappes d'une vigne magnifique, offrait un coup-d'œil particulièrement riant et pittoresque. M. d'Agincourt avait la tournure et les manières d'un gentilhomme de l'ancienne cour, une politesse parfaite, une galanterie toute chevaleresque et une bienveillance expansive. »

Son grand âge (il avait alors quatre-vingt-trois ans), l'empêchait de faire aucune visite, et c'était Mme Récamier qui allait souvent le voir chez lui.

---

(1) Paris, Michel Lévy frères, éditeurs. 2 vol. in-8°, 1859.

« Cet aimable vieillard aimait fort à conter et le faisait bien : le hasard de la destinée avait voulu que Mme Récamier eût connu, à son entrée dans le monde, un assez grand nombre des contemporains de M. d'Agincourt, comme M. de Narbonne, le duc de Guines, la marquise de Coigny, et ne fut ainsi étrangère à presque aucun des souvenirs ou des noms que dans ses récits le spirituel antiquaire rappelait le plus volontiers.

« Aussi ne la voyait-il jamais partir qu'avec un grand regret. Souvent, dans la conversation, il lui arrivait de dire : « Vous vous rappelez telle personne. » Et puis, par une prompte réflexion il ajoutait : « J'oublie toujours que vous êtes trop jeune ; vous n'étiez pas née au temps dont je parle. » Au reste, cette douce et pure existence allait bientôt s'éteindre ; M. d'Agincourt ne survécut que de quelques mois au départ de la personne qui avait charmé ses derniers jours. »

Les obsèques de Seroux d'Agincourt eurent lieu à l'église Saint-Louis-des-Français. M. de Pressigny, ambassadeur de France ; le chevalier Artaud, secrétaire d'ambassade ; M. de la Thière, directeur de l'école française des beaux-arts à Rome, et une foule de personnages considérables assistèrent à son convoi. Sa dépouille mortelle fut déposée dans une chapelle, au pied de l'autel de saint Louis, où une inscription commémorative en style lapidaire rappelle le souvenir et les vertus de ce vénérable savant.

L'œuvre capitale de Seroux d'Agincourt comprend quatre parties. A la suite d'une introduction pleine de sagacité, l'auteur divise ainsi son travail par chapitres :

I. Décadence de l'architecture, depuis le IVe siècle jusqu'à l'établissement du système gothique.

II. Règne du système gothique depuis les IXe, Xe et XIe siècles, jusqu'au milieu du XVe.

III. Renaissance de l'architecture vers le milieu du xve siècle.

IV. Renouvellement de l'architecture à la fin du xve siècle et au commencement du xvie.

Le texte se termine par un tableau général des monuments qui ont servi à l'*Histoire de l'architecture* (1).

ALLIOT (François),

Curé et Médecin.

Ce personnage curieux a traversé le departement de l'Oise ; il y a vécu vingt-deux ans, de 1830 à 1852, si l'on peut appeler vivre la singulière façon dont il y passa son existence précaire et bizarre. Né, dit-on, à Nancy, vers la fin du siècle dernier, il fit ses études à Paris où il étudia le droit et la médecine, puis la philosophie et la théologie, qui le conduisit à la prêtrise. Il occupa les loisirs du noviciat ecclésiastique à des études toutes différentes de celles qu'on prescrit en général aux jeunes prêtres, et, dès 1824, il publia les premiers volumes d'un ouvrage intilé : *La Philosophie des Sciences.*

« En 1830, dit M. Tremblay, qui paraît l'avoir connu personnellement, et dont nous allons analyser la notice, l'abbé Alliot fut nommé desservant à Montagny-Sainte-Félicité, petite paroisse de l'arrondissement de Senlis, et

---

(1) La librairie Fontaine, passage des Panoramas, possède un magnifique exemplaire du texte et des planches de l'*Histoire de l'art par les monuments*. Avis à la Bibliothèque de Beauvais.

peu de temps après le choléra lui donna occasion d'exercer les connaissances qu'il avait acquises en médecine. Il fit des cures inespérées, et sa réputation ne tarda pas à se répandre dans le pays; mais, comme il exerçait illégalement, il dut opter entre le sacerdoce ou la médecine; il se décida pour cette profession, pensant que c'était encore un apostolat, et qu'elle répondait mieux à sa vocation. Il subit les examens, obtint son diplôme et revint exercer dans le pays même où il avait exercé les fonctions de curé. Il avait choisi au bout du village, une maison isolée, et s'y installa au milieu de ses livres et de ses appareils thérapeutiques.

En 1834, M. Alliot, dont la réputation allait toujours croissant, quitta son village pour venir s'établir à Senlis. Il acheta, à quelque distance de cette ville, sur la route de Creil, au lieu dit *la Gattolière*, un terrain qu'il fit enclore de murs et où il fit bâtir une maison. Là, il fut bientôt connu, et, comme à Montagny, il vit les malades affluer à son cabinet de consultations. Il recevait des visites et n'en faisait pas, vivant entièrement sequestré du monde.

En se livrant ainsi exclusivement aux travaux de la pensée, M. Alliot semblait avoir oublié qu'il avait un corps. Il poussa plus loin peut-être que Diogène l'oubli de tout soin de sa personne et de toute convenance envers les autres. « Constamment couché, dit M. Tremblay, sans être malade, il se borna à ne satisfaire que les besoins de la simple nature; il couchait nu sur un matelas posé à terre, usé et aplati par une pression de plusieurs années, n'ayant pour couverture que quelques lambeaux d'étoffe et pour oreiller qu'un escabeau de bois où il appuyait sa tête toujours nue, et dans lequel il plaçait son urinoir et sa sébille contenant l'argent des consultations. Près de lui était une table où un jeune homme écrivait sous sa dictée, un fauteuil et une couchette couverts de ses brochures et de ses manuscrits. Quelques chaises, trébuchant sur leurs pieds inégaux, cachaient des boiseries qui n'étaient pas sales que par vétusté.

C'est dans ce pitoyable taudis qu'on a pu voir M. Alliot étendu sur le sol, avec de longs cheveux, une barbe et des ongles de vingt ans. Son aspect, dit M. Tremblay, était repoussant, et pourtant, ajoute-t-il, c'était là que, quittant leurs châteaux ou leurs salons, des dames élégantes, des hommes titrés, des érudits, des philosophes, des hommes en bonne santé aussi bien que des malades venaient s'asseoir pour consulter cet homme bizarre qui savait guérir et enseigner, instruire et consoler.

Et, comme pour faire contraste, on voyait à côté de ce réduit infect un salon élégamment meublé et d'autres petites pièces entretenues avec une soigneuse propreté, mais toujours vides. Ce n'était pas par indigence ou par avarice que M. Alliot vivait ainsi, car sa maison lui coûtait quelques frais : il faisait une bonne part aux pauvres dans l'argent qu'il recevait, et il lui en restait assez pour vivre selon les convenances sociales de sa profession. Etait-ce cynisme, paresse, originalité, calcul? M. Tremblay croit que c'était la bizarre préoccupation d'une âme qui oublie son enveloppe et qui vivait par l'esprit sans s'inquiéter du corps.

Telle était la façon de vivre de celui qu'on appelait : « le Diogène de Senlis. »

Enfin, M. Alliot se lassa de cette existence singulière; il vendit sa maison en 1852, cette maison où tant de voitures s'arrêtaient, où tant de malades étaient venus chercher la guérison. Après de longues années d'une réclusion absolue et d'un continuel alitement, il se leva, fit peigner ses cheveux, coupa sa barbe et ses ongles, prit un bain, et essaya de se tenir sur ses pieds. Il avait tellement perdu l'usage de ses jambes, qu'après l'avoir habillé, il fallut le soutenir pour les quelques pas qu'il eut à faire pour se rendre à la cathédrale de Senlis, où il assista avec recueillement à une messe d'actions de grâces.

Un grand nombre d'habitants s'étaient rendus à l'église pour le voir ; il excitait la curiosité de tous les assistants ; on examinait avec un religieux silence ce prêtre, ce médecin, ce philosophe, si remarquable par les œuvres de l'esprit, et dont la figure pâle et amaigrie, le corps frêle et comme déformé par dix ans d'une attitude et d'une séquestration volontaires, eussent été pour tout autre un affreux supplice.

« Après la messe, M. Alliot fut reconduit chez lui, s'occupa de son déménagement, fit ses adieux à quelques personnes, monta en voiture et partit.

« Ainsi apparut dans notre pays, dit M. Tremblay, pour en disparaître ensuite, cet homme remarquable. Son souvenir ne peut qu'honorer les lieux qu'il habita pendant son séjour. Son absence fut même regrettée à Senlis par ceux qui aimaient sa médecine et ses écrits. C'est toujours un grand vide pour le monde des sciences et des arts que la disparition d'un homme de talent. »

ALIZARD,

Violoniste et Chanteur,

né à Maignelay.

1816 — 1850.

Il appartenait à une famille honorable de la commune de Maignelay. Son père avait occupé un poste important dans les douanes, et fut ensuite sous-préfet de Dunkerque, où il mourut en 1816.

Malgré les embarras de fortune où cette mort jeta sa mère, le jeune Alizard reçut une éducation soignée, et dès son enfance, il manifesta un goût très-prononcé pour l'étude de la musique.

Ses premiers essais eurent lieu à Beauvais, où sa mère vint passer quelques années; il s'exerçait avec de jeunes amateurs qui furent ses amis, et dut aux savantes leçons de M. Magnien, violoniste distingué, de faire de rapides progrès.

Il entra à quinze ans au Conservatoire, dans la classe de violon. Ses talents furent remarqués par son professeur à qui le hasard fit découvrir un jour les dispositions naturelles pour le chant et la belle voix dont Alizard était doué.

D'après ses conseils, Alizard quitta la classe de violon pour celle du chant, et vit s'ouvrir devant lui, sous les auspices de Benderali et de Delsarte ses maîtres, une carrière plus fructueuse.

En quittant le Conservatoire, il remportait le premier prix de chant de la classe des hommes, le même jour que Mlle Nau obtenait le premier prix de la classe des femmes.

Tous deux débutèrent peu de temps après sur la première scène lyrique; mais le chanteur rencontra des obstacles que sut éviter la cantatrice, et ce ne fut que quelques mois plus tard, quand Levasseur quitta la scène, qu'Alizard son compatriote (1) fut appelé à le remplacer.

Hélas! le jour du triomphe fut le signal de sa fin prochaine. Déjà les atteintes d'un mal cruel se faisaient sentir; il succomba après une longue maladie à une affection de cœur, le 23 janvier 1850.

Les caractères particuliers du talent d'Alizard étaient la distinction et l'expression, aussi bien comme violoniste que

(1) Levasseur, artiste de l'Opéra, est né à Bresles.

comme chanteur. Son organe, d'une grande étendue, alliait une voix de basse-taille métallique aux notes aiguës qui semblent l'attribut exclusif des ténors.

Les rôles de Levasseur à l'Opéra lui étaient destinés, mais la mort impitoyable est venue faucher avant l'âge cet éminent artiste, au début d'une brillante carrière.

ANGRAND (Charles), Peintre,

né à Beauvais.

14.. — 1530.

Charles Angrand ou Engrand, dit le Prince, avait un grand talent pour la peinture sur verre. C'est à lui que l'on doit les magnifiques vitraux de l'église Saint-Etienne à Beauvais et plusieurs autres verrières du diocèse. Il avait épousé la fille d'Antoine Caron (1), son compatriote, et qui fut aussi un peintre distingué. Charles Angrand mourut le jour de Pâques de l'année 1530 et fut enterré dans le cimetière de Saint-Etienne sa paroisse (2).

ANQUETIL (DU PERRON),

Historien.

Cet historien, qui a été longtemps classique en France,

(1) Voir ce nom.

(2) *Mémoires manuscrits de M. Borel.*

fut appelé à Senlis, en 1759, comme membre de l'université de Paris, pour relever le collége de cette ville qui avait déchu de son antique réputation. Il y passa dix années, et par ses constants efforts, contribua au progrès des études. C'est à Senlis que, pendant ses moments de loisirs, il composa l'*Esprit de la Ligue*. Le rôle important que cette ville avait joué à cette époque lui avait suggéré l'idée de cet ouvrage qui commença sa réputation littéraire. Il composa aussi, pendant son séjour à Senlis, l'*Intrigue du Cabinet*, ouvrage diplomatique, et, en 1769, le procès-verbal des exercices publics de la distribution des prix au collége des chanoines réguliers de l'abbaye de Saint-Vincent de Senlis. Cette maison d'éducation a continué de prospérer, depuis l'heureuse impulsion qui lui a été donnée par le savant historien.

JEANNE D'ARC

à Compiègne.

1430.

Le séjour de Jeanne d'Arc à Compiègne, les divers incidents du siége de cette ville et la manière dont cette vaillante héroïne fut arrêtée en défendant les murailles de cette place, sont un des épisodes les plus intéressants de notre histoire locale, et, à ce titre, la vierge de Domremi mérite une place dans cette galerie. C'est peut-être à son héroïque exemple que Beauvais doit d'avoir été défendu, quarante-deux ans plus tard, par la vaillance d'une autre Jeanne, dont notre histoire nationale a aussi consacré la mémoire.

Nous ne rappellerons pas la vie si touchante et si poétique de Jeanne d'Arc; nous nous bornerons aux détails qui rattachent son immortel souvenir à l'histoire de Compiègne.

Au mois de mai 1430, Jeanne d'Arc ayant appris que cette ville était bloquée par les Anglais, et que le maréchal de Boussac venait à son secours, résolut de se rendre à Compiègne pour encourager par sa présence les habitants de la ville à se défendre en attendant ce renfort.

Le 24 mai, à la tête de cinq cents hommes d'élite, elle fit une sortie, tomba à l'improviste sur le campement de Baudon de la Noyelle, situé près de Margny, et y sema l'épouvante. Aux premiers cris d'alarme poussés par les avant-postes, les Anglais et les Bourguignons, campés à Venette et à Clairoix, sous les ordres de Montgomery et de Jean de Luxembourg, sortirent de leurs quartiers pour soutenir leurs compagnons d'armes.

Les ennemis se replièrent vers Compiègne. L'intrépide guerrière, dont le danger exalte le courage, fait face à l'ennemi, afin de protéger la retraite de ses soldats et de les ramener sains et saufs dans la ville; mais ceux-ci, effrayés par la manœuvre des Anglais, et craignant de voir la retraite coupée, se précipitent en désordre vers la barrière du boulevard à la tête du pont.

En ce moment, une décharge terrible de la mousqueterie des Bourguignons achève de jeter l'épouvante parmi les royalistes. Les uns se précipitent tout armés dans l'Oise, les autres se rendent prisonniers. Jeanne continue de combattre : son vêtement couleur de pourpre, et la bannière qu'elle faisait porter devant elle la font aisément reconnaître.

Aussitôt une foule de soldats l'entourent et se disputent le périlleux honneur de la faire prisonnière. Elle les repousse courageusement et parvient à gagner la barrière du pont; elle n'a plus que quelques pas à faire pour être sauvée, mais un traître (honte à sa mémoire), Guillaume de Flavi, gouverneur de la ville, jaloux de l'influence de Jeanne auprès de Charles VII, malgré son zèle apparent pour le service du roi, fait retomber la herse du pont à l'approche de Jeanne, qui, se voyant abandonnée et entourée d'ennemis, s'écrie douloureusement : « Jésus! je suis trahie. »

Cependant l'héroïne fait encore des prodiges de valeur, et cherche en vain la mort qu'elle préfère à la captivité. Mais un archer picard, de l'ancienne bande du duc de Bedford, dévoué à Flavi, la saisit par son haubert et la fait tomber de cheval : elle est sur-le-champ désarmée et, tombant sur un genou, elle rend son épée à Lionel, bâtard de Vendôme, qui la fait conduire au camp de Margny.

Là, un guerrier qui souilla à son tour un nom illustre, Jean de Luxembourg, chef des troupes bourguignonnes, après avoir acheté la malheureuse Jeanne, eut l'infamie de la revendre aux Anglais, moyennant la somme de dix mille livres, et une pension de trois cents livres.

Quatre mois se passèrent pendant lesquels l'intrépide guerrière tenta deux fois de se sauver du château où on la tenait renfermée. Ayant un jour réussi à sauter par une fenêtre, elle tomba sans connaissance au pied de la tour qui lui servait de prison.

L'évêque de Beauvais, Pierre Cauchon, la revendiqua comme sorcière, et ayant été arrêtée sur son territoire, bien que la rive droite de l'Oise, sur laquelle elle fut prise, dépendît alors du diocèse de Noyon. Le dominicain, frère Martin, vicaire général de l'inquisition en France, la réclama à son tour comme hérétique, et somma le duc de Bedford de livrer « la dite Jeanne pour être brièvement mise ès-mains de la justice de l'Église. »

Le procès de la condamnation et de la réhabilitation de

Jeanne-d'Arc, publié par M. J. Quicherat, nous initie à tous les détails de cette inique procédure, dans laquelle la sincérité et la bonne foi de Jeanne confondent à chaque instant les sophismes de ses juges. Lâchement abandonnée par le roi qui lui devait la couronne, condamnée d'avance, comme victime expiatoire de la défaite des Anglais, elle monta sur le bûcher de Rouen, dont les flammes l'entourèrent de la divine auréole des martyrs.

M. Victor Tremblay, dans le récit qu'il fait du séjour de Jeanne d'Arc à Compiègne, d'après les chroniques du temps et les traditions locales, dénie à la tour, dite de Jeanne d'Arc, l'honneur d'avoir servi de prison à l'illustre héroïne. « Si elle avait pu parvenir jusqu'au pied de cette tour, dit-il, elle aurait certainement fait prisonniers ceux qui la poursuivaient. » En effet cette tour est située sur la rive gauche de l'Oise, et faisait partie de l'enceinte de la ville ; mais, malgré le quatrain qui aurait été inscrit au-dessus de la porte, indiquant que Jeanne avait été arrêtée près de cette tour et non qu'elle y fût renfermée (quatrain que M. Tremblay ne cite pas), la tradition locale persiste à appeler la tour de Jeanne d'Arc, celle dont il est question. Cette tour, située à droite du pont actuel, et qui faisait partie de l'ancienne enceinte de la ville, est enclavée dans la propriété de M. le baron de Bicquelley, qui a conservé intacte, avec un soin religieux, cette ruine pleine d'un grand souvenir (1).

---

(1) *Chronique de Monstrelet.* — *Histoire des ducs de Bourgogne,* par M. de Barante. — *Histoire de France,* par Michelet. — *Procès de la condamnation et de la réhabilitation de Jeanne-d'Arc,* par J. Quicherat.

BALAGNY (Louis Gommel de),

Capitaine de la ville de Beauvais.

XVe SIÈCLE.

Il commandait la garnison de Beauvais lors du siége de 1472, et, avec trois cents hommes d'armes et le concours de la population, il parvint à soutenir l'assaut des Bourguignons et à forcer leur duc, Charles le Téméraire, à s'éloigner de la ville. Il fut secondé dans cette tâche glorieuse par Jean Legoix, son lieutenant, et par Guillaume Binet, maire de Beauvais (1).

Un autre seigneur de Balagny figure parmi les châtelains royalistes du Beauvaisis, sous la Ligue. Il avait épousé une des sœurs de Gabrielle d'Estrées. C'est elle que d'Urfé, dans son roman pastoral intitulé l'*Astrée*, désigne sous le nom de Délie. « Elle avait la taille un peu gâtée, dit Tallemant des Réaux, mais c'était la personne la plus galante du monde. Ce fut d'elle que le duc d'Epernon eut une fille qui devint abbesse de Sainte-Glossinde de Metz. On appelait les six filles de Mme d'Estrées et leur frère les Sept péchés mortels. Mme de Neuvic, dame d'esprit, qui était fort familière chez la duchesse de Bar, sœur de Henri IV, fit cette épigramme sur la famille :

« J'ai vu passer par ma fenêtre
Les six péchés mortels vivants,
Conduits par le bastard d'un prêtre,
Qui tous ensemble alloient chantant
Un *requiescat in pace*
Pour le septième trépassé.

Balagny était un fils naturel de Montluc, évêque de Va-

(1) Voir la biographie de Jeanne-Hachette, tome II, page 94.

lence. Il vint, avec cinq cents chevaux et huit cents fantassins levés à ses dépens, trouver Henri IV lors des guerres de la Ligue, quand ce prince était obligé de conquérir son royaume, et contribua par ce secours à faire lever le siége de Laon. Ce service fut si agréable au roi qu'il fit Balagny maréchal de France et lui fit épouser la sœur de Mme de Beaufort. Il avait épousé en premières noces la sœur du brave Bussy d'Amboise, et avait été nommé gouverneur de Cambrai à la suite de la campagne entreprise aux Pays-Bas par le duc d'Alençon, frère de Henri III. Il menait dans cette ville un train de prince et y reçut magnifiquement la reine de Navarre, Marguerite, première femme de Henri IV, lorsqu'elle se rendit, en 1573, aux eaux de Spa. Il eut de son premier mariage un fils qui, dit Tallemant, fut le Bouteville de son temps. Puymorin le tua en duel à Paris dans la rue des Petits-Champs. Il est vrai qu'un valet le blessa par derrière d'un coup de fourche pendant qu'il se battait. Quant au Balagny, né du second mariage avec Mlle d'Estrées, Tallemant dit que c'était un coquin.

« Bon chien chasse de race. (1) »

BAZIN (Boniface-Gabriel),

Agronome et Economiste (2),

né au Mesnil-Saint-Firmin.

1791—1862.

Ce savant, cet homme de bien, consacra toute sa vie à

---

(1) *Historiettes* de Tallemant des Réaux.

(2) Voir la biographie de M. Armand Bazin, tome I, page 226.

la pratique du plus noble des arts, l'agriculture, et de la plus sainte des vertus, la bienfaisance. Il était né le 22 décembre 1791, et fit ses études au collége d'Amiens, qui venait d'être fondé. Il était un des doyens de l'association des anciens élèves de ce collége, et, dans la réunion annuelle de 1862, l'honorable rapporteur de l'association, M. Séruzier, a payé un légitime tribut de regrets à la mémoire de M. Bazin.

Une notice nécrologique de M. Achille Desjardins, insérée dans le *Journal ne l'Oise* du 15 avril 1862, résume les titres de M. Bazin au souvenir et à la reconnaissance de ses concitoyens.

« M. Bazin, dit-il, était un homme multiple. En lui l'agriculture, l'industrie, la philanthropie, ou plutôt la charité chrétienne, font une perte également sensible.

« Voué d'abord à l'exploitation de ses terres, il avait bien vite compris les secours précieux que l'agriculture peut tirer de l'industrie. Il fut un des premiers à élever dans notre département une fabrique de sucre, mais c'était peu pour lui. Cette fabrication, dans laquelle il cherchait pendant la saison d'hiver une occupation pour ses ouvriers, à l'époque où les travaux de la terre leur manquaient périodiquement, ne lui fournissait pas une main-d'œuvre continue ; il joignit successivement un grand nombre d'industries, faisant de toutes un accessoire de la culture. On fabriqua d'abord chez lui la tuile, la brique, la panne, la vannerie. On arriva bientôt jusqu'aux produits artistiques. La peinture sur verre, retrouvée après une longue éclipse, est maintenant aussi florissante au Mesnil que chez aucun verrier du moyen-âge ou de la renaissance.

« L'activité de M. Bazin ne s'appliquait pas seulement à la création de ces industries, qu'on pourrait dire de second ordre. Son nom figure dans les entreprises les plus considérab'es de notre temps. En voyant ces immenses travaux de chemins de fer, qui sont pour notre siècle un cachet particulier, comme l'architecture pour nos aïeux, on ne peut oublier, surtout dans notre département, que M. Bazin a figuré avec les plus hautes sommités de notre époque dans les concessionnaires du chemin du Nord. Son nom figure à l'ordonnance avec celui de M. Gibert.

« M. Bazin, un des fondateurs du chemin des Ardennes, en était encore administrateur, et ce n'était pas la seule vaste entreprise où son intelligence et son zèle fussent mis à contribution : M. Bazin était administrateur des mines de sel de Saint-Nicolas de Varangeville et de la grande usine de Montataire. On le trouve donc à tous les degrés de l'échelle industrielle, doué d'un coup d'œil prompt et vif dans les grandes opérations, les poussant avec vigueur et dextérité, attentif aux détails dans les petites, et sachant découvrir dans les merveilles de l'économie les ressources les plus imprévues, les plus impossibles en apparences et les plus fécondes en résultats.

« C'est surtout dans les œuvres de bienfaisance que cette qualité se manifestait avec un double fruit matériel et moral.

« M. Bazin savait que la terre n'est pas ingrate et paie les soins qu'on lui donne. Mais encore faut-il pouvoir les lui donner, et ce n'est pas une tâche sans embarras. La main-d'œuvre, on le sait trop bien, est toujours et partout la grande difficulté de la culture. M. Bazin avait donc cherché à s'assurer de main-d'œuvre. Mais le labeur des champs est intermittent; de là les industries annexées à l'exploitation. Jusque-là nous n'avons vu que le côté matériel de sa direction : en voici l'idée charitable et chrétienne.

« M. Bazin était un homme d'une grande foi religieuse. En groupant autour de lui un nombre d'auxiliaires considérable, il les voulait moraux, et pour les moraliser il comptait sur la vie des champs; mais il comptait plus encore sur la religion, et sa famille et lui leur donnaient l'exemple de la foi et de la pratique. En lui, d'ailleurs, la pratique n'était pas personnelle; elle s'étendait sur « le prochain » aussi largement que l'Evangile le demandait à sa croyance et que son imagination ardente l'y portait.

« M. Bazin voulait faire le bien et créer une génération d'hommes pieux, non seulement dans sa classe, où elle aurait été limitée à l'influence de son exemple, mais dans une classe moins heureuse à l'aide de laquelle il appelait le concours de toutes les forces humaines.

« M. Bazin avait commencé par créer chez lui une école d'agriculture. Cette école ne convenait qu'à des jeunes gens d'un âge déjà avancé. Ses plans se développèrent bientôt, et aboutirent à la création de l'orphelinat du Mesnil et de l'institut agricole de Merle. Pour donner à ces créations un gage de durée, M. Bazin s'était adressé aux personnages les plus importants de la France. Ainsi, la société d'adoption qui préside à ces établissements était placée sous la présidence de M. le comte Molé.

« L'orphelinat du Mesnil et l'institut agricole de Merle sont deux établissements correspondants qui reçoivent l'enfant dès l'âge le plus tendre, et ne le livrent à lui-même qu'à l'époque de la vie où lui sont venues la force et la raison. Les orphelins sont reçus dès deux ans et demi ou trois ans au Mesnil; ils restent jusqu'à douze ans sous la direction des sœurs de Saint-Joseph; à douze ans, ils passent à Merle : cet établissement est dirigé par les frères de la société de Marie. Ils conservent leurs élèves jusqu'à l'âge de dix huit ans, et ne les laissent ainsi entrer dans le monde qu'avec une instruction agricole et des habitudes religieuses qui en font de fidèles serviteurs et de bons sujets.

« La conception est complète, comme on le voit, et l'orphelin, recueilli par la société d'adoption, doit à

M. Bazin, fondateur de l'œuvre, une existence assurée pour les années de sa jeunesse, et l'aptitude et le goût du travail pour le reste de sa vie.

« Ce labeur agricole, ces entreprises industrielles, ces fondations charitables n'absorbaient pas tant M. Bazin qu'il n'eût encore du temps à donner aux fonctions publiques : il était président de la chambre consultative des arts et manufactures et membre de la chambre d'agriculture de l'arrondissement de Clermont et de la société centrale d'agriculture, et, en toutes ces assemblées, toujours l'un des plus assidus. C'est à lui que le département doit les deux seules expositions de produits qui s'y soient jamais faites. Il en avait conçu l'idée et poursuivi l'exécution étant président de la société agricole et industrielle de l'Oise.

« M. Bazin avait une aménité de mœurs remarquable et un esprit plein d'agrément. Si le département a regretté en lui une sommité industrielle et agricole, ses amis ont déploré la perte d'un homme bon et serviable, dont la force d'intelligence se manifestait dans les épanchements de la conversation comme dans la création de ses utiles établissements. Nous n'ajouterons rien à ce que nous avons dit de ses idées religieuses. Sa dernière pensée fut d'appeler l'évêque de Beauvais auprès de lui. La mort, d'ailleurs, ne l'a point surpris et ne pouvait le surprendre, car sa vie était pleine de bonnes œuvres. »

M. Bazin est mort, le 13 avril 1862, des suites d'une maladie du cœur. L'orphelinat du Mesnil et l'institut agricole de Merle continuent d'être dirigés par cette famille honorable, qui mérite à tous égards une place parmi les notabilités du Beauvaisis.

BLÉRANCOURT (Potier de),

Lieutenant-général de cavalerie.

XVIIe SIÈCLE.

Le château de Blérancourt était, au XVIIe siècle, un des plus remarquables du Noyonnais. Il était alors habité par la famille Potier, dont un des membres, Bernard Potier, seigneur de Blérancourt, devint lieutenant-général de cavalerie légère. Pendant ses voyages, le général de Blérancourt avait pris des notes sur les meilleures auberges d'Italie, d'Espagne et d'Allemagne, formant trois volumes in-folio. Il est à regretter qu'ils n'aient pas été imprimés. Il avait épousé Charlotte de Vieux-Pont, dame d'Annebaut, morte en 1646, et que Tallemant des Réaux traite de femme savante, ce qui n'était pas un éloge au temps de Molière.

Elle avait eu pour précepteur Pierre Bergeron, chanoine de Paris, qui demeura presque toute sa vie au château de Blérancourt, dont la châtelaine, ajoute Tallemant des Réaux, fit un *Discours sur l'amour conjugal*, qui n'a pas été publié. Un savant voyageur, François Pyrard, auteur d'une *Relation des voyages des Français aux Indes orientales*, dédiée à la reine régente Marie de Médicis, en 1611, était un des familiers du château de Blérancourt. Il y passa deux ans à raconter ses histoires de vive voix, en compagnie du chanoine Bergeron, qui les lui faisait répéter plusieurs fois pour voir s'il ne se contredisait point, car Pyrard, au dire de Tallemant, « était un brutal et un ivrogne. »

Bergeron ne lui en prit pas moins l'idée d'un livre qu'il

publia sous le titre de *Voyages de Pyrard*, en deux volumes in-8°, 1615. Il déroba aussi à Jean de Béthancourt quelques citations de son livre intitulé *Conquête des Canaries*, dont il arrangea à sa façon un *Traité des navigations*.

Ce fut Madame de Blérancourt qui bâtit le château dont Israel Silvestre a fait une belle gravure. Elle mourut sans enfants. Son mari était, au dire de Tallemant, un avare fieffé. Il avait, dit-il, quatre-vingt mille livres de rente et était vêtu comme un gueux. Il montait un gros roussin et n'avait pour tout équipage qu'un vieux manteau doublé de panne et de petites bottes de maroquin à pont-levis. Il mangeait sur un escabeau et faisait maigre chère. Il disait une fois : « Ah! cela était du temps que j'allais en carrosse! » Et cependant cet homme, malgré son avarice, ne thésaurisait pas : il était pillé par ses gens. Un homme à qui il devait une rente lui vint réclamer trois années d'arrérages. « Eh! Monsieur, lui dit-il, ne me pressez pas. Si vous saviez ma nécessité, vous auriez pitié de moi. »

Une autre fois, qu'il allait payer au bureau de l'Hôtel-Dieu de Paris une redevance dont son domaine était grevé, avisant le buraliste du Pont-au-Double, ainsi nommé parce qu'on y payait alors un double, c'est-à-dire deux liards de péage, il lui demanda en grâce de n'en payer qu'un. Il est vrai de dire qu'il entretenait à ses dépens l'équipage et le train de maison de sa nièce, Mme de Tresmes, au château de Blérancourt.

Pendant l'absence de l'harpagon de Blérancourt, il se passait au château des scènes qui peuvent nous donner une idée de ce qu'on appelle les mœurs du bon vieux temps. Un jour, un escadron de beautés célèbres, composé de Mmes d'Ecquevilly et de Turgis, de la présidente Champré et des demoiselles Ogier, toutes accompagnées de leurs galants, firent la partie, dit Tallemant des Réaux, d'aller voir Liancourt et Blérancourt.

« Les voilà tous huit dans un carosse à six chevaux. On dit, pour faire le conte bon, que Mme de Turgis dit à son mari, le plus ancien des maîtres des comptes, que M. de Champré seroit du voyage, et que les deux autres dirent à leurs maris que ce seroit Turgis qui les accompagneroit. On ajoutoit que, quand elles furent parties, les trois maris se rencontrèrent au palais, et qu'ils furent aussi étonnés que si cornes leur fussent venues.

« Comme cette partie étoit faite avec beaucoup de prudence, elle ne manqua pas d'avoir le succès tel qu'elle le devoit avoir. La compagnie de M. d'Orléans étoit logée à Noyon. Les officiers, qui virent de jolies femmes avec des jeunes gens, et qui ne vivoient point comme s'il y eut eu quelque mari dans la troupe, ne les traitèrent pas avec tout le respect imaginable. Sur cela on dit à Paris qu'elles avoient passé par les *piques*, que les *Ogières* (1) avoient été pour les gendarmes et les trois dames pour les officiers, que les galants avoient été mal menés et avoient eu bien de la peine à les retirer des mains des soudards, à force d'argent.

« On en fit une chanson qui commençoit ainsi :

> Trois jeunes dames
> Sont allées à Noyon :
> Trois forts gendarmes
> Leur y ont pris.....
> Les pauvres dames !
> On leur a pris.....
> Dedans Noyon.

« Cette aventure fit tant de bruit que pour dire une *gaillarde* on disoit : *Une dame de Noyon*. Pour Mme de Turgis, je ne voudrois pas assurer qu'elle ait conclu ; mais c'étoit une des plus fines coquettes de Paris. Elle eut du

(1) Allusion à Ogier, qui est le valet de pique du jeu de cartes.

déplaisir de ce voyage; mais, pour cela, elle n'en fut pas plus prude; à la vérité, elle ne fut plus tant dans le grand monde : elle est morte jeune. »

Telles étaient les mœurs du grand monde au siècle de Louis XIV. Les filles de qualité n'étaient guère plus prudes que les grandes dames, s'il faut en juger par cette dernière citation de Tallemant des Réaux sur les aventurières du château de Blérancourt :

« Pour Mlles Ogier, la cadette a bien plus d'esprit que l'aînée; elle fait des bagatelles en vers fort joliment. Ceux qui les connoissent disent que ce sont d'honnêtes filles, mais peu scrupuleuses, et qui, faute de bien, ont été contraintes de se fourrer dans les compagnies qui les ont bien voulu recevoir, sans regarder trop exactement si les choses s'y faisoient dans l'ordre (1). »

BOUFFLERS (famille de) (2).

Nous complétons, ainsi que nous l'avons annoncé, la notice consacrée à la famille de Boufflers. Originaire de la Flandre, elle acquit en 1435 la seigneurie de Coigny, qui prit, ainsi que le village, le nom de Boufflers; il le conserva jusqu'en 1783, époque où ce domaine passa dans la famille non moins illustre des Crillon, dont il a définitivement adopté le nom patronymique.

Pierre de Boufflers fut un des meilleurs généraux de

---

(1) *Historiettes* de Tallemant des Réaux.

(2) Voir la notice sur Louis et Adrien de Boufflers, page 130.

Louis XI et de Charles VIII. Il prit d'assaut la ville de Gerberoy, qui avait été surprise par les Bourguignons, lors de l'invasion de Charles le Téméraire en Beauvaisis. Son fils Jean de Boufflers servit avec distinction sous les règnes de Louis XII et de François 1er.

Nous n'avons rien à ajouter sur les notices de Louis et d'Adrien de Boufflers, qui continuèrent les traditions d'honneur et de vaillance de cette noble maison.

Le fils aîné d'Adrien, François, comte de Boufflers, après plusieurs campagnes brillantes, fut nommé lieutenant-général de la province d'Ile-de-France. Il assista, comme député de la noblesse de Beauvaisis, à toutes les assemblées provinciales de son temps. Il périt à Conches, en combat singulier, le 14 février 1672. Son corps fut rapporté à Boufflers. Le carrosse qui le transportait versa en route et le curé qui l'accompagnait fut tué par le choc. Cet accident fournit à La Fontaine le sujet d'une de ses fables intitulée: *le Curé et le Mort.*

Mais le personnage le plus illustre de cette maison fut sans contredit le duc Louis-François de Boufflers, pair et maréchal de France, qui naquit au château de ses pères, le 10 janvier 1644. Il entra au service dès l'âge de 19 ans, sous le titre de chevalier de Boufflers, et conquit ses premiers grades sur le champ de bataille. Élève de Turenne, de Créqui et de Luxembourg, il partagea la gloire de ces grands capitaines.

Cadet au régiment des gardes, en 1662, il assista l'année suivante au siége de Marsal, fit, sous le duc de Beaufort, en 1666, la campagne de Flandre, suivit le maréchal de Créqui dans l'expédition contre la Lorraine, en 1670, comme colonel du royal-dragons. Il passa, en 1672, sous les ordres du maréchal de Turenne, le suivit en Hollande, et l'accompagna dans la brillante campagne que ce savant tacticien dirigea en Allemagne contre Montecuculli. Promu successivement brigadier de dragons, en 1673, maréchal de camp, en 1677, et colonel-général des dragons, en 1678, il fut élevé au grade de lieutenant-général, en 1681.

Il fut chargé du commandement d'un corps d'armée chargé de venger sur la ville de Fontarabie, en Espagne, l'insulte que les Français avaient reçue de ses habitants.

Dès le début de la guerre entreprise contre la ligue d'Augsbourg, il s'empara de Kaiserlautern, de Worms, d'Oppenheim et de Mayence, et contribua au gain de la bataille de Fleurus, en amenant un secours de six mille hommes au maréchal de Luxembourg. Blessé au siége de Mons, en 1691, il investit Namur l'année suivante, et prit une grande part à la victoire de Steinkerque. Colonel des gardes françaises en 1692, il fut nommé maréchal de France le 27 mars 1693 et gouverneur de Lorraine. Il échangea, en 1694, ce gouvernement contre celui de Lille et de la Flandre.

Enfermé à Namur pendant la campagne de 1695, si mal conduite par le maréchal de Villeroy, le duc de Boufflers se défendit pendant plus de soixante jours contre les forces réunies de la coalition commandée par le prince Guillaume d'Orange. Obligé de capituler, il obtint que la garnison sortît de la ville avec les honneurs de la guerre, mais un quart d'heure après le défilé des troupes, il fut arrêté par deux officiers du prince d'Orange et retenu prisonnier avec tous les égards dus à son rang, jusqu'à ce que la France eût rendu à la liberté les garnisons de Deinse et de Dixmude, prisonnières de guerre. Le maréchal de Boufflers revint alors à Fontainebleau, où le roi lui conféra le titre de duc.

Chargé de négocier la paix avec le comte de Portland, ministre d'Angleterre, il assista aux conférences qui amenèrent la paix de Ryswick.

Après sa belle défense de Namur, le maréchal vint visiter son domaine de Boufflers et fit restaurer le château de ses ancêtres qui avait été presque entièrement détruit pendant les guerres de la Ligue. Il donna au village une plus grande extension, y fit construire des halles, et y établit une fabrique d'étoffes qui existe encore aujourd'hui à Crillon.

Le maréchal, qui avait une grande autorité dans le Beauvaisis, fut nommé par le roi gouverneur héréditaire de la ville de Beauvais, en 1696 ; c'est en cette qualité qu'il fut chargé, en 1698, du commandement des troupes réunies au camp de Compiègne. Nous nous étendrons sur cet intéressant épisode historique local, et dont saint Simon fait un curieux récit dans ses *Mémoires* (1).

« Le maréchal de Boufflers, dit-il, étonna par sa dépense et par l'ordre surprenant d'une abondance qui unissait l'art et le goût, l'élégance, le nouveau et l'exquis. Les tables sans nombre et à tous moments servies à mesure qu'il se présentoit des officiers ou courtisans, ou spectateurs ; jusqu'aux bailleurs les plus inconnus, tout étoit retenu, invité et comme forcé par l'attention, la civilité et la promptitude du nombre infini de ses officiers, et pareillement toutes sortes de liqueurs chaudes et froides et tout ce qui peut être le plus vastement et le plus splendidement compris dans le genre des rafraîchissements ; les vins françois, étrangers, ceux de liqueur les plus rares y étoient comme abandonnés à profusion, et les mesures étoient si bien prises que l'abondance de gibier et de venaison arrivoit de tous côtés et que les mers de Normandie, de Hollande, d'Angleterre et jusqu'à la Méditerranée, fournissoient tout ce qu'elles avoient de plus monstrueux et de plus exquis à

(1) *Mémoires complets et authentiques du duc de Saint-Simon*, sur le siècle de Louis XIV et la régence, collationnés sur le manuscrit original, par M. Chéruel ; Paris, L. Hachette.

jour et point nommés, avec un ordre inimitable et un nombre de courriers et de petites voitures de poste prodigieux. »

Cette bombance militaire coûta cher au maréchal de Boufflers et aux officiers du camp. Il avait établi son quartier général à Coudun. Il y reçut le roi, le duc et la duchesse de Bourgogne, et leur offrit une collation magnifique. C'est pour l'éducation militaire du duc de Bourgogne, son petit-fils, que Louis XIV avait fait tenir le camp de Compiègne. « Le roi, dit saint Simon, s'amusa fort à voir et à faire voir les troupes aux dames, leur arrivée, leur campement, leurs distributions, en un mot, tous les détails d'un camp, des détachements, des marches, des fourrages, des exercices, de petits combats, des convois. La duchesse de Bourgogne, les princesses et les dames de la Cour firent souvent collation chez le maréchal, où la maréchale de Boufflers leur faisoit les honneurs. Le roi y mena dîner le roi d'Angleterre (Jacques II, alors en exil), qui vint passer trois ou quatre jours au camp. Le roi pressa fort le maréchal de se mettre à table; il ne le voulut jamais, il servit les deux rois, et le duc de Grammont, son beau-père, servit le duc de Bourgogne. »

Après avoir raconté une mystification plaisante faite par le duc de Lauzun au comte de Tessé, colonel-général des dragons, à qui il persuada de se coiffer, pour la grande revue, d'un chapeau gris que le roi ne pouvait souffrir, et qu'il conseilla à Tessé d'envoyer au général des Prémontrés, Saint-Simon continue ainsi le récit du camp de Compiègne, de 1698 :

« A quatre lieues autour de Compiègne, les villages et les fermes étoient remplies de monde, et françois et étrangers, à ne pouvoir plus contenir personne, et cependant tout se passa sans désordre. La beauté et la profusion de la vaisselle put fournir à tout, toute marquée aux armes du maréchal, fut immense et incroyable; ce qui ne le fut pas moins, ce fut l'exactitude des heures et du service. Rien d'attendu, rien de languissant, pas plus pour les bailleurs du peuple et jusqu'à des laquais, que pour les premiers seigneurs, à toutes heures et à tous venants. »

Le roi fit simuler une attaque de Compiègne avec tous les détails d'un siége, lignes de circonvallation, tranchées, batteries, sapes, etc. Un ancien rempart tournait alors autour du château, du côté de la campagne : il était de plein-pied avec l'appartement du roi, et par son élévation dominait la plaine. Il y avait au pied de ce rempart une vieille muraille et un moulin à vent; mais les fortifications n'avaient ni banquette, ni mur d'appui. « Le samedi 13 septembre, dit saint Simon, fut destiné à l'assaut; le roi, suivi de toutes les dames, et par le plus beau temps du monde, alla sur ce rempart; force courtisans et ce qu'il y avoit d'étrangers considérables. De là, on découvroit toute la plaine et la disposition des troupes. J'étois dans le demi-cercle, fort près du roi, à trois pas au plus, et personne devant moi. C'étoit le plus beau coup-d'œil que l'on pût imaginer que toute cette armée, et ce nombre prodigieux de curieux de toutes conditions, à cheval et à pied, à distance des troupes, pour ne point les embarrasser; et ce jeu des attaquants et des défendants à découvert, parce que, n'y ayant rien de sérieux que la montre, il n'y avoit de précautions à prendre pour les uns et les autres, que la justesse des mouvements. »

Madame de Maintenon assistait au camp de Compiègne. « Elle étoit, dit Saint-Simon, en face de la plaine et des troupes, dans sa chaise à porteurs, entre ses trois glaces, ses porteurs retirés. Sur le bâton de devant, à gauche, étoit assise madame la duchesse de Bourgogne; du même côté, en arrière et en demi-cercle, debout, madame la princesse de Conti et toutes les dames; et derrière elles, les hommes. Le roi étoit presque toujours découvert, et à tous moments se baissoit dans la glace pour parler à madame de Maintenon, pour lui expliquer tout ce qu'elle voyoit et les raisons de chaque chose. A chaque fois, elle avoit l'honnêteté d'ouvrir sa glace de quatre ou cinq doigts, jamais de la moitié, car j'y pris garde, et j'avoue que je fus plus attentif à ce spectacle qu'à celui des troupes. »

Saint-Simon ajoute que cette scène fit mauvais effet, qu'on se parlait autour du roi, des yeux et du coude, et que, les soldats demandant qui était dans cette chaise à porteurs, il fallut doucement faire taire les officiers et faire cesser les questions des soldats.

Le roi partit de Compiègne le lundi 22 septembre, et alla coucher à Chantilly. Avant de partir du camp, il fit donner six cents livres de gratification à chaque capitaine de cavalerie et trois cents livres à chaque capitaine d'infanterie. Il fit au maréchal de Boufflers un présent de cent mille livres. « Tout cela ensemble coûta beaucoup, dit en terminant saint Simon, et pour chacun ce fut une goutte d'eau. Il n'y eut point de régiment qui n'en fut miné pour bien des années, corps et officiers, et pour le maréchal de Boufflers, je laisse à penser ce que ce fut que cent mille livres, à la magnificence incroyable qu'il déploya au grand étonnement des étrangers qui n'en pouvoient croire leurs yeux. »

Charles II, roi d'Espagne, étant mort en 1701, Louis XIV chargea le duc de Boufflers de s'emparer des places espagnoles des Pays-Bas, occupées par des garnisons hollandaises. Le maréchal enleva dans cette campagne les places de Luxembourg, Namur, Charleroi, Mons et Ostende. Philippe V le récompensa de ces brillants exploits par le collier de la Toison d'Or. Louis XIV, de son côté, pour relever la fortune ébranlée du maréchal, lui accorda une augmentation de deux cent mille livres sur sa charge.

« Mais, dit Saint-Simon, Boufflers n'étoit rien moins que

content dans sa grande fortune. Il ne s'accoutumoit point à ne plus commander d'armées. C'étoit un homme fort court, mais pétri d'honneur et de valeur, de probité, de reconnoissance et d'attachement pour le roi, d'amour pour la patrie. » Apprenant que Lille allait être assiégée par les ennemis qui avaient envahi la Flandre dont il était gouverneur, il demanda à défendre cette ville, et il s'immortalisa par cette belle défense. Lille fut investi par les ennemis le 12 août 1708. Le maréchal qui s'était enfermé dans cette place, enrégimenta la jeunesse de la ville et des environs, dépensa cent mille écus qu'il avait empruntés sur ses biens, et répondit pour le roi des dépenses du siége, qui montèrent à plus d'un million. Le maréchal Vendôme, qui avait une armée en Flandre, devait secourir Lille, contre laquelle le prince Eugène et Malborough, après avoir réuni leurs forces, avaient placé cent dix pièces de canon et cinquante mortiers en batterie. Le roi avait donné l'ordre à Vendôme de marcher sur Lille : le duc de Bourgogne qui était à l'armée de Flandre, le pressait également de le faire, Vendôme n'obéit qu'à regret aux injonctions royales; il ne put s'accorder avec le maréchal de Berwick, chargé d'opérer sa jonction avec son corps d'armée; bref, il s'obstina dans son plan de campagne, et Lille ne put être ravitaillée.

Le prince Eugène espérait avoir bon marché du maréchal de Boufflers qu'il avait déjà forcé de capituler à Namur; mais il vit bientôt à quel vaillant guerrier il avait à faire. « Il faudroit un journal de ce grand siége, dit Saint-Simon, pour raconter les merveilles de la capacité et de la valeur de cette défense. Les sorties furent fréquentes et tout fut disputé pied à pied tant que chaque pouce de terre le put être. » Les assiégés, encouragés par l'exemple de Boufflers, firent en effet des prodiges de valeur; mais après quinze combats meurtriers et deux mois de tranchée ouverte; après s'être défendu héroïquement dans la citadelle et avoir caché aux soldats l'ordre de capitulation qu'il avait reçu, Boufflers fut contraint de se rendre. Le prince Eugène lui fit rendre tous les honneurs de la guerre ; le roi le manda à Versailles, le combla d'éloges devant toute la Cour, et lui demanda ce qu'il pouvait faire pour lui et sa famille. Comme le maréchal hésitait et ne demandait rien, le roi le fit sur-le-champ duc et pair, et lui donna le gouvernement de la Flandre, qui valait plus de cent mille livres de rente, avec la survivance pour son fils.

Le maréchal de Boufflers, à la suite d'un voyage dans son gouvernement, tomba dangereusement malade ; il revint à la Cour et pria le duc de Saint-Simon d'être un de ses témoins, le jour de sa réception comme duc et pair.

La cérémonie eut lieu avec une grande solennité au Palais de Justice, où siégeait alors le Parlement. « Tout ce qui s'y trouvoit de Pairs y assista, dit Saint-Simon, et jamais on ne vit tant de seigneurs, de gens de qualité, ni une telle affluence d'officiers, surtout de ceux qui sortoient de Lille. Comme on s'assembloit et qu'on prenoit place, arriva le nouveau pair, fort accompagné, qui trouva par les rues et dans le palais, sur tout son passage, une si grande foule de peuple criant et applaudissant en manière de triomphe, que je ne vis jamais spectacle si beau ni si satisfaisant, ni homme si modeste que celui qui fut reçu au milieu de toute cette pompe. »

Après la lecture des témoignages et le serment prêté par le nouveau pair, le premier président adressa au duc de Boufflers une allocution élogieuse, à laquelle il répondit par une protestation chaleureuse de reconnaissance et de dévouement pour le roi et la compagnie.

En sortant du palais, le maréchal s'adressant aux officiers qui lui faisaient cortége, leur dit : « Messieurs, tous les honneurs qu'on me fait ici, et toutes les grâces que je reçois du roi, c'est à vous que je crois les devoir ; c'est votre mérite, c'est votre valeur qui me les ont attirés. Je ne dois me louer que d'avoir été à la tête de tant de braves gens qui ont fait valoir mes bonnes intentions. »

Le maréchal de Boufflers qui n'était pas courtisan, eut à souffrir de l'hostilité de Chamillard, ministre de Louis XIV, homme incapable, qui n'avait gagné les bonnes grâces du roi que par son habileté à jouer au billard. Usant de son crédit auprès du monarque, dans l'intérêt de l'Etat et de l'armée, il mit en relief l'incapacité du ministre.

L'étoile de Louis XIV commençait à pâlir. Pendant la désastreuse campagne de 1709, nos armées éprouvèrent plusieurs échecs successifs ; un hiver rigoureux et la disette, qui en fut la conséquence, amenèrent de grandes misères. Le maréchal de Boufflers envoya toute sa vaisselle d'argent à la monnaie, pour subvenir aux frais de la guerre, et toute la cour, y compris la famille royale, suivit cet exemple. Payant de sa personne, aussi bien que de ses revenus, il apaisa à Paris deux émeutes occasionnées par la cherté du pain. Le peuple le reçut aux cris de *Vive le maréchal de Boufflers!* et le chargea de se faire auprès du roi l'interprète de leurs doléances. Le maréchal se rendit à Versailles et rendit compte au roi de la situation. La roi lui offrit le gouvernement de Paris qu'il refusa, pour ne pas désobliger le duc de Tresmes, gouverneur de la ville; mais celui-ci, aussi bien que le lieutenant de police et le prévôt des marchands, durent se soumettre aux ordres du maréchal qui apaisa le tumulte et rétablit la tranquillité.

Lorsque Villars fut envoyé par le roi Louis XIV en Flandre, avec les dernières recrues de la monarchie, Boufflers offrit de l'accompagner. Il fut victorieux à l'aile droite dans la sanglante journée de Malplaquet ; mais ne pouvant conjurer la défaite du reste de l'armée, il opéra du moins une belle retraite, et dans son rapport au roi, il y fit le plus bel éloge de la bravoure inutilement déployée par

Villars. Celui-ci ne lui en sut pas gré. Aigri de ce mauvais procédé, et voyant que toutes les faveurs royales étaient réservées au vaincu, le maréchal de Boufflers, affligé en outre de la perte de son fils aîné, quitta enfin le service et la cour.

Le maréchal de Boufflers mourut à Fontainebleau, le 22 août 1711, à l'âge de soixante-huit ans. Il arrivait de Paris lorsque la maladie le surprit, et en quelques jours il fut en danger de mort. Un empirique lui donna une potion qui le mit presque hors de danger ; mais un médecin lui donna un autre remède qui le tua le même jour. Il fut universellement regretté, dit Saint-Simon, et ses louanges retentirent dans toutes les bouches, quoique sa considération fût tout à fait tombée. Le roi en parla bien, mais peu. On emmena la maréchale de Boufflers chez la duchesse de Guiche, où le dauphin et la dauphine allèrent la voir. Comme les affaires du maréchal étaient fort embarrassées, le roi lui accorda une pension de 12,000 livres.

Le maréchal de Boufflers fut inhumé dans l'église de Saint-Paul, à Paris. Son cœur fut rapporté à Boufflers et déposé dans le chœur de l'église, le 6 novembre 1711. Quelques jours après, un service funèbre fut célébré en son honneur dans la cathédrale de Beauvais.

La maison de Boufflers ne se releva pas de la disgrâce du maréchal. Un de ses membres, d'abord abbé, puis chevalier de Boufflers, né à Lunéville en 1737, mourut à Paris en 1815. Il ne s'occupa que de poésie légère, et comme en ce temps-là l'esprit menait à tout, il devint membre de l'Institut, sous l'Empire, et occupa à l'Académie française, le fauteuil laissé vacant par le maréchal de Noailles. Un autre membre de cette famille, qui était resté dans le Beauvaisis, mourut insolvable ; ses biens, abandonnés par la famille aux créanciers, furent mis en vente en 1756. La statue équestre de Louis XIV, par Girardon, ayant été jugée trop petite pour être mise sur la place Vendôme, avait été donnée par le roi au maréchal de Boufflers, qui l'avait fait placer dans la cour d'honneur de son château. Cette statue faisait partie des objets saisis au château de Boufflers. La ville de Beauvais réclama contre cette mesure, et un arrêt du Parlement la mit en possession de ce précieux monument qui orna la grande place de Beauvais jusqu'en 1792, époque où elle fut renversée par le vandalisme révolutionnaire (1).

CALON (Edouard-Nicolas de),

Député à la Convention,

né à Grandvilliers.

Il débuta dans la carrière militaire et était officier supérieur et chevalier de saint Louis en 1789, lorsqu'éclata la Révolution. Les habitants de Grandvilliers le nommèrent commandant de la garde nationale. Peu de temps après, il devint un des commissaires chargés de l'administration du département de l'Oise; il fut enfin élu à l'Assemblée législative le 1er octobre 1791.

Il prit place au côté gauche, et dans toutes les mesures législatives il se rangea parmi les ennemis de la cour. Membre de la commission députée vers Louis XVI le 11 août 1792, il déclara au roi « que la garde nationale répondait de sa personne, mais que le peuple voulait éloigner de lui

---

(1) *Histoire généalogique des pairs de France*, par le P. Anselme. — *Mémoires de Saint-Simon.* — *Documents particuliers.*

tous ceux qui lui étaient suspects, et qu'il l'engageait au nom de l'assemblée à s'en séparer, pour éviter de nouveaux malheurs. »

Le 22 août, il fit hommage de sa croix de saint Louis en faveur des veuves et orphelins des patriotes morts dans la journée du 10 août.

Réélu à la convention par le département de l'Oise, il fit partie du comité de la guerre, accusa le ministre Roland d'avoir fait répandre dans l'armée quinze mille exemplaires de la dénonciation de Louvet contre Robespierre; fulmina contre Vergniaud, qui, en sa qualité de Girondin, avait qualifié la montagne de minorité séditieuse, et se déclara « prêt à mourir avec elle pour la liberté. »

Par une singulière contradiction, au moment même où l'on renversait partout les emblèmes de la féodalité, de Calon fit don à la mairie de sa ville natale d'un cachet représentant son blason armorié.

Les armes de la ville de Grandvilliers sont : un champ d'or à trois bandes d'azur, au chef d'argent, chargé d'une fleur de lys de gueule, accompagnée de deux fers de pique d'azur posés en pal. Une couronne murale surmonte cet écusson et deux levrettes lui servent de supports.

CHARLES IV (dit le Bel),

né au château de Clermont en Beauvaisis.

1294—1328.

Il était le troisième fils de Philippe-le-Bel, et reçut à sa naissance le titre de comte de La Marche. Cette naissance donna lieu dans la ville de Clermont à de grandes réjouissances qui furent bientôt attristées par la mort subite de Jean de Brienne, comte d'Eu, oncle de la reine, et qui avait assisté à ses couches.

Philippe-le-Long, son frère, avait fait exclure de la succession au trône, en vertu de la loi salique, la fille de Louis X le Hutin; Charles IV fit de même exclure celles de Philippe-le-Long, et devint roi à la mort de son frère en 1322.

Son règne, qui ne dura que six ans, n'a guère laissé de traces dans l'histoire. Il publia divers réglements relatifs au commerce, augmenta les droits à l'importation, chassa les négociants lombards que Louis X avait rappelés, et, de même que ce prince en avait usé envers Enguerrand de Marigny, trésorier sous Philippe-le-Bel, il fit mourir par la torture Girard de la Guette, ministre des finances sous Philippe-le-Long, et confisqua ses biens. Roi fiscal à l'excès, comme ses prédécesseurs, il s'enrichit par les exactions et par la fausse monnaie.

Il n'en était pas moins sévère pour les exactions d'autrui. Un puissant seigneur féodal, le baron de l'Ile-en-Jourdain, convaincu de plusieurs crimes, fut pendu malgré les supplications de la noblesse et l'intervention du pape, dont il était le neveu.

Charles IV rendit cependant quelques ordonnances pour adoucir le sort des lépreux et des juifs.

A l'instigation de sa sœur Isabelle, femme d'Edouard II, roi d'Angleterre, il avait envahi l'Aquitaine, pendant que Charles de Valois, son oncle, avait sur ses ordres occupé l'Agénois.

Une guerre allait s'engager entre la France et l'Angleterre, lorsque Isabelle vint elle-même en France négocier la paix (1326). Elle retourna en Angleterre suivie d'un grand nombre de chevaliers, à l'aide desquels elle parvint à fomenter une conspiration et à détrôner le roi son époux. Edouard II périt par le plus affreux des supplices : Deux sicaires, Gournay et Maltravers, pénétrèrent dans la chambre du roi pendant qu'il dormait, et lui plongèrent un fer rouge dans les intestins.

La femme de Charles-le-Bel était aussi perverse et aussi barbare que sa sœur. Ce prince avait épousé, en 1307, Blanche de Bourgogne, qui, convaincue d'adultère comme sa sœur Marguerite, fut comme elle tonsurée et emprisonnée au Château-Gaillard, près des Andelys.

Le peuple voyait dans les drames sanglants de la tour de Nesle et dans la mort prématurée des petits-fils de saint Louis, un signe de la vengeance céleste envers cette famille qui avait souffleté le pape Boniface VIII, empoisonné Benoît XI et fait brûler les Templiers.

Charles-le-Bel ne fut pas plus heureux que ses frères morts l'un à vingt-sept ans, et l'autre à vingt-huit. Il épousa en secondes noces Marie de Luxembourg, qui mourut deux ans après (1324), et en 1325, il prit pour troisième femme Jeanne d'Evreux, dont il n'eut qu'une fille posthume.

Ce prince faible, pour qui la couronne de France semblait être un fardeau, faillit ceindre la couronne impériale de Charlemagne et de Barberousse. Appuyé par le pape, qui préférait un descendant de saint Louis aux Césars d'Allemagne, il fut le compétiteur de Louis de Bavière et se rendit en 1325 à Bar-sur-Ornain, où quelques princes d'Allemagne devaient conférer avec lui. Il ne trouva au rendez-vous que Léopold d'Autriche, et revint cacher en France la honte de sa fausse démarche.

Il mourut en 1328, laissant Jeanne d'Evreux enceinte. Philippe de Valois, fils de Charles de Valois, fut déclaré régent ; et la reine étant accouchée d'une fille, il fut, en vertu de la loi salique, reconnu roi de France.

Charles-le-Bel fut inhumé à Saint-Denis; mais selon l'usage établi au XIIIe siècle de partager les dépouilles royales, son cœur fut déposé aux Jacobins de Paris, et ses entrailles à l'abbaye de Maubuisson, près Pontoise (1).

THIBAUT DE CHEPOIX,

Amiral et grand-maître des arbalétriers de France,

né à Chepoix, près Breteuil.

12..—1315.

Il remplit, au commencement du XIVe siècle, les fonctions de vicaire-général de Charles de Valois, à Constantinople, lorsque cette ville eut été prise par les croisés.

Il avait antérieurement été nommé par Philippe-le-Bel, gouverneur du château de Saint-Macaire, ce qui lui valut en 1296, une rente de 500 livres sur le trésor royal.

Il accompagna Charles de Valois, frère de Philippe-le-Bel, pendant une première expédition dans les Deux-Siciles; à son retour, en 1302, Louis X, le Hutin, lui fit présent d'un hanap à couvercle pesant cinq marcs d'argent.

En 1304, il fut créé grand maître des arbalétriers de France, et obtint une pension de six cents livres, en 1307, comme amiral de la mer.

C'est en cette qualité qu'il prit part à l'expédition de

---

(1) Continuateurs de Nangis. — Chroniques de Saint-Denis.

Roumanie, pendant les années 1306, 1307 et 1308. Il recevait alors trente sols de gages.

Il mourut en 1315.

La charge d'amiral, que les Siciliens ont établie les premiers, ne s'est introduite en France que sous le règne des Valois, et a longtemps été exercée par commission, avant de devenir une dignité. Elle s'appliqua primitivement à la Normandie, puis à la Provence, à la Guyenne et aux autres provinces maritimes de la France : encore les amiraux ne siégeaient-ils, dans l'origine, qu'aux bancs inférieurs du parlement. Thibault de Chepoy fit, de la relation des voyages du Vénitien Marco Polo en Chine, une traduction qui est restée manuscrite, et dont une copie ancienne existe à la bibliothèque de Berne.

COMBAUT (famille de),

Originaire d'Auteuil.

La maison de Combaut possédait, au XVIIe siècle, la seigneurie d'Auteuil. Elle avait fait dresser sa généalogie par d'Hozier. Les seuls membres de cette famille, dont les annalistes de Beauvais aient gardé le souvenir, sont :

I. Charles de Combault, baron d'Auteuil, né en 1588. Il fut gouverneur de Henri-Jules de Bourbon, duc d'Enghien. Il s'occupa de travaux historiques et d'ouvrages sur la noblesse et la chevalerie. Il aida Louvet dans ses recherches sur les anciennes familles du Bauvaisis. On a de lui : *Discours abrégé de l'Artois, membre ancien de la couronne et de ses possesseurs, depuis le commencement de la monarchie.* Paris, 1640, in-4°. L'auteur, pour flatter

Richelieu, fait remonter sa généalogie jusqu'à Robert d'Artois, fils de Louis VIII et frère de saint Louis. — *Histoire des favoris et des ministres d'Etat qui ont fleuri sous les rois de la troisième lignée.* Paris, 1642, in-fol. Cet ouvrage contient la vie de dix-huit ministres, depuis 887, époque de l'avènement de Hugues Capet, jusqu'en 1327, date de l'avènement de Philippe de Valois. On y trouve des détails curieux sur l'origine des titres et fonctions des grands officiers de la couronne. — *Blanche, infante de Castille, mère de saint Louis, reine et régente de France.* Paris, 1644, in-4°. Dans cet ouvrage, Charles de Combault a voulu prouver que les femmes, exclues de la couronne par la loi salique, ne sont cependant point étrangères aux affaires de l'Etat, et que plusieurs reines de France ont montré une grande aptitude pour l'administration du royaume. *Le vrai Childebrand.* Paris, 1659, in-4°. C'est une réponse à un traité de Chifflet, médecin du roi d'Espagne, Philippe IV, intitulé *Vindiciæ Hispanicæ*, qui tendait à prouver que Hugues Capet ne descend de Charlemagne que par les femmes, et qu'en conséquence la maison de Lorraine avait à la couronne de France des droits antérieurs à celle de Bourbon.

II. Alexandre de Combault, comte d'Auteuil, chevalier de Saint-Louis, et ancien officier aux gardes françaises, vit les sépultures de sa famille violées sous la révolution, et les dix-huit cercueils de plomb où reposaient les corps de ses aïeux, transformés en projectiles de guerre. Au retour de l'émigration, il rentra dans son domaine d'Auteuil, où il mourut le 23 septembre 1855, âgé de 87 ans (1).

---

(1) Lelong : *Bibliothèque historique de la France.* — Manuscrits de Victor Tremblay.

Bourrée de CORBERON (famille).

La famille de Corberon est originaire de Bourgogne : c'est une ancienne famille parlementaire.

La seigneurie de Corberon, située près de Beaune, a été érigée en baronie par le roi Louis XIV, en faveur de l'aïeul de *Pierre-Daniel Bourrée de Corberon*, président au Parlement de Paris (1re chambre des enquêtes).

Le président de Corberon était fils de *Daniel Bourrée, baron de Corberon*, conseiller au Parlement de Paris, et de Guillemette de Breget.

Il était né le 22 mai 1717, fut nommé conseiller au Parlement en 1738, et président en 1751. Il avait épousé Catherine Thiroux de Gerseuil, en 1745. Il acheta, en 1752, la terre de Troissereux, et y ajouta successivement les terres de Rieux, Houssoye, Verderel, Campdeville, Savignies et Maisoncelle.

Il employa sa fortune à faire, dans la vallée du Thérain, de grands travaux de desséchements, et y propagea les nouvelles méthodes d'agriculture (1).

Il n'émigra pas sous la Révolution. Il s'était retiré à Toulouse, et fut impliqué dans un procès criminel en même temps que beaucoup d'honorables magistrats du Parlement de Paris et de celui de Toulouse « comme convaincus d'être auteurs ou complices d'une conspiration, qui a existé depuis 1789 jusqu'à ce jour, contre la souveraineté et la sûreté du peuple français, par l'effet de laquelle on n'a cessé de provoquer par des protestations, des arrêtés contraires à la liberté, l'avilissement et la dissolution de la représen-

---

(1) Voir l'*Annuaire du canton de Nivillers*, par M. Graves.

tation nationale, la rébellion envers les autorités constituées, et les lois créées et faites par les représentants du peuple; qu'enfin, pour faire réussir cette conspiration et faire rétablir contre la volonté du peuple et par la force les ci-devant parlements et tribunaux, il a été entretenu des intelligences et correspondances avec les ennemis extérieurs de l'Etat, tendant à faciliter le succès de leurs armes, et que, pour parvenir au même but et faire réussir plus facilement la conspiration, il a été employé toute espèce de manœuvres pour exciter la guerre civile, etc., ont été condamnés à la peine de mort.»

Parmi les victimes de cette hécatombe parlementaire, figuraient les noms les plus honorables : un Pasquier, conseiller de la grand'chambre du Parlement de Paris; un Mathieu Molé de Champlâtreux, président à mortier au Parlement; un Lefèvre d'Ormesson, également président à mortier, député à l'Assemblée constituante et ex-bibliothécaire de la bibliothèque du roi.

C'est en cette noble compagnie que le vénérable président de Corberon monta sur l'échafaud, le 20 avril 1794, à l'âge de 77 ans.

Pierre-Philibert-Catherine Bourrée, marquis de Corberon, son fils aîné, qualifié de lieutenant aide-major au régiment des gardes-françaises, fut à son tour traduit devant le tribunal révolutionnaire en même temps que son maître d'hôtel C. F. Collier, domicilié comme lui à Troissereux, district de Beauvais, « comme convaincus de conspirations contre le peuple, par suite desquelles des intelligences ont été entretenues avec les ennemis de l'Etat ; des secours en hommes et en argent leur ont été fournis, des révoltes contre l'autorité légitime ont été provoquées par le fanatisme et tous autres moyens tendant à détruire sa liberté et à rétablir le despotisme, ont été condamnés à la peine de mort. » Il fut aussi exécuté le 29 floréal an II (18 mai 1794).

De son mariage, conclu, en 1772, avec Marie-Anne de Nogué, il eut deux fils :

Daniel-Marie Bourrée, baron de Corberon, second fils du président, fut mestre de camp des armées du roi et ministre plénipotentiaire de France auprès du souverain de la principauté de Deux-Ponts. Il échappa à la proscription terroriste et mourut en 1810.

Mais d'autres épreuves étaient réservées à la famille de Corberon : le fils aîné du marquis, *A. Bourrée de Corberon*, enfant de quinze ans, fut traduit, malgré son âge, devant le tribunal révolutionnaire, le 19 messidor an II (7 juillet 1794), en même temps qu'un chanoine de Beauvais, une comtesse de Boufflers, un prince de Chimay, et le président de la chambre des comptes Nicolaï, « comme convaincus de s'être rendus les ennemis du peuple en conspirant contre sa liberté et sa sûreté, en provoquant, par la révolte des prisons, l'assassinat et la dissolution de la représentation nationale, etc., et condamnés à mort. »

Ce crime juridique s'accomplit, et le jeune de Corberon, extrait des prisons de Chantilly, porta sa tête innocente sur l'échafaud. Afin de pouvoir le condamner, le tribunal révolutionnaire l'avait vieilli de deux ans. Il est ainsi qualifié dans le jugement du 19 messidor : « A. Bourré de Courberon, âgé de 17 ans, né à Paris, ex-noble. »

Le sang de ce martyr devait enfin désarmer les bourreaux. Le second fils du marquis fut épargné, et il est aujourd'hui le chef de cette famille si éprouvée. *Daniel-Jean-Charles Bourrée, marquis de Corberon*, est né le 1er janvier 1780. Il a épousé, en 1805, Emilie-Claudine Fabre de Charun. De ce mariage sont nés deux fils : l'aîné, le *comte de Corberon*, a servi dans les gardes-du-corps, compagnie de Noailles, sous la Restauration. Il a quitté le service en se mariant.

Le second est le *baron de Corberon,* député au Corps législatif en 1853, et réélu en 1857, membre du Conseil général de l'Oise pour le canton de Nivillers depuis 1852, maire de Troissereux depuis 1846, et chevalier de la Légion d'honneur. Il a épousé Mlle Emilie Feutrier, fille du baron Feutrier, ancien préfet de l'Oise, et nièce de Monseigneur Feutrier, ancien évêque de Beauvais et ministre des cultes en 1830.

Par cette alliance, M. le baron de Corberon participe à la fois aux souvenirs traditionnels de l'ancienne noblesse du Beauvaisis, dont son père est un des plus dignes représentants, et aux souvenirs plus récents d'un magistrat et d'un prélat qui ont laissé dans le pays une renommée d'urbanité et de courtoisie qu'on retrouve au château de Saint-Maurice, unies à la grâce et à la bienfaisance.

COUSTANT (famille de) (1).

Originaire de Compiègne.

La famille Coustant est une des anciennes familles de la ville de Compiègne, où on la trouve établie au XVIe siècle. Depuis cette époque, elle s'y est acquis une position des plus honorables par les charges qu'elle a remplies et les alliances qu'elle a contractées. Elle s'honore d'une suite non interrompue de services rendus dans la magistrature, les

---

(1) Voir la Notice de Dom Coustant, p. 238.

cours souveraines et l'armée. Elle a aussi fourni de nombreux représentants dans les ordres sacrés, notamment les Bénédictins, et l'un de ses membres s'est acquis par ses travaux et ses vertus une illustration qui le place parmi les personnages remarquables de cette savante congrégation.

Ses armes ont été enregistrées dans l'Armorial général, manuscrit dressé par d'Hozier, en conformité de l'édit du roi Louis XIV, de novembre 1696 : Généralité de Paris. Election de Compiègne, n° 103, fol. 696. De gueules à un arbre d'or, au chef d'argent chargé d'un croissant de sable.

Les chroniques locales et les archives de la ville de Compiègne ne donnent aucun renseignement sur l'origine de cette famille (1), et il faut commencer sa généalogie avec la filiation directe établie par les actes de l'état civil, où nous trouvons son nom indistinctement écrit: Coustant, Coutant, Coustan et Coutan.

I. *Raoult Coustant*, 1er du nom, commandant du port de Compiègne, épousa le 5 juin 1593 Anne de Pronnay, fille de Jean de Pronnay, conseiller du roi et procureur de S. M. au bailliage de Compiègne. De ce mariage sont issus dix enfants, dont : 1° Antoinette, mariée à Arthus de Crouy, d'une famille très-ancienne. (Mestre Jehan de Crouy, bourgeois de Compiègne, figure parmi les témoins des miracles, dans l'histoire de saint Louis, par le confesseur de la reine Marguerite) ; 2° Raoult, qui suit.

II. *Raoult Coustant,* 2e du nom, avocat au Parlement, né le 10 juin 1610, mort le 24 août 1680 ; on voit figurer

(1) Peut-être faudrait-il la chercher dans l'ancien comté de Hainaut, où existait près d'Avesnes une seigneurie du nom de Coustant ou Coutant, et un château de ce nom que l'on voit encore, et qui s'est élevé sur les ruines d'une ancienne maison forte appelée Tostpenset.

comme témoin à son décès, Louis Charpentier, conseiller du roi, lieutenant général en l'élection. Il épousa, le 15 juillet 1636, Louise Loisel, fille de Nicaise Loisel, et sœur de Marie Loisel, mariée à Elie Charmalüe. La famille Loisel appartient à la magistrature, et on trouve différents membres de cette famille remplissant des fonctions élevées à Compiègne, Beauvais et Senlis.

De ce mariage sont issus quatorze enfants, dont : 2° Raoult, qui suit ; 11° Pierre, né le 30 avril 1654, connu sous le nom de Dom P. Coustant, prêtre religieux bénédictin, prieur de Nogent-sous-Coucy, mort le 16 octobre 1721 à l'abbaye de Saint-Germain-des-Près, à Paris, dont il était le doyen. Ce savant érudit, connu par les éditions du saint Augustin, de saint Hilaire, des Lettres des Papes, sut allier l'instruction la plus sérieuse à la piété la plus austère. Une notice sur ses ouvrages a été adressée en 1862, par un de ses arrière-neveux, à la Société académique de Beauvais.

III. *Raoult Coustant,* 3e du nom. Conseiller du roi, écuyer, lieutenant criminel en l'élection de Compiègne, né le 22 juin 1639, mort le 11 septembre 1703 ; on voit figurer comme témoin à son décès Jean-Baptiste Seroux d'Agincourt, lieutenant-général en l'Election de Compiègne. Il fit enregistrer les armes de sa famille à l'Armorial général, où l'on rappelle aussi N. Coustant, curé de Couly. Il épousa, le 30 septembre 1664, damoiselle Charlotte Brunel.

De ce mariage sont issus douze enfants, dont : 7° Louis Coustant, né le 8 juin 1674, prêtre religieux bénédictin ; 8° Charles-Marie, qui suit ; 9° Marguerite-Thérèse, née le 9 janvier 1677, mariée le 19 mars 1770 à Louis-Noël Langlois de Saillant, directeur des postes à Valenciennes ; 12° Antoine, né en 168., notaire royal, marié le 24 janvier 1715 à Catherine du Feu.

IV. *Charles-Marie Coustant,* écuyer, seigneur de Belle-Assise, coseigneur de Sainte-Christine, conseiller du roi et procureur de Sa Majesté au bailliage et autres juridictions royales de la ville de Compiègne. Né le 25 janvier 1676, mort le 2 janvier 1752. Il fut d'abord avocat, gouverneur attourney de Compiègne, et à sa mort, outre ses charges de magistrature, il était subdélégué de MM. le prévôt des marchands et échevins de la ville de Paris établis en la ville de Compiègne, pour les rivières d'Aisne et d'Oise, bailli général des douanes du Val-de-Grâce, gouverneur et administrateur de l'hôpital général de Compiègne, etc. Il épousa, vers 1701, Marie-Barbe de More, fille de Jérôme de More et de Marguerite Charpentier, sœur d'un lieutenant-général en l'élection de Compiègne.

De ce mariage sont issus dix enfants, dont : 2° Madeleine, née le 12 janvier 1705, morte le 9 septembre 1771, et enterrée avec son mari dans l'église de l'abbaye de Saint-Corneille, mariée le 6 avril 1723 à Claude-Nicolas Mottet, seigneur de la Mothe, baron fieffé de Saint-Corneille, officier de la vénerie du roi ; 3° Antoine-François, conseiller du roi, avocat au Parlement, maître particulier des Eaux et Forêts de la maîtrise de Compiègne, né le 12 octobre 1705, mort le 23 août 1788, marié vers 1740 à Geneviève Charlotte Segoing, dont il eut Charlotte-Geneviève-Elisabeth Coustant, née le 27 août 1747, mariée le 1er mai 1764 à Messire Jean-François-Hyacinthe Esmengart de Beauval, chevalier, seigneur de Fresnel, ingénieur ordinaire du roi, major en survivance de son père de la ville de Compiègne, lieutenant aussi en survivance des chasses de la capitainerie royale dudit Compiègne. Une de leurs filles, Félicité-Louise Esmengard de Beauval, épousa Jean-Antoine-Louis-Bernard de Frézals, chevalier de Saint-Louis, sous-lieutenant au régiment de Bourgogne ; 5° François, né le 10 avril 1709, prêtre religieux bénédictin, à l'abbaye de Ste-

Claire de Berneuil; 6° Louis, docteur en médecine de la Faculté de Montpellier, né le 13 janvier 1712, marié vers 1740 à Elisabeth-Reine de France, dont il eut deux enfants morts sans postérité; 8° autre Louis Coustant, seigneur de Jouy, Belle-Assise, et conseiller du roi, et son avocat au bailliage de Compiègne, né le 30 octobre 1717; il eut pour parrain le duc d'Humières, et pour marraine Marie-Anne de Moricourt, fille d'un président en l'élection de Compiègne, dame de Beauval. Il épousa, le 22 novembre 1774, Louise-Thérèse de la Vallée de Colfeux, fille de Marc-Antoine de la Vallée, seigneur de Colfeux, Lardé, et conseiller du roi et de S. A. S. Mgr. le duc d'Orléans, lieutenant de la maîtrise particulière des Eaux et Forêts de Laigne et de Marie-Catherine Saiget. Il eut de son mariage Antoinette-Thérèse Coustant de Jouy, née le 7 mai 1778, mariée à N. Brulley de la Brunière, frère de Mgr de la Brunière, évêque de Mende, et dont elle eut Mgr Paul-Maxime de la Brunière, évêque de Trinita, en Mantchourie, qui fut massacré par les Tartares sur les bords du fleuve Amour en 1846; 9° César-Robert, qui continue la descendance.

V. *César-Robert Coustant,* écuyer, seigneur de Villers, Yanville, Haute-Fontaine, conseiller du roi et procureur de Sa Majesté au bailliage de Compiègne, mort le 29 janvier 1775 et enterré dans l'église de Saint-Antoine, dont il était premier marguillier. Il fut d'abord avocat, puis substitut du procureur général au bailliage de Compiègne. Il épousa, le 12 novembre 1750, Marie-Martine-Elisabeth Denison. Cette famille appartenait à l'échevinage de Paris; un de ses membres, Pierre Denison, fut échevin en 1651, et, comme prévôt des marchands pendant les troubles de la Fronde, il soulagea la misère publique. Son mariage fut célébré par Denis-Marie Coustant, prêtre grenetier des RR. PP. Célestins de Saint-Pierre, et quatre enfants en sont issus:

2° Charles-François-Marie, qui suit; 4° Elisabeth-Françoise, née le 10 mars 1756, mariée le 17 janvier 1773 à Charles-Antoine Poulletier, écuyer, chevalier de Saint-Louis, gendarme de la garde du roi, dont elle eut trois fils, MM. de Verneuil, de Yanville, d'Autreval. Du mariage d'Antoine Poulletier de Verneuil avec N. Laurens de l'Orméon sont issus : Edouard Poulletier de Verneuil, membre de l'Institut, ancien président de la Société géologique de France, chevalier de la Légion-d'Honneur, commandeur des ordres de Sainte-Anne et de Saint-Wladimir de Russie, et de Charles III d'Espagne; Léon, ancien officier d'infanterie, mort sans postérité, et Antoinette-Clémence, mariée à Jean-Louis-Joseph, vicomte de Vidant, dont les deux filles ont épousé les princes Auguste et Raymond de Broglie.

VI. *Charles-François-Marie Coustant*, seigneur de Villers, Yanville, dit Coustant d'Yanville, chevalier, conseiller du roi et son correcteur en la chambre des Comptes de Paris. Né à Compiègne, le 11 octobre 1759, mort à Paris le 14 octobre 1817. Il fut d'abord conseiller du roi, président trésorier des finances et grand voyer en la généralité de Soissons, charge dont il fut pourvu le 22 avril 1782. Il entra comme conseiller correcteur à la Chambre des Comptes de Paris le 28 janvier 1786, et il remplit ces fonctions jusqu'à la suppression de ce corps en 1790. Il faisait, en cette qualité, partie des électeurs de la noblesse aux Etats-Généraux, et eut l'honneur d'être au nombre des personnes présentées au roi Louis XVI par M. Tarbé, ministre des contributions publiques, le 2 novembre 1790, pour former la Commission de comptabilité nationale remplaçant les Chambres des Comptes. Décrété plus tard d'arrestation par le tribunal révolutionnaire, il ne dut d'échapper à la mort qu'à l'heureuse intervention d'une personne dévouée, qui lui fournit les moyens de quitter Paris le soir même avec son parent M. Esmengart, et de partir comme officier des transports militaires pour escorter à Bordeaux un convoi de poudre.

Il avait fait, le 1er septembre 1786, avec sa sœur, un partage noble de fiefs et parties de fiefs sis à Sainte-Christine, Giraumont et Villers, et épousa, le 7 septembre 1794, Antoinette-Thérèse de Belleval, fille de messire Antoine Chevalier de Belleval, seigneur de la Topin du Mont en la Neuvilleroi, chevalier de St-Louis, brigadier des gardes du corps du roi (comp. de Beauveau); des de Belleval, marquis de Bois-Robin, et de Marguerite-Thérèse Desprez de la Rizière.

De ce mariage sont issus trois enfants : 1° Charles-César, qui suit ; 2° Paul-Antoine, mort en bas-âge ; 3° Elisabeth. Louise, née le 28 novembre 1803, mariée le 27 avril 1824 à Auguste-Romain Coquebert de Montbret, conseiller à la Cour Royale d'Amiens, dont elle a eu quatre enfants : Paul, ancien capitaine commandant au 2e régiment de cuirassiers de la garde impériale, marié à Marguerite Dutreil. Charlotte, mariée à Ernest de Bonnefoy de Montbazin. Antoinette, mariée à Amédée, vicomte de Guillebon-Gabrielle.

VII. *Charles-César Coustant d'Yanville*, chef actuel de la famille, chevalier de la Légion d'honneur, décoré du lys et de la médaille de Sainte-Hélène, conseiller référendaire de 1re classe à la Cour des Comptes, ancien élève de l'école polytechnique (1814-1815), garde du corps inscrit dans la compagnie de Wagram, avocat, licencié en droit, a été aussi membre du Conseil général de l'Oise, et habite le château du Tillet, domaine patrimonial, commune de Cires-lès-Mello (Oise). Il a épousé en premières noces, le 21 juillet 1825, Henriette-Zoé de Selle, des comtes de Selle, dont il a eu Henri, qui suit, et en secondes noces Marie-Anne-

Elisabeth Goullet de Rugy, des vicomtes de Rugy, le 20 octobre 1838, dont il a eu : Marie-Albert-Raoul, né le 16 août 1839, attaché au ministère des finances, et Marie-Anne-Berthe, née le 15 janvier 1843.

VIII. *Henri-Coustant d'Yanville*, chevalier, capitaine commandant au 6e régiment de lanciers, chevalier de la Légion d'honneur, officier du Nitchani Ifthikor de Tunis. Il est ancien élève des écoles militaires de St-Cyr et de cavalerie de Saumur, membre correspondant des sociétés d'Archéologie de Constantine, Avesnes, Beauvais. Il a épousé, le 19 mai 1860, Charlotte-Louise-Ada Daniel d'Eurville de Grangues, des Daniel, marquis d'Eurville Grangues, et de ce mariage est issu : Marie-Raoul-Raymond, né le 19 février 1862 (1).

CRILLON (famille de).

La famille de Crillon ne s'est fixée dans le Beauvaisis que vers le milieu du XVIIIe siècle, mais elle y exerça dès son arrivée une telle influence par son illustration et par les services rendus au pays, que la commune de Boufiers, dont elle avait acquis le domaine, prit le nom de Crillon qu'elle a conservé depuis.

La maison de Berton des Balbes ou de Balbis, est originaire du Piémont. *Louis des Balbes*, qu'on peut considérer comme son ancêtre, naquit en 1541, à Murs en Provence. Il prit le nom de *Crillon*, d'une terre que possédait son

---

(1) Documents particuliers.

père, et ce nom, qu'il rendit célèbre, devint le titre patronymique des aînés de la maison. Chevalier de Malte dès son enfance, il fit ses premières armes en 1557, sous le duc de Guise et l'aida à reprendre aux Anglais la ville de Calais qu'ils possédaient depuis plus de deux siècles. Pendant les guerres de religion, il fut un des chefs du parti catholique, et assista à toutes les batailles de cette sanglante époque : au siége de Rouen, en 1562, puis successivement aux journées de Dreux, de Saint-Denis, de Jarnac et de Moncontour, recueillant partout des lauriers et de glorieuses blessures. « Il en étoit couvert d'une infinité, dit Brantôme, sans avoir pu mourir par elles, et les ayant toutes reçues de la belle façon. »

Crillon, qui n'avait pas oublié son serment de chevalier de Malte, alla combattre, sous les ordres de don Juan d'Autriche, les ennemis de la chrétienté, et assista à la victoire de Lépante. Don Juan le chargea d'aller porter la nouvelle de cet heureux événement au pape Pie V, et ce pontife, pour le récompenser de la part glorieuse qu'il avait prise au combat, accorda à sa maison de posséder à Avignon une chapelle ayant les mêmes priviléges que celle des papes. Catholique, mais tolérant, Crillon blâma énergiquement la Saint-Barthélemy. Il résista également à Henri III, qui lui promettait l'épée de connétable s'il voulait participer à l'assassinat du duc de Guise. Lorsqu'il fallut opter entre la Ligue qui, sous prétexte de catholicisme, voulait livrer la France à l'Espagne, et le roi de Navarre que la majorité du pays répudiait alors comme huguenot, Crillon, ne prenant conseil que de son patriotisme, se rangea sous les drapeaux du Béarnais, qui lui écrivit après la bataille d'Arc ce billet aussi affectueux que laconique : « Pends-toi, brave Crillon, nous avons vaincu à Arques et tu n'y étais pas ; adieu, brave Crillon, je t'aime à tort et à travers. »

Crillon prit sa revanche à Ivry, où il combattit à côté

du roi, puis il assista au siége de Paris et d'Amiens, et mérita, pendant la campagne de Savoie, le titre de *brave des braves*, que lui décerna Henri IV. Un jour que le roi présentait Crillon aux personnes de sa cour comme le premier capitaine du monde : « Vous en avez menti, sire, c'est vous, répliqua Crillon, c'est vous. » L'assassinat du roi qu'il avait tant aimé affligea ses derniers jours, et il aurait voulu pouvoir répéter en cette occasion ce qu'il dit un jour à haute voix, en entendant prêcher la Passion dans sa paroisse d'Avignon : « Où étais-tu, Crillon? »

Le brave des braves mourut le 2 décembre 1615, Sa famille jouissait à Avignon, et dans le comtat Venaissin, d'une fortune et d'un crédit qui lui permettaient de mener une existence princière.

Lorsque la reine Anne d'Autriche et le jeune Louis XIV firent un voyage dans le midi de la France, en 1658, ce fut à l'hôtel de Crillon que la cour descendit à Avignon, et non à l'hôtel du vice-légat pontifical.

La race des Crillon se reposa deux siècles sur les lauriers de son ancêtre illustre, et ce n'est que vers le milieu du XVIIIe siècle qu'un descendant de ce grand capitaine marque dans l'histoire militaire du pays. *Louis de Berton des Balbes de Quiers, duc de Crillon-Mahon*, assista, en 1734, à la bataille de Parme. Il servit ensuite en Bavière, sous les ordres du duc d'Harcourt, et, à la tête de trois cent cinquante Français enfermés dans la place de Landau, sur l'Isar, il arrêta, pendant treize heures, un corps d'armée de dix mille hommes. Il fallut capituler, et le souvenir de son aïeul lui valut cette étrange réponse : « Monsieur, nous vous connaissons et estimons depuis le commencement de cette campagne; néanmoins, *pends-toi, brave Crillon, car tu seras pris!* Il fut en effet retenu comme ôtage, puis échangé contre d'autres prisonniers. Il se couvrit de gloire à Fontenoy, en 1745, et pendant la guerre de Sept ans, il mérita du Grand

Frédéric cet éloge, à propos du combat de Weissenfels où il commandait : « Je fus arrêté, dit le roi, à la tête de mon armée par la valeur de dix-sept compagnies de grenadiers français. » Blessé à Rosbach, en 1757, le duc de Crillon, nommé lieutenant-général des armées du roi, vint prendre quelque repos dans son domaine du Beauvaisis, qu'il avait acquis en 1753.

Il passa en 1782 au service de l'Espagne, pour laquelle il conquit l'île de Minorque. Il fut créé, en récompense de cet exploit, capitaine-général des armées espagnoles, grand d'Espagne, et reçut le titre de duc de Mahon.

Il mourut à Madrid, en 1796, après avoir publié des *Mémoires militaires,* qui parurent en 1791, à Paris. Un de ses frères avait embrassé la carrière ecclésiastique et fut représentant du clergé en France : il mourut à Avignon, en 1789.

François-Félix-Dorothée, fils de Louis, *duc de Crillon-Mahon,* né en 1748, porta d'abord le titre de comte de Berton, puis celui de duc de Crillon. Il était maréchal de camp, lorsque la noblesse du Beauvaisis le nomma député aux Etats-Généraux, en 1789. Partisan des réformes nécessaires au salut de la monarchie, mais ennemi des excès révolutionnaires, il essaya en vain de faire prévaloir les idées d'ordre et de conciliation qui auraient pu fonder la royauté constitutionnelle. Forcé d'émigrer, il ne porta pas les armes contre la France, et passa en Espagne, d'où il revint sous l'Empire. Il vécut dans la retraite jusqu'à la seconde restauration, qui le nomma pair de France, et mourut à Paris le 27 janvier 1820.

C'est grâce à lui que Beauvais obtint la statue équestre de Louis XIV, qui fut inaugurée, le 11 août 1786, sur la place de l'Hôtel-de-Ville. Cette statue avait été fondue pour la place Vendôme, à Paris ; mais comme on l'avait trouvée trop petite, on la donna au maréchal de Boufflers. Le duc de Crillon la trouva dans le château dont il se rendit propriétaire et en fit don à la ville.

Le 13 août 1792, le peuple ayant appris que les statues des rois avaient été renversées à Paris, voulut en faire autant à Beauvais. Les officiers municipaux, dont la plupart étaient opposés à cet acte de vandalisme, délibérèrent à ce sujet; mais, sans attendre la fin de la délibération, la populace se précipite en masse sur la place, dresse des échelles contre la statue, y attache des câbles auxquels elle s'attelle, et l'image du grand roi tombe au milieu des huées et des malédictions de ces forcenés qui, six ans auparavant, avaient salué son inauguration par des acclamations enthousiastes. Deux obélisques-fontaines, qui s'élevaient de chaque côté de la place et concouraient à son ornementation, furent également renversés par la multitude. Le soir, la ville était illuminée.

Louis-Alexandre-Nolasque-Félix, marquis de Crillon, frère du précédent, né à Paris en 1742, suivit aussi la carrière des armes. Il était maréchal de camp lorsqu'il fut nommé député du bailliage de Troyes aux Etats-Généraux. Il émigra en 1793, et rentra en France sous le consulat. Il mourut en 1806 sans laisser de postérité.

Louis-Antoine-François-de-Paule, duc de Crillon, fils aîné de François-Félix, né en 1775, entra fort jeune au service de l'Espagne. En 1799, à l'âge de 24 ans, il était déjà colonel. Il avait d'abord combattu contre les armées républicaines, commandées par les généraux Dagobert et Dugommier, et fut fait prisonnier en 1794. La qualité de français et d'émigré le rendait justiciable du tribunal militaire, mais on lui tint compte de l'illustration de son nom et des services rendus à l'Etat par sa famille, et il obtint de demeurer libre, sur parole, à Montpellier. Quelque temps après, le comité de salut public annonçait au duc de Crillon, son aïeul, capitaine-général des armées d'Espagne, que son petit-fils, le citoyen duc de Mahon, était libre de rentrer en Espagne « sans condition. » Sa parole suffisait au gouvernement français.

Cette loyauté traditionnelle chez les Crillon le détermina à demander du service dans l'armée française, pour défendre la nation menacée par la coalition étrangère. La paix de Campo-Formio rendit l'autorisation qu'il reçut inutile. Il vint alors à Paris, et fut présenté dans les salons de Barras. Il y rencontra le général Bonaparte qui le complimenta sur le nom glorieux qu'il portait.

En 1801, il rentra en Espagne, et y épousa dona Varela, veuve d'Ulloa, ministre des finances et de la marine, sous Charles IV.

En 1808, il était capitaine-général des provinces basques. Partagé entre ses devoirs de général espagnol et sa sympathie pour la France, il informa le gouvernement de Charles IV des projets de Napoléon Ier; mais, en présence de l'inaction du roi et de l'incapacité du ministère, il fut obligé de laisser Murat occuper les forteresses de la frontière. Après l'abdication de Charles IV, il resta fidèle à Ferdinand VII, son successeur; mais celui-ci ayant abdiqué à son tour, il put honorablement, après s'être ruiné pour payer les dettes du roi déchu, prêter serment au roi Joseph, qui le nomma lieutenant-général et vice-roi de Navarre. En 1814, Ferdinand, rentré dans ses Etats, exila le duc de Mahon, qui se retira à Avignon, où la loi d'indemnité des émigrés lui avait restitué ses biens confisqués et vendus sous la révolution. Louis XVIII lui accorda en outre le titre de lieutenant-général honoraire. Il mourut à Avignon, le 5 janvier 1832.

La maison de Crillon est aujourd'hui représentée par

M. *Marie-Gérard-Louis-Félix Rodrigues, duc de Crillon*, second fils de François-Félix, duc de Mahon, né à Paris, le 13 décembre 1782. Aide-de-camp d'un de nos plus célèbres maréchaux sous l'Empire, il entra, en 1814, dans la garde royale, en qualité de sous-lieutenant des mousquetaires gris. Lors du retour de Louis XVIII en France, après les Cent Jours, il commandait l'escorte qui accompagna le roi jusqu'au palais des Tuileries. Lorsque les quatre compagnies rouges de la maison du roi furent licenciées, le marquis de Crillon obtint le commandement de la légion des Basses-Alpes qui, sous la dénomination de 2e régiment d'infanterie légère, fit, en 1823, la campagne d'Espagne, sous le commandement en chef du duc d'Angoulême. Il faisait partie de l'avant-garde de l'armée, commandée par le maréchal Oudinot, et entra le premier à Madrid, où son nom était populaire.

Il servit ensuite sous les ordres du lieutenant-général de Bordesoulle, pendant la campagne d'Andalousie, qui se termina par la prise du Trocadéro. A sa rentrée en France, il fut promu au grade de maréchal-de-camp. Il succéda à son père dans les dignités de duc et de pair de France, et se signala à la Chambre par la modération de ses principes et son respect pour la Charte constitutionnelle qui pouvait maintenir en France le régime représentatif. Aussi le gouvernement de Juillet le maintint à la pairie. Toutefois, fidèle à ses convictions, il cessa dès lors de prendre part à la politique, et se consacra, avec un zèle qui ne s'est jamais démenti, aux intérêts du département de l'Oise, devenu son pays d'adoption. La confiance de ses concitoyens l'a maintenu, même en 1848, dans les fonctions de vice-président du conseil général. Partageant sa sollicitude entre ses administrés et ses traditions de famille, il a assisté, en 1858, à l'inauguration de la statue du brave Crillon, que la ville d'Avignon a élevée à l'ancêtre de cette noble famille, qui, depuis trois siècles, n'a cessé de se signaler par ses bons et loyaux services envers l'Etat.

De son union avec mademoiselle de Rochechouart, fille du marquis de Mortemart, le duc de Crillon a eu cinq filles, dont trois sont mariées au comte de Grammont, au marquis de Chanaleilles, et au comte Pozzo-di-Borgo.

CUIGNIÈRES (Pierre de),

Jurisconsulte,

né à Cuignières, canton de Saint-Just-en-Chaussée.

XIVe SIÈCLE.

Après un court noviciat dans la carrière ecclésiastique, Pierre de Cuignières devint un de ces savants juristes qui balançaient déjà au XIVe siècle le crédit du clergé dans le conseil des rois. Il fut conseiller de Philippe-le-Bel, et exerça les mêmes fonctions pendant les règnes de Louis X, de Philippe-le-Long et de Charles-le-Bel, ses successeurs; mais il se fit surtout remarquer à la cour de Philippe-de-Valois.

A l'ouverture de l'assemblée des prélats et des barons du royaume, qui eut lieu le 15 décembre 1329, Pierre de Cuignières fut chargé par le roi de soutenir le principe de la séparation des pouvoirs laïque et ecclésiastique (on dirait aujourd'hui du spirituel et du temporel).

Il formula en soixante-dix articles les griefs des laïques. Il se fondait sur ce que les deux puissances étaient représentées par deux glaives. L'archevêque de Sens, qui devint pape plus tard, sous le nom de Clément VI, réfuta ainsi cette argumentation. « Les deux glaives, dit-il, représentent ces deux puissances; mais toutes les deux appartiennent au pape; ce qui le prouve, c'est que, lorsque saint Pierre coupa l'oreille de Malchus, Jésus-Christ lui dit de remettre l'épée dans le fourreau, mais non de déposer le glaive. »

Il faut avouer que ce raisonnement était plus subtil que plausible. La discussion continua dans la même assemblée entre Pierre de Cuignières et Bertrand, évêque d'Autun.

Laurent Bouchel, ancien avocat au parlement de Paris, dans son ouvrage sur les anciennes coutumes du duché de Valois, donne de curieux détails sur ce débat :

« Et fut, dit-il, ceste conférence et altercation touchant la puissance, juridiction et authorité royale et ecclésiastique, si sagement conduite et modérée par le roy mesme, qu'à la remonstrance dudict de Cugnières, fut réformée l'usurpation et entreprise de la cour de Rome sur la liberté de l'Eglise gallicane. Quoyque l'autheur et promoteur de ceste réformation, par desdain et mocquerie de quelques mal-advisez gens d'Eglise ait esté appelé maistre Pierre du Cugnet, et, par manière de dire, transformé en un marmouset de l'un des pilliers de Nostre-Dame de Paris (1). Ou, à mieux parler, qu'il ait esté lapidé pour un si bon œuvre, si est que, par ceste communication, comme Pub. Valerius, romain, institua l'appel au peuple, ainsi M. Pierre de Cugnière, fist-il ouverture dès lors aux appellations comme d'abus qui s'en sont depuis ensuivies, et qui ont

(1) Le clergé de Paris, pour se venger de l'avocat de la juridiction laïque, appela Pierre Cugnière le marmouset, sculpté à l'entrée du chœur de Notre-Dame de Paris, sous le nez duquel on allait éteindre les cierges de l'autel voisin.

prins petit à petit leur forme, force et vertu, et apporté plus de fruict en France que quelques-uns ne pensent.

» Je diray donc à la loüange de nostre pays de Vallois, qu'il semble que le territoire anime ses nourrissons à la deffense des droits royaux et libertés de l'Eglise gallicane. J'en ay veu en ma jeunesse de beaux et excellents mémoires entre les mains de feu M. Bergeron (1), que ses héritiers intimidez par les rigueurs du temps, et trop grandes faveurs et crédit des ultramontains en la France, n'ont osé mettre au jour. C'est la mesme crainte que j'ay autresfois ouy dire audict sieur Bergeron avoir restenu maistre François Vatable, en son vivant docteur en théologie, l'un des plus accomplis en preud'homie qui fust de son temps, et curé de Bruvret en nostre pays de Vallois, lors de la réformation de ceste coutume de dire et faire beaucoup de choses pour la deffense de l'authorité royale, droits et libertez de l'Eglise gallicane, qui maintenant pourroient grandement servir à l'Estat, combattu de nouveautez plus que jamais (2). »

Le récit que vient de nous faire Laurent Bouchel dans son ouvrage sur les coutumes du Valois se trouve contredit et complété sur certains points dans l'*Histoire du Valois*, publiée en 1637, par Dumoulin, avocat. A la suite des plaintes réciproques formulées par les seigneurs contre le clergé, et par le clergé contre les seigneurs, Philippe de Valois, dit Dumoulin, convoqua les prélats et seigneurs en assemblée générale à Paris, le 15 décembre 1329, avec ordre à chacun de déclarer nettement les sujets de plainte qu'il avait à faire valoir contre sa partie adverse.

---

(1) Voir ce nom, tome I, page 128.

(2) *Les coutumes générales des bailliages de Senlis, comté de Clermont en Beauvoisis, et duché de Valois*, par Laurent Bouchel, 1631.

Jean de Marigny, évêque de Beauvais, était un des prélats convoqués à cette assemblée solennelle, qui tint chaque semaine une séance jusque vers le milieu du mois de janvier 1330. L'orateur qui ouvrit la séance fut Pierre de Cuignières, chevalier, conseiller du roi et avocat des barons contre le clergé.

Dans son plaidoyer contre la juridiction ecclésiastique, il résuma ses griefs d'accusation à trois chefs principaux, savoir : les anticipations du clergé sur la puissance séculière, la manière abusive dont le clergé exerçait sa propre puissance, et la multiplicité excessive des censures ecclésiastiques.

Si Pierre de Cuignières se fût borné à demander la répression des abus qui existaient effectivement à cette époque dans la juridiction ecclésiastique, il eût pu obtenir gain de cause, mais il attaqua le principe même de cette juridiction et entreprit de prouver que tout exercice du pouvoir temporel était un abus de la part des évêques. Une pareille doctrine était trop radicale pour ne pas être combattue énergiquement par les avocats de l'Eglise.

Les principaux orateurs du clergé étaient Pierre Roger, évêque de Cambray, qui devint par la suite archevêque de Sens, puis pape sous le nom de Clément VI, et Bertrand, évêque d'Autun. Ces deux prélats réfutèrent Pierre de Cuignières avec tant d'arguments que le débat se termina à l'avantage du clergé ; mais les évêques, éclairés sur les abus que l'on reprochait aux tribunaux ecclésiastiques, prirent l'engagement d'y apporter remède.

Philippe de Valois, tout en assurant sa protection aux évêques contre toute entreprise qui tendrait à troubler l'exercice de leur juridiction, reconnaissant et appréciant le mérite et les qualités de Pierre de Cuignières, donna à ce savant jurisconsulte la récompense due à ses travaux.

Pierre de Cuignières avait déjà rendu service à l'Etat,

comme ayant négocié avec deux autres commissaires l'acquisition du Dauphiné. Il possédait dans le Valois le petit domaine de Saintines, près Crépy. Par lettres-patentes, en date du 9 septembre 1330, le roi confirma les priviléges seigneuriaux de cette terre, et lui octroya en outre le droit d'usage dans la forêt de Cuyse.

Pierre de Cuignières fit rebâtir son château avec les libéralités du roi et y vécut jusqu'en 1355. Il fut inhumé dans une chapelle qu'il avait fondée à cette intention. Son épitaphe portait ses noms, qualités et alliances, et résume en quelque sorte sa vie: Ci-git Messire Pierre de Cuignières, mary de Jeanne de Néry, sieur de Saintines, premièrement advocat en la Cour du Parlement et archi-diacre de Nostre-Dame de Paris, et depuis féal chevalier et grand conseiller du roi Philippe de Valois (1).

CARRIN (Mathieu),

enrôlé volontaire de l'Oise,

né au Plessis-de-Roye.

1851—1808.

Dragon le 8 avril 1774 dans le régiment de *Condé*, devenu le 2e régiment en 1791, il obtint les grades de brigadier et de maréchal-des-logis les 21 février 1782 et 17 juin 1786, et reçut un congé le 31 mai 1791.

---

(1) *Continuateurs de Nangis.* — Fleury, *Histoire ecclésiastique.* — *Monarchia Sancti Imperii.* — Recueil de Goldart, 1651. — *Histoires du Valois*, par L. Bouchet et Dumoulin.

Il reprit du service, le 23 septembre 1791, comme lieutenant dans le 1er bataillon de l'Oise (28e régiment de ligne en l'an XII).

Attaché à l'armée du Nord en 1792, il se distingua par sa bravoure, et fut nommé capitaine le 28 mai 1793.

Prisonnier à Landrecies le 12 floréal an XII, il rentra au corps le 2 vendemiaire an IV, rejoignit l'armée de l'intérieur et tint garnison, pendant les ans V et VI, dans la 17e division militaire.

Sa conduite aux armées du Danube, de réserve de première ligne et d'Italie, pendant les guerres de l'an VII à l'an IX, le fit plusieurs fois remarquer, et notamment à Marengo, où il reçut un coup de feu à la jambe gauche : il rentra dans l'intérieur à la paix de l'an IX, et obtint sa retraite en l'an XI pour cause de blessure et d'infirmités.

Compris comme légionnaire dans la promotion du 17 thermidor an XII, le capitaine Carrin fut nommé en 1808 électeur de Bar-sur-Ornain, où il mourut.

A. H.

DALLERY, Prêtre et Professeur.

Il exerça pendant huit ans les fonctions de professeur de philosophie au collége communal de Beauvais et s'y fit remarquer par le discours qu'il prononça à la cathédrale, le 4 décembre 1808, à l'occasion de l'anniversaire du couronnement de Napoléon Ier.

Cette apologie ne l'empêcha pas de faire, en 1814, un éloquent éloge de Louis XVI. Il fut nommé, en 1821, proviseur du collége royal d'Amiens (1).

---

(1) *Journal de l'Oise*, 14 juin 1814.

DANICOURT (Pierre-Alexandre),

ancien Juge de paix à Clermont,

17..—1852.

Ce magistrat, né à Clermont, devint juge de paix du canton et sut se faire estimer de ses administrés par son intégrité et son caractère conciliant. Aussi fut-il universellement regretté de ses concitoyens lorsque la mort vint l'enlever à ses utiles et modestes fonctions, le 5 mars 1852. La famille Danicourt a hérité de ces traditions de probité et d'honorabilité. Elle est encore représentée à Clermont et l'un de ses membres a été pendant vingt ans, à Orléans, comme directeur du *Journal du Loiret*, un des publicistes les plus influents de la presse provinciale.

DANIEL (Jean-Marie), Prêtre,

né à Beauvais,

1750 — 1819.

Il était curé de la paroisse de Saint-Martin à Beauvais, et vice-promoteur de l'officialité, lorsqu'éclata la révolution de 1789. Sa qualité d'ecclésiastique le rangea parmi les suspects, et il fut détenu pendant plusieurs mois, avec les personnes les plus respectables du pays, dans le château de Chantilly, alors transformé en prison d'Etat.

Après avoir échappé aux proscriptions révolutionnaires,

l'abbé Daniel, lors du rétablissement du culte, exerça les modestes fonctions de curé dans la paroisse de Saint-Martin-Longueau, dans l'arrondissement de Clermont.

En 1802, il fut promu à la cure du canton d'Attichy, dans l'arrondissement de Compiègne.

Plus tard, il fut appelé à la cure de Senlis, et, peu après son installation, nommé chanoine honoraire du chapitre d'Amiens. Elevé, en 1817, à la dignité de curé de première classe, l'abbé Daniel mourut deux ans après à Senlis, après avoir exercé le ministère ecclésiastique dans les quatre archidiaconés du diocèse de Beauvais. Il décéda le 2 juin 1819, à l'âge de 69 ans.

M. le docteur Daniel, médecin à Beauvais, est le neveu du vénérable curé de Senlis.

DAUVERGNE (François, Lucien et Jean).

Trois personnages notables, du nom de Dauvergne, sont cités par M. V. Tremblay dans sa Biographie des hommes recommandables du département de l'Oise.

Le premier, François Dauvergne, né à Beauvais en 1490, marchand en cette ville, en fut maire de 1555 à 1558, puis juge-consul en 1560. Il était frère du lieutenant-général au bailliage de Senlis et parent d'Antoine Loisel. Il fut chargé, en 1557, d'une fourniture importante de draps par le sieur de Villebaud, intendant du roi Henri II, pour l'habillement des troupes. Cette fourniture fut faite au prix de trente-cinq sous l'aune.

Le second, Lucien Dauvergne, ancien seigneur de Caigny, près Beauvais, a servi dans les armées sous les règnes de Louis XIII et de Louis XIV, et assista, comme député de la noblesse, aux Etats provinciaux convoqués à Pontoise en 1651.

François-Jean Dauvergne, né à Beauvais en 1700, avocat au parlement de Paris, a composé divers ouvrages de jurisprudence. Il mourut en septembre 1775. Son fils était directeur de la poste aux lettres de Beauvais, en 1771. Il eut une fille, excellente musicienne, dit M. Tremblay, qui est morte à Beauvais, un peu après 1830.

DAVID (**l'abbé**),

Représentant du clergé aux Etats-Généraux,

né à Saint-Germer.

L'abbé David était fils d'un meunier, dont le moulin était situé près de Saint-Germer-en-Bray. Il fit dans le collége de ce pays, alors dirigé par de savants bénédictins, de brillantes et solides études, puis acheva son cours de théologie à Paris, où il fut reçu docteur à la Sorbonne.

Il fut élu en 1789 député du clergé de Beauvaisis aux Etats-Généraux, et siégea à côté de l'illustre abbé Maury avec qui il était lié d'une étroite amitié. Mais il n'avait pas l'ardeur et la fougue méridionales du brillant orateur qui devint sous l'Empire archevêque de Paris. Dévoué à ses devoirs religieux, ce respectable prêtre se trouva fourvoyé dans les Etats-Généraux, comme le Père Lacordaire dans la Constituante de 1848. Sur chacun des bulletins de vote qu'il déposait dans l'urne en faveur de l'abbé Maury, lors des élections pour la présidence, il écrivait *memento mori,* donnant au candidat de son choix, en même temps que son suffrage, un conseil d'humilité.

L'abbé David, tout en siégeant dans l'assemblée du clergé, n'avait pas abandonné ses modestes fonctions de desservant de Lormaison, près Méru. Ayant refusé de prêter serment à la constitution civile du clergé, il fut considéré comme prêtre réfractaire et forcé de quitter la France.

Le citoyen Massieu, évêque constitutionnel de l'Oise, donna pour successeur à l'abbé David un curé patriote, nommé Mullot. « Cet indigne pasteur, dit M. Tremblay, que ses paroissiens n'avaient accepté qu'avec répugnance, ne tarda pas à se livrer à l'intempérance et au libertinage, et ne trouvant personne dans la commune qui voulût l'assister dans la célébration du Saint-Mystère, il se faisait servir à l'autel par sa domestique qu'il finit par épouser. »

Ce scandale durait encore lorsque le premier consul rouvrit la France aux émigrés et les églises au culte catholique. L'abbé David revint à Lormaison. Instruit de ce qui s'était passé depuis son départ, il se rend à l'église et arrive au moment où l'abbé Mullot, assisté de sa femme, allait dire la messe. Il prend aussitôt la place de ce prêtre indigne, le fait chasser du sanctuaire par ses fidèles ouailles, et célèbre lui-même l'office divin.

L'abbé David se retira ensuite à Beauvais, chez une de ses nièces, où il mourut peu de temps après son retour de l'émigration. Il avait composé divers écrits religieux, entre autres une *Explication du Catéchisme*, formant un manuscrit in-4° d'environ 400 pages, qui n'a pas été publié.

DELAMARRE (Antoine),

Député de l'Oise à la Convention,

né à Grandvilliers,

1756—1824.

Il fut, avec Charles Villette, le seul des représentants de l'Oise qui, dans la séance du 16 janvier 1793, appelé à se prononcer par le vote nominal sur la peine à infliger à Louis XVI, eut le courage de ne pas voter la mort du roi.

Voici comment il motiva son vote :

« Forcé de prononcer aujourd'hui définitivement dans la double qualité de juge et de représentant du peuple, je dis, comme juge, que je vote pour la mort : mais comme représentant du peuple, chargé de veiller à l'intérêt de ses rapports politiques, je crois que la mort de Louis serait moins utile que son existence. En conséquence, je vote pour sa réclusion jusqu'à six mois après la paix, et pour son bannissement ensuite. Ce qui me détermine surtout, c'est que je considère que si le peuple souverain regardait cette décision comme mauvaise, il serait toujours à temps, malgré votre décret, de demander la mort. »

Antoine Delamarre fut nommé également au conseil des Cinq-Cents et plus tard à celui des Anciens; puis il exerça les fonctions plus modestes et moins périlleuses de conseiller de préfecture du département de l'Oise, depuis 1804 jusqu'en 1816, époque à laquelle il donna sa démission. Il se retira à Grandvilliers où il mourut, le 10 février 1824, à l'âge de 68 ans (1).

(1) *Réimpression du Moniteur universel;* Paris, Plon, éditeur.

DESMARETS (Charles),

Abbé et Administrateur,

né à Compiègne,

1763 — 1832.

Il fut d'abord chanoine de la cathédrale de Chartres, mais il quitta la carrière ecclésiastique sous la révolution et fut attaché à l'administration des vivres dans l'armée d'Italie. Il devint chef de la police secrète sous le Consulat et l'Empire, et fut chargé d'importantes missions. Apres la chute de Napoléon Ier, il se retira dans une propriété qu'il possédait près de Compiègne, où il mourut en 1832.

Le libraire Levavasseur a publié, en 1833, des Mémoires de Desmarets intitulés : *Témoignages historiques, ou quinze ans de haute police sous Napoléon,* un vol. in-8°. Ces mémoires ne sont qu'une justification des reproches auxquels Desmarets avait été en butte dans ses difficiles fonctions. On regrette de n'y trouver aucun éclaircissement sur les affaires secrètes auxquelles il fut mêlé, telles que le procès du duc d'Enghien, celui de Pichegru, etc.

V. T.

DESPEAUX (le baron Eloi).

Doyen des généraux de France,

né à Malassie, commune d'Auteuil.

1761—1856.

Pendant longtemps, les lecteurs de l'*Annuaire militaire* ont pu voir, en tête de la liste, par ordre d'ancienneté des généraux, le nom de ce vénérable doyen de l'armée française.

Eloi Despeaux débuta, dès l'âge de 15 ans, dans la carrière des armes. Enrôlé comme simple soldat le 2 novembre 1776, au régiment de Flandres (infanterie), il devint successivement caporal le 15 juin 1780, et sergent le 20 mai 1784. Il fit, avec ce régiment, les campagnes de 1779 à 1781 sur les côtes de la basse Bretagne, contre les Anglais, et donna sa démission le 12 août 1791.

Peu de temps après, le 26 octobre de la même année, il reparaît sous les drapeaux en qualité d'adjudant-major au 9e bataillon de volontaires du Nord.

Les puissances coalisées avaient occupé les Pays-Bas et se promettaient déjà d'envahir la France. La bataille de Jemmapes fit échouer leurs projets. La bravoure que déploya Despeaux dans cette journée et le sang-froid dont il fit preuve au camp de Famars, et lorsqu'il s'agit de débloquer Maubeuge, lui valurent le grade de chef de bataillon au 9e bataillon des volontaires du Nord.

En 1793, il est employé à l'armée du Nord avec le grade de général de brigade, et chargé d'une mission sur la Sambre, où il fut blessé.

Le 21 ventôse an II, il prend part à une affaire assez chaude près de Maubeuge, et reçoit un coup de feu à la cuisse gauche; le 24 messidor suivant, il est atteint d'une balle qui le prive de l'œil droit.

Le 10 prairial an III, Despeaux est nommé au commandement de la 3e division de l'armée du Nord.

Il ne fut point compris dans l'organisation de l'état-major général, décrétée le 25 du même mois; mais, dès le 5 brumaire an IV, il fut remis en activité à l'armée du Nord.

Une année après, il est nommé commandant supérieur et gouverneur des Flandres conquises par les armées de la République, puis appelé aux fonctions de commandant militaire d'Anvers et du Brabant occidental. Les services qu'il rendit dans ce poste furent tellement appréciés par la population d'Anvers, que, par reconnaissance, elle lui fit don d'un sabre d'honneur.

Admis au traitement de réforme du 25 pluviôse an V, il est nommé commandant de la 18e division militaire le 1er vendémiaire an VI, puis il entra dans le cadre de réserve le 13 ventôse suivant.

Nommé membre de la Légion d'honneur lors de sa création, le 4 floréal an XIII, Despeaux reprit du service sous l'Empire et reçut, en 1809, le commandement d'une division de l'armée d'observation sur l'Elbe, armée dont il se vit, pendant quelque temps, le commandant en chef, après le départ de Junot.

Il fut ensuite désigné pour commander les troupes rassemblées sur l'Escaut, lors du blocus de Flessingue.

Le 27 septembre 1809, il passa au commandement de la 20e division militaire à Périgueux, position qu'il occupa jusqu'en 1814, où il fut mis en disponibilité. L'Empereur l'avait nommé officier de la Légion d'honneur au commencement de la même année.

Chevalier de Saint-Louis le 19 juillet 1814, il fut nommé quelques jours après commandant d'armes de la place de Metz, puis mis en disponibilité en 1815.

Pendant les Cent jours, il remplit les fonctions de commandant supérieur de la place du Quesnoy, et rentra en disponibilité le 8 juin 1815.

Porté sur le tableau des inspecteurs généraux de l'infanterie, il fut employé en cette qualité de 1816 à 1818 où il fut placé dans le cadre de l'état-major général.

Créé baron en 1819 et nommé commandeur de la Légion d'honneur en 1821, il fut définitivement admis à la retraite le 1er mai 1832.

Le général Despeaux fut compris dans la mesure générale prise par le prince-président en 1852, qui plaçait les généraux en inactivité dans les cadres de la réserve.

Napoléon III, qui l'avait déjà nommé grand officier de la Légion d'honneur en 1853, voulut récompenser d'une manière éclatante une si longue carrière employée au service du pays. Dans cette intention, il lui conféra, le 7 février 1856, le grand cordon de la Légion-d'Honneur.

Cette nomination donna lieu à une touchante cérémonie : Le maréchal Vaillant voulut remettre lui-même les insignes de grand'croix de l'Ordre au Nestor de nos armées, qui ne comptait pas moins de 80 ans de service et de 62 ans de grade de général de division. Cette haute distinction combla de joie les derniers jours de l'illustre vieillard, qui mourut à Paris le 26 octobre 1856, à l'âge de 96 ans (1).

(1) *Moniteur de l'armée.*

DESPENCE (Claude),

Théologien, Chanoine de Gerberoy.

XVIe SIÈCLE.

La biographie générale de Didot le fait naître à Chalons-sur-Marne en 1511, et M. Tremblay le range, ainsi que Philippe Desportes, son contemporain, parmi les membres du chapitre de Gerberoy. Il figura parmi les théologiens du concile de Trente, ainsi qu'au colloque de Poissy, en 1561. On a de lui de nombreux ouvrages de dévotion. Les principaux sont : *Traité sur l'utilité des lettres et des sciences*, dans lequel il démontre qu'elles sont surtout utiles aux souverains. — *La Louange des Trois lys de la France ;*

cinq traités sur diverses matières ecclésiastiques. L'*Institution d'un prince chrétien*, Lyon, 1548. Des commentaires sur les Epitres de saint Paul et sur l'Histoire ecclésiastique d'Eusèbe, etc.

DIVRY (Jean), Médecin.

1472—1539.

Dans son *Nobiliaire du Beauvaisis*, Denis-Simon fait naître Jean Divry à Beauvais; mais un autre historien, Verdier, prétend qu'il était né à Hyancourt, hameau de la paroisse de Mothois, près Songeons. Il étudia la médecine à Paris et alla se fixer à Mantes où il mourut en 1539.

En même temps que la médecine, il cultivait la littérature et la poésie. Ses ouvrages devenus rares sont aujourd'hui très recherchés des bibliographes.

Il publia *les Triomphes de la France*, traduits du latin de Curre-Mamertin, in-4°, 1508. — *Poème sur l'origine et les conquêtes des Français* depuis Francion, fils d'Hector, jusqu'à présent, in-4°, 1508. — *Les Dialogues de Salomon et de Marcolfus avec lesdits sages et autres philosophes de la Grèce en rimes françoises*. Paris, 1509, in-8°. — *Les Secrets et les lois du mariage*, in-8°, sans date.

On lui attribue l'*Epitre aux Romains*, satire rimée avec l'*Exil de Gênes-la-Superbe*, poème de Jean d'Authon. — *Les Etrennes des filles de Paris* en vers, et le *Scrinium medicum*. Paris, 1536, et Strasbourg, 1542, in-8°. Il a enfin composé des rondeaux sur une foule de sujets satiriques et érotiques, pleins de verve et d'originalité.

Un des descendants du docteur Divry, avait épousé une nièce de madame Dumesnil, lectrice de l'Impératrice Joséphine (1).

BONI (Louis), Evêque de Riez,

né à Attichy.

1593—1664.

Son père possédait au XVIe siècle la seigneurie d'Attichy, près Compiègne. Comme cadet de famille, il dut entrer dans les ordres, et fut admis en 1614 dans la congrégation des Minimes. Il passa successivement par les diverses charges de cet ordre religieux, et devint provincial de Bourgogne à l'élection.

Le 5 octobre 1628, il fut nommé à l'évêché de Riez en Provence.

Il a publié : *Histoire générale de l'ordre des Minimes*, in-4°; Paris, 1624. — *Tableau de la bienheureuse Jeanne, reine de France, et fondatrice de l'ordre des Annonciades*, in-8°; Paris, 1664, et divers autres ouvrages traitant des congrégations religieuses.

Il mourut de la pierre, le 2 juillet 1664, et fut enterré dans l'église des Minimes de Beaune.

---

(1) Denis Simon : *Histoire nobiliaire du Beauvaisis*, 1705-1706.

DUBOUT-BOULLANGER
(Pierre-Etienne-Nicolas-Germer),

Député de l'Oise à l'assemblée législative.

Son père, ancien marchand d'étoffes à Beauvais, était maire de la ville en 1756. Il destinait son fils à la magistrature, mais les événements de la révolution vinrent modifier ce projet, et un riche mariage contracté avec la fille de M. Boullanger, notaire, un des notables de la ville, permit à Dubout de vivre à sa fantaisie.

Il fut élu député du département de l'Oise à l'assemblée législative, puis maire de Beauvais. Suspendu de ses fonctions en 1793, comme suspect de modérantisme, il fut arrêté et incarcéré sur l'ordre d'André Dumont, représentant à la Convention.

Rendu à la liberté, il exerça les fonctions de conseiller de préfecture de l'Oise depuis le 23 avril 1800 jusqu'au 24 février 1804, où on le trouva le matin, mort dans son lit.

DUCANCEL,

Avocat et Auteur dramatique,

né à Beauvais.

1766 — 1835.

Il était fils d'un chirurgien de Beauvais et employa son talent d'avocat à rédiger un Mémoire en réponse à un factum publié par le directeur et les professeurs du Conservatoire de musique de Paris contre l'illustre Lesueur, son ami.

Malheureusement le ton acerbe de ce mémoire nuisit à celui qu'il avait voulu défendre, et sur le rapport du citoyen Sarette, directeur du Conservatoire, Lesueur fut révoqué de ses fonctions d'inspecteur de cet établissement. Cette disgrâce plongea l'auteur des *Bardes* dans un profond chagrin; mais Ducancel parvint, à force de démarches, à faire accorder à Lesueur la place de maître de chapelle du premier consul Bonaparte, vacante par la mort de Paësiello. Ducancel fut nommé en 1815 sous-préfet de Clermont (Oise); mais il fut révoqué par le ministre de l'intérieur, à l'occasion des élections à la chambre; il se retira dans une propriété qu'il possédait à Cuignières, et plus tard à Paris. Après la révolution de 1830, il alla passer deux ans à Saint-Ouen-les-Parcy, dans les Vosges, puis il revint à Paris où il mourut au mois de février 1835.

On a de lui : L'*Intérieur des Comités révolutionnaires*, comédie en un acte, jouée après la chute de la Terreur. Cette pièce eut alors un grand succès de vogue. En 1820 il fit jouer une comédie-vaudeville intitulée : *Les Deux morts supposés*. Il publia quelque temps après les *Esquisses dramatiques du gouvernement révolutionnaire de France pendant les années* 1792, 1794, *et* 1795, ouvrage accompagné de notes intéressantes et d'anecdotes curieuses sur le théâtre à cette époque.

DUFET (Romain),

enrôlé volontaire de l'Oise,

né à Marolles.

1775 — 18..

Soldat le 18 nivôse an II au 2e bataillon du 56e régiment ci-devant *Bourbon*, devenu 88e de ligne en l'an XII, il fit avec bravoure les campagnes de la république aux armées du Nord, de Sambre et Meuse, d'Italie et d'Egypte, pendant les guerres de l'an II à l'an IX, et se fit particulièrement remarquer aux passages du Rhin et de l'Isonzo, en l'an IV et en l'an V, puis dans la Haute-Egypte, en l'an VII, au siége du Caire, en l'an VIII, ainsi qu'à la bataille du 30 ventôse an IX, devant Alexandrie.

De retour en France avec l'armée, le grenadier Dufet fut nommé légionnaire au camp de Saint-Omer le 17 thermidor an XII, suivit le régiment à la grande armée, en Autriche, en Prusse et en Pologne, pendant les deux campagnes de l'an XIV et celles de 1806 et 1807, et reçut un coup de feu dans la poitrine, le 26 décembre 1806, au combat de Pulstuck.

Il partit pour l'Espagne au mois d'août 1808.

Se fit remarquer, le 19 février 1811, à Badajoz, où il reçut un second coup de feu derrière l'oreille droite, et dont la balle sortit par la pommette et le priva de l'œil gauche.

Retraité le 15 octobre de la même année, ce brave militaire se retira à Marolles, où il mourut.

A. H.

DUVIVIER, Médecin,

né à Beauvais.

1773-

Il fit ses études au collége de sa ville natale, et, à l'âge de 17 ans, reçut les premières notions de chirurgie du docteur Langlet, chirurgien en chef de l'Hôtel-Dieu de Beauvais. Quelques années après, il fut admis comme chirurgien dans les hôpitaux de Paris, démonstrateur d'anatomie et de chirurgie militaire à l'Ecole de médecine; puis, sous l'empire, incorporé comme chirurgien-major au 54e régiment de ligne.

Chirurgien en chef de première classe, en 1806, Duvivier fut chargé du service de santé d'Osnabruck, et attaché à la 2e division du 1er corps d'armée.

A Lubeck, il reçut la mission d'établir des hôpitaux pour les blessés français et prussiens, pendant la sanglante bataille d'Eylau (1809). En 1810, il suivit le 3e régiment d'artillerie comme chirurgien en chef, et rejoignit l'état-major à Strasbourg. Il y fut chargé du service de l'hôpital de la Marguerite, et plus tard de celui du Grand-Hôpital, où il avait fait des cours en 1810 et en 1811.

En 1812, il reçut de l'ordonnateur en chef des armées, la mission d'aller inspecter le personnel des hôpitaux militaires, où, d'après les rapports adressés à l'Empereur, le service était tombé entre les mains de chirurgiens inhabiles. Dans la même année, le Gouvernement le chargea de former une école spéciale d'élèves destinés au service de santé, dans les hôpitaux militaires, à l'instar de l'Ecole polytechnique, et il en fut nommé directeur, par décret impérial du 1er avril 1813.

Il était en outre chirurgien-major en chef et professeur à l'hôpital militaire du Val-de-Grâce, fonctions qu'il conserva jusqu'en 1830.

L'école dirigée par le docteur Duvivier a produit, du 1er janvier 1813 au 1er février 1814, douze chirurgiens aide-majors et cent cinquante sous-aides. Les cours au Val-de-Grâce et ceux des succursales de Choisy, de Montaigu, et de Vincennes, étaient suivis par plus de cent quatre-vingts élèves. Jusqu'en 1830, ces établissements ont pourvu aux besoins du service médical pour les expéditions d'Espagne, de Morée, et pour celle d'Alger.

En 1831, le ministre de la guerre avait désigné le docteur Duvivier pour remplir l'emploi de chirurgien en chef de la maison civile et militaire de Louis-Philippe, vacante par la mort du docteur Aumont, mais il préféra demander sa retraite. Il comptait alors trente-cinq ans de services et de nombreuses campagnes en Belgique, en Hollande, en Allemagne, en Prusse, en Russie, et en Espagne.

Le docteur Duvivier, qui avait été nommé officier de la Légion d'honneur, par Napoléon, reçut, en 1815, de l'empereur Alexandre, une distinction honorifique accompagnée d'un riche présent, pour les soins empressés qu'il avait donnés aux soldats russes prisonniers de guerre.

Les ouvrages médicaux du docteur Duvivier, sont :

1° *Dissertation médico-pratique sur la fièvre miliaire qui a régné dans le departement du Bas-Rhin, en* 1811 *et* 1812, 1 vol. in-8°.

2° *De la Médecine, considérée comme science et comme art*, in-8°, 1828.

3° *Traité des maladies épidémiques, causées par les aliments de mauvaise qualité, falsifiés, sophistiqués,* etc.

4° *Eléments de médecine pratique*, 1 volume publié en 1812, renfermant une statistique sur les 177,000 malades entrés au Val-de-Grâce, de 1800 à 1825, et dont, sur 15,258, traités par le docteur Duvivier, 213 seulement ont succombé.

ERQUERY (Famille d').

XIIIe ET XIVe SIÈCLES.

La seigneurie d'Erquery faisait partie du domaine de Fitz-James qui fut érigé plus tard en duché-pairie. Un seigneur désigné sous le nom de chevalier d'Erquery, la possédait en 1290 : Il était grand pannetier et porte-oriflamme de France en 1315, et mourut en 1320. Il dut sans doute cette haute faveur à ce que sa terre seigneuriale était voisine de Clermont, où le roi alors régnant, Charles-le-Bel, était né, et où il venait souvent prendre le plaisir de la chasse.

Parmi ses descendants, on remarque Jacques d'Erquery, qui négocia avec Fondrignies, officier navarrais, au service du duc de Bourgogne, en 1358, la remise de la place de Creil, occupée par les Bourguignons, qui dévastaient la contrée. Il y tint garnison avec sept chevaliers, cent six écuyers et cent quarante-quatre archers, jusqu'en 1360. Parmi les cadets de cette maison qui entrèrent dans les ordres, on cite Jean d'Erquery, chanoine de Beauvais et conseiller au parlement de Paris en 1361, et Louis d'Erquery, son frère, qui fut aussi chanoine de Beauvais et devint évêque de Coutances en 1368.

PAS DE FEUQUIÈRES (famille de).

La maison de Pas tire son origine d'une seigneurie d'Artois qui remonte au XIe siècle. Elle devint au XVIe siècle titulaire du marquisat de Feuquières en Beauvaisis, et produisit plusieurs vaillants généraux qui ont servi glorieusement sous les règnes d'Henri IV, de Louis XIII, de Louis XIV et de Louis XV.

François de Pas, maréchal de camp, gouverneur des villes de Royes, de Péronne et de Montdidier, et premier chambellan d'Henri IV, périt à la bataille d'Ivry-sur-Eure, le 14 mars 1590. Le roi ayant appris la mort de ce fidèle serviteur s'écria : « Ventre-Saint-Gris! j'en suis fâché. La race en est bonne. N'y en a-t-il plus?

— La veuve est grosse, répondit un des officiers du roi.

— Hé bien, je donne au ventre la pension que celluy-ci avoit. »

Le 1er juin 1590, *Manassés de Pas* venait au monde. Entré au service dès l'âge de treize ans, il parvint rapidement aux grades supérieurs.

En 1625, il fit la campagne de la Valteline, comme maréchal de camp.

En 1627, il fut fait prisonnier par les Anglais au siége de La Rochelle. Sa captivité dura neuf mois. Il fut successivement gouverneur de plusieurs places de la Lorraine, et chargé de diverses missions en Allemagne. La protection du cardinal de Richelieu et de son conseiller intime, le père Joseph, lui ouvrit la carrière de la diplomatie. Il fut choisi comme ambassadeur près des cours protestantes de l'Allemagne et du nord de l'Europe. Sa mission était de les coaliser contre l'Empire. Dans ce but le marquis de Feuquières renoua l'alliance de la France avec la Suède, qui contribua dans la guerre de Trente ans à abaisser la maison d'Autriche. Les *Mémoires du cardinal de Richelieu* contiennent une intéressante relation du voyage de M. de Feuquières en Allemagne dans le cours de l'année 1633.

« Le roi, dit-il, choisit le sieur de Feuquières pour aller

de sa part, en qualité de son ambassadeur extraordinaire vers les princes protestants de l'Allemagne et les chefs des Suédois, et leur représenter que la fin générale de Sa Majesté, en ce qui regardoit les affaires de l'Empire, étoit de s'acquérir l'amitié des princes catholiques et protestants en leur faisant connoître le dessein qu'elle avoit de les conduire à une sûre et raisonnable paix. Il eut ordre d'aller droit trouver l'électeur de Saxe, voyant néanmoins Oxenstiern (vice-chancelier de Gustave-Adolphe), en passant, s'il étoit sur le chemin, et le Landgrave de Hesse-Cassel, s'il le pouvoit, sans beaucoup se détourner, sinon qu'il prît soin de le faire avertir de l'affection que le roi lui portoit, qui lui seroit confirmée par les lettres de Sa Majesté, l'exhortant de se maintenir dans la résolution du bien commun et de venir à l'assemblée des princes si elle se tenoit. »

Grâce à son habileté, le marquis de Feuquières obtint des cercles réunis à Weilbronn des subsides pour la Suède, alliée de la France ; mais il ne put obtenir l'adhésion de l'électeur de Saxe. Il allait quitter Dresde, sa capitale, lorsque Wallenstein, généralissime de l'Empire, qui aspirait à la couronne de Bohême, lui fit faire des propositions secrètes. Feuquières s'empressa d'en référer au roi qui répondit : « J'employerai très-volontiers la puissance de mes armes et de mes bons amis avec toute mon autorité pour faire élire le duc de Friedland roi de Bohême et même pour le porter plus haut. »

A Berlin, où Feuquières se rendit ensuite, l'électeur de Brandebourg signa le traité. A Francfort, il assista à une assemblée solennelle où les princes des quatre cercles de la Haute-Allemagne acceptèrent les articles votés par la confédération d'Heilbronn. Quelque temps après, il obtint la cession de Philipsbourg à la France, et ses négociations avec la cour de Saxe-Weimar amenèrent la prise de Heidelberg qui acheva d'affaiblir le prince Palatin.

En 1635, le marquis de Feuquières remplit une nouvelle mission en Allemagne, auprès des petits souverains à qui il sut démontrer que leur intérêt était de s'opposer à la maison d'Autriche et de former contre elle une ligue insurmontable. Après avoir négocié comme diplomate à Worms, il retourna à la frontière, pour prendre le commandement d'un corps d'armée de 12,000 hommes. Il prit coup sur coup Ivry, Damvilliers, Arlon et Longwy. Mais ayant été surpris par Piccolomini, général des impériaux, avec des forces supérieures sous les murs de Thionville, il fut abandonné par ses soldats. Un coup de mousquet lui brisa le bras en deux endroits ; il tomba blessé grièvement et ne retrouva sa connaissance que dans la ville tombée au pouvoir des vainqueurs. Malgré le dévouement d'Anne Arnaud, sa femme, il expira après trois mois de souffrances. Il laissa huit enfants sans fortune, après avoir, comme son père, consacré toute sa vie au service de l'Etat.

Isaac de Pas, marquis de Feuquières, fils aîné du précédent, après avoir gagné ses premiers grades à l'ancienneté, devint rapidement lieutenant général des armées du roi, conseiller d'Etat et gouverneur de Verdun. L'habileté dont il fit preuve comme administrateur le fit nommer par le roi Louis XIV, en 1660, gouverneur du Canada avec le titre de vice-roi d'Amérique, qualification imitée des colonies espagnoles. Dix ans plus tard, nous le retrouvons ambassadeur en Allemagne, puis en Suède et enfin en Espagne, où il mourut en 1688. Il avait épousé en 1647, une fille du maréchal de Grammont, dont il eut sept enfants.

Antoine, marquis de Feuquières, son fils aîné, né en 1648, servit d'abord comme enseigne aux siéges de Douai, de Tournay, d'Oudenarde, de Courtray et de Lille, où il fut nommé capitaine. Il obtint dans la brillante campagne de 1672, aux Pays-Bas, le grade de colonel, et fit aussi partie de l'expédition de Louis XIV en Franche-Comté. Il se distingua à la bataille de Sénef, qui resta indécise, et aux siéges de Condé et de Bouchain, pendant la guerre de Flandre, 1675-1676. Il ne se signala pas moins au combat qui se livra, en 1677, sur les bords du Rhin entre le général de Montclar et le prince de Saxe-Lisenach, où il fut atteint d'un boulet de canon.

Brigadier sous les ordres du Dauphin à la bataille de Philipsbourg, 1688, Feuquières culbuta près de Rottembourg un corps de cavalerie, força le pont de Dillingen sur le Danube, et mettant tout le pays à contribution, rapporta en France trois ou quatre millions sur lesquels il reçut douze mille livres. Il fut gouverneur de Bordeaux en 1689.

La campagne entreprise en 1690 contre les Vaudois du Piémont, obscurcit sa gloire militaire; après avoir pillé et dévasté ce malheureux pays, il éprouva un échec devant Coni, et, malgré la revanche qu'il prit en 1691, au combat de Nerwinde, il tomba en disgrâce. Une intrigue de cour empoisonna les dernières années de cette existence si bien remplie.

De 1701 à 1711, année de sa mort, il n'est plus question de lui. Quelques heures avant de succomber, le marquis de Feuquières songeant à sa famille, écrivit au roi une lettre dans laquelle il le suppliait de ne pas se montrer aussi rigoureux envers son fils qu'il l'avait été envers lui : « Vous êtes l'image de Dieu, écrivait-il à Louis XIV, et j'ose vous supplier de pardonner au moins à mon fils des fautes que je voudrais avoir expiées de mon sang. »

Louis XIV, désarmé par cet acte d'humilité, accéda au vœu du mourant.

Le marquis de Feuquières avait épousé la fille d'un de ses compatriotes, Marie de Mouchy-Hocquincourt, fille du maréchal de ce nom, dont il eut deux enfants. Il écrivit pour l'instruction de son fils des *Mémoires sur la guerre*, publiés en 1731 à Amsterdam, et qui eut cinq éditions successives jusqu'en 1775.

Son père, le marquis Manassès, de Feuquières, avait aussi été écrivain. Ses *Lettres et négociations durant l'ambassade de* 1633 lui ont mérité cet éloge de madame de Sévigné : Elle écrivait à sa fille le 12 août 1675 : « Je vous envoie la plus belle et la meilleure relation qu'on ait eue ici depuis la mort de M. de Turenne ; elle est du jeune marquis de Feuquières à Mme de Vins pour M. de Pomponne. Ce ministre me dit qu'elle était meilleure et plus exacte que celle du roi : il est vrai que ce petit Feuquières a un coin d'Arnauld (1) dans la tête, qui le fait mieux écrire que les autres courtisans. »

La famille de Feuquières s'éteignit au XVIIIe siècle dans la personne de Jules de Pas et du comte de Pas, cousins germains, qui moururent tous deux sans postérité mâle (2).

FITZ-JAMES (famille de).

Originaire d'Angleterre, la famille de Fitz-James remonte aux Stuarts. Jacques de Fitz-James, duc de Berwick, son ancêtre, était fils naturel de Jacques II et d'Arabelle Churchill, sœur du duc de Marlborough. Fidèle à

---

(1) Sa mère, Anne Arnauld, était fille d'Isaac Arnaud, intendant des finances et sieur du célèbre Arnaud d'Andilly.

(2) *Chronique de Pierre de l'Estoile.* — *Mémoires du cardinal de Richelieu* (édition Didier). — *Lettres de madame de Sévigné* (édition Hachette), Voltaire. — *Siècles de Louis XIV*, Courcelles. — *Dictionnaire des généraux français.*

l'infortune de son père, il le suivit en France, après sa déchéance, et tenta de le rétablir sur le trône, en prenant part à la campagne désastreuse de 1689, en Irlande, où il fut grièvement blessé. Il entra alors au service de la France, prit part aux victoires de Steinkerque et de Nerwinde, et se fit naturaliser français en 1703. L'année suivante, il acquit le domaine de Warty, près Clermont, qui fut érigé, en 1707, en duché-pairie.

La commune de Warty prit alors le nom de Fitz-James, de même que l'ancien village de Coigny porta successivement celui de Boufflers et de Crillon, en souvenir des familles illustres qui en devinrent les seigneurs.

Le maréchal de Berwick fut un des plus vaillants capitaines de cette époque si féconde en héros. Après avoir combattu tour à tour les ennemis de la France aux Pays-Bas, en Allemagne, en Espagne, il fut tué, comme Turenne, par un boulet de canon, au siége de Philipsbourg, en 1734. Montesquieu, qui avait été chargé de rédiger ses *Mémoires* (1), pendant que le maréchal était gouverneur de Guyenne, a publié, en tête de cet ouvrage, un éloge du maréchal de Berwick.

Après la mort du maréchal, la duché-pairie de Fitz-James fut transférée à l'un de ses fils, *François, duc de Fitz-James*, et évêque de Soissons. Il fut aumônier du roi Louis XV. Mais, comme il ne se montrait pas aussi indulgent que le cardinal Fleury pour les faiblesses du monarque, il tomba en disgrâce pour avoir déplu à la favorite alors en faveur, la duchesse de Châteauroux. Il se retira alors dans son diocèse, où il mourut en 1764.

La duché-pairie passa, après sa mort, à son frère *Char-*

(1) *Mémoires du maréchal de Berwick*, dans la *Collection des documents inédits relatifs à l'histoire de France*, par Michaud et Poujoulat. Paris, Didier, éditeur.

les, duc de Fitz-James, qui avait embrassé, comme son père, la carrière des armes. Il fit, sous le règne de Louis XV, les campagnes d'Allemagne et des Pays-Bas, et devint, en 1775, maréchal de France. Il mourut en 1787, à l'âge de 75 ans.

Un troisième fils du maréchal de Berwick, *Edouard, comte de Fitz-James,* servit aussi dans les armées françaises, et prit une part glorieuse à la bataille de Dettingen. Maréchal-des-camps, en 1744, il se signala à la tête de sa brigade à la sanglante bataille de Lawfeld. La prise de Maëstricht lui valut le grade de lieutenant-général. Il mourut à Cologne, en 1758, à l'âge de 43 ans.

Edouard II, duc de Fitz-James, petit-fils du maréchal de Berwick, quitta la France à l'époque de la révolution et servit dans l'armée de Condé, sous les ordres du maréchal de Castries. Il passa ensuite en Angleterre, où il épousa mademoiselle de La Touche, et reçut des populations de l'Ecosse des témoignages de sympathie dus à son illustre origine. Dévoué à la famille des Bourbons, il vécut dans la retraite sous l'Empire, et ne reprit du service que sous la Restauration. Aide-de-camp du duc d'Angoulême, et colonel de la garde nationale à cheval de Paris, il prit part à la capitulation de 1814, et contribua à rallier à la cause de Louis XVIII, le czar Alexandre, qui avait personnellement des sympathies pour Napoléon Ier. Toujours fidèle à son principe et à son drapeau, il eut le courage de ses opinions royalistes à une époque où le dévouement des serviteurs de la monarchie était souvent ébranlé par l'ambition, et sa fidélité survécut à la nouvelle déchéance de la dynastie des Bourbons.

Il mourut en 1838, laissant la réputation d'un loyal gentilhomme. La maison de Fitz-James n'a pas cessé de suivre ces nobles traditions; mais, désireux avant tout de servir la France, sa patrie d'adoption, un de ses membres est entré dans le corps de la marine militaire, et est revenu de la glorieuse expédition de Chine, lieutenant de vaisseau et officier de la Légion d'honneur.

FONTAINE (François-Germer),

né à Saint-Germer.

1774—18..

Réquisitionnaire et nommé caporal le même jour 7 septembre 1793 au bataillon de Beauvais, il rejoignit l'armée de l'Ouest, où il combattit jusqu'en l'an V, passa avec son grade, le 17 prairial an IV, au 12ᵉ bataillon de sapeurs (devenu 5ᵉ en l'an VI), et fut fait caporal-fourrier le 11 floréal an V.

Il servit ensuite aux armées d'Angleterre, d'Helvétie, du Danube et du Rhin, pendant les guerres de l'an VI à l'an IX, se fit remarquer au blocus de Philisbourg, et obtint le grade de sergent le 1ᵉʳ frimaire an VIII, et sergent-major dans l'intérieur le 11 prairial an X.

Légionnaire le 17 thermidor an XII, étant au camp de Saint-Omer, Fontaine suivit la grande armée au corps du centre et 1ᵉʳ corps de réserve, en Autriche, en Prusse et en Pologne, et se trouva au siége de Dantzig, de Colbert et de Stralsum, en 1807, ainsi qu'à la bataille d'Eylau, la même année. Après la paix de Tilsitt, il partit pour l'armée d'Espagne, se fit remarquer au siége de Sarragosse, et fut nommé adjudant sous-officier le 27 juillet 1809.

De retour à Metz, en 1810, il servit dans cette place, où il obtint le grade de lieutenant en premier le 21 janvier 1812; fit encore les campagnes des années 1813 et 1814, en Saxe et en France, et reçut sa retraite à la paix, en 1814.

A. H.

DES FOSSEZ (Henri-Charles),

né à Saint-Vaast de Longuemont.

1764—1851.

La famille Des Fossez est une des plus anciennes du Valois. Plusieurs de ses membres ont occupé d'importantes fonctions dans cette province. Le père de M. Henri Charles, vicomte Des Fossez, était capitaine au régiment d'Orléans-cavalerie, lorsqu'éclata la révolution. Il quitta le service en 1791, et se retira dans sa famille, qui avait une propriété à Cuppy, près de Verberie. Il épousa dans cette ville Mlle de Chabanon, fille du membre de l'Académie française. Il vint se fixer à Paris et s'y livra à son goût pour les arts. Il avait gravé un portrait de Louis XVI d'après nature, et se montra en mainte occasion dévoué à la famille royale.

Il était capitaine de la garde nationale, dans la section des Gravilliers, quand Mme de Tourzel, gouvernante des enfants de France, lui fit demander les portraits en miniature de la famille royale, alors prisonnière au Temple. L'exécution du roi et de la reine affligèrent tellement ce fidèle serviteur, qu'il se retira à Vily, près de Soissons, chez un de ses amis, pendant les mauvais jours de la révolution. Il mourut en 1802.

Son fils était, en 1805, secrétaire du prince Lebrun. M. le

baron de Reuilly, préfet du département de l'Arno, étant tombé malade, il pria le prince Lebrun de lui donner M. le comte Des Fossez, pour le seconder dans l'administration, comme secrétaire-général et conseiller de préfecture. A Florence, les hautes protections de M. Des Fossez et son urbanité toute française lui ouvrirent les salons de l'aristocratie. Son goût pour les arts et ses connaissances aussi solides que variées le firent nommer membre des académies de Florence et du Val d'Arno. A la mort de M. de Reuilly, en 1810, M. des Fossez revint prendre son poste auprès du prince Lebrun.

A la chute de l'Empire, il se retira dans sa propriété de Cuppy, près de Saint-Vast-de-Longmont, et fut nommé, en 1816, colonel d'état-major de la garde nationale de Paris. Il partagea son temps entre les devoirs de ce grade et ceux de la mairie de Cuppy, employant ses loisirs à la culture des arts, des lettres et de l'histoire. Il mourut à Paris au mois de juin 1851, à l'âge de 87 ans.

FOUILLEUSE DE FLAVACOURT.

La petite commune de Flavacourt, située dans le pays de Thelle, à l'extrémité du département de l'Oise, a été le théâtre de grands événements pendant les guerres livrées dans le Vexin entre les rois de France et les ducs de Normandie, et plus tard lors de la lutte qui, pendant plusieurs siècles, s'engagea entre la France et l'Angleterre. Elle commandait le plateau qui s'étend entre Chaumont, Gisors, Gournay et Beauvais, et les ruines de son château témoignent de l'importance qu'elle avait à cette époque.

Le nom des sires de Flavacourt figure dans nos annales

militaires. La ligne principale de cette famille, celle des barons de Mailly, possédait dans la Picardie et le Beauvaisis les domaines de Fouilleuse, d'Haucourt, etc.

Philippe de Fouilleuse était chambellan et conseiller d'Etat sous Louis XI. La terre de Flavacourt fut érigée en marquisat par lettres-patentes de janvier 1637, en faveur de François-Marie de Fouilleuse, maréchal de camp. Sa famille le possédait encore en 1744, et habitait au hameau du Tremblay, dépendance de Flavacourt, un manoir fortifié qui fut détruit sous la révolution.

Une des branches de la famille de Mailly s'acquit une triste célébrité sous Louis XV. Elle fournit successivement à ce prince cinq maîtresses, toutes filles du marquis de Nesles, qui tour à tour régnèrent par la débauche et l'intrigue sur le cœur, ou plutôt sur les sens du monarque blasé.

L'une d'elles avait épousé un officier, M. de Flavacourt. Pendant que son époux versait son sang sur les champs de bataille, Mme de Flavacourt, désireuse de marcher sur les brisées de ses sœurs aînées, Mme de Mailly et Mme de La Tournelle, se fit porter dans une chaise à bras à Versailles, devant le château, en disant : « Je suis jeune ; je suis sans père et sans mère ; mon mari est absent, mes parents m'abandonnent : le ciel sans doute ne m'abandonnera point. » « Placée au milieu de la cour des Ministres, dit le duc de Richelieu dans ses *Mémoires* (1), entre le ciel et la terre, elle fit ôter les brancards, renvoya ses porteurs et attendit les influences du ciel. Les indifférents passaient leur chemin sans trop s'informer d'une station aussi singulière; mais le duc de Gesvre passa, ouvrit la portière, et s'écria

(1) *Mémoires du duc de Richelieu*. Collection des Mémoires sur le XVIIIe siècle, publiée par F. Barrière. Paris, F. Didot.

tout émerveillé : « Ah ! Mme de Flavacourt, par quelle aventure vous trouvez-vous là ? Savez-vous bien que Madame votre grand'mère vient de mourir ? » — « Comment je me trouve ici ? répond la facétieuse dame. Eh ! savez-vous bien aussi que M. de Maurepas et sa femme nous ont expulsées, ma sœur La Tournelle et moi, comme des aventurières ? Ils craignaient sans doute que nous ne fussions à leur charge. Ma sœur La Tournelle est allée je ne sais où ; quant à moi, me voilà entre les mains de la Providence. »

La Providence ne tarda pas à se montrer à la fenêtre sous les traits du roi, qui s'écria, en voyant Mme de Flavacourt : « Allez donc vite la chercher ; qu'on lui donne un logement, et qu'on aille aussi à la recherche de sa sœur La Tournelle. »

« Mme de Flavacourt, ajoute le duc de Richelieu, n'attendit pas longtemps la rosée du ciel ; on la vint prendre et on la présenta à Louis XV, qui lui donna un appartement dans l'aile neuve du château, qui avait été occupée par Mme de Mailly, sa sœur. La première place de dame du palais lui fut promise, et on logea Mme de La Tournelle dans l'appartement de Vauréal, évêque de Rennes.

« Mme de Flavacourt était une des plus belles brunes qu'on put citer, la mieux faite des dames de la cour et la plus grande ; elle avait de l'amabilité dans le caractère, de la décence dans le maintien, un air noble en même temps et toujours compatible avec de plaisantes et aimables gentillesses.

« Elle avait les belles et les bonnes qualités de ses sœurs sans en avoir l'esprit d'intrigue et les défauts. Placée à côté du roi, non-seulement elle se préserva de la contagion par une conduite prudente et mesurée, mais encore elle refusa de se liguer avec sa sœur La Tournelle contre M. et Mme de Maurepas qui l'avaient offensée. »

Bref, elle passait, dit Richelieu, pour être encore

fidèle au marquis de Flavacourt. « Ce seigneur, dit-il, tout militaire de son naturel, un peu brutal et peu galant, peut avoir dit qu'il tuerait sa femme si elle lui était infidèle, mais sa sagesse n'avait pas alors besoin d'être effarouchée par des menaces. »

Mme de La Tournelle, moins scrupuleuse, était la sultane favorite, et Mme de Flavacourt, en fine mouche, savait se faire désirer et attendre l'occasion propice pour s'emparer du cœur du roi, sans trop se compromettre si c'était possible. Mais elle finit par succomber commes les autres dans une de ces rondes de nuit que Louis XV faisait au château de Choisy, où il avait installé une succursale de ce fameux sérail connu sous le nom de Parc-aux-Cerfs.

Du reste, Mme de Flavacourt est peut-être, avec Mme de Mailly, sa sœur aînée, la plus excusable des cinq filles du marquis de Nesles. Abandonnée par ses parents, délaissée par son mari, entourée de toutes les séductions de la cour, elle succomba, comme Mme de la Vallière, à l'amour que lui témoigna l'homme le plus beau du royaume, et en sacrifiant au roi son honneur elle ne le fit pas payer, comme sa sœur La Tournelle, au prix du duché de Châteauroux.

GAMBART (Adrien), Prêtre,

né à Noyon.

1600—1669.

Il fut un des premiers disciples de saint Vincent-de-Paul, et devint plus tard son ami et son coopérateur. Humble et modeste comme son maître, il se dévoua à l'instruction des pauvres et des gens de la campagne. Les ouvrages qu'il a publiés sont d'un style simple, clair et plein d'onction. On a de lui : *La Vie symbolique de saint François de Sales* (1664), et le *Missionnaire paroissial*, 8 vol. in-12 (1668).

Ce respectable ecclésiastique mourut à Paris, en 1669.

GAUDECHART (famille de).

La famille de Gaudechart est une des plus anciennes du Beauvaisis.

Un Guillaume de Gaudechart accompagnait Raoul, comte de Soissons, à la troisième croisade (1190-1191). Il est désigné dans un acte par lequel le comte de Soissons prend à sa charge la dette contractée par plusieurs chevaliers envers des marchands gênois de Saint-Jean d'Acre.

Godefroi de Gaudechart était porte bannière des milices Beauvaisiennes à la bataille de Bouvines. Perrinet de Gaudechard commandait une compagnie d'hommes d'armes à la bataille de Poitiers, en 1350. A toutes les époques de notre histoire militaire, cette famille sert avec distinction dans les armées françaises.

Gaudechard de Bachivillers commandait, en 1635, une des compagnies levées par la ville de Beauvais, pour la campagne que les maréchaux de Châtillon et de Brézé entreprirent contre les Pays-Bas espagnols. Deux de ses fils devinrent lieutenants-généraux des armées du roi, sous Louis XIV, et grand-croix de l'ordre de Saint-Louis. L'un d'eux, le marquis de Bachivillers, commandait la cavalerie sous les ordres de Catinat, pendant la campagne du Piémont (1690-1691). L'illustre maréchal en parle, dans ses *Mémoires*, comme d'un officier du plus grand mérite.

Au siècle dernier, la maison de Gaudechard se divisa en trois branches; celle de l'Epine, d'Emévilliers, et de Querrieux. Elle avait alors des alliances avec plusieurs nobles familles du Beauvaisis.

Le marquis de Gaudechart de l'Epine s'était allié, vers la fin du dernier siècle, à la dernière descendante de la maison de Trie, l'une des plus anciennes de France. De ce mariage naquit, en 1783, René-Ferdinand, marquis de Gaudechard, qui suivit, comme ses ancêtres, la carrière des armes. Il fit ses études à l'Ecole militaire de Fontainebleau. En 1809, il assistait comme sous-lieutenant à la bataille de Wagram. Il se distingua pendant la guerre d'Espagne, où il fut fait prisonnier par les Anglais et envoyé à l'île Majorque. Sous la restauration, le marquis de Gaudechard entra dans la garde royale, comme capitaine commandant du troisième régiment d'infanterie. Il était chevalier de la Légion d'honneur et de Saint-Louis.

Ayant quitté le service en 1823, le marquis de Gaudechard se retira dans son domaine de l'Epine, près Warluis, et consacra sa grande fortune à des œuvres de bienfaisance. Il mourut le 20 janvier 1856, à l'âge de 68 ans.

GELLÉE (Louis-Maximilien),

Curé de l'église Saint-Pierre,

né à Sarcus.

1798—1854.

L'abbé Gellée a été plus populaire que beaucoup de prélats dans le diocèse de Beauvais. C'était un prêtre selon l'Evangile, moins soucieux des intérêts temporels que de la charité dont il fut toute sa vie un fervent apôtre. Né, comme la plupart des membres du clergé (1), de parents cultivateurs, il fit ses premières études chez le curé de son village, et entra ensuite au grand séminaire d'Amiens. Il reçut à Saint-Sulpice, à Paris, l'ordre de la prêtrise, et fut nommé, en 1822, vicaire de l'église Saint-Pierre. Il succéda en 1832, comme curé de la cathédrale, à l'abbé Blanvin, et prit part à la résistance que le curé diocésain opposa à la nomination de l'abbé Guilhou, à l'évêché de Beauvais. Ce théologien, qui devint plus tard professeur à la Sorbonne et évêque de Maroc *in partibus*, puis d'Alger, passait aux yeux du clergé pour entaché de schisme. Le Gouvernement de Juillet rapporta l'ordonnance qui nommait Mgr Guilhou.

L'abbé Gellée se fit admirer par son zèle et son courage, à l'époque où le choléra sévit avec tant d'intensité dans la ville de Beauvais. Il visita les malades, portant, jusque dans les plus humbles réduits, les secours et les consolations de la religion, et distribuant tout son bien en aumônes. Aussi était-il adoré de ses ouailles, qui le citaient comme le modèle du bon pasteur. Il fonda, dans le faubourg Saint-Quentin, une école de jeunes filles et une salle d'asile, en 1847.

L'année suivante, il eut à remplir à Beauvais une mission bien délicate, et qui lui attira d'injustes inimitiés. En s'associant, comme une grande partie du clergé de cette époque, au mouvement révolutionnaire, il sut le diriger vers les idées de fraternité qui étaient dans son cœur, et

---

(1) Depuis l'abolition du droit d'aînesse, les cadets des grandes familles n'étant plus réduits à se faire soldats ou prêtres, le clergé, comme l'armée, se recrute en grande partie dans les populations agricoles.

ses conseils contribuèrent à maintenir l'ordre parmi les citoyens, dont quelques-uns avaient été égarés par les diatribes des clubs.

Après avoir exercé pendant plus de trente ans le sacerdoce à Beauvais, l'abbé Gellée mourut dans son presbytère, le 11 mars 1854, au retour d'une visite qu'il avait faite aux fidèles de son village natal, à l'occasion d'une bénédiction de cloches.

La ville tout entière assista aux obsèques de celui qu'elle avait surnommé le Père des pauvres; et il est peu de fidèles qui n'aient conservé le portrait du pasteur vénéré dont on put dire, le jour de sa mort, *transiit benefaciendo.*

GENTY (Louis),

Député du Loiret à l'Assemblée législative,

né à Senlis.

1743—1817.

Après avoir fait d'excellentes études au collége de sa ville natale, il devint, en 1762, professeur de philosophie à Orléans, où il enseigna, pendant plus de vingt ans, la logique et les mathématiques. L'Académie d'Orléans, qui comptait alors dans son sein des personnages distingués, le choisit pour secrétaire perpétuel. Il concourut pour les récompenses offertes par les sociétés savantes, et publia divers Mémoires qui furent couronnés; entre autres L'*Eloge de Fermat,* à Toulouse, et un *Traité sur les résultats de la découverte du Nouveau Monde,* qui lui valut le titre de membre correspondant de l'Académie des sciences. Lors de la convocation des assemblées provinciales qui précédèrent les Etats-Généraux, Louis Genty fut choisi comme secrétaire par celle de l'Orléanais. Il fut en outre chargé des fonctions de procureur-syndic du district d'Orléans.

Nommé député du Loiret à l'Assemblée législative, il s'y montra studieux et modéré. Aussi ne fut-il pas réélu à la Convention.

L'établissement des écoles centrales, qui précédèrent les lycées, lui ouvrit de nouveau la carrière du professorat et de l'administration.

Il fut chargé, lors de la réorganisation du lycée d'Orléans, des fonctions de proviseur, qu'il exerça pendant quelques années, au milieu des circonstances difficiles qui entravèrent les débuts de cette institution.

Admis à la retraite, comme professeur émérite, Louis Genty mourut le 22 septembre 1817, à l'âge de 64 ans.

GIRARDIN (Louis-Robert, comte de),

né à Ermenonville,

1776 — 1849.

Il était le troisième fils de Réné de Girardin, originaire de la noble maison des Gherardini de Florence, qui, pendant plus d'un siècle, habita le domaine d'Ermenonville. Réné de Girardin était l'ami du roi Stanislas de Lorraine qui fut parrain de son fils aîné. C'était un philanthrope, un sage, et pourtant un philosophe de l'école du XVIIIe siècle.

Il fut l'ami de Jean Jacques Rousseau, et ce fut dans sa propriété que cet écrivain célèbre passa les derniers mois de sa carrière si agitée.

Les deux premiers fils de Réné de Girardin, Stanislas et Alexandre, n'appartiennent point par leur naissance au Beauvaisis; mais ils y ont vécu longtemps et ont laissé des traces de leur passage dans le magnifique domaine d'Ermenonville.

Le comte Louis-Robert de Girardin naquit dans le château de son père, en 1776. Elève de marine en 1785, il fit avec Lafayette et quelques autres membres de la noblesse française, la campagne d'Amérique, et se fixa dans ce pays pendant les troubles de la Révolution. A son retour en France, il reprit du service, fit les campagnes du Rhin et d'Allemagne, de 1806 à 1807; celles d'Espagne et de Portugal, de 1808 à 1810, et fut nommé général de brigade le 1er juillet 1811. Il fit partie de la grande armée et assista aux victoires, puis aux revers de la désastreuse campagne de Russie, où il fit des prodiges de valeur. Il fut fait lieutenant-général sur le champ de bataille, pendant la campagne de France, en 1814, à la suite d'un combat où il avait fait huit mille Russes prisonniers, dont cent soixante-trois officiers, et pris vingt-quatre pièces d'artillerie.

Sous la Restauration, il fut nommé, par Louis XVIII, grand veneur de France, titre qu'il conserva jusqu'en 1830. Après la révolution de juillet, il se retira dans ses domaines d'Avranches, en Normandie, où il mourut en 1849.

Il avait publié divers ouvrages, entre autres :

1° *Observations sur diverses questions d'économie politique* (1832), renfermant des réflexions judicieuses sur la constitution des républiques anciennes.

2° *Programme indicatif de ce qui fut fait, de ce qu'il fallait faire, de ce qu'il faudrait faire*; critique de la révolution et du gouvernement de juillet (1834).

3° *Réflexions sur l'organisation de la garde nationale de Paris* (1838).

La même année, le comte Louis de Girardin adressa aux chambres des observations pour qu'une loi, ou du moins une ordonnance royale, réglât d'une manière positive les expositions des produits des arts et de l'industrie.

GODIN (Nicolas),

Maire de Beauvais sous la Ligue,

1560—1628.

Ce personnage joua un grand rôle à Beauvais pendant les guerres de religion. Il avait embrassé le parti de la Ligue qui, de Péronne où elle prit naissance, se propagea rapidement en Picardie, et successivement dans toutes les provinces du royaume, sous le nom d'Union-Catholique.

Nicolas Godin n'était encore que conseiller de la commune de Beauvais, lorsqu'éclatèrent les troubles de la Ligue. Chargé, en 1588, de la police municipale, il prit des mesures de précaution, fit réparer la tour de Craoul et l'enceinte fortifiée, établit un guet de nuit, et mit la ville en état de se défendre contre un siége ou une surprise.

Le chanoine Luquin, ami de Nicolas Godin, l'avait entraîné dans le parti de la Sainte-Union, et prêchait dans la cathédrale contre le calvinisme qui, sous l'épiscopat du cardinal de Châtillon, frère de Coligny, avait fait des progrès dans le Beauvaisis.

En 1859, le bruit se répandit dans la ville qu'une troupe de gentilshommes des environs devait s'emparer de Beauvais. Le samedi 7 janvier, jour du franc-marché, des chaînes avaient été tendues de grand matin dans les rues et chaque porte était gardée par quarante canonniers. Les capitaines par quartier de la milice communale, avaient réuni leurs hommes d'élite et deux canons étaient braqués devant la porte de l'hôtel-de-ville.

La population, émue de ces préparatifs militaires dont elle ignorait le but, se porta en foule sur la grande place en criant : « Vive la Ligue! » Trois membres du conseil, dont Nicolas Godin faisait partie, craignant de voir la ville surprise par les seigneurs royalistes ou par les huguenots, dont le marquis de Mornay était un des chefs, convoqua une assemblée générale du clergé, des bourgeois et du peuple, à l'hôtel-de-ville, pour délibérer sur le parti à prendre. Le chanoine Luquin prit la parole, et, profitant de l'agitation des esprits et de la crainte qu'inspiraient les huguenots et les royalistes, il fit voter le serment à la Sainte-Union par la milice urbaine. Le lendemain dimanche, une procession solennelle eut lieu et le peuple se prononça à son tour en faveur de la Ligue.

Henri III, n'ayant pu se rendre maître de la Ligue, avait pris le parti de faire assassiner ses deux chefs, le duc et le cardinal de Guise; puis il avait cherché un appui dans le roi de Navarre, premier prince du sang, que l'Eglise repoussait comme hérétique et que le pape Sixte-Quint avait excommunié. Aussi le peuple de Beauvais, comme celui de Paris, croyait-il défendre la religion en combattant le roi fauteur de l'hérésie. Les armes royales qui décoraient l'évêché et le siége du présidial furent brisées par le peuple, et le clergé supprima les prières dites pour le roi pendant les offices de l'église.

Malheureusement, le fanatisme religieux amena comme toujours la proscription. Le 23 janvier, les portes de la ville furent fermées et des visites domiciliaires eurent lieu dans les maisons dont les habitants passaient pour protestants ou pour *politiques*. On appelait ainsi les hommes modérés qui voulaient pratiquer la tolérance, et qui se ralliaient au roi, comme représentant la nationalité, alors que la Ligue s'appuyait sur l'Espagne et ne tendait à rien moins qu'à démembrer le royaume ou à lui faire subir le joug d'un souverain étranger. Un certain nombre de suspects beauvaisiens purent échapper à temps, mais quatorze d'entre eux furent saisis et jetés dans les prisons du Chapitre.

Un malheureux verrier, originaire du pays de Thiérache, Jean Jubert, ayant été trouvé, à l'hôtel des Quatre-Fils-Aymon, nanti de quelques ouvrages hérétiques, fut arrêté sous prétexte de fabrication de fausse monnaie, jugé sommairement, et pendu sur la place du marché après avoir subi les tourments de la torture.

Le fanatisme ne s'en tint pas là. Le 6 février, Nicolas Godin, à la tête d'une compagnie de volontaires, marcha contre le château de Mouy dont il s'empara par surprise. Le 26 février, le duc d'Aumale, un des chefs de la Ligue, vint à Beauvais pour recevoir des autorités et des habitants le serment d'affiliation à l'Union. Il fut reçu avec enthousiasme par les autorités et la milice communale, on tira le canon et un *Te Deum* fut chanté en son honneur à la cathédrale.

Le lendemain 27, la noblesse catholique des environs vint à son tour prêter, sur un Missel, serment à la Ligue, pendant une messe du Saint-Esprit à laquelle assista un conseiller du parlement de Paris, chargé de recevoir en outre les signatures des adhérents.

Loin de rétablir l'ordre, ces démonstrations ne firent qu'irriter les esprits, et, le 13 avril, l'autorité municipale, incapable de maintenir la sécurité des propriétés et des personnes, dut s'adresser au conseil-général de l'Union, pour lui demander un réglement ayant pour but de rendre la liberté au commerce et l'activité aux manufactures. Pour atteindre ce but, on proposait de taxer les *politiques*, qu'on accusait d'intelligence avec les huguenots.

L'évêque de Beauvais, Mgr Fumée, n'était pas assez zélé sans doute au gré des ligueurs, car un avis du duc d'Aumale avertit ce prélat que le conseil de la Commune se préparait à lui faire un mauvais parti. Il se retira, avec son grand-vicaire, à l'abbaye de Saint-Lucien, et ne s'y trouvant pas encore en sûreté, il dut s'enfermer dans le château épiscopal de Bresles.

A côté de Nicolas Godin, Charles Lebègue, un des notables de Beauvais, et un médecin nommé Lange, se montraient les plus ardents à la persécution. Le chanoine Luquin les secondait de son influence sur le peuple.

Comme l'armée royale se disposait à attaquer les principales places du Beauvaisis, la ville dut se mettre en état de défense. Nicolas Godin fit exhausser les remparts du côté du faubourg Saint-Jean, et restaurer les fortifications du mont Saint-Symphorien. Les maisons du faubourg Saint Jacques furent démolies jusqu'à l'église, et tous les arbres abattus pour faire des palissades. Une fausse alerte, habilement répandue dans les campagnes voisines, fit affluer à Beauvais les grains, les bestiaux et autres denrées qmi fournirent à l'approvisionnement de la ville, devenue lieu de refuge pour la noblesse catholique des environs, et pour les communautés religieuses de Saint-Paul, de Wariville, de Froidmont, de Beaupré et de Lannoy.

Les royalistes se présentèrent pour attaquer la ville du côté de Saint-Lazare. Une sortie fut dirigée contre eux, dans laquelle douze Beauvaisiens furent tués, et l'enseigne Binet fait prisonnier. Le siége continuait avec des alternatives de succès et de revers, lorsque les habitants, peu confiants dans la capacité et l'énergie de leur maire, Georges Leboucher, se réunirent à l'Hôtel de Ville, et nommèrent à sa place Nicolas Godin qui, depuis deux ans, était le véritable chef de la municipalité, sans en avoir le titre. Il fut élu le 1er août 1589, à une immense majorité.

Il hésita d'abord à se charger de ces fonctions périlleuses, et fut même condamné à deux cents livres d'amende pour avoir refusé de se rendre à l'Hôtel de Ville; mais, soit vanité, soit crainte de perdre sa popularité, il dut céder et fut chargé, le 2 août, de la magistrature municipale.

Il avait alors trente-neuf ans, et était père de deux enfants, ce qui explique ses appréhensions. De plus, il était marchand de vins en gros, profession qui se concilie assez bien à Beauvais avec les bénéfices ecclésiastiques, puisqu'il était en outre receveur de l'abbaye de Saint-Denis, et récoltait et vendait pour son compte, dans les vignobles voisins, pour treize mille trois cent quatre-vingt-six livres de vins.

Le jour même où Nicolas Godin était nommé maire de Beauvais, un moine jacobin, Jacques Clément, assassinait Henri III, au château de Saint-Cloud. La nouvelle de la mort du roi fut accueillie à Beauvais avec des transports de joie, comme étant l'expiation du double meurtre de Blois. L'effigie du meurtrier reçut les hommages publics du clergé, et le supérieur des Jacobins, le P. Bourgoing, prêcha ouvertement la doctrine du tyrannicide, qui devait aiguiser plus tard le couteau de Ravaillac.

Nicolas Godin, entraîné dans le mouvement, dut le suivre, et se prépara à opposer une vive résistance au roi de Navarre, qui venait d'être proclamé par les royalistes, sous le nom de Henri IV.

Le roi, qui, selon l'expression de Voltaire, dans la *Henriade*,

> .....régna sur la France,
> Et par droit de conquête, et par droit de naissance,

s'était déjà emparé de Creil et de Clermont, et s'acheminait vers Beauvais. Cette ville, entourée de châteaux hostiles, et voyant les vivres interceptés par des bandes de pillards, était menacée des horribles souffrances qu'éprouvaient alors les Parisiens, assiégés depuis un an. Nicolas Godin, qui avait brûlé ses vaisseaux, fut cette fois à la hauteur de sa tâche. Il déploya, dans ces circonstances difficiles, une énergie qui le réhabilita auprès de ses concitoyens, et qui l'absoudront, aux yeux de la postérité, de ses défaillances antérieures, et des moyens arbitraires dont il usa par la suite.

Ayant appris qu'Henri IV se trouvait avec son armée au pont d'Hermes, sur le Thérain, à trois lieues de Beauvais, il fit impitoyablement raser tout ce qui pouvait, autour des remparts de la ville, gêner la défense; il fit abattre pour plus de cent mille livres d'arbres et de maisons. Afin de mieux entendre l'approche de l'ennemi, il empêcha, pendant quinze jours, de sonner les cloches et tint jour et nuit en alerte tous les habitants en état de porter les armes, les prêtres, les Capucins, les Jacobins et les Cordeliers, aussi bien que les autres citoyens.

Une fonderie de canons fut installée sur la place Saint-Michel, et une contribution fut levée sur tous les propriétaires de la ville. Tout cela fut en pure perte, car le roi passa outre et se dirigea vers la Normandie.

Pour tenir ses volontaires en haleine, Nicolas Godin les conduisit contre la garnison de Breteuil, qui s'était montrée hostile à Beauvais. Il s'empara de cette petite ville le 20 août. Elle fut incendiée et pillée par une troupe indisciplinée, que son chef était inhabile à gouverner. Il revint après cette triste expédition à Beauvais que menaçait de nouveau un détachement de troupes royales, commandé par La Noue. Un régiment espagnol, envoyé par le duc de Parme, sauva la ville dont les habitants commençaient à se décourager.

Les succès de Henri IV à Arques et à Ivry avaient rendu le courage aux royalistes et aux politiques, et Nicolas Godin se trouvait en face de nouveaux adversaires et de nouvelles difficultés. Les troupes du roi, maîtresses de Clermont et de la Neuville-en-Hez, occupaient les châteaux et les abbayes des environs, et poussaient leurs incursions jusqu'à Tillé, aux portes de Beauvais.

A bout d'expédients, Godin essaya de faire rompre les ponts dans la vallée du Thérain, espérant affamer l'ennemi; puis, dans une assemblée populaire, tenue à l'Hôtel de Ville, le 15 décembre, après avoir exposé les besoins de la cité, il proposa de saisir et de vendre les biens des royalistes, des politiques et même ceux de l'évêque Fumée qui, prélat tolérant, s'était opposé autant qu'il avait pu aux excès de la Ligue. La vente en fut ordonnée, et, avec ces ressources, les Ligueurs, réunis aux compagnies de la ville, se préparèrent à la résistance. L'exemple de Paris et l'inaction du roi, vert-galant, alors plus épris de Vénus que de Mars, leur permirent de reprendre l'offensive. Le 28 février 1590, ils attaquèrent le château de Mouy, occupé par Georges de Mouy-Vaudrey, un des plus vaillants compagnons d'armes d'Henri IV. Cette forteresse, située au haut d'un coteau, à la jonction des deux bras du Thérain, fut prise après une faible résistance, et Georges de Mouy dut se réfugier dans le prieuré voisin de Bury. Le Château-Vert, appartenant aussi au seigneur de Mouy, fut également pris et pillé.

Pendant cette nouvelle campagne, souillée par la violence et les déprédations, Nicolas Godin et ses acolytes, Luquin, Lebègue, Evrard, Gérard, Darié, Boicervoise, etc, exerçaient à Beauvais une véritable tyrannie. Le maire de la ville tranchait du dictateur; il ne marchait plus qu'escorté de gardes, et sa maison de la rue Saint-Sauveur avait l'aspect militaire d'un quartier-général. Il n'était pas jusqu'au chanoine Luquin, qui avait aussi son escorte d'arquebusiers. Godefroy Hermant assure que l'on voyait encore, en 1675, au jubé de Saint-Pierre les crochets en fer qui servaient de râtelier aux gardes de Luquin, ce précurseur du cardinal de Retz et de l'abbé Maury, qui avaient tous deux pour burettes une paire de pistolets.

C'est ainsi que le maire de Beauvais achevait de se dépopulariser aux yeux des honnêtes gens. Il mit le comble à ses exactions, en laissant condamner à mort et exécuter par une commission municipale deux coutelliers accusés d'hérésie et d'intelligences avec Henri IV. Poursuivant sans cesse ce système d'intimidation et de violence, il facilita à Brouilly, une de ses créatures, la prise et le pillage du château de Bresles, qui renfermait le trésor du diocèse et de nombreux dépôts d'argent confiés à l'évêque. Brouilly s'étant concerté avec Desmasures, son lieutenant, fit déguiser en femmes quelques-uns de ses soldats, et, le 29 novembre 1590, à la chute du jour, il les fit entrer dans la ville pendant que le pont levis était encore baissé.

Aussitôt Desmazures pénètre dans l'intérieur du château et entre dans l'appartement de l'évêque qui, tout en cherchant à se défendre, excommunie ses agresseurs. Ils ne tiennent pas compte de ses anathèmes et arrachent au prélat sa croix et son anneau pastoral. Le château fut pillé, au nom du maire de Beauvais, mais non à son profit, car le butin fut cette fois partagé entre les chefs ligueurs. Les soldats eurent, pour leur part, le pillage du bourg. Pendant cinq ou six jours, la route fut couverte de chariots transportant à Beauvais l'argent, le mobilier et les approvisionnements du palais épiscopal, et le malheureux évêque, après cinq jours d'angoisses et d'outrages, obtint à grand'-peine d'être conduit à Noyon, où il fut incarcéré pendant qu'on instruisit son procès.

Le jour du Vendredi-Saint de l'an 1590, Nicolas Godin

engagea le commandant de Gribeauval, qui était aux environs de Beauvais, à y revenir avec son corps de troupes. Sachant que cet officier était l'ennemi de la maison de Crevecœur, il le fit partir pour ce bourg à l'insu du conseil communal, avec les compagnies urbaines dévouées à la Ligue. Le château, qui n'était alors occupé que par quelques femmes de service, fut entièrement saccagé, et Gribeauval s'empara des richesses qui s'y trouvaient renfermées. Il fit porter à Abbeville, dans sa maison, le butin le plus précieux, le reste fut partagé entre les officiers et les soldats.

Le chanoine Luquin, toujours traître à son Dieu et à son supérieur ecclésiastique, dénonça Nicolas Fumée au conseil général de la Sainte-Union.

Pendant que Bresles était au pillage, un galant homme et un loyal chevalier, le commandant Saisseval (1), s'emparait du château de la Neuville-en-Hez, et en ramenait plusieurs prisonniers de distinction qu'on y avait enfermés.

L'année 1591 s'ouvrit par de nouveaux scandales qui affligèrent les honnêtes gens de Beauvais. Les ligueurs espérant rendre le ciel complice de leurs forfaits, tirèrent de l'abbaye de Saint-Lucien la châsse de ce pieux évêque, et la promenèrent dans les rues de la ville, renouvelant par une triste parodie la procession des reliques de Sainte Angadrême, pendant la glorieuse défense de Beauvais.

Cette fois encore la ville était assiégée, ou du moins, le vaillant La Noue la serrait de près. Il dirigeait ses attaques, tantôt sur Bresles, tantôt sur Merlemont, et poussait quelquefois des reconnaissances jusque sous les murs de Beauvais. Mais la vigilance de Nicolas Godin, qui sentait bien que son salut dépendait de la défense de la ville, l'influence

---

(1) Voyez ce nom, tome III, page 222.

qu'il exerçait sur ses collègues et sur les ligueurs complices de ses actes, pourvurent à tout. La milice urbaine était nuit et jour sur pied : des sentinelles était échelonnées sur les remparts, et la troupe campée sur les places, était prête à marcher au premier signal d'alarme. La Noue, désespérant de prendre Beauvais, se dirigea vers Gournay, où il fut également repoussé par l'artillerie dont cette place était pourvue.

Le 19 janvier 1591, une nouvelle alerte eut lieu à Beauvais et renouvela les scènes de tumulte qui s'y succédaient trop souvent. Le seigneur de Mouy, voulant tirer vengeance des ligueurs beauvaisins, s'avança, avec un fort détachement de cavalerie, jusqu'à Tillé; mais Brouilly, qui commandait l'infanterie de la ville, la posta en embuscade dans les vignes du mont Capron, pendant que Godin, pour faire croire à une sortie des assiégés et attirer l'ennemi, faisait battre la charge par les tambours. Les assaillants ne tombèrent pas dans ce piège; ils se contentèrent de piller les villages des environs, et de rançonner les marchands et les paysans qui venaient au marché de Beauvais.

Le 29 mars, le seigneur de Mouy tenta une nouvelle attaque du côté de Marissel; il fut encore repoussé par le canon du faubourg de la poterne.

Il se replia alors sur Mouchy et mit le village à feu et à sang. Les soldats de Brouilly, que Godin avait envoyés avec plusieurs compagnies au secours du château, ne le défendirent pas. Lorsque Brouilly rentra à Beauvais, le maire l'accusa de trahison, et, malgré ses injures et ses menaces, le força à se démettre de son commandement. Fidèle à son système de compression et d'arbitraire, Godin fit incarcérer un gentilhomme nommé Rueil qui, prisonnier sur parole du gouverneur de Péronne, était venu dans son château pour y prendre l'argent de sa rançon. Le fils du seigneur de la Falaise, gouverneur de Gournay, ayant voulu prendre la défense de Rueil, le maire faillit aussi le faire mettre en prison.

Un exprès du duc d'Aumale, gouverneur de Picardie, appelé Blancménil, étant venu réclamer à Beauvais, au nom de la Ligue, les revenus des abbayes de Saint-Lucien et de Saint-Germer, que la ville s'était appropriés, le receveur municipal Yves Foy, refusa de les remettre. Blancménil voulut le tuer au moment où il sortait de l'église Saint-Pierre. Godin envoya aussitôt des gardes à l'hôtel où l'envoyé du duc d'Aumale était descendu, fit emprisonner deux de ses hommes et le força de quitter la ville.

Cependant les seigneurs royalistes gagnaient du terrain. Villers Hodenc s'était emparé de Gerberoy, au nom du roi, le 22 mai 1591, et venait d'être remplacé dans le poste de gouverneur de cette ville par le seigneur de Mouy, ce redoutable adversaire de Beauvais. Henri IV lui-même vint à Gerberoy, dont la position, qui commande la vallée du haut Thérain, lui paraissait avantageuse pour un coup de main. Beauvais allait être assiégée de nouveau. Nicolas Godin déploya encore une grande activité : il fit fortifier le poste du Déloir, dans la grande rue de Saint Quentin, et, comme le faubourg n'était alors protégé que par un petit fossé et une muraille crénelée dont l'ennemi se serait facilement rendu maître, ainsi que de l'abbaye et de la tour de Craoul, le maire donna l'ordre de brûler le faubourg, dès que l'armée royale se présenterait.

Les alarmes du dehors entretenaient la méfiance à l'intérieur. Plusieurs ligueurs étaient soupçonnés d'intelligences avec les royalistes, et un beau-frère de Godin, nommé Boileau, accusé d'avoir fait un voyage à Merlemont et de s'y être concerté avec La Noue et Marivaux, fut emprisonné. Le curé de Saint-Gilles fut également soupçonné d'avoir voulu livrer passage aux troupes du roi, par une grille de son église, qui donnait sur le rempart. On incarcéra un marguillier que l'on supposait être dans la confidence du complot. D'autres suspects furent arrêtés, entre autres Dom Martin, religieux de Saint-Lucien, et l'avocat Nicolas Auxcousteaux, sous l'inculpation de royalisme.

Une dénonciation anonyme témoigne des dissentiments qui régnaient alors à Beauvais entre les partis. On afficha, pendant la nuit, des placards injurieux et pleins de menaces contre Luquin et Godin. Ce dernier y répondit en faisant destituer le capitaine Carcireux, commandant de place, qui avait donné des gages de dévouement à la Ligue, mais qui avait eu le tort de témoigner de la pitié et du respect à l'évêque Fumée, lors de son arrestation.

Le 4 juin 1591, un convoi de sel composé de vingt-deux charrettes, se rendait à Amiens. Le maire de Beauvais l'avait fait escorter par des compagnies de pied de la ville, pour éviter qu'il fût pillé par les bandes qui couraient la campagne. A peine l'escorte avait-elle dépassé le village de Luchy, sur l'ancienne route d'Amiens, qu'une nuée de cavaliers en casaques rouges et blanches, fond sur le convoi, culbute les premières voitures, et charge l'escorte au cri de *Soyécourt*, qui était le mot d'ordre des assaillants. Cette embuscade, dirigée par le seigneur de Mouy, eut un plein succès, et les soldats beauvaisins mis en déroute, rentrèrent dans la ville, couverts de blessures, au milieu des sanglots de leurs parents et des imprécations de la multitude.

Le maire envoya immédiatement le capitaine Desmazures à la tête de la cavalerie, afin de poursuivre les troupes du seigneur de Mouy, et de les empêcher de rentrer à Bresles, mais les cavaliers de Desmazures furent désarçonnés et leur chef fait prisonnier, ainsi que les principaux ligueurs.

Le régime de compression qui régnait à Beauvais ne pouvait durer plus longtemps. Les habitants de la ville souffraient considérablement de toutes les charges et corvées imposées par le maire, de la garnison permanente et des passages fréquents de troupes françaises et étrangères qui rivalisaient d'indiscipline et d'avidité. Godin fut obligé d'alléger un peu les charges qui pesaient sur la population, en envoyant une partie des troupes cantonnées à Beauvais au secours de Rouen, alors assiégé par Henri IV.

La guerre de partisans continuait dans le Beauvaisis plus acharnée que jamais. Pendant qu'une partie de la garnison de Beauvais occupait l'Ile-Adam, les royalistes s'emparaient du bourg de Marseille; la bande du seigneur de Mouy, surprenant le château de Frocourt, tuait le fils du receveur des tailles et rançonnait les plus riches cultivateurs du pays. Les troupes envoyées de Beauvais arrivèrent trop tard, mais les compagnies de la ville purent du moins s'emparer du château d'Ully et protéger le riche village de Savignies, dont les habitants avaient résisté à plusieurs reprises aux attaques du gouverneur de Gerberoy.

Encouragé par ces avantages, Nicolas Godin résolut d'en finir avec la bande de Mouy qui désolait la contrée. Le 24 octobre 1591, il fit partir, sous les ordres du commandant de Saisseval, une petite armée qui se dirigea vers Bresles. Quoique les artilleurs qui en faisaient partie fussent inhabiles à manier leurs pièces, la vue du canon intimida la garnison du château qui demanda à capituler. Saisseval, informé que le seigneur de Mouy arrivait au secours de la place, se hâta de laisser sortir les assiégés avec les honneurs de la guerre.

Quatre jours après, Bresles, dont Saisseval avait négligé de démanteler les remparts[1], fut repris par les troupes royales que le seigneur de Beauvoir avait amenées de Clermont.

L'année 1592 ne fut guère plus heureuse pour Beauvais. Le chanoine Luquin, qui avait assisté à l'assemblée du clergé, tenue à Reims, en revint avec des instructions arbitraires et vexatoires. Dans une assemblée tenue à l'Hôtel-de-Ville, le fougueux ligueur demanda et obtint la déchéance de tous les ecclésiastiques nommés ou promus par l'évêché, depuis son départ. Il organisa en outre un comité de recherches ayant pour mission de poursuivre les neutres, les faux catholiques et les suspects de royalisme, qui encombraient les prisons de l'évêché.

Nicolas Godin, s'associant à ces mesures violentes, donna trois jours aux gentilshommes qui s'étaient réfugiés à Beauvais pour quitter la ville et rejoindre l'armée de la ligue.

La délation était à l'ordre du jour, aussi bien contre les nobles que contre les prêtres, et le fanatisme populaire de cette époque faisait déjà pressentir les excès de la révolution qui devait éclater deux siècles plus tard. Les bons citoyens tremblaient, et les suspects, entassés dans les prisons, semblaient autant de victimes sacrifiées aux rancunes populaires. Au moment où Nicolas Godin, excité par les mauvais instincts de son entourage et par les passions implacables de la populace, allait se déshonorer peut-être par de sanglantes proscriptions, le seigneur de Mouy écrivit au conseil de la ville que, si le maire accomplissait un acte de vengeance, il userait de réciprocité envers les chefs ligueurs qu'il retenait prisonniers dans le château de Bresles.

On entra en pourparlers, et de part et d'autre on décida que l'effusion du sang n'aurait pas lieu. Le conseil obtint en échange de cette concession que le château de Bresles serait évacué et que le nouveau gouverneur de la place s'engagerait à ne commettre aucune hostilité contre Beauvais. Cette convention rendit un peu d'ordre et de tranquillité à la ville, dont la milice urbaine était alors confiée à Saisseval, loyal gentilhomme qui traversa cette époque de violences et de perfidie sans forfaire à l'honneur. Il appartenait à l'ancienne famille de Sénicourt (1), dont le domaine était situé près de Picquigny, et depuis le commencement des troubles, il n'avait pas cessé de combattre pour la défense de Beauvais.

La convention de Bresles ayant été violée par la garnison du château, le commandant Saisseval partit avec le capitaine Rambures, dans la nuit du 20 mars 1592, pour dégager la route de Clermont. Ils rencontrèrent cinquante hommes d'armes qui se dirigeaient sur le fort de Maulers, les attaquèrent à l'improviste et ramenèrent à Beauvais vingt-cinq prisonniers.

Le 21 mai, un détachement de troupes de l'armée du comte d'Aumale, composé de 300 cavaliers et fantassins, et commandé par les sires de Grébauval, de Montcavrel et de Rambures, se présentèrent devant Beauvais. La ville appréhendait un nouveau siége. Godin avait écrit au comte d'Aumale pour lui demander de laisser ce renfort à Beauvais, ce qui fut accordé; mais leurs chefs ne tinrent pas compte de ces ordres, et, sachant que la ville obérée ne pourrait payer leur solde, ils faisaient déjà leurs préparatifs de départ, lorsque Saisseval, par un nouvel acte de dévouement, paya les troupes de ses deniers, ajoutant ainsi un nouveau bienfait à ceux dont Beauvais lui était déjà redevable.

On attendit alors de pied ferme les troupes royales qui se concentraient autour de la ville et la cernaient de près. L'attaque devait avoir lieu par la porte Limaçon. Dans cette cruelle expectative, Godin donna l'ordre aux habitants du faubourg et aux moines de l'abbaye de se retirer en ville. Il fit transporter en lieu sûr les vases sacrés et les ornements

---

(1) Une partie des faits relatés dans cette notice sont reproduits, en extrait, dans celle consacrée au seigneur de Saisseval. Ces répétitions sont nécessitées par la solidarité de certains actes de Godin et de Saisseval.

ecclésiastiques, et fit immédiatement évacuer le faubourg, au grand regret des habitants qui voyaient leur industrie continuellement ruinée par le fléau de la guerre et le chômage des fabriques.

Pendant les premiers jours de juin, Godin fut informé que l'armée royale, forte de 6,000 hommes, et commandée par Henri IV en personne, campait à Clermont et se disposait à marcher sur Beauvais. Une femme de Clermont, dévouée à la Sainte-Union, et qui avait eu sans doute, par un officier, connaissance du plan d'attaque, avertit le maire que les troupes royales devaient arriver par la porte Saint-Jean, au lieu dit les Vieilles-Digues, près de la tour Boileau. Des ponts jetés sur les fossés devaient conduire les assaillants au pied des remparts. Ce côté faible de la ville avait été indiqué aux royalistes par un charpentier de Beauvais chassé de la ville pour ses méfaits.

Malheureusement le commandant de Saisseval était absent ; il escortait avec un détachement de cavalerie un convoi de marchandises pour Amiens ; mais Godin prit des mesures si promptes et si décisives, que la ville fut aussitôt sur pied et que la milice communale, augmentée d'un grand nombre de volontaires, se porta sur les remparts. Cette démonstration imposa aux royalistes qui se retirèrent, prétextant que les ponts de siége étaient d'un longueur insuffisante. En s'éloignant, ils ne manquèrent pas de piller les villages des environs.

Quelques jours après, une nouvelle alerte fut causée par l'approche d'un autre corps de troupes commandé par le maréchal de Biron. Godin pourvut encore à la défense et, entre autres mesures, il ordonna « que messieurs les ecclésiastiques seroient priés de faire un corps-de garde devant l'hôtel-de-ville, et que les Cordeliers et les Jacobins seroient avertis de se tenir prêts en cas de feu. » Puis il fit élever des redoutes et des avant-postes à Saint-Gilles et près de la porte Saint-Jean. Le chanoine Luquin le secondait toujours dans sa tâche, et exaltait les esprits par ses prédications dans ces rudes épreuves.

Pendant que Beauvais était bloqué par les troupes royales, le seigneur de Mouy, ayant reçu un renfort d'Anglais, s'empara, le 18 juin, du château d'Ons-en-Bray, et vint attaquer le village de Savignies, qui paya cher sa courageuse résistance. Mais ce dernier coup de main devait causer sa perte et lui faire éprouver à son tour les revers de la fortune.

Le 28 juin 1592, Nicolas Godin vit arriver chez lui deux habitants de Savignies, l'avertissant que le seigneur de Mouy était passé depuis une heure dans leur village, escortant avec trente cavaliers un convoi de marchandises dirigé sur Senlis. Le maire s'empresse de prévenir le commandant de Saisseval, et, en quelques instants, ce valeureux défenseur de la ville est à cheval, à la tête d'un détachement de cavalerie et d'une escouade de volontaires. Il plaça sa troupe en embuscade sur tous les chemins où pouvait passer le seigueur de Mouy. Un de ses éclaireurs lui apprend que lui et sa troupe sont à se rafraîchir dans une auberge de Tillard, près de Noailles. Saisseval s'embusque dans le bois voisin, laisse passer la tête du convoi, et, au moment où le seigneur de Mouy parait, il le charge avec furie, au cri de : « Beauvais! Beauvais! Sus pour la bonne ville! » L'affaire fut chaude. Dalcheu, gouverneur de Neufchâtel, qui faisait parti du convoi, fut dangereusement blessé. Le cheval de de Mouy s'étant abattu, son cavalier eut le temps de se jeter dans un taillis où la cavalerie ne put le suivre ; mais les soldats de Saisseval, mettant pied à terre, entrèrent sous bois et, rejoignant le seigneur de Mouy, le terrassèrent. En se défendant, il fut blessé à la main ; mais, saisi à la gorge, il dut rendre son épée. Ses aggresseurs voulaient le tuer, mais le loyal Saisseval et ses officiers arrivèrent à temps pour protéger sa vie.

Le prisonnier se montrait fort abattu et refusait de monter à cheval. Saisseval le ranima en lui promettant qu'il serait traité comme prisonnier de guerre et le cortége se dirigea aussitôt sur Beauvais. On fit halte à Saint-Lazare. Saisseval, fidèle à sa promesse, ne consentit à entrer en ville, qu'après avoir obtenu du maire la confirmation que le captif aurait la vie sauve. Une foule immense encombrait les rues sur le passage de l'escorte, et le peuple criait au seigneur de Mouy : « A la honte! à la honte! » Mais on n'alla pas plus loin par respect pour le commandant de Saisseval.

Le prisonnier fut incarcéré à l'évêché sous la garde des compagnies de la ville. Il eut pour prison la chambre et la grande salle occupées peu de temps auparavant par le seigneur de Rubempré.

La capture du seigneur de Mouy causa une grande joie à Beauvais et aux environs : on espérait enfin le retour de la paix si cruellement troublée par les luttes des dernières années. Une circonstance heureuse vint favoriser cette tendance pacifique.

Un honnête et loyal magistrat, l'ami des Pasquier et des de Thou, et une des gloires du Beauvaisis, Antoine Loisel, avait vécu pendant les troubles, dans sa ville natale, occupé exclusivement d'études historiques et littéraires et vivant au milieu d'une famille nombreuse et unie. Il appartenait au parti des politiques, comme tous les hommes tolérants de cette époque de fanatisme. L'évêque Fumée était aussi un de ces bons citoyens qui savent concilier leurs croyances avec le patriotisme, et les lois de l'Eglise avec le salut de l'Etat.

Comme tous les prélats ayant un cœur français, il faisait des vœux pour que l'abjuration d'Henri IV levât le seul obstacle qui lui fermait les portes de Paris; mais il trouvait dans son diocèse peu d'esprits disposés à ses sages conseils. Godin était toujours le dictateur de Beauvais, et il se montrait plus violent que jamais dans ses représailles. Les prisons de l'évêché n'étant plus assez grandes pour le nombre des suspects, on en avait enfermé d'autres dans les cachots du beffroi communal.

Enfin l'époque où cessaient les pouvoirs municipaux de Nicolas Godin arriva. Il abdiqua, comme Sylla, la dictature, en remerciant le peuple assemblé, suivant l'usage, sur la place Saint-Etienne, qui était alors le *forum* de Beauvais.

Ses partisans voulaient le maintenir au pouvoir, et il fut réélu à une grande majorité par le peuple; mais il persista dans son refus, malgré les instances de Saisseval lui-même, chargé par les chefs de la Ligue de le maintenir dans ses fonctions.

Ce fut Lucien Boicervoise qui lui succéda, mais l'ancien maire conserva une grande influence dans la ville. Le chanoine Luquin, de son côté, continuait à fulminer. Quoique malade, il essayait, par l'intermédiaire de son frère, le docteur Denis Luquin, d'attiser le fanatisme populaire, et provoqua ainsi de nouveaux désordres.

Les royalistes, reprenant l'offensive, et toujours maîtres des environs de Beauvais, attaquèrent l'abbaye de Saint-Lucien. Les habitants, embrigadés par les moines, se défendirent avec succès derrière les hautes murailles de ce monastère fortifié.

Le 6 septembre 1592, une bande de pillards pénétra par une poterne dans le faubourg Saint-Jacques, dont la garde avait été négligée depuis la capture du seigneur de Mouy. Quelques jours après, un guetteur de nuit crut voir des mèches allumées dans les vignes du mont Saint-Symphorien. Il répandit l'alarme dans la ville. Les habitants, réveillés en sursaut, à demi-nus, se portèrent en tumulte sur les places. Les bedeaux de Saint-Pierre et de Saint-Sauveur sonnèrent le tocsin. Dans l'émotion causée par cette panique, les habitants, épouvantés, allaient à l'aventure et tiraient les uns sur les autres. Enfin on reconnut que tout ce désordre provenait d'une fausse alerte.

On avait pu craindre un moment pour les prisonniers retenus à l'évêché et à l'hôtel-de-ville, et, pour les préserver de nouveaux dangers, Nicolas Godin et Saisseval négocièrent l'échange du seigneur de Mouy contre le baron de la Châtre. Mais en rendant la liberté à son mortel ennemi, la ville stipula que son neveu Benjamin et le capitaine Mérard, demeurassent en prison comme ôtages, et de plus, que les forteresses des environs, occupées par les troupes royales, fussent démantelées. Le seigneur de Mouy s'engagea enfin à ne plus faire la guerre dans un rayon de sept lieues autour de Beauvais. A ces conditions, la ville, trop heureuse d'en être délivrée, refusa les dix mille écus qui avaient été offerts pour sa rançon.

A peine délivrée de cet ennemi, la ville de Beauvais se retrouva en présence d'autres difficultés. Son budget était obéré, et, le 6 décembre 1592, le nouveau maire fut contraint d'établir un impôt extraordinaire et vexatoire qui fit murmurer la population déjà tant éprouvée. Afin que les contribuables ne pussent y échapper, on décréta que les fraudeurs seraient punis de la confiscation des marchandises et denrées, et le franc-marché qui se tenait hors la ville, fut transféré sur la place Saint-Michel, pour faciliter le recouvrement de l'impôt.

Malgré ces calamités locales, la cessation de la guerre et la rentrée du roi à Paris avaient ramené en France l'ordre et la confiance, et le carnaval de l'an 1593 fut célébré avec un grand entrain par les Beauvaisins.

La mort de l'évêque Fumée contribua aussi à calmer les esprits. Avant de mourir, il songea encore aux intérêts de son diocèse et exprima le vœu qu'André Potier, aumônier du roi, fût désigné pour son successeur.

Les membres du présidial de Beauvais, déterminés à

rendre la justice au nom du roi, quittèrent la ville en masse. Un d'eux, Jean Patin, parent de Nicolas Godin, fut insulté à cette occasion par la populace ameutée contre lui par le chanoine Luquin.

A la même époque, le maire et les pairs de la commune de Beauvais reçurent une lettre de leur compatriote, Antoine Loisel, retourné au parlement de Paris. Dans cette lettre, il les engageait à rentrer dans l'obéissance au roi, et à ne pas prolonger une résistance inutile. Boicervoise, n'étant plus à la hauteur de la situation, résigna ses fonctions, et céda la mairie à un homme modéré, Claude Galopin, qui fut élu le 1er août 1594.

Le commandant de Saisseval se trouvait alors à Amiens, dont les habitants venaient d'ouvrir leurs portes à Henri IV. Il écrivit aux habitants de Beauvais lettres sur lettres pour les engager à un accommodement, et vint même avec deux échevins d'Amiens, à quelques lieues de Beauvais, pour entamer cette négociation. Usant de l'ascendant que lui donnaient ses bons services, et le crédit dont il jouissait auprès du roi, il engagea le conseil à envoyer une députation à Henri IV. Ses avis furent écoutés. On rédigea à la hâte un projet d'adresse dans lequel on stipulait le maintien des priviléges de la ville, la prohibition du calvinisme dans l'étendue du bailliage et des prévôtés du Beauvaisis, l'amnistie pour ceux qui avaient pris part aux troubles, le maintien des magistrats municipaux, la suppression du taillion, et la remise à la ville des arrérages dus sur les tailles.

C'était, comme on le voit, marchander sa soumission : mais Beauvais ne faisait en cela que suivre l'exemple des autres villes du royaume, dont les gouverneurs mirent à un tel prix la reddition de leurs places, qu'Henri IV, après avoir conquis la moitié de la France, fut réduit à acheter l'autre moitié.

Les députés de Beauvais se rendirent à Amiens, le 20 août 1593. Le chef de la députation, Léonard Driot, fut présenté au roi par Saisseval, dont la droiture et la bienveillance avaient plu au Béarnais. La harangue de Driot fut simple et concise. Le roi ajourna sa réponse au lendemain. Il manda les députés dans son cabinet, et, en leur assurant que la convention serait approuvée, il sut, par quelques paroles affectueuses, se concilier leur sympathie. Nicolas Godin fut compris dans l'amnistie, et le monarque clément par excellence dit à cette occasion :

« Si Godin me veut reconnaître comme son roi, je le reconnaîtrai comme mon serviteur, et, sauf sa fidélité, je le recevrai en ma protection. »

Le brave Saisseval revint à Beauvais avec la députation dont il avait si bien appuyé la démarche, et il y fut reçu comme un libérateur. Les écharpes blanches avaient remplacé la croix double de Lorraine, et les armoiries royales avaient été arborées sur les édifices publics. Les troupes espagnoles quittèrent la ville, et les bons citoyens leur dirent mentalement ce que Henri IV avait dit verbalement à celles qui sortirent de Paris : « Allez, Messieurs, mais n'y revenez plus. »

Le commandant de Saisseval, nommé gouverneur de Beauvais, fit célébrer dans la cathédrale un service funèbre à la mémoire de Henri III, et le cri de : *Vive le roi!* retentit le dimanche suivant au *Te Deum* qui fut chanté sous les voûtes de cette belle basilique.

L'édit de pacification fut publié à son de trompe, le 4 septembre, et le Chapitre réinstallé fit allumer un feu de joie sur la place, devant le palais épiscopal. Un membre du Conseil du roi fut délégué à Beauvais pour recevoir le serment du maire et des officiers municipaux, et les vingt feuilles de parchemin disposées à cet effet furent couvertes de nombreuses signatures.

Le commandant de Saisseval ne survécut pas longtemps au rétablissement de la paix. Ce vaillant soldat, cet homme de bien, fut tué en 1598 au siége de Doullens. Sa famille fit don à la ville de Beauvais de son cœur, qui fut déposé dans la cathédrale.

Quant à Nicolas Godin, il refusa de profiter de l'amnistie. Le roi qui, au milieu des troubles suscités par ce fougueux magistrat, avait su apprécier en lui de grandes qualités, lui fit offrir la charge de maître des comptes à Rouen ou le gouvernement de Moulins, mais l'ancien maire de Beauvais préféra suivre les troupes espagnoles, et se retira avec elles en Flandre, sur les terres du roi d'Espagne.

Fixé à Bruxelles, Godin ressentit bientôt le mal du pays. Il écrivait à son gendre Foy, à ses beaux-frères Boileau et de Nully, à ses amis de Sandricourt, de Malinguehem et du Tillet, pour les prier de ménager son retour à Beauvais. Mais sa ville natale se montra moins clémente que le roi pour celui qui avait accumulé contre lui les rancunes implacables de l'esprit de parti.

Nicolas Godin dut vieillir dans l'exil. Il mourut à Bruxelles, le 12 février 1628, âgé de 78 ans, et fut inhumé près de la chapelle de la Vierge, dans l'église de Sainte-Catherine.

De son mariage avec Marguerite de Nully il avait eu six enfants, dont plusieurs ont fait souche à Beauvais. Marie Godin, mariée à Louis Foy, fit épouser sa petite-fille à Nicolas de Regnonval.

Une autre de ses descendantes épousa Louis Divery, et eut une fille mariée à Claude Le Mareschal. Toussaint Foy, petit-fils de Godin, fut marié à Marie Borel, dont il eut Catherine Foy, épouse de Louis Gaudechart, seigneur de Bachivillers. Claude Godin, fils unique de Nicolas, né à Beauvais le 30 juillet 1591, fut avocat au Parlement et commissaire examinateur au bailliage d'Amiens ; il s'établit dans cette ville où il épousa Marguerite Roche. Nicole Godin, née en 1599, à Bruxelles, y épousa Guillaume Vandermesson, auditeur des comptes près la chambre du Brabant. Jeanne Godin, également née à Bruxelles, fut mariée en France à Hubert Perdu, procureur au présidial d'Amiens. Enfin, Suzanne Godin, la dernière fille de Nicolas, décéda sans postérité à Paris, en 1646 (1).

GOUINE (Claude),

Doyen du chapitre de Saint-Pierre,

1540—1607.

Il était grand-vicaire de l'évêque Fumée, et fut, comme ce prélat, victime des violences exercées par les ligueurs contre le clergé diocésain. Son père était procureur à Beauvais sous la Ligue et appartenait, comme la plupart des magistrats de cette époque, au tiers-parti des politiques, ce qui lui valut aussi d'être exilé.

---

(1) *Manuscrits* de la bibliothèque de Mme Le Caron de Troussures. — *Histoires de Beauvais et du Beauvaisis*, par Simon, Loisel, Louvet, Godefroy Hermant, Doyen, etc. — *L'esprit de la Ligue*, par Anquetil. — *Journal du chanoine* J.-B. de Nully. Ms. — *Histoire du diocèse de Beauvais*, par l'abbé Delettre. — *Recueil mémorable sur la Ligue*, par Riquier, drapier de Beauvais. — *Souvenirs sur la Ligue*, par J. Mollet, de Beauvais. — *Notice historique sur la Picardie*, par P. Roger, d'Amiens. — *Extraits des registres de l'Hôtel-de-Ville de Beauvais*, 1588-1594. Fonds Le Caron de Troussures. — *Notes sur l'absolution du Roi*, par Ant. Loisel. — *La Ligue à Beauvais*, par M. Dupont-White. — *Collection des Mémoires relatifs à l'histoire de France*, par Michaud et Poujoulat, édition Didier. — *Notices manuscrites*, de V. Tremblay.

On a de Claude Gouine des poésies latines estimées de ses contemporains, et un poëme également en vers latins sur la chute du clocher de l'église Saint-Pierre, qui eut lieu en 1573. Il mourut, en 1607, à l'âge de soixante-sept ans.

Son épitaphe est gravée sur une pierre tumulaire placée sur une des colonnes de la chapelle située à gauche du chœur, près du tombeau du cardinal de Forbin Janson. Elle nous apprend que le défunt fut, de son vivant, doyen du chapitre, conseiller et aumônier d'Henri IV, vicaire épiscopal de Messeigneurs le cardinal de Bourbon, Nicolas Fumée et René Potier, évêques de Beauvais; qu'il était savant en droit civil et en droit canon; que la pureté de ses mœurs était aussi exemplaire que la sainteté de sa vie; que, juge intègre par excellence, il était pris pour arbitre dans les contestations; que son expérience et son habileté lui permirent de concilier les priviléges de l'épiscopat avec les droits du chapitre; qu'il semblait né tout exprès pour le bien de l'Eglise, de la ville, du diocèse, du pauvre comme du riche; enfin que, n'ayant fait tort à qui que ce soit, il repose dans cette chapelle, contruite et ornée à ses frais.

La même pierre tumulaire renferme les épitaphes de Robert-Régis Gouine, neveu de Claude, qui fut, comme lui, doyen du chapitre et vicaire capitulaire pendant la vacance du siége épiscopal, mort le 31 juin 1621, à l'âge de soixante-dix ans, et de Lucien-Laurent Gouine, petit-neveu de Claude, chanoine et maître de chapelle de la cathédrale, mort le 8 janvier 1624.

GOUJON (N.),

Avocat et Député à l'Assemblée législative,

né à Beauvais.

Il était procureur fiscal de la justice à l'évêché de Beauvais lorsque les suffrages de ses concitoyens l'appelèrent à l'assemblée législative, en 1791. Ses opinions monarchiques le prédestinaient à la persécution. Incarcéré, en 1793, dans les prisons de Chantilly, il fut rendu à la liberté après la chute de la terreur. Il se fixa alors à Paris, où un de ses fils exerçait la profession de libraire. Un autre fut avocat au barreau de Paris. V. T.

GUEHENGNIES (Jacques de),

Chevalier.

XVe SIÈCLE.

Il était, pendant la guerre de cent ans, lieutenant du capitaine de la ville de Beauvais, et défendit cette place, en 1433, contre les Anglais, qui menaçaient de s'en emparer. Au moment où, à la tête d'une poignée de valeureux combattants, il soutenait le choc des ennemis, il fut frappé d'un coup mortel. C'est alors que Jean de Lignières (1), plus heureux que son lieutenant, parvint à

(1) Voir ce nom.

couper l'attache qui retenait la herse de fer du pont-levis. Les Anglais qui avaient déjà pénétré dans la ville furent massacrés par les habitants; les autres levèrent le siége.

C'est en commémoration de cet évènement que fut instituée la procession annuelle qui se faisait le jour de la Trinité à la porte de l'Hôtel-Dieu, où avait eu lieu l'attaque.

GUÉNARD (l'Abbé Nicolas),

Grand-Vicaire du diocèse de Beauvais,

né à Beauvais.

1759 — 1835.

Ce prêtre respectable naquit dans la petite rue Saint-Martin, le 17 mars 1759. Son père exerçait la profession de cordonnier. Il put faire donner à son fils l'éducation du petit-séminaire, où sa vocation pour l'état ecclésiastique ne tarda pas à se développer.

Après avoir reçu les ordres, il devint un des vicaires de l'église Saint-Pierre et remplit plus tard les fonctions d'aumônier des religieuses Ursulines de Beauvais.

En 1810, on lui confia la direction du séminaire, alors situé rue du Pont-Godard, pendant la vacance du diocèse. En 1824, il fut choisi comme vicaire-général par Mgr. de Lesquen, en faveur de qui Louis XVIII avait rétabli l'évêché de Beauvais, supprimé depuis la révolution. Dans ces nouvelles fonctions, l'abbé Guénard sut se concilier la confiance du prélat et l'affection du clergé de tout le diocèse. Il obtint en même temps la direction du collége communal de Beauvais, qu'il dirigea jusqu'en 1828. Son zèle exagéré peut-être à provoquer la vocation ecclésiastique chez les élèves confiés à ses soins, lui suscita de graves difficultés et de lourdes dépenses qui le forcèrent à se démettre de ses fonctions.

L'abbé Guénard se consacra dès lors à la prédication et aux bonnes œuvres. Il mourut à Beauvais, le 10 janvier 1835, à l'âge de 76 ans.

GUÉRIN (François),

Evêque de Senlis et Chancelier de France,

né à Pont-Sainte-Maxence (1).

1157—1227.

Né de parents nobles, le jeune Guérin embrassa la carrière des armes et fut reçu chevalier dans l'ordre religieux et militaire de Saint-Jean de Jérusalem. On a peu de détails sur cette partie de sa vie, et l'on présume qu'il quitta, jeune encore, la Palestine pour revenir en France, où il fut pourvu d'un canonicat au chapitre de Saint-Quentin. Il remplit ensuite l'emploi de maître de la chapelle du roi Louis VII, qui, ayant pris le frère Guérin en amitié, en fit plus tard son grand aumônier.

Sous le règne de Philippe-Auguste, sa fortune s'accrut encore, et, de conseiller intime de ce prince, il fut élevé, en 1203, à la dignité de garde des sceaux. En 1213, il

---

(1) La biographie Didot le fait naître en Limousin.

succéda à Geoffroi, évêque de Senlis, tout en conservant le titre de chancelier de France.

Philippe-Auguste le choisit pour médiateur entre le comte de Saint-Paul et le comte de Boulogne, qui, après une querelle, en étaient venus à des voies de fait. Guérin étant allé trouvé Renaud, comte de Boulogne, celui-ci lui répondit : « Je ne pardonnerai jamais à mon ennemi à moins que je ne lui aie rendu en plein visage le sang qui est sorti du mien. » Cette réponse mécontenta le roi, qui donna tort à Renaud contre son agresseur. Le comte de Boulogne se ligua alors contre Philippe-Auguste avec Ferrand, comte de Flandre, et s'empara de la place de Tournay. Guérin, qui, tout prélat qu'il était, se souvenait d'avoir porté l'épée, fut envoyé avec Hugues de Saint-Paul contre Tournay, et parvint à le reprendre.

Mais son principal titre de gloire, celui qui lui assigne une place parmi les prélats guerriers du moyen-âge, c'est la valeur dont il fit preuve à la bataille de Bouvines.

Voici en quels termes un historien contemporain, Guillaume Le Breton, raconte la part que l'évêque de Senlis prit à cette glorieuse journée :

« Le vicomte de Melun, s'étant avancé vers le côté d'où venait Othon, empereur d'Allemagne, fut suivi d'un homme très-brave, d'un conseil sage et admirable, prévoyant avec une grande habileté ce qui pouvait arriver, Guérin, l'élu de Senlis, et qui alors, quoique évêque, n'avait point cessé de porter, comme auparavant, l'habit de son ordre religieux et militaire. Ils s'éloignèrent de plus de trois milles de l'armée du roi, jusqu'à ce qu'ils fussent arrivés dans un lieu élevé d'où ils pussent voir distinctement les bataillons ennemis s'avancer. Le vicomte étant resté quelque temps en cet endroit, l'évêque se rendit promptement vers le roi, lui dit que les ennemis arrivaient en ordre et prêts à combattre, et lui rapporta ce qu'il avait vu, les chevaux couverts de cavaliers armés et les hommes d'armes, à pied, marchant en avant.

« Les grands du royaume déconseillaient Philippe-Auguste d'accepter la bataille. Guérin fut d'un avis contraire, affirmant qu'il fallait à tout prix combattre ou se retirer avec honte et dommage. La marche rapide de l'ennemi détermina le roi à suivre son avis, et l'évêque de Senlis prit place au premier rang non pour combattre, mais pour exhorter les soldats et les animer pour l'amour de Dieu, du royaume et du roi et pour leur propre salut. Il voulait exciter surtout le noble duc Eudes de Bourgogne, Gaucher, comte de Saint-Paul, soupçonné de trahison, et qui, avant le combat, adressa ces paroles à l'évêque : « Je serai aujourd'hui un bon traître. »

Mathieu de Montmorency, Jean, comte de Beaumont, et un grand nombre de seigneurs et de milices communales, entraînés par le courage du roi et l'éloquence de l'évêque de Senlis, firent des prodiges de valeur. Guérin en avait formé un bataillon d'élite, et leur avait donné, avant le combat, des conseils de stratégie qui aidèrent puissamment à la victoire. La bataille, une fois gagnée, il fut chargé de remettre au prévôt de Paris les prisonniers de Bouvines, parmi lesquels se trouvait Ferrand, le comte de Flandres.

Philippe-Auguste ayant fait vœu, comme Guillaume le Conquérant à la bataille d'Hastings, de fonder une abbaye en l'honneur de Dieu et de la Vierge s'il remportait la victoire, Nicolas Guérin lui rappela son engagement, et l'abbaye royale fut fondée dans le diocèse de Senlis, sous le nom de Notre-Dame de la Victoire. L'évêque posa lui-même la première pierre de cet édifice. Ce fut aussi Guérin qui, comme chancelier, engagea le roi à conserver, dans un lieu spécial, les chartes et titres de la couronne, qui, auparavant, suivaient le roi dans ses voyages. Il fit partie des commissaires royaux adjoints au prince Louis dans l'expédition dirigée contre les Albigeois, et fut choisi par Philippe-Auguste pour être un de ses exécuteurs testamentaires.

Le roi Louis VIII maintint Nicolas Guérin dans ses fonctions de chancelier, et lui accorda, ainsi qu'aux autres grands officiers de la couronne, le privilége de siéger parmi les pairs du royaume. Il le désigna également comme un de ses exécuteurs testamentaires.

Deux ans après la mort de ce prince, en 1228, l'évêque de Senlis se retira dans le monastère de Chalis, près de Senlis, où il mourut le 19 avril de la même année. Il fut inhumé dans cette abbaye, qu'il avait comblée de bienfaits, et où on lui fit de pompeuses funérailles.

Il fut tellement regretté de la régente Blanche de Castille, que la dignité de chancelier resta vacante jusqu'en 1240, faute de trouver un homme capable d'en tenir l'emploi. Guillaume Le Breton a dit de Guérin qu'il traita les affaires du royaume d'une manière irréprochable, pourvoyant de tout son zèle et de ses lumières aux intérêts de l'Eglise et à ceux de l'Etat, remplissant, sous le règne de Philippe-Auguste et de ses successeurs, la mission que Suger, abbé de Saint-Denis, avait remplie si dignement sous les règnes de Louis-le-Gros et Louis-le-Jeune (1).

(1) *Guillaume Le Breton.* — Collection Guizot. — *L'anonyme de Saint-Denis.* — *L'anonyme de la vie de Louis VIII.* — Collection Michaud et Poujoulat; Didier, éditeur.

TABLE

DU

SUPPLÉMENT AU PREMIER VOLUME.

31

www.ingramcontent.com/pod-product-compliance
Lightning Source LLC
Chambersburg PA
CBHW060952280326
41935CB00009B/693